20世纪中国古代文化经典域外传播研究书系

张西平　　总主编

# 比较、争论与诠释

——理雅各牛津时代思想研究

潘　琳　著

中原出版传媒集团
大地传媒

大象出版社
·郑州·

图书在版编目(CIP)数据

比较、争论与诠释：理雅各牛津时代思想研究／潘琳著.— 郑州：大象出版社，2017.12
(20世纪中国古代文化经典域外传播研究书系)
ISBN 978-7-5347-9527-5

Ⅰ.①比… Ⅱ.①潘… Ⅲ.①汉学—研究—英国 Ⅳ.①K207.8

中国版本图书馆CIP数据核字(2017)第253284号

20世纪中国古代文化经典域外传播研究书系
BIJIAO ZHENGLUN YU QUANSHI

## 比较、争论与诠释
——理雅各牛津时代思想研究

潘 琳 著

| 出 版 人 | 王刘纯 |
|---|---|
| 项目统筹 | 张前进　刘东蓬 |
| 责任编辑 | 高　英 |
| 责任校对 | 裴红燕　牛志远 |
| 装帧设计 | 张　帆 |

出版发行　大象出版社(郑州市开元路16号　邮政编码450044)
　　　　　　发行科　0371-63863551　总编室　0371-65597936
网　　址　www.daxiang.cn
印　　刷　郑州市毛庄印刷厂
经　　销　各地新华书店经销
开　　本　787mm×1092mm　1/16
印　　张　21.75
字　　数　330千字
版　　次　2017年12月第1版　2017年12月第1次印刷
定　　价　65.00元

若发现印、装质量问题，影响阅读，请与承印厂联系调换。
印厂地址　郑州市惠济区清华园路毛庄工业园
邮政编码　450044　　　　电话　0371-63784396

# 总　序

张西平[①]

呈现在读者面前的这套"20世纪中国古代文化经典域外传播研究书系"是我2007年所申请的教育部哲学社会科学研究重大课题攻关项目的成果。

这套丛书的基本设计是：导论1卷，编年8卷，中国古代文化域外传播专题研究10卷，共计19卷。

中国古代文化经典在域外的传播和影响是一个崭新的研究领域，之前中外学术界从未对此进行过系统研究。它突破了以往将中国古代文化经典的研究局限于中国本土的研究方法，将研究视野扩展到世界主要国家，研究中国古代文化经典在那里的传播和影响，以此说明中国文化的世界性意义。

我在申请本课题时，曾在申请表上如此写道：

研究20世纪中国古代文化经典在域外的传播和影响，可以使我们走出"东方与西方""现代与传统"的二元思维，在世界文化的范围内考察中国文化的价值，以一种全球视角来重新审视中国古代文化的影响和现代价值，揭示中国文化的普世性意义。这样的研究对于消除当前中国学术界、文化界所存在的对待中国古代文化的焦虑和彷徨，对于整个社会文化转型中的中国重新

---

[①] 北京外国语大学中国海外汉学研究中心（现在已经更名为"国际中国文化研究院"）原主任，中国文化走出去协同创新中心原副主任。

确立对自己传统文化的自信，树立文化自觉，都具有极其重要的思想文化意义。

通过了解20世纪中国古代文化经典在域外的传播与接受，我们也可以进一步了解世界各国的中国观，了解中国古代文化如何经过"变异"，融合到世界各国的文化之中。通过对20世纪中国古代文化经典在域外传播和影响的研究，我们可以总结出中国文化向外部世界传播的基本规律、基本经验、基本方法，为国家制定全球文化战略做好前期的学术准备，为国家对外传播中国文化宏观政策的制定提供学术支持。

中国文化在海外的传播，域外汉学的形成和发展，昭示着中国文化的学术研究已经成为一个全球的学术事业。本课题的设立将打破国内学术界和域外汉学界的分隔与疏离，促进双方的学术互动。对中国学术来说，课题的重要意义在于：使国内学术界了解域外汉学界对中国古代文化研究的进展，以"它山之石"攻玉。通过本课题的研究，国内学术界了解了域外汉学界在20世纪关于中国古代文化经典的研究成果和方法，从而在观念上认识到：对中国古代文化经典的研究已经不再仅仅属于中国学术界本身，而应以更加开阔的学术视野展开对中国古代文化经典的研究与探索。

这样一个想法，在我们这项研究中基本实现了。但我们应该看到，对中国古代文化经典在域外的传播与影响的研究绝非我们这样一个课题就可以完成的。这是一个崭新的学术方向和领域，需要学术界长期关注与研究。基于这样的考虑，在课题设计的布局上我们的原则是：立足基础，面向未来，着眼长远。我们希望本课题的研究为今后学术的进一步发展打下坚实的基础。为此，在导论中，我们初步勾勒出中国古代文化经典在西方传播的轨迹，并从理论和文献两个角度对这个研究领域的方法论做了初步的探讨。在编年系列部分，我们从文献目录入手，系统整理出20世纪以来中国古代文化经典在世界主要国家的传播编年。编年体是中国传统记史的一个重要体裁，这样大规模的中国文化域外传播的编年研究在世界上是首次。专题研究则是从不同的角度对这个主题的深化。

为完成这个课题，30余位国内外学者奋斗了7年，到出版时几乎是用了10年时间。尽管我们取得了一定的成绩，这个研究还是刚刚开始，待继续努力的方向还很多。如：这里的中国古代文化经典主要侧重于以汉文化为主体，但中国古代文化是一个"多元一体"的文化，在其长期发展中，少数民族的古代文化经典已经逐步融合到汉文化的主干之中,成为中华文化充满活力、不断发展的动力和原因之一。由于时间和知识的限制,在本丛书中对中国古代少数民族的经典在域外的传播研究尚未全面展开,只是在个别卷中有所涉猎。在语言的广度上也待扩展,如在欧洲语言中尚未把西班牙语、瑞典语、荷兰语等包括进去,在亚洲语言中尚未把印地语、孟加拉语、僧伽罗语、乌尔都语、波斯语等包括进去。因此,我们只是迈开了第一步,我们希望在今后几年继续完成中国古代文化在使用以上语言的国家中传播的编年研究工作。希望在第二版时,我们能把编年卷做得更好,使其成为方便学术界使用的工具书。

中国文化是全球性的文化,它不仅在东亚文化圈、欧美文化圈产生过重要影响,在东南亚、南亚、阿拉伯世界也都产生过重要影响。因此,本丛书尽力将中国古代文化经典在多种文化区域传播的图景展现出来。或许这些研究仍待深化,但这样一个图景会使读者对中国文化的影响力有一个更为全面的认识。

中国古代文化经典的域外传播研究近年来逐步受到学术界的重视,据初步统计,目前出版的相关专著已经有十几本之多,相关博士论文已经有几十篇,国家社科基金课题及教育部课题中与此相关的也有十余个。随着国家"一带一路"倡议的提出,中国文化"走出去"战略也开始更加关注这个方向。应该说,这个领域的研究进步很大,成果显著。但由于这是一个跨学科的崭新研究领域,尚有不少问题需要我们深入思考。例如,如何更加深入地展开这一领域的研究?如何从知识和学科上把握这个研究领域?通过什么样的路径和方法展开这个领域的研究?这个领域的研究在学术上的价值和意义何在?对这些问题笔者在这里进行初步的探讨。

## 一、历史:展开中国典籍外译研究的基础

根据目前研究,中国古代文化典籍第一次被翻译为欧洲语言是在1592年,由来自西班牙的传教士高母羡(Juan Cobo,1546—1592)[①]第一次将元末明初的中国

---

[①] "'Juan Cobo',是他在1590年寄给危地马拉会友信末的落款签名,也是同时代的欧洲作家对他的称呼;'高母羡',是1593年马尼拉出版的中文著作《辩正教真传实录》一书扉页上的作者;'羡高茂',是1592年他在翻译菲律宾总督致丰臣秀吉的回信中使用的署名。"蒋薇:《1592年高母羡(Fr.Juan Cobo)出使日本之行再议》,硕士论文抽样本,北京:北京外国语大学;方豪:《中国天主教史人物传》(上),北京:中华书局,1988年,第83—89页。

文人范立本所编著的收录中国文化先贤格言的蒙学教材《明心宝鉴》翻译成西班牙文。《明心宝鉴》收入了孔子、孟子、庄子、老子、朱熹等先哲的格言,于洪武二十六年(1393)刊行。如此算来,欧洲人对中国古代文化典籍的翻译至今已有424年的历史。要想展开相关研究,对研究者最基本的要求就是熟知西方汉学的历史。

仅仅拿着一个译本,做单独的文本研究是远远不够的。这些译本是谁翻译的?他的身份是什么?他是哪个时期的汉学家?他翻译时的中国助手是谁?他所用的中文底本是哪个时代的刻本?……这些都涉及对汉学史及中国文化史的了解。例如,如果对《明心宝鉴》的西班牙译本进行研究,就要知道高母羡的身份,他是道明会的传教士,在菲律宾完成此书的翻译,此书当时为生活在菲律宾的道明会传教士学习汉语所用。他为何选择了《明心宝鉴》而不是其他儒家经典呢?因为这个本子是他从当时来到菲律宾的中国渔民那里得到的,这些侨民只是粗通文墨,不可能带有很经典的儒家本子,而《菜根谭》和《明心宝鉴》是晚明时期民间流传最为广泛的儒家伦理格言书籍。由于这是以闽南话为基础的西班牙译本,因此书名、人名及部分难以意译的地方,均采取音译方式,其所注字音当然也是闽南语音。我们对这个译本进行研究就必须熟悉闽南语。同时,由于译者是天主教传教士,因此研究者只有对欧洲天主教的历史发展和天主教神学思想有一定的了解,才能深入其文本的翻译研究之中。

又如,法国第一位专业汉学家雷慕沙(Jean Pierre Abel Rémusat,1788—1832)的博士论文是关于中医研究的《论中医舌苔诊病》(*Dissertatio de glossosemeiotice sive de signis morborum quae è linguâ sumuntur, praesertim apud sinenses*, 1813, Thése, Paris)。论文中翻译了中医的一些基本文献,这是中医传向西方的一个重要环节。如果做雷慕沙这篇文献的研究,就必须熟悉西方汉学史,因为雷慕沙并未来过中国,他关于中医的知识是从哪里得来的呢?这些知识是从波兰传教士卜弥格(Michel Boym,1612—1659)那里得来的。卜弥格的《中国植物志》"是西方研究中国动植物的第一部科学著作,曾于1656年在维也纳出版,还保存了原著中介绍的每一种动植物的中文名称和卜弥格为它们绘制的二十七幅图像。后来因为这部著作受到欧洲读者极大的欢迎,在1664年,又发表了它的法文译本,名为《耶稣会士卜弥格神父写的一篇论特别是来自中国的花、水果、植物和个别动物的论文》……

荷兰东印度公司一位首席大夫阿德列亚斯·克莱耶尔（Andreas Clayer）……1682年在德国出版的一部《中医指南》中，便将他所得到的卜弥格的《中医处方大全》《通过舌头的颜色和外部状况诊断疾病》《一篇论脉的文章》和《医学的钥匙》的部分章节以他的名义发表了"①。这就是雷慕沙研究中医的基本材料的来源。如果对卜弥格没有研究，那就无法展开对雷慕沙的研究，更谈不上对中医西传的研究和翻译时的历史性把握。

这说明研究者要熟悉从传教士汉学到专业汉学的发展历史，只有如此才能展开研究。西方汉学如果从游记汉学算起已经有七百多年的历史，如果从传教士汉学算起已经有四百多年的历史，如果从专业汉学算起也有近二百年的历史。在西方东方学的历史中，汉学作为一个独立学科存在的时间并不长，但学术的传统和人脉一直在延续。正像中国学者做研究必须熟悉本国学术史一样，做中国文化典籍在域外的传播研究首先也要熟悉域外各国的汉学史，因为绝大多数的中国古代文化典籍的译介是由汉学家们完成的。不熟悉汉学家的师承、流派和学术背景，自然就很难做好中国文化的海外传播研究。

上面这两个例子还说明，虽然西方汉学从属于东方学，但它是在中西文化交流的历史中产生的。这就要求研究者不仅要熟悉西方汉学史，也要熟悉中西文化交流史。例如，如果不熟悉元代的中西文化交流史，那就无法读懂《马可·波罗游记》；如果不熟悉明清之际的中西文化交流史，也就无法了解以利玛窦为代表的传教士汉学家们的汉学著作，甚至完全可能如堕烟海，不知从何下手。上面讲的卜弥格是中医西传第一人，在中国古代文化典籍西传方面贡献很大，但他同时又是南明王朝派往梵蒂冈教廷的中国特使，在明清时期中西文化交流史上占有重要的地位。如果不熟悉明清之际的中西文化交流史，那就无法深入展开研究。即使一些没有来过中国的当代汉学家，在其进行中国典籍的翻译时，也会和中国当时的历史与人物发生联系并受到影响。例如20世纪中国古代文化经典最重要的翻译家阿瑟·韦利（Arthur David Waley,1889—1966）与中国作家萧乾、胡适的交往，都对他的翻译活动产生过影响。

历史是进行一切人文学科研究的基础，做中国古代文化经典在域外的传播研

---

① 张振辉：《卜弥格与明清之际中学的西传》，《中国史研究》2011年第3期，第184—185页。

究尤其如此。

中国学术界对西方汉学的典籍翻译的研究起源于清末民初之际。辜鸿铭对西方汉学家的典籍翻译多有微词。那时的中国学术界对西方汉学界已经不陌生,不仅不陌生,实际上晚清时期对中国学问产生影响的西学中也包括汉学。[①] 近代以来,中国学术的发展是西方汉学界与中国学界互动的结果,我们只要提到伯希和、高本汉、葛兰言在民国时的影响就可以知道。[②] 但中国学术界自觉地将西方汉学作为一个学科对象加以研究和分梳的历史并不长,研究者大多是从自己的专业领域对西方汉学发表评论,对西方汉学的学术历史研究甚少。莫东言的《汉学发达史》到1936年才出版,实际上这本书中的绝大多数知识来源于日本学者石田干之助的《欧人之汉学研究》[③]。近30年来中国学术界对西方汉学的研究有了长足进展,个案研究、专书和专人研究及国别史研究都有了重大突破。像徐光华的《国外汉学史》、阎纯德主编的《列国汉学史》等都可以为我们的研究提供初步的线索。但应看到,对国别汉学史的研究才刚刚开始,每一位从事中国典籍外译研究的学者都要注意对汉学史的梳理。我们应承认,至今令学术界满意的中国典籍外译史的专著并不多见,即便是国别体的中国典籍外译的专题历史研究著作都尚未出现。[④] 因为这涉及太多的语言和国家,绝非短期内可以完成。随着国家"一带一路"倡议的提出,了解沿路国家文化与中国文化之间的互动历史是学术研究的题中应有之义。但一旦我们翻阅学术史文献就会感到,在这个领域我们需要做的事情还有很多,尤其需要增强对沿路国家文化与中国文化互动的了解。百年以西为师,我们似乎忘记了家园和邻居,悲矣!学术的发展总是一步步向前的,愿我们沿着季羡林先生开辟的中国东方学之路,由历史而入,拓展中国学术发展的新空间。

---

[①] 罗志田:《西学冲击下近代中国学术分科的演变》,《社会科学研究》2003年第1期。
[②] 桑兵:《国学与汉学——近代中外学界交往录》,北京:中国人民大学出版社,2010年;李孝迁:《葛兰言在民国学界的反响》,《华东师范大学学报》(哲学社会科学版)2010年第4期。
[③] [日]石田干之助:《欧人之汉学研究》,朱滋萃译,北京:北平中法大学出版社,1934年。
[④] 马祖毅、任荣珍:《汉籍外译史》,武汉:湖北教育出版社,1997年。这本书尽管是汉籍外译研究的开创性著作,但书中的错误颇多,注释方式也不规范,完全分不清资料的来源。关键在于作者对域外汉学史并未深入了解,仅在二手文献基础上展开研究。学术界对这本书提出了批评,见许冬平《〈汉籍外译史〉还是〈汉籍歪译史〉?》,光明网,2011年8月21日。

## 二、文献：西方汉学文献学亟待建立

张之洞在《书目答问》中开卷就说："诸生好学者来问应读何书，书以何本为善。偏举既嫌挂漏，志趣学业亦各不同，因录此以告初学。"①学问由目入，读书自识字始，这是做中国传统学问的基本方法。此法也同样适用于中国文化在域外的传播研究及中国典籍外译研究。因为19世纪以前中国典籍的翻译者以传教士为主，传教士的译本在欧洲呈现出非常复杂的情况。17世纪时传教士的一些译本是拉丁文的，例如柏应理和一些耶稣会士联合翻译的《中国哲学家孔子》，其中包括《论语》《大学》《中庸》。这本书的影响很大，很快就有了各种欧洲语言的译本，有些是节译，有些是改译。如果我们没有西方汉学文献学的知识，就搞不清这些译本之间的关系。

18世纪欧洲的流行语言是法语，会法语是上流社会成员的标志。恰好此时来华的传教士由以意大利籍为主转变为以法国籍的耶稣会士为主。这些法国来华的传教士学问基础好，翻译中国典籍极为勤奋。法国传教士的汉学著作中包含了大量的对中国古代文化典籍的介绍和翻译，例如来华耶稣会士李明返回法国后所写的《中国近事报道》(Nouveaux mémoires sur l'état présent de la Chine)，1696年在巴黎出版。他在书中介绍了中国古代重要的典籍"五经"，同时介绍了孔子的生平。李明所介绍的孔子的生平在当时欧洲出版的来华耶稣会士的汉学著作中是最详细的。这本书出版后在四年内竟然重印五次，并有了多种译本。如果我们对法语文本和其他文本之间的关系不了解，就很难做好翻译研究。

进入19世纪后，英语逐步取得霸主地位，英文版的中国典籍译作逐渐增加，版本之间的关系也更加复杂。美国诗人庞德在翻译《论语》时，既参照早年由英国汉学家柯大卫(David Collie)翻译的第一本英文版"四书"②，也参考理雅各的译本，如果只是从理雅各的译本来研究庞德的翻译肯定不全面。

20世纪以来对中国典籍的翻译一直在继续，翻译的范围不断扩大。学者研

---

① [清]张之洞著，范希曾补正：《书目答问补正》，上海：上海古籍出版社，2001年，第3页。
② David Collie, *The Four Books*, Malacca: Printed at Mission Press, 1828.

究百年的《论语》译本的数量就很多,《道德经》的译本更是不计其数。有的学者说世界上译本数量极其巨大的文化经典文本有两种,一种是《圣经》,另一种就是《道德经》。

这说明我们在从事文明互鉴的研究时,尤其在从事中国古代文化经典在域外的翻译和传播研究时,一定要从文献学入手,从目录学入手,这样才会保证我们在做翻译研究时能够对版本之间的复杂关系了解清楚,为研究打下坚实的基础。中国学术传统中的"辨章学术,考镜源流"在我们致力于域外汉学研究时同样需要。

目前,国家对汉籍外译项目投入了大量的经费,国内学术界也有相当一批学者投入这项事业中。但我们在开始这项工作时应该摸清世界各国已经做了哪些工作,哪些译本是受欢迎的,哪些译本问题较大,哪些译本是节译,哪些译本是全译。只有清楚了这些以后,我们才能确定恰当的翻译策略。显然,由于目前我们在域外汉学的文献学上做得不够理想,对中国古代文化经典的翻译情况若明若暗。因而,国内现在确立的一些翻译计划不少是重复的,在学术上是一种浪费。即便国内学者对这些典籍重译,也需要以前人的工作为基础。

就西方汉学而言,其基础性书目中最重要的是两本目录,一本是法国汉学家考狄编写的《汉学书目》(*Bibliotheca sinica*),另一本是中国著名学者、中国近代图书馆的奠基人之一袁同礼1958年出版的《西文汉学书目》(*China in Western Literature:a Continuation of Cordier's Bibliotheca Sinica*)①。

从西方最早对中国的记载到1921年西方出版的关于研究中国的书籍,四卷本的考狄书目都收集了,其中包括大量关于中国古代文化典籍的译本目录。袁同礼的《西文汉学书目》则是"接着说",其书名就表明是接着考狄来做的。他编制了1921—1954年期间西方出版的关于中国研究的书目,其中包括数量可观的关于中国古代文化典籍的译本目录。袁同礼之后,西方再没有编出一本类似的书目。究其原因,一方面是中国研究的进展速度太快,另一方面是中国研究的范围在快速扩大,在传统的人文学科的思路下已经很难把握快速发展的中国研究。

当然,国外学者近50年来还是编制了一些非常重要的专科性汉学研究文献

---

① 书名翻译为《西方文学作品里的中国书目——续考狄之汉学书目》更为准确,《西文汉学书目》简洁些。

目录,特别是关于中国古代文化经典的翻译也有了专题性书目。例如,美国学者编写的《中国古典小说研究与欣赏论文书目指南》[1]是一本很重要的专题性书目,对于展开中国古典文学在西方的传播研究奠定了基础。日本学者所编的《东洋学文献类目》是当代较权威的中国研究书目,收录了部分亚洲研究的文献目录,但涵盖语言数量有限。当然中国学术界也同样取得了较大的进步,台湾学者王尔敏所编的《中国文献西译书目》[2]无疑是中国学术界较早的西方汉学书目。汪次昕所编的《英译中文诗词曲索引:五代至清末》[3]、王丽娜的《中国古典小说戏曲名著在国外》[4]是新时期第一批从目录文献学上研究西方汉学的著作。林舒俐、郭英德所编的《中国古典戏曲研究英文论著目录》[5]、顾钧、杨慧玲在美国汉学家卫三畏研究的基础上编制的《〈中国丛报〉篇名目录及分类索引》,王国强在其《〈中国评论〉(1872—1901)与西方汉学》中所附的《中国评论》目录和《中国评论》文章分类索引等,都代表了域外汉学和中国古代文化外译研究的最新进展。

从学术的角度看,无论是海外汉学界还是中国学术界在汉学的文献学和目录学上都仍有继续展开基础性研究和学术建设的极大空间。例如,在17世纪和18世纪"礼仪之争"后来华传教士所写的关于在中国传教的未刊文献至今没有基础性书目,这里主要指出傅圣泽和白晋的有关文献就足以说明问题。[6] 在罗马传信部档案馆、梵蒂冈档案馆、耶稣会档案馆有着大量未刊的耶稣会士关于"礼仪之争"的文献,这些文献多涉及中国典籍的翻译问题。在巴黎外方传教会、方济各传教会也有大量的"礼仪之争"期间关于中国历史文化研究的未刊文献。这些文献目录未整理出来以前,我们仍很难书写一部完整的中国古代文献西文翻译史。

由于中国文化研究已经成为一个国际化的学术事业,无论是美国亚洲学会的

---

[1] Winston L.Y.Yang, Peter Li and Nathan K.Mao, *Classical Chinese Fiction: A Guide to Its Study and Appreciation—Essays and Bibliographies*, Boston: G.K.Hall & Co., 1978.
[2] 王尔敏编:《中国文献西译书目》,台北:台湾商务印书馆,1975年。
[3] 汪次昕编:《英译中文诗词曲索引:五代至清末》,台北:汉学研究中心,2000年。
[4] 王丽娜:《中国古典小说戏曲名著在国外》,上海:学林出版社,1988年。
[5] 林舒俐、郭英德编:《中国古典戏曲研究英文论著目录》(上),《戏曲研究》2009年第3期;《中国古典戏曲研究英文论著目录》(下),《戏曲研究》2010年第1期。
[6] [美]魏若望:《耶稣会士傅圣泽神甫传:索隐派思想在中国及欧洲》,吴莉苇译,郑州:大象出版社,2006年;[丹]龙伯格:《清代来华传教士马若瑟研究》,李真、骆洁译,郑州:大象出版社,2009年;[德]柯兰霓:《耶稣会士白晋的生平与著作》,李岩译,郑州:大象出版社,2009年;[法]维吉尔·毕诺:《中国对法国哲学思想形成的影响》,耿昇译,北京:商务印书馆,2000年。

中国学研究网站所编的目录,还是日本学者所编的目录,都已经不能满足学术发展的需要。我们希望了解伊朗的中国历史研究状况,希望了解孟加拉国对中国文学的翻译状况,但目前没有目录能提供这些。袁同礼先生当年主持北平图书馆工作时曾说过,中国国家图书馆应成为世界各国的中国研究文献的中心,编制世界的汉学研究书目应是我们的责任。先生身体力行,晚年依然坚持每天在美国国会图书馆的目录架旁抄录海外中国学研究目录,终于继考狄之后完成了《西文汉学书目》,开启了中国学者对域外中国研究文献学研究的先河。今日的中国国家图书馆的同人和中国文献学的同行们能否继承前辈之遗产,为飞出国门的中国文化研究提供一个新时期的文献学的阶梯,提供一个真正能涵盖多种语言,特别是非通用语的中国文化研究书目呢? 我们期待着。正是基于这样的考虑,10年前我承担教育部重大攻关项目"20世纪中国古代文化经典在域外的传播与影响"时,决心接续袁先生的工作做一点尝试。我们中国海外汉学研究中心和北京外国语大学与其他院校学界的同人以10年之力,编写了一套10卷本的中国文化传播编年,它涵盖了22种语言,涉及20余个国家。据我了解,这或许是目前世界上第一次涉及如此多语言的中国文化外传文献编年。

尽管这些编年略显幼稚,多有不足,但中国的学者们是第一次把自己的语言能力与中国学术的基础性建设有机地结合起来。我们总算在袁同礼先生的事业上前进了一步。

学术界对于加强海外汉学文献学研究的呼声很高。李学勤当年主编的《国际汉学著作提要》就是希望从基础文献入手加强对西方汉学名著的了解。程章灿更是提出了十分具体的方案,他认为如果把欧美汉学作为学术资源,应该从以下四方面着手:"第一,从学术文献整理的角度,分学科、系统编纂中外文对照的专业论著索引。就欧美学者的中国文学研究而言,这一工作显得相当迫切。这些论著至少应该包括汉学专著、汉籍外译本及其附论(尤其是其前言、后记)、各种教材(包括文学史与作品选)、期刊论文、学位论文等几大项。其中,汉籍外译本与学位论文这两项比较容易被人忽略。这些论著中提出或涉及的学术问题林林总总,如果并没有广为中国学术界所知,当然也就谈不上批判或吸收。第二,从学术史角度清理学术积累,编纂重要论著的书目提要。从汉学史上已出版的研究中国文学的专著中,选取有价值的、有影响的,特别是有学术史意义的著作,每种写一篇两三千字的书目提要,述其内容大要、方法特点,并对其作学术史之源流梳理。对这些海外汉学文献的整理,就是学术史的建设,其道理与第一点是一样的。第三,从学术术语与话语沟通的角度,编纂一册中英文术语对照词典。就中国文学研究而言,目前在世界范围内,英语与汉语是两种最重要的工作语言。但是,对于同一个中国文学专有名词,往往有多种不同的英语表达法,国内学界英译中国文学术语时,词不达意、生拉硬扯的现象时或可见,极不利于中外学者的沟通和中外学术的交流。如有一册较好的中英文中国文学术语词典,不仅对于中国研究者,而且对于学习中国文学的外国人,都有很大的实用价值。第四,在系统清理研判的基础上,编写一部国际汉学史略。"[1]

历史期待着我们这一代学人,从基础做起,从文献做起,构建起国际中国文化研究的学术大厦。

## 三、语言:中译外翻译理论与实践有待探索

翻译研究是做中国古代文化对外传播研究的重要环节,没有这个环节,整个研究就不能建立在坚实的学术基础之上。在翻译研究中如何创造出切实可行的中译外理论是一个亟待解决的问题。如果翻译理论、翻译的指导观念不发生变革,一味依赖西方的理论,并将其套用在中译外的实践中,那么中国典籍的外译将不会有更大的发展。

外译中和中译外是两种翻译实践活动。前者说的是将外部世界的文化经典翻译成中文,后者说的是将中国古代文化的经典翻译成外文。几乎每一种有影响的文化都会面临这两方面的问题。

中国文化史告诉我们,我们有着悠久的外译中的历史,例如从汉代以来中国对佛经的翻译和近百年来中国对西学和日本学术著作的翻译。中国典籍的外译最早可以追溯到玄奘译老子的《道德经》,但真正形成规模则始于明清之际来华的传教士,即上面所讲的高母羡、利玛窦等人。中国人独立开展这项工作则应从晚清时期的陈季同和辜鸿铭算起。外译中和中译外作为不同语言之间的转换有

---

[1] 程章灿:《作为学术文献资源的欧美汉学研究》,《文学遗产》2012年第2期,第134—135页。

共同性,这是毋庸置疑的。但二者的区别也很明显,目的语和源语言在外译中和中译外中都发生了根本性置换,这种目的语和源语言的差别对译者提出了完全不同的要求。因此,将中译外作为一个独立的翻译实践来展开研究是必要的,正如刘宓庆所说:"实际上东方学术著作的外译如何解决文化问题还是一块丰腴的亟待开发的处女地。"①

由于在翻译目的、译本选择、语言转换等方面的不同,在研究中译外时完全照搬西方的翻译理论是有问题的。当然,并不是说西方的翻译理论不可用,而是这些理论的创造者的翻译实践大都是建立在西方语言之间的互译之上。在此基础上产生的翻译理论面对东方文化时,特别是面对以汉字为基础的汉语文化时会产生一些问题。潘文国认为,至今为止,西方的翻译理论基本上是对印欧语系内部翻译实践的总结和提升,那套理论是"西西互译"的结果,用到"中西互译"是有问题的,"西西互译"多在"均质印欧语"中发生,而"中西互译"则是在相距遥远的语言之间发生。因此他认为"只有把'西西互译'与'中西互译'看作是两种不同性质的翻译,因而需要不同的理论,才能以更为主动的态度来致力于中国译论的创新"②。

语言是存在的家园。语言具有本体论作用,而不仅仅是外在表达。刘勰在《文心雕龙·原道》中写道:"文之为德也大矣,与天地并生者何哉?夫玄黄色杂,方圆体分,日月叠璧,以垂丽天之象;山川焕绮,以铺理地之形:此盖道之文也。仰观吐曜,俯察含章,高卑定位,故两仪既生矣。惟人参之,性灵所钟,是谓三才。为五行之秀,实天地之心。心生而言立,言立而文明,自然之道也。傍及万品,动植皆文:龙凤以藻绘呈瑞,虎豹以炳蔚凝姿;云霞雕色,有逾画工之妙;草木贲华,无待锦匠之奇。夫岂外饰,盖自然耳。至于林籁结响,调如竽瑟;泉石激韵,和若球锽:故形立则章成矣,声发则文生矣。夫以无识之物,郁然有彩,有心之器,其无文欤?"③刘勰这段对语言和文字功能的论述绝不亚于海德格尔关于语言性质的论述,他强调"文"的本体意义和内涵。

---

① 刘宓庆:《中西翻译思想比较研究》,北京:中国对外翻译出版公司,2005年,第272页。
② 潘文国:《中籍外译,此其时也——关于中译外问题的宏观思考》,《杭州师范学院学报》(社会科学版)2007年第6期。
③ 〔南朝梁〕刘勰著,周振甫译注:《文心雕龙选译》,北京:中华书局,1980年,第19—20页。

中西两种语言,对应两种思维、两种逻辑。外译中是将抽象概念具象化的过程,将逻辑思维转换成伦理思维的过程;中译外是将具象思维的概念抽象化,将伦理思维转换成逻辑思维的过程。当代美国著名汉学家安乐哲(Roger T. Ames)与其合作者也有这样的思路:在中国典籍的翻译上反对用一般的西方哲学思想概念来表达中国的思想概念。因此,他在翻译中国典籍时着力揭示中国思想异于西方思想的特质。

语言是世界的边界,不同的思维方式、不同的语言特点决定了外译中和中译外具有不同的规律,由此,在翻译过程中就要注意其各自的特点。基于语言和哲学思维的不同所形成的中外互译是两种不同的翻译实践,我们应该重视对中译外理论的总结,现在流行的用"西西互译"的翻译理论来解释"中西互译"是有问题的,来解释中译外问题更大。这对中国翻译界来说应是一个新课题,因为在"中西互译"中,我们留下的学术遗产主要是外译中。尽管我们也有辜鸿铭、林语堂、陈季同、吴经熊、杨宪益、许渊冲等前辈的可贵实践,但中国学术界的翻译实践并未留下多少中译外的经验。所以,认真总结这些前辈的翻译实践经验,提炼中译外的理论是一个亟待努力开展的工作。同时,在比较语言学和比较哲学的研究上也应着力,以此为中译外的翻译理论打下坚实的基础。

在此意义上,许渊冲在翻译理论及实践方面的探索尤其值得我国学术界关注。许渊冲在20世纪中国翻译史上是一个奇迹,他在中译外和外译中两方面均有很深造诣,这十分少见。而且,在中国典籍外译过程中,他在英、法两个语种上同时展开,更是难能可贵。"书销中外五十本,诗译英法唯一人"的确是他的真实写照。从陈季同、辜鸿铭、林语堂等开始,中国学者在中译外道路上不断探索,到许渊冲这里达到一个高峰。他的中译外的翻译数量在中国学者中居于领先地位,在古典诗词的翻译水平上,更是成就卓著,即便和西方汉学家(例如英国汉学家韦利)相比也毫不逊色。他的翻译水平也得到了西方读者的认可,译著先后被英国和美国的出版社出版,这是目前中国学者中译外作品直接进入西方阅读市场最多的一位译者。

特别值得一提的是,许渊冲从中国文化本身出发总结出一套完整的翻译理论。这套理论目前是中国翻译界较为系统并获得翻译实践支撑的理论。面对铺天盖地而来的西方翻译理论,他坚持从中国翻译的实践出发,坚持走自己的学术道路,自成体系,面对指责和批评,他不为所动。他这种坚持文化本位的精神,这种坚持从实践出发探讨理论的风格,值得我们学习和发扬。

许渊冲把自己的翻译理论概括为"美化之艺术,创优似竞赛"。"实际上,这十个字是拆分开来解释的。'美'是许渊冲翻译理论的'三美'论,诗歌翻译应做到译文的'意美、音美和形美',这是许渊冲诗歌翻译的本体论;'化'是翻译诗歌时,可以采用'等化、浅化、深化'的具体方法,这是许氏诗歌翻译的方法论;'之'是许氏诗歌翻译的意图或最终想要达成的结果,使读者对译文能够'知之、乐之并好之',这是许氏译论的目的论;'艺术'是认识论,许渊冲认为文学翻译,尤其是诗词翻译是一种艺术,是一种研究'美'的艺术。'创'是许渊冲的'创造论',译文是译者在原诗规定范围内对原诗的再创造;'优'指的是翻译的'信达优'标准和许氏译论的'三势'(优势、劣势和均势)说,在诗歌翻译中应发挥译语优势,用最好的译语表达方式来翻译;'似'是'神似'说,许渊冲认为忠实并不等于形似,更重要的是神似;'竞赛'指文学翻译是原文和译文两种语言与两种文化的竞赛。"①

许渊冲的翻译理论不去套用当下时髦的西方语汇,而是从中国文化本身汲取智慧,并努力使理论的表述通俗化、汉语化和民族化。例如他的"三美"之说就来源于鲁迅,鲁迅在《汉文学史纲要》中指出:"诵习一字,当识形音义三:口诵耳闻其音,目察其形,心通其义,三识并用,一字之功乃全。其在文章,则写山曰峻嶒嵯峨,状水曰汪洋澎湃,蔽芾葱茏,恍逢丰木,鳟鲂鳗鲤,如见多鱼。故其所函,遂具三美:意美以感心,一也;音美以感耳,二也;形美以感目,三也。"②许渊冲的"三之"理论,即在翻译中做到"知之、乐之并好之",则来自孔子《论语·雍也》中的"知之者不如好之者,好之者不如乐之者"。他套用《道德经》中的语句所总结的翻译理论精练而完备,是近百年来中国学者对翻译理论最精彩的总结:

译可译,非常译。

忘其形,得其意。

得意,理解之始;

忘形,表达之母。

---

① 张进:《许渊冲唐诗英译研究》,硕士论文抽样本,西安:西北大学,2011年,第19页;张智中:《许渊冲与翻译艺术》,武汉:湖北教育出版社,2006年。

② 鲁迅:《鲁迅全集》(第九卷),北京:人民文学出版社,2005年,第354—355页。

故应得意,以求其同;

故可忘形,以存其异。

两者同出,异名同理。

得意忘形,求同存异;

翻译之道。

2014年,在第二十二届世界翻译大会上,由中国翻译学会推荐,许渊冲获得了国际译学界的最高奖项"北极光"杰出文学翻译奖。他也是该奖项自1999年设立以来,第一个获此殊荣的亚洲翻译家。许渊冲为我们奠定了新时期中译外翻译理论与实践的坚实学术基础,这个事业有待后学发扬光大。

## 四、知识:跨学科的知识结构是对研究者的基本要求

中国古代文化经典在域外的翻译与传播研究属于跨学科研究领域,语言能力只是进入这个研究领域的一张门票,但能否坐在前排,能否登台演出则是另一回事。因为很显然,语言能力尽管重要,但它只是展开研究的基础条件,而非全部条件。

研究者还应该具备中国传统文化知识与修养。我们面对的研究对象是整个海外汉学界,汉学家们所翻译的中国典籍内容十分丰富,除了我们熟知的经、史、子、集,还有许多关于中国的专业知识。例如,俄罗斯汉学家阿列克谢耶夫对宋代历史文学极其关注,翻译宋代文学作品数量之大令人吃惊。如果研究他,仅仅俄语专业毕业是不够的,研究者还必须通晓中国古代文学,尤其是宋代文学。清中前期,来华的法国耶稣会士已经将中国的法医学著作《洗冤集录》翻译成法文,至今尚未有一个中国学者研究这个译本,因为这要求译者不仅要懂宋代历史,还要具备中国古代法医学知识。

中国典籍的外译相当大一部分产生于中外文化交流的历史之中,如果缺乏中西文化交流史的知识,常识性错误就会出现。研究18世纪的中国典籍外译要熟悉明末清初的中西文化交流史,研究19世纪的中国典籍外译要熟悉晚清时期的中西文化交流史,研究东亚之间文学交流要精通中日、中韩文化交流史。

同时,由于某些译者有国外学术背景,想对译者和文本展开研究就必须熟悉

译者国家的历史与文化、学术与传承,那么,知识面的扩展、知识储备的丰富必不可少。

目前,绝大多数中国古代文化外译的研究者是外语专业出身,这些学者的语言能力使其成为这个领域的主力军,但由于目前教育分科严重细化,全国外语类大学缺乏系统的中国历史文化的教育训练,因此目前的翻译及其研究在广度和深度上尚难以展开。有些译本作为国内外语系的阅读材料尚可,要拿到对象国出版还有很大的难度,因为这些译本大都无视对象国汉学界译本的存在。的确,研究中国文化在域外的传播和发展是一个崭新的领域,是青年学者成长的天堂。但同时,这也是一个有难度的跨学科研究领域,它对研究者的知识结构提出了新挑战。研究者必须走出单一学科的知识结构,全面了解中国文化的历史与文献,唯此才能对中国古代文化经典的域外传播和中国文化的域外发展进行更深入的研究。当然,术业有专攻,在当下的知识分工条件下,研究者已经不太可能系统地掌握中国全部传统文化知识,但掌握其中的一部分,领会其精神仍十分必要。这对中国外语类大学的教学体系改革提出了更高的要求,中国历史文化课程必须进入外语大学的必修课中,否则,未来的学子们很难承担起这一历史重任。

## 五、方法:比较文化理论是其基本的方法

从本质上讲,中国文化域外传播与发展研究是一种文化间关系的研究,是在跨语言、跨学科、跨文化、跨国别的背景下展开的,这和中国本土的国学研究有区别。关于这一点,严绍璗先生有过十分清楚的论述,他说:"国际中国学(汉学)就其学术研究的客体对象而言,是指中国的人文学术,诸如文学、历史、哲学、艺术、宗教、考古等等,实际上,这一学术研究本身就是中国人文学科在域外的延伸。所以,从这样的意义上说,国际中国学(汉学)的学术成果都可以归入中国的人文学术之中。但是,作为从事于这样的学术的研究者,却又是生活在与中国文化很不相同的文化语境中,他们所受到的教育,包括价值观念、人文意识、美学理念、道德伦理和意识形态等等,和我们中国本土很不相同。他们是以他们的文化为背景而从事中国文化的研究,通过这些研究所表现的价值观念,从根本上说,是他们的'母体文化'观念。所以,从这样的意义上说,国际中国学(汉学)的学术成果,其

实也是他们'母体文化'研究的一种。从这样的视角来考察国际中国学(汉学),那么,我们可以说,这是一门在国际文化中涉及双边或多边文化关系的近代边缘性的学术,它具有'比较文化研究'的性质。"①严先生的观点对于我们从事中国古代文化典籍外译和传播研究有重要的指导意义。有些学者认为西方汉学家翻译中的误读太多,因此,中国文化经典只有经中国人来翻译才忠实可信。显然,这样的看法缺乏比较文学和跨文化的视角。

"误读"是翻译中的常态,无论是外译中还是中译外,除了由于语言转换过程中知识储备不足产生的误读②,文化理解上的误读也比比皆是。有的译者甚至故意误译,完全按照自己的理解阐释中国典籍,最明显的例子就是美国诗人庞德。1937年他译《论语》时只带着理雅各的译本,没有带词典,由于理雅各的译本有中文原文,他就盯着书中的汉字,从中理解《论语》,并称其为"注视字本身",看汉字三遍就有了新意,便可开始翻译。例如"《论语·公冶长第五》,'子曰:道不行,乘桴浮于海。从我者,其由与?子路闻之喜。子曰:由也,好勇过我,无所取材。'最后四字,朱熹注:'不能裁度事理。'理雅各按朱注译。庞德不同意,因为他从'材'字中看到'一棵树加半棵树',马上想到孔子需要一个'桴'。于是庞德译成'Yu like danger better than I do. But he wouldn't bother about getting the logs.'(由比我喜欢危险,但他不屑去取树木。)庞德还指责理雅各译文'失去了林肯式的幽默'。后来他甚至把理雅各译本称为'丢脸'(an infamy)"③。庞德完全按自己的理解来翻译,谈不上忠实,但庞德的译文却在美国和其他西方国家产生了巨大影响。日本比较文学家大塚幸男说:"翻译文学,在对接受国文学的影响中,误解具有异乎寻常的力量。有时拙劣的译文意外地产生极大的影响。"④庞德就是这样的翻译家,他翻译《论语》《中庸》《孟子》《诗经》等中国典籍时,完全借助理雅各的译本,但又能超越理雅各的译本,在此基础上根据自己的想法来翻译。他把《中庸》翻

---

① 严绍璗:《我对国际中国学(汉学)的认识》,《国际汉学》(第五辑),郑州:大象出版社,2000年,第11页。
② 英国著名汉学家阿瑟·韦利在翻译陶渊明的《责子》时将"阿舒已二八"翻译成"A-Shu is eighteen",显然是他不知在中文中"二八"是指16岁,而不是18岁。这样知识性的翻译错误是常有的。
③ 赵毅衡:《诗神远游:中国如何改变了美国现代诗》,成都:四川文艺出版社,2013年,第277—278页。
④ [日]大塚幸男:《比较文学原理》,陈秋峰、杨国华译,西安:陕西人民出版社,1985年,第101页。

译为 Unwobbling Pivot（不动摇的枢纽），将"君子而时中"翻译成"The master man's axis does not wobble"（君子的轴不摇动），这里的关键在于他认为"中"是"一个动作过程，一个某物围绕旋转的轴"①。只有具备比较文学和跨文化理论的视角，我们才能理解庞德这样的翻译。

从比较文学角度来看，文学著作一旦被翻译成不同的语言，它就成为各国文学历史的一部分，"在翻译中，创造性叛逆几乎是不可避免的"②。这种叛逆就是在翻译时对源语言文本的改写，任何译本只有在符合本国文化时，才会获得第二生命。正是在这个意义上，谢天振主张将近代以来的中国学者对外国文学的翻译作为中国近代文学的一部分，使它不再隶属于外国文学，为此，他专门撰写了《中国现代翻译文学史》③。他的观点向我们提供了理解被翻译成西方语言的中国古代文化典籍的新视角。

尽管中国学者也有在中国典籍外译上取得成功的先例，例如林语堂、许渊冲，但这毕竟不是主流。目前国内的许多译本并未在域外产生真正的影响。对此，王宏印指出："毋庸讳言，虽然我们取得的成就很大，但国内的翻译、出版的组织和质量良莠不齐，加之推广和运作方面的困难，使得外文形式的中国典籍的出版发行多数限于国内，难以进入世界文学的视野和教学研究领域。有些译作甚至成了名副其实的'出口转内销'产品，只供学外语的学生学习外语和翻译技巧，或者作为某些懂外语的人士的业余消遣了。在现有译作精品的评价研究方面，由于信息来源的局限和读者反应调查的费钱费力费时，大大地限制了这一方面的实证研究和有根有据的评论。一个突出的困难就是，很难得知外国读者对于中国典籍及其译本的阅读经验和评价情况，以至于影响了研究和评论的视野和效果，有些译作难免变成译者和学界自作自评和自我欣赏的对象。"④

王宏印这段话揭示了目前国内学术界中国典籍外译的现状。目前由政府各部门主导的中国文化、中国学术外译工程大多建立在依靠中国学者来完成的基本思路上，但此思路存在两个误区。第一，忽视了一个基本的语言学规律：外语再

---

① 赵毅衡：《诗神远游：中国如何改变了美国现代诗》，成都：四川文艺出版社，2013年，第278页。
② [美]乌尔利希·韦斯坦因：《比较文学与文学理论》，刘象愚译，沈阳：辽宁人民出版社，1987年，第36页。
③ 谢天振：《中国现代翻译文学史》，上海：上海外语教育出版社，2004年。
④ 王宏印：《中国文化典籍英译》，北京：外语教学与研究出版社，2009年，第6页。

好,也好不过母语,翻译时没有对象国汉学家的合作,在知识和语言上都会遇到不少问题。应该认识到林语堂、杨宪益、许渊冲毕竟是少数,中国学者不可能成为中国文化外译的主力。第二,这些项目的设计主要面向西方发达国家而忽视了发展中国家。中国"一带一路"倡议涉及60余个国家,其中大多数是发展中国家,非通用语是主要语言形态①。此时,如果完全依靠中国非通用语界学者们的努力是很难完成的②,因此,团结世界各国的汉学家具有重要性与迫切性。

莫言获诺贝尔文学奖后,相关部门开启了中国当代小说的翻译工程,这项工程的重要进步之一就是面向海外汉学家招标,而不是仅寄希望于中国外语界的学者来完成。小说的翻译和中国典籍文化的翻译有着重要区别,前者更多体现了跨文化研究的特点。

以上从历史、文献、语言、知识、方法五个方面探讨了开展中国古代文化典籍域外传播研究必备的学术修养。应该看到,中国文化的域外传播以及海外汉学界的学术研究标示着中国学术与国际学术接轨,这样一种学术形态揭示了中国文化发展的多样性和丰富性。在从事中国文化学术研究时,已经不能无视域外汉学家们的研究成果,我们必须与其对话,或者认同,或者批评,域外汉学已经成为中国学术与文化重建过程中一个不能忽视的对象。

在世界范围内开展中国文化研究,揭示中国典籍外译的世界性意义,并不是要求对象国家完全按照我们的意愿接受中国文化的精神,而是说,中国文化通过典籍翻译进入世界各国文化之中,开启他们对中国的全面认识,这种理解和接受已经构成了他们文化的一部分。尽管中国文化于不同时期在各国文化史中呈现出不同形态,但它们总是和真实的中国发生这样或那样的联系,都说明了中国文化作为他者存在的价值和意义。与此同时,必须承认已经融入世界各国的中国文化和中国自身的文化是两种形态,不能用对中国自身文化的理解来看待被西方塑形的中国文化;反之,也不能以变了形的中国文化作为标准来判断真实发展中的

---

① 在非通用语领域也有像林语堂、许渊冲这样的翻译大家,例如北京外国语大学亚非学院的泰语教授邱苏伦,她已经将《大唐西域记》《洛阳伽蓝记》等中国典籍翻译成泰文,受到泰国读者的欢迎,她也因此获得了泰国的最高翻译奖。
② 很高兴看到中华外译项目的语种大大扩展了,莫言获诺贝尔文学奖后,中国小说的翻译也开始面向全球招标,这是进步的开始。

中国文化。

在当代西方文化理论中,后殖民主义理论从批判的立场说明西方所持有的东方文化观的特点和产生的原因。赛义德的理论有其深刻性和批判性,但他不熟悉西方世界对中国文化理解和接受的全部历史,例如,18世纪的"中国热"实则是从肯定的方面说明中国对欧洲的影响。其实,无论是持批判立场还是持肯定立场,中国作为西方的他者,成为西方文化眼中的变色龙是注定的。这些变化并不能改变中国文化自身的价值和它在世界文化史中的地位,但西方在不同时期对中国持有不同认知这一事实,恰恰说明中国文化已成为塑造西方文化的一个重要外部因素,中国文化的世界性意义因而彰显出来。

从中国文化史角度来看,这种远游在外、已经进入世界文化史的中国古代文化并非和中国自身文化完全脱离关系。笔者不认同套用赛义德的"东方主义"的后现代理论对西方汉学和译本的解释,这种解释完全隔断了被误读的中国文化与真实的中国文化之间的精神关联。我们不能跟着后现代殖民主义思潮跑,将这种被误读的中国文化看成纯粹是西方人的幻觉,似乎这种中国形象和真实的中国没有任何关系。笔者认为,被误读的中国文化和真实的中国文化之间的关系,可被比拟为云端飞翔的风筝和牵动着它的放风筝者之间的关系。一只飞出去的风筝随风飘动,但线还在,只是细长的线已经无法解释风筝上下起舞的原因,因为那是风的作用。将风筝的飞翔说成完全是放风筝者的作用是片面的,但将飞翔的风筝说成是不受外力自由翱翔也是荒唐的。

正是在这个意义上,笔者对建立在19世纪实证主义哲学基础上的兰克史学理论持一种谨慎的接受态度,同时,对20世纪后现代主义的文化理论更是保持时刻的警觉,因为这两种理论都无法说明中国和世界之间复杂多变的文化关系,都无法说清世界上的中国形象。中国文化在世界的传播和影响及世界对中国文化的接受需要用一种全新的理论加以说明。长期以来,那种套用西方社会科学理论来解释中国与外部世界关系的研究方法应该结束了,中国学术界应该走出对西方学术顶礼膜拜的"学徒"心态,以从容、大度的文化态度吸收外来文化,自觉坚守自身文化立场。这点在当下的跨文化研究领域显得格外重要。

学术研究需要不断进步,不断完善。在10年内我们课题组不可能将这样一个丰富的研究领域做得尽善尽美。我们在做好导论研究、编年研究的基础性工作之外,还做了一些专题研究。它们以点的突破、个案的深入分析给我们展示了在跨文化视域下中国文化向外部的传播与发展。这是未来的研究路径,亟待后来者不断丰富与开拓。

这个课题由中外学者共同完成。意大利罗马智慧大学的马西尼教授指导中国青年学者王苏娜主编了《20世纪中国古代文化经典在意大利的传播编年》,法国汉学家何碧玉、安必诺和中国青年学者刘国敏、张明明一起主编了《20世纪中国古代文化经典在法国的传播编年》。他们的参与对于本项目的完成非常重要。对于这些汉学家的参与,作为丛书的主编,我表示十分的感谢。同时,本丛书也是国内学术界老中青学者合作的结果。北京大学的严绍璗先生是中国文化在域外传播和影响这个学术领域的开拓者,他带领弟子王广生完成了《20世纪中国古代文化经典在日本的传播编年》;福建师范大学的葛桂录教授是这个项目的重要参与者,他承担了本项目2卷的写作——《20世纪中国古代文学在英国的传播与影响》和《中国古典文学的英国之旅——英国三大汉学家年谱:翟理斯、韦利、霍克思》。正是由于中外学者的合作,老中青学者的合作,这个项目才得以完成,而且展示了中外学术界在这些研究领域中最新的研究成果。

这个课题也是北京外国语大学近年来第一个教育部社科司的重大攻关项目,学校领导高度重视,北京外国语大学的欧洲语言文化学院、亚非学院、阿拉伯语系、中国语言文学学院、哲学社会科学学院、英语学院、法语系等几十位老师参加了这个项目,使得这个项目的语种多达20余个。其中一些研究具有开创性,特别是关于中国古代文化在亚洲和东欧一些国家的传播研究,在国内更是首次展开。开创性的研究也就意味着需要不断完善,我希望在今后的一个时期,会有更为全面深入的文稿出现,能够体现出本课题作为学术孵化器的推动作用。

北京外国语大学中国海外汉学研究中心(现在已经更名为"国际中国文化研究院")成立已经20年了,从一个人的研究所变成一所大学的重点研究院,它所取得的进步与学校领导的长期支持分不开,也与汉学中心各位同人的精诚合作分不开。一个重大项目的完成,团队的合作是关键,在这里我对参与这个项目的所有学者表示衷心的感谢。20世纪是动荡的世纪,是历史巨变的世纪,是世界大转机的世纪。

20世纪初,美国逐步接替英国坐上西方资本主义世界的头把交椅。苏联社会主义制度在20世纪初的胜利和世纪末苏联的解体成为本世纪最重要的事件,并影响了历史进程。目前,世界体系仍由西方主导,西方的话语权成为其资本与意识形态扩张的重要手段,全球化发展、跨国公司在全球更广泛地扩张和组织生产正是这种形势的真实写照。

20世纪后期,中国的崛起无疑是本世纪最重大的事件。中国不仅作为一个政治大国和经济大国跻身于世界舞台,也必将作为文化大国向世界展示自己的丰富性和多样性,展示中国古代文化的智慧。因此,正像中国的崛起必将改变已有的世界政治格局和经济格局一样,中国文化的海外传播,中国古代文化典籍的外译和传播,必将把中国思想和文化带到世界各地,这将从根本上逐渐改变19世纪以来形成的世界文化格局。

20世纪下半叶,随着中国实施改革开放政策和国力增强,西方汉学界加大了对中国典籍的翻译,其翻译的品种、数量都是前所未有的,中国古代文化的影响力进一步增强[1]。虽然至今我们尚不能将其放在一个学术框架中统一研究与考量,但大势已定,中国文化必将随中国的整体崛起而日益成为具有更大影响的文化,西方文化独霸世界的格局必将被打破。

世界仍在巨变之中,一切尚未清晰,意大利著名经济学家阿锐基从宏观经济与政治的角度对21世纪世界格局的发展做出了略带有悲观色彩的预测。他认为今后世界有三种结局:

> 第一,旧的中心有可能成功地终止资本主义历史的进程。在过去500多年时间里,资本主义历史的进程是一系列金融扩张。在此过程中,发生了资本主义世界经济制高点上卫士换岗的现象。在当今的金融扩张中,也存在着产生这种结果的倾向。但是,这种倾向被老卫士强大的立国和战争能力抵消了。他们很可能有能力通过武力、计谋或劝说占用积累在新的中心的剩余资本,从而通过组建一个真正全球意义上的世界帝国来结束资本主义历史。

> 第二,老卫士有可能无力终止资本主义历史的进程,东亚资本有可能渐

---

[1] 李国庆:《美国对中国古典及当代作品翻译概述》,载朱政惠、崔丕主编《北美中国学的历史与现状》,上海:上海辞书出版社,2013年,第126—141页;[美]张海惠主编《北美中国学:研究概述与文献资源》,北京:中华书局,2010年;[德]马汉茂、[德]汉雅娜、张西平、李雪涛主编《德国汉学:历史、发展、人物与视角》,郑州:大象出版社,2005年。

渐占据体系资本积累过程中的一个制高点。那样的话,资本主义历史将会继续下去,但是情况会跟自建立现代国际制度以来的情况截然不同。资本主义世界经济制高点上的新卫士可能缺少立国和战争能力,在历史上,这种能力始终跟世界经济的市场表层上面的资本主义表层的扩大再生产很有联系。亚当·斯密和布罗代尔认为,一旦失去这种联系,资本主义就不能存活。如果他们的看法是正确的,那么资本主义历史不会像第一种结果那样由于某个机构的有意识行动而被迫终止,而会由于世界市场形成过程中的无意识结果而自动终止。资本主义(那个"反市场"[anti-market])会跟发迹于当代的国家权力一起消亡,市场经济的底层会回到某种无政府主义状态。

最后,用熊彼特的话来说,人类在地狱般的(或天堂般的)后资本主义的世界帝国或后资本主义的世界市场社会里窒息(或享福)前,很可能会在伴随冷战世界秩序的瓦解而出现的不断升级的暴力恐怖(或荣光)中化为灰烬。如果出现这种情况的话,资本主义历史也会自动终止,不过是以永远回到体系混乱状态的方式来实现的。600年以前,资本主义历史就从这里开始,并且随着每次过渡而在越来越大的范围里获得新生。这将意味着什么?仅仅是资本主义历史的结束,还是整个人类历史的结束?我们无法说得清楚。[1]

就此而言,中国文化的世界影响力从根本上是与中国崛起后的世界秩序重塑紧密联系在一起的,是与中国的国家命运联系在一起的。国衰文化衰,国强文化强,千古恒理。20世纪已经结束,21世纪刚刚开始,一切尚在进程之中。我们处在"三千年未有之大变局之中",我们期盼一个以传统文化为底蕴的东方大国全面崛起,为多元的世界文化贡献出她的智慧。路曼曼其远矣,吾将上下求索。

张西平

2017年6月6日定稿于游心书屋

---

[1] [意]杰奥瓦尼·阿锐基:《漫长的20世纪——金钱、权力与我们社会的根源》,姚乃强等译,南京:江苏人民出版社,2001年,第418—419页。

# 目　录

**前　言**　1

**导　论**　1
    一、理雅各的知识背景及其研究意义　3
    二、理雅各相关研究综述　7
        中文著述　7
        英文著述　9

**第一章　理雅各传教士生涯的结束及北方之行**　13
    第一节　殖民地的最后时光（1870—1873）　14
    第二节　1873年的中国北方之行　20
        一、中国北方之行的背景　20
        二、香港—上海—山东—天津　21
        三、理雅各访问北京　25
            1. 1873年以前北京教区的情况　25

          2.理雅各在北京的见闻　29
      四、山东之行　32
          1.从直隶到山东：一个帝国的余晖　32
          2.泰山之行　36
          3."孔子之城"：曲阜　37

## 第二章　理雅各与早期牛津汉学系　41
### 第一节　讲座席位的设立：1874—1876　42
　　一、汉学席位背后的政治杠杆　43
　　二、非国教徒进入牛津　45
　　三、东方学联盟：麦克斯·缪勒与汉学教授席位的设立　47
　　四、英国汉学的里程碑：理雅各就职演说　49
### 第二节　理雅各与早期牛津汉学系（1876年起）　52
　　一、"智识无政府"：维多利亚时代的文化精神与牛津知识分子　52
　　二、理雅各：其传教士背景及与智识界的关系　56
　　三、展望欧洲：理雅各与欧陆汉学界　59
　　四、公共活动中的汉学家：牛津时期的理雅各与中英关系　63

## 第三章　牛津时期理雅各翻译事业的延续　67
### 第一节　《东方圣书》出版始末及内容概述　68
　　一、麦克斯·缪勒与比较宗教学理论在英国的奠基　68
　　二、《东方圣书》的筹备和理雅各的加入　71
　　三、《东方圣书》与《中国经典》的文本联系　72
### 第二节　在华新教传教士对"上帝"译名的争议　78
　　一、"译名之争"中所涉主要文献的梳理　79
　　二、本次争论中理雅各和缪勒的关系　82
　　三、"译名之争"事件中的反对者　86
　　四、有关译名争论中的焦点问题　90
　　五、"译名之争"内在的自然宗教问题　93

## 第四章 "黜异端以崇正学":理雅各的儒教研究　101
### 第一节 "皇家儒教":文本与儒家伦理　102
一、《圣谕广训》的文本解释和译本　102

二、"异端"与"正学":《圣谕广训》与基督新教的关系　107

三、作为儒教伦理基础的"孝"　109

### 第二节 理雅各对孔子思想的诠释及其自我修正　112
一、理雅各早期著作中对孔子的批评　112

二、道德家或是宗教家?
　　——理雅各在牛津时期对孔子的态度转变　117

三、理雅各对孔子思想所做诠释和批评的内在意义　122

### 第三节 孟子与巴特勒:理雅各对"性善论"的再诠释　125
一、问题缘起:理雅各对孟子及其"性善论"的评价　125

二、儒家思想史中的"性善论"　128

　1."性"的概念及孟子与告子之争　128

　2.朱熹论"性善"　129

　3.戴震、焦循论"性善"　130

　4.理雅各对历代注家的取舍　133

三、基督教人性论与儒家"性善论"传统的互通　135

　1.理雅各的孟子"性善论"解读　135

　2.巴特勒:基督教人性论在18世纪的变调　137

　3.巴特勒理论中的"自然法则"和"自爱"与"善端"的关系　139

　4.原罪与"性善论"的"缺陷"　143

## 第五章 从"迷信"到圣书:理雅各的道教研究　147
### 第一节 维多利亚时期英国学者对道教的认知　148
### 第二节 理雅各早期对道教及道教经典的态度　151
### 第三节 比较的价值:理雅各在牛津时期对道教的研究　154
一、找寻"唯一神"的努力　156

二、世俗与典籍的距离：理雅各对"作为世俗宗教的道教"的研究　157

三、理雅各与翟理斯关于《道德经》真伪的争论　160

四、理雅各晚年的道教研究成果和观点修正　163

五、手稿与其他：理雅各道教研究中的一些矛盾　166

# 结　论　重构理雅各的思想世界和观念来源　169

# 附　录　175

附录一：牛津大学及伦敦大学亚非学院馆藏理雅各部分相关档案目录　175

附录二：理雅各著作与活动年表（1870—1897）　178

附录三：理雅各与缪勒通信列表　187

附录四：其他牛津时期重要信件列表　189

附录五：《诗经》篇目次序对照表　197

附录六：英文人名索引　200

附录七：中文人名索引　207

附录八：专有名词对照表　214

附录九：孔子的影响和观点（译文）　216

附录十：孟子与巴特勒关于人性论的讨论比较（译文）　232

附录十一：《书经》中记载内容的可信性（译文）　248

# 参考文献　272

一、理雅各已发表著作、文章　272

二、其他参考书目　274

# 后　记　302

# 附　图　305

# 前　言

19世纪中叶以来，中国典籍外译的速度、版本数量和世界影响力都明显提高，这些译本中有很大一部分都是由国外汉学家完成的。就英语世界而言，两大最重要的译本系列《中国经典》(The Chinese Classics)和《东方圣书》(The Sacred Books of the East)中国部分都是由理雅各(James Legge, 1815—1897)担任译者和编者的。这两大丛书影响遍及其后出现的所有译本，直到今天仍是西方汉学家案头必备之书，在讨论20世纪中国典籍西译这一问题时具有奠基性意义。而理雅各结束传教士生涯、进入牛津大学任教的这段时间，无疑是他汉学研究生涯的高峰期。他在牛津大学的生活经验、研究环境或是思想阶段，处处影响着其对中国哲学的看法；而他与牛津大学智识圈和欧陆汉学界的交往，更促使其努力将中国思想传统与当时英国的智识氛围结合起来。因而本书将通过对他在牛津大学的生活环境、思想背景的深入挖掘，呈现其所处的时代特征，从而完整反映他的汉学观。

1873年，理雅各卸任伦敦会传教士，从香港途经多地返回英国，随后他在1876年就任牛津大学首任"中国语言与文学"教授。作为牛津汉学的奠基人以及英国汉学发轫期的重要人物，理雅各尽管在香港时期就已经因出版《中国经典》而获得很高声誉，但在牛津的20余年对于理雅各的研究以及英国汉学的转型都具有重大意义。可以说，从1873年直至去世这段时间，是理雅各思想逐渐成熟、研究方法趋于完善的时期,而牛津大学的人文环境的影响使得他将自己的汉学研究更深地融入西方学术传统当中去,从而奠定了牛津大学汉学研究的人文传统。本书将以理雅各的"牛津时代"为中心,试图挖掘理雅各后期的社会交往和学术活动,梳理其在汉学研究方面的各类著述,以探究其思想发展的特点、转变及意义。

从叙述上来说,本书实际上是从理雅各传教士生涯进入尾声,随后离开香港前往中国北方游历开始。理雅各前往中国北方游历一事,应当作为其"牛津时代"开始的前奏,因此本书将首先对理雅各中国北方之行的过程进行梳理,并与其他传教士的记录及中文史料相对照,体现理雅各眼中当时中国北方的情况及历史背景。从中国北方之行所留存下来的日记和信件来看,理雅各所谈多为他沿途的所见所闻及对中国现状的看法:中国典籍中所反映的传统中国与现实状况的差异明显,这给他带来很大的冲击,对他后来的思想转变也有不小的影响,因此中国北方之行也可看作他进入"牛津时代"的前奏。

本书第二章是关于牛津大学汉学讲座的建立以及理雅各与早期牛津大学汉学系关系的讨论。牛津大学能够建立英国第一个真正具有学术性的汉学讲座席位,虽然表面上看来是由于阿礼国(Rutherford Alcock,1809—1897)和麦克斯·缪勒(Max Müller,1823—1900)等人的极力推动,但实际上还是与英国当时日益庞大的在华利益有着密切的关系;而理雅各作为一名非国教徒能够顺利就任,从其时代背景来说,也与19世纪英国国教与非国教之间关系的不断运动和势力的相互消长,以及自由党政治力量上台而引起的宗教自由化有着千丝万缕的联系。理雅各与牛津学者和欧陆汉学界之间的交往,以及他在公共领域所起到的作用,既展示了他作为一位维多利亚时期的知识分子和东方学者的日常生活和活动,又展示了其思想活动所受到的影响。

第三章将重点讨论理雅各在牛津时期的翻译研究,以他在缪勒主编的《东方圣书》中主持中国部分的翻译为研究重心。与《中国经典》有所不同,《东方圣书》的目的在于展示基督教世界之外的宗教形态。按照缪勒的思想,"任何宗教当中都包含着正确的部分",这是宗教研究在19世纪的重大突破,也是宗教学成为现代学科的思想基础。因此《东方圣书》实际上是由理雅各选取能够代表中国传统宗教思想的文本加以翻译,前三卷以儒家经典为主,后两卷是道教部分。理雅各选取篇目有较强的目的性,而有些内容与《中国经典》有所出入,因此本章中也将专门厘清两者之间的文本联系。《东方圣书》中国部分第一卷在1879年发表之后就引起轩然大波并再次挑起在华新教传教士之间的"译名之争"。1880年年底,缪勒正式对部分传教士的抗议作出回应,明确表态支持理雅各,并继续任用理雅各主持出版《东方圣书》中国部分的其余卷目;而在"译名之争"的多次辩论中,理雅各自身的宗教思想和研究方法也得以阐明。

在理雅各的整个学术生涯中,儒教思想都是他关注的焦点,而他本人也可以看作是来华新教传教士中最重要的儒教研究者,因此在第四章中,将就几方面问题对理雅各的儒教研究进行分析。第一个问题是有关他在牛津初期所发表的"皇家儒教"系列演讲,其中理雅各从儒教政治和伦理的角度对《圣谕广训》进行了诠释。第二个问题是针对理雅各在后期研究中对孔子及儒家思想的认识及修正:在1861年初版《中国经典》中,理雅各对孔子进行了严厉的批评,而在其后的牛津时期当中,他曾多次再论孔子思想,对早期的评价重新作出修正。本书将基于理雅各在不同时期留下的文本,展示其观念上的自我传承和修正,以及其背后的思想史价值。第三个问题是有关理雅各对于孟子"性善论"的诠释,理雅各尝试将基督教新教伦理学(巴特勒等)引入与儒家人性论的比较,深入展示了其儒教研究的立场和研究方法。

相对于其对儒家经典的翻译和诠释,理雅各的道教研究则较少为人们所重视,因此第五章将重点探讨这一问题。他在早期对于道教持强烈的贬斥态度(如他在1873年的信件中称道教为最低下恶劣的信仰系统),对于道家思想家如老子、庄子等也很少涉猎。在牛津大学任教期间,理雅各应麦克斯·缪勒的邀请负责编撰翻译《东方圣书》中国部分,从而开始系统研究道教。从理雅各在不同时期的言论和作品来看,随着资料的增加和研究的深入,理雅各对于道教的看法在很多方面都有所转变。而本文最后所讨论的手稿本,则展现了理雅各自身在看待道教思想时的模糊和矛盾之处。

19世纪下半叶,基督教神学传统上的权威性已经逐渐式微,在面临新的科学化研究方法论变革的同时,又不得不面对进化论和多元主义的挑战;而中国经学思想也处在动荡和转型时期,面临来自欧洲现代思想和价值观的冲击。在近代思想的变革历史中,特别是在西学东渐和东学西传的过程当中,新教传教士汉学家都在其中占有特殊地位。从思想史的角度来看,理雅各的汉学研究可以说是现代英国背景下的基督教思想与儒家经学两大传统交会的产物;从当代意义来说,对理雅各的研究更有特殊价值:作为一位颇受理性主义影响的基督徒,他站在现代基督教立场来认识儒家传统,无论他的努力是否成功,都为近代以来对中国传统思想再诠释提供了新的启示。

# 导论

在从传统走向现代的过程当中,19世纪下半叶在中国体制、文化、思想的变革中无疑是关键时期。尽管最大的变局要在稍晚的时候才会发生,但变革的种子已经在孕育当中,外在的推动力也已经存在。晚清时期的中国思想家无法再"躲进小楼成一统",而是被迫面对变动不居的世界;而经学,这一中国最核心、最具影响力的学术传统,同样也不能不变。如王韬在《变法》一文当中所说,"不知孔子而处于今日,亦不得不一变"①,但王韬提出需要变革的有四条——取士、练兵、学校、律例,这仍是制度之变,而不是思想之变。中国思想传统的出路在19世纪下半叶仍不明确。

对新教传教士的研究或许可以提供一些启示。在19世纪的中外交流史及西方汉学史上,新教传教士有其独特的地位,其中英国传教士由于历史和政治原因入华最早,也最为引人注目。历来对新教传教士的研究,多集中于他们的传教活动以及在中国的相关工作,如办报、办学、译介西学、开办医院等。无论他们出于何种目的和动机,对于中国社会的现代化来说,这些工作在客观上都起到了推动的作用,因此近年来的研究者大多都承认新教传教士们对于晚清社会的"进步"所起到的积极作用。具有代表性的研究著作有王立新教授的《美国传教士与晚清中国现代化》(1997)以及吴义雄教授的《在宗教与世俗之间——基督教新教传教

---

① 〔清〕王韬:《弢园文新编》,北京:生活·读书·新知三联书店,1998年,第13页。

士在华南沿海的早期活动研究》(2000)等。王立新在"导言"中指出,新教传教士与西方外交官和商人的不一样之处在于,他们负有特殊使命,并且是"西方文化的载体",而他们用来改造中国的工具是"包裹着基督教外衣的西方近代资本主义文化"。① 王立新把传教士与外交官等人相分离的提法指出了传教事业与西方国家利益之间往往并不吻合,相较于一直以来认为新教传教士是"帝国主义代言人"的观点,他的提法是值得重视的。但他所说的"包裹着基督教外衣的西方近代资本主义文化"这一提法,似乎有其内在矛盾。基督教,特别是基督教新教,从来都是西方近代思想当中最重要的组成部分。随着工业革命、资本主义及现代科学的诞生,基督教新教思想在挑战和洗礼当中经历着不间断的变化。19 世纪的基督教新教,无论是在神学上还是伦理上,都与前几个世纪不可同日而语。而从17 世纪以来的欧洲思想家,如亚当·斯密(Adam Smith,1723—1790)、洛克(John Locke,1632—1704)、康德(Immanel Kant,1724—1804)、牛顿(Isace Newton,1643—1727)、休谟(David Hume,1711—1776)等人,无不对基督教传统有所研究、批评和丰富。因此,把工业革命和资本主义等同于西方近代文化而将基督教割裂出来的提法,不仅是一种科学主义的、对西方一厢情愿的幻想,也会使得我们对于西方的认识陷入自我否定的矛盾当中。

除此以外,相较于天主教来说,新教传教士是一个更为复杂的团体,他们的教育程度、出身背景都有很大的差异。以英国传教士为例,国教和非国教差会之间有着明显的背景差异,这种差异会反映在传教士的政治立场、传教策略以及对中国文化的理解上。② 同时,新教的宗派众多,宗教思想的派别也远比天主教复杂,想要笼统地概括传教士的思想和观点也是不可能的。因此,对个别传教士及其历史和思想背景进行更深入细致的研究,或许更能窥一斑而知全豹,由此透视 19 世纪新教传教士在中国思想变革中所起到的作用。

## 一、 理雅各的知识背景及其研究意义

理雅各无论是在英国传教士还是汉学家群体当中,都显得与众不同。他出生

---

① 王立新:《美国传教士与晚清中国现代化》,天津:天津人民出版社,1997 年,第 6~7 页。
② 英国圣公会即安立甘会(Church Missionary Society),或译安行教会,隶属英国国教安立甘宗,在华非国教传道会则以伦敦会(London Missionary Society)最具影响力和代表性。从历史上来说,国教会与英国政府关系更为密切,非国教则常常站在批评者的立场。

于苏格兰北部一个名为亨特利(Huntly)①的小镇,全家都是虔诚的公理会教徒。②理雅各少年时期便展露出非凡的学习天分,尤其在语言方面。在语法学校(Grammar School)时他就已经熟练掌握了拉丁文,可以像用英文一样流畅地写作。③之后他获得奖学金进入阿伯丁国王学院(King's College, Aberdeen)学习,之后又分别因为拉丁文和希腊文成绩优异而获得奖励。可以发现,理雅各早期的主要学习兴趣和天分都集中在哲学、神学以及古典语文方面。④

起初理雅各的志愿并非成为牧师,而是想要成为一名拉丁文教师,并最终继承他的老师帕特里克·福布斯(Patrick Forbes)人文教授的职位。福布斯希望他能够离开独立教会加入苏格兰国教长老派,在当牧师的同时可以继续研习拉丁文,并愿意向他提供帮助。理雅各拒绝了,除不愿意当牧师之外,他也不想在没有经过深思熟虑的情况下背离自己的家庭信仰。⑤ 由此可见,理雅各一开始对于传教的兴趣还没有对古典学研究来得大。在1835年结束了在国王学院的学习之后,理雅各一时不能决定自己想要的职业。在当时的他看来,无论是律师、医生、牧师还是传教士,似乎都不是他想做的。他利用这段时间跟随一位老师修习了法文和西班牙文,很快就达到了不错的水平,这对于当时的理雅各似乎没有任何用处,但却为他后来所从事的汉学研究提供了助益。⑥

在进行新教传教士的个案研究时,需要注意其作为群体之一的同一性,以及作为个体的特殊性。理雅各作为一名生活在殖民地的伦敦会传教士,他的工作方

---

① 亨特利隶属苏格兰阿伯丁郡,另一位早期英国来华传教士米怜(William Milne, 1785—1822)也出生于此,理雅各与米怜之子美魏茶(William Charles Milne, 1815—1863)是同学,后来也一同结伴来华。
② 苏格兰的国教是长老会(Presbyterian Church),因此公理会(Congregational Church)属于非国教,在习俗和运行机制上都与国教会有所不同,如在家中进行洗礼、牧师和教会首脑通过投票选取产生等。苏格兰的自由教派(Independent Churches)众多,但在20世纪不少已经解散或合并,而公理会拒绝与其他教会合并,至今仍然存在。参见"Customs of the Congregational Churches in Scotland", Year-Book of the Congregational Churches in Scotland, Glasgow, 1893。(《苏格兰公理会年度报告》,非公开出版物,爱丁堡大学馆藏)
③ Helen Edith Legge, James Legge: Missionary and Scholar, London: Religious Tract Society, 1905, pp.1-2.
④ 尽管拉丁文水平已经远超其他同学,他仍然遗憾如果幼年时能有一个好的练习对象,可能会学得更好。参见"Notes of My Life,"波德雷安图书馆馆藏,编号 Mss. Eng. Misc. D.1265, fol.33。这份回忆录由理雅各晚年口述完成,手稿原件和打字稿均藏于牛津大学波德雷安图书馆,打字稿共165页。
⑤ 同上,pp.56-57.
⑥ 19世纪欧洲汉学的中心无疑是法国,法国耶稣会士们留下了丰厚的遗产,雷慕沙、儒莲(Stanislas Julien, 1797—1873)等大师辈出,因而理雅各最常征引的文献除英文、拉丁文外就是法文。

式、社会关系以及思想等都会受到差会和生活环境的影响,这是无法避免。但与其他新教传教士相比,理雅各具有更为系统和学术化的教育背景,对于古典语言的掌握程度以及对哲学的兴趣都远超其他人;在苏格兰独特的哲学思想传统之中,理雅各早期受到苏格兰常识哲学(Philosophy of Common Sense)影响甚深。①这使得他在进入汉学研究时,首先选择了古典文献研究。例如早先他在马六甲时就希望能够翻译《尚书》,但由于《尚书》太过于艰深,他才转而从《四书》译起,这自然是由于他一贯的古典语文学(Classical Philology)研究习惯所致。②

在香港期间,随着理雅各汉学研究的不断深入,他开始进入比较宗教研究的领域,并且对于19世纪英国甚至欧陆其他思潮都有更多涉猎。1873年理雅各从伦敦会卸任回国,1875年他就任牛津大学首任"中国语言与文学"教授。在身份与生活环境都发生变化的同时,他的研究方向与思想也发生了微妙的转变。首先,他从一名业余汉学家转变为有固定职位的汉学教授,能够把更多的时间和精力投入到他所感兴趣的研究当中。此外,当时牛津的学术环境及与其他学者的交往也对他有着潜移默化的影响。尽管他在牛津的朋友们都将他当作"东方代言人",牛津时期的理雅各其实更像是一位典型的维多利亚式学者。

尽管离开了伦敦会,身份也不再是传教士,理雅各仍然保持着他对宗教研究的关注,并把研究重心从早期的儒教研究扩大到儒、道、佛与基督教的比较研究上来。如果结合19世纪的英国思想史来看,可以发现自休谟的经验论哲学和怀疑主义大行其道以来,以基督教为代表的神启宗教的生存空间受到挤压,教会的社会影响力也走向衰弱,而理雅各宗教研究的思想背景,正是对于这种趋势的反弹和回应。自从休谟哲学产生以来,英国的思想传统就不断从本体论和社会伦理等角度对其作出批判和回应,而理雅各的思想正是隶属于势力强大的经验论哲学之外的另一学术传统;无论是早期的巴特勒(Joseph Butler,1692—1752),苏格兰常识哲学的标志性人物托马斯·锐德(Thomas Reid,1710—1796),还是后来的牛津新自由主义者托马斯·格林(Thomas H. Green,1836—1882),都在不断提供反

---

① 他就读的阿伯丁国王学院可以说是常识哲学的大本营,常识哲学的代表人物之一托马斯·锐德曾在这里任教。
② 关于理雅各早期希望翻译《尚书》,参见何进善译,理雅各校本《绣像正德皇游江南》前言部分。(*The Rambles of the Emperor Ching Tih in Keang Nan*, London: Longman, Brown, Green & Longmans, 1843, "Preface," p.1.)

经验论的思想资源。可以说宗教课题在维多利亚时期既是麦克斯·缪勒所说的"敏感问题",也是备受思想家和人文学者关注的焦点问题。如果我们了解这点,就不会再把理雅各对宗教的关注单一地归于他早期的传教士身份。

从汉学史的角度来说,1875年在牛津大学所设立的汉学教授席位实际上是英国首个真正意义上的汉学研究席位。正如理雅各在就职宣言中所说的,这对于汉学在英语学界作为一个学科的发展,其重大意义是毋庸置疑的。从1875年就任到1897年去世,理雅各任职时间共计22年,在此期间,他的研究方向和内容在很大程度上反映了维多利亚后期英国汉学的特征。他的主要出版物包括《东方圣书》中国卷[1],比较宗教学著作《中国的宗教——关于儒教、道教的描述及与基督教的比较》[2],《佛国记》和《西安府大秦景教碑》的英译本,以及在各类杂志上发表的汉学研究文章和书评。此外,他还留下了大量讲稿、未刊书稿和信件材料。这些资料不仅反映出他在牛津大学的教学情况及早期牛津汉学的状况,也体现出他后期思想上的发展和细微转变,具有很高的研究价值。本书将试图以理雅各的汉学研究为主线,从他的著作文本和历史材料中寻求线索,重构理雅各在"牛津时代"的思想图景。

诚然,理雅各的《中国经典》英译本150余年来影响巨大,无数的英语读者通过他的著作获得了关于中国的知识,然而需要申明的是,对于理雅各的研究远远超出译介学的范围。他以自身深厚的西方知识背景来解读中国古典思想传统并将其与西方传统相融合,而不仅仅是字面上的介绍和肤浅的评论。无论他的努力在当代的背景下看来是否成功,他的汉学研究都超越了知识论上的范畴,关涉近代思想史和观念史上的一些关键性问题。我们不仅应该"把汉学作为学术史去研究",对于理雅各,更应该把他作为一个思想史上的个案和片段来研究。[3]

---

[1] 《东方圣书》是麦克斯·缪勒主持编辑的大型丛书,其中中国卷由理雅各主持编辑和翻译,内容包括儒家经典《尚书》《诗经》《孝经》《易经》《礼记》,道家经典《老子》《庄子》《太上感应篇》。这些翻译有些并非全本而是节录,有些是从《中国经典》当中抽出的译文,有些则是全新的译文。
[2] James Legge, *The Religions of China: Confucianism and Taoism Described and Compared with Christianity*, London: Hodder and Stoughton, 1880. 该书实际上是理雅各为英格兰长老会(English Presbyterian Mission)所作的讲演合集。
[3] 张西平:《汉学研究三题》,《他乡有夫子——汉学研究导论》下,北京:外语教学与研究出版社,2005年,第576页。

## 二、理雅各相关研究综述

尽管理雅各的《中国经典》及《东方圣书》在西方汉学界一直位列经典,但关于他本人的研究却是近20多年才真正开始的,并且主要集中在英语及汉语学界,相关学科涉及翻译、历史、文学、古文献等。当我们对其逐一梳理时,会发现越来越多的研究者已经意识到理雅各的研究意义,并投身于相关研究。就成果数量来说,近10年来的增长最为可观。

### 中文著述

总体来说,在对理雅各的当代研究中,最常见的是翻译研究类,其中大多数是从《中国经典》和《东方圣书》这两大翻译系列丛书衍生而来,研究者通过分析和评价译本的功过,进而推论出理雅各翻译时的动机和策略。在汉语研究界,比较具有代表性的研究成果有台湾学者阎振瀛1971年发表的小册子《理雅各氏英译论语之研究》。该书对理雅各在翻译《论语》时对于注疏、音译和专有名词的处理以及译文本身的处理作了整体性的梳理,对他的译文进行评价和探讨,持论较平。在书后的附录中,作者还对《论语》的多种西文译本作了简述,涉及拉丁文、法文、德文、俄文等主要欧洲文字,为读者及后来的研究者提供了《论语》外译的学术史视野。只是此书篇幅较短且发表较早,有意犹未尽之憾。如在"理氏英译论语之参考用书"一节,作者只是简单节录了理雅各在《中国经典》第一卷中的中西文参考文献,感叹理雅各涉猎之广,而未加以更多分析。①

楚至大先生在《难能可贵与美中不足——评理雅各两段〈孟子〉的译文》②一文当中,对于理雅各的两段《孟子》译文提出值得商榷之处,这也是关于理雅各的典型性研究。该文从英文词汇意义的角度指出理雅各译本的一些问题,然而作者依据的是湖南出版社所出的《汉英四书》,此版本删去了理雅各的

---

① 阎振瀛:《理雅各氏英译论语之研究》,台北:台湾商务印书馆,1971年,第25~27页。其他此类译本研究论文还有洪捷、岳峰:《浅议英国汉学家理雅各的〈佛国记译本〉》,《福建教育学院学报》2006年第7期,第92~94页;郑丽钦:《与古典的邂逅:解读理雅各的〈尚书〉译本》,福建师范大学硕士论文,2006年;等等。
② 楚至大:《难能可贵与美中不足——评理雅各两段〈孟子〉的译文》,《中国翻译》1995年第6期,第26~27页。

全部注文。正如后来有学者所指出的那样,很多问题都是因未看到理雅各注文而引发的误解。①

理雅各译本与其他英译本的比较研究也比较常见。由于从单一译本出发去评价译本具有较高难度,采用另一译本作为参照物,无疑给研究者提供了较为坚实的研究基础。比如樊培绪的文章《理雅各、辜鸿铭英译儒经的不及与过》,王辉的《理雅各、庞德〈论语〉译本比较》,王东波的博士论文《〈论语〉英译比较研究——以理雅各译本与辜鸿铭译本为案例》,任运忠的《理雅各、卫礼贤/贝恩斯〈周易〉译本比较》等。这类研究往往选取另一个著名译本与理雅各译本作文本上的比较,通过译本的差异进行分析。②

以理雅各作为对象的翻译研究有几个常见问题。首先是版本问题。理雅各的某些译本,如《论语》《诗经》等,都有两个以上的翻译版本,研究者大都没能抓住不同版本之间的差异。其次是注文。理雅各的《中国经典》有篇幅很长的注文,是理雅各参考历代经学著作之后所做的解释,多数研究者未能注意到注文的重要性。此外,翻译研究常常停留在译本正误的讨论上,没有考虑理雅各所处的历史时代、研究角度及思想背景。由于儒家经典的解释多样,再加上维多利亚时期的英语语言也与当代英语有所区别,正误往往是见仁见智的问题。

刘家和、邵东方所著的《理雅各英译〈书经〉及〈竹书纪年〉析论》③在这方面有所突破。该文从清代经学史的角度对理雅各所参照的注本详加考证,在肯定理雅各成就的同时,也指出其对中国典籍校勘和理解上的不足。虽然作者也在文中引证高本汉译本作为比较,但他摆脱了对两个文本的字面解释和评价,而能够从学术史的角度来看待理雅各译本。从经学角度出发寻找阐释源头的还有李玉良

---

① 王辉:《从〈论语〉三个译本看古籍英译的出版工作》,《广东外语外贸大学学报》2003年第3期,第13~17页。
② 樊培绪:《理雅各、辜鸿铭英译儒经的不及与过》,《中国科技翻译》第12卷第3期,1999年8月,第50~52页;王辉:《理雅各、庞德〈论语〉译本比较》,《四川外语学院学报》第20卷第5期,2004年9月,第140~144页;王东波:《〈论语〉英译比较研究——以理雅各译本与辜鸿铭译本为案例》,山东大学博士论文,2008年;任运忠:《理雅各、卫礼贤/贝恩斯〈周易〉译本比较》,《西南科技大学学报(哲学社会科学版)》第25卷第2期,2008年4月,第45~48页。
③ 刘家和、邵东方:《理雅各英译〈书经〉及〈竹书纪年〉析论》,《历史语言研究所集刊》第七十一本第三分,2000年。或可参见刘家和:《史学、经学与思想:在世界史背景下对于中国古代历史文化的思考》,北京:北京师范大学出版社,2006年。

《理雅各〈诗经〉翻译的经学特征》。该文通过对理雅各《诗经》译本的分析,肯定了理雅各译本的经学特征,指出理雅各的《诗经》解释直接来源于阮元校勘的《十三经注疏》当中的《毛诗正义》。① 此外,程刚在《理雅各与韦利〈论语〉译文体现的义理系统的比较分析》一文中认为,理雅各对《论语》的理解"受到了宋明理学的正统见解的影响",而韦利则更多地接受了清儒的见解。②

我们可以发现,从译本出发的翻译研究往往注重翻译的语言效果,而忽视了背后的文化含义;从经学传统出发的阐释学研究固然更容易接近思想的层面,但通过不同的文本却往往获得相互矛盾的结论,同时也未能进一步深究其原因,这是由于研究者并未深入探讨译者自身的思想背景。

岳峰的《架设东西方的桥梁——英国汉学家理雅各研究》③应该算是汉语学界第一篇全面研究理雅各的博士论文。该文以理雅各一生经历为线索,介绍其生平、传教活动及学术研究,试图以跨学科研究涵盖理雅各一生活动和思想的各个方面。这篇论文尽管今天看来在文献和研究角度上都有局限,但作为大陆学界第一篇有关理雅各的博士论文,其开创价值是不容忽视的。

陈可培的博士论文《偏见与宽容、翻译与吸纳——理雅各的汉学研究与〈论语〉英译》借用美国学者吉瑞德(Norman J. Girardot,1943—)提出的"汉学东方主义"的说法,认为理雅各虽然身处殖民主义时期,却能对中国传教经典持较为宽容的态度。在论文中作者用两章的篇幅论述"译名之争"的问题,认为理雅各是采取"以耶附儒"的适应性策略,但在其研究中仍然体现出"无法根除的基督教排他主义"。④ 由于该论文是以理雅各早期出版的《论语》英译本为中心,因此几乎没有涉及理雅各后期的研究。

### 英文著述

由于理雅各在香港生活的时间较长,一直以来香港学者对他都有所关注,如

---

① 李玉良:《理雅各〈诗经〉翻译的经学特征》,《外语教学》第26卷第5期,2005年9月,第63~66页。
② 程刚:《理雅各与韦利〈论语〉译文体现的义理系统的比较分析》,《孔子研究》2002年第2期,第22页。
③ 岳峰:《架设东西方的桥梁——英国汉学家理雅各研究》,福建师范大学博士论文,2004年。
④ 陈可培:《偏见与宽容、翻译与吸纳——理雅各的汉学研究与〈论语〉英译》,上海师范大学博士论文,2006年。

最早对其进行综合性研究的刘子愚,他在爱丁堡大学的博士论文《理雅各与中国文化:关于其学术、翻译和福音的传教学研究》①即以理雅各为研究对象。作者在研究中应用了不少一手文献,强调理雅各的传教士身份在其活动中所起到的作用。作者本身是一位牧师,从他所使用的"传教学"一词就可以看出这篇论文是围绕理雅各的传教活动展开的。

香港浸会大学黄文江教授的博士论文《基督教福音、中国文化及殖民地统治:理雅各和欧德理在19世纪香港的活动研究》②则是从历史学角度所做的研究。这篇论文以理雅各及另一位伦敦会传教士欧德理(Ernest J. Eitel,1837—1908)为研究对象,考察伦敦会在19世纪殖民地时期香港的活动,其中包括佑宁堂(Union Church)的建立和发展、教会和世俗学校的创办以及伦敦会自身的运行状况,并对这些活动进行了较为深入的研究。以理雅各和欧德理为代表,作者试图反映在早期殖民地香港教会对世俗生活的介入和影响。关于理雅各的汉学研究,作者也在最后一章"汉学功用:两个视角"中从历史角度加以阐释。作者利用了部分伦敦会档案及理雅各书信,然而由于以香港时期(1841—1873)为关注点,该文没有更多关注理雅各早期在马六甲的传教活动。此外,黄文江还出版了《理雅各:东西方十字路口的先锋》③,论述理雅各在香港的传教和教育活动,以及与王韬的合作关系。该书篇幅较短,很多内容黄文江在其他论文中还有论述。

香港浸会大学王辉的博士论文《后殖民视角看理雅各儒经翻译:〈中庸〉的两个译本》④使用了萨义德(Edward Waefie Said,1935—2003)的东方学理论,认为理雅各身为19世纪的传教士,在翻译时受到其个人信仰和身份的影响,将基督教代入对中国经典的诠释,造成了有意识的歪曲和误译。尽管作者在研究方法上有所创新,但难处在于如何在后殖民理论的前提下自圆其说。他一方面不得不承认理

---

① Liu Tze-yui, *James Legge(1815-1897) and Chinese Culture:A Missiological Study in Scholarship, Translation and Evangelization*, Ph. D. Dissertation, University of Edinburgh,1994.
② Wong Man-kong, *Christian Missions, Chinese Culture and Colonial Administration:A Study of the Activities of James Legge and Ernest John Eitel in Nineteenth Century Hong Kong*, Ph. D. Dissertation, Hong Kong Baptist University,1997.
③ Wong Man-kong, *James Legge:A Pioneer at Crossroads of East and West*, Hong Kong:Hong Kong Educational Publishing Co.,1996.
④ Wang Hui, *A Postcolonial Perspective on James Legge's Confucian Translation:Focusing on His Two Versions of the Zhongyong*, Ph. D. Dissertation, Hong Kong Baptist University,2007.

雅各是遵从中国经学传统的,另一方面又要用后殖民理论对其行为做出解释,这似乎让自己陷入了两难困境。① 尽管如此,这篇论文是关于理雅各思想研究的少数成果之一,可备后来者一观。

美国学者吉瑞德教授所著《维多利亚时代的译者:理雅各的东方朝圣》②是关于理雅各的长篇著作,其中涉及理雅各在香港及牛津时期的学术活动及汉学研究,对理雅各与缪勒的交往也多有着墨。吉瑞德教授利用许多前人所未见的档案材料,从历史学家的视角对理雅各的生活环境进行了构建,比之前的研究要详尽得多。然而由于吉瑞德教授对于汉语不太熟识,对理雅各所做汉学研究本身无法多作评价,也无法利用中文材料,留下了不少遗憾。

费乐仁(Lauren F. Pfister,1951—)的《寻求人的完整职责》③一书应当说是目前为止英语学界关于理雅各最重要的专著。在这一著作中,费乐仁教授对理雅各的一生,特别是他在马六甲和香港的传教生涯进行了深入发掘,资料翔实,内容丰富,以阐释理雅各的苏格兰非国教思想背景为特色。与吉瑞德一样,费乐仁教授也较少进行文本翻译,不过在中文材料使用方面要远比前者丰富。

除了以上所述的专著,费乐仁教授还曾发表了数十篇相关论文,从宗教思想、历史文献切入,挖掘理雅各研究的新角度及新文献。费乐仁教授的重要贡献,首先是用阐释学的方法来解读理雅各的思想,将其还原至19世纪的历史语境中去,并用翔实的历史资料来消除学界对理雅各的种种偏见,如他早期所写的《理雅各著作研究的几个新角度》④《十九世纪最伟大欧洲汉学家之一——理雅各的生平

---

① 有关萨义德东方学方法与汉学研究的关系,可参见张西平:《萨义德的〈东方学〉与西方汉学》,《读书》2008年第9期,第147~150页。
② Norman J. Girardot, *The Victorian Translation Of China: James Legge's Oriental Pilgrimage*, Berkeley: University of California Press, 2002.
③ Lauren F. Pfister, *Striving for the Whole Duty of Man: James Legge and the Scottish Protestant Encounter with China*, New York: Peter Lang Publishing, 2004.
④ Lauren F. Pfister, "Some New Dimensions in the Study of the Works of James Legge (1815-1897): Part Ⅰ," *Sino-Western Cultural Relations Journal* 12 (1990), pp. 29-50; "Some New Dimensions in the Study of the Works of James Legge (1815-1897): Part Ⅱ," *Sino-Western Cultural Relations Journal* 13 (1991), pp. 33-46.

及学术成就》①《理雅各的有韵〈诗经〉》②等文章即是如此。费乐仁教授的另一贡献是对理雅各的中国助手做了深入研究。一直以来,理雅各的中国助手只有王韬最为著名,留下了比较多的资料,研究文章也很多。而实际上理雅各一直有其他助手,特别是《中国经典》的第一、二卷,在他认识王韬之前就已经出版了。费乐仁教授因此发表了一系列重要文章,再现了理雅各的中国助手们,包括王韬、何进善、罗仲藩等人的生平及思想状态,如《重认路径:对何进善著作的若干看法》③《述而不作:何进善(1817—1871)对新教圣经传统的创造性传播》④《发掘一神论的形而上学:理雅各和罗仲藩的解经学思考》⑤《王韬与理雅各对新儒家忧患意识的回应》⑥等,为后来的研究者提供了宝贵的研究路径。

除此之外,还有关于新教差会、传教士或是汉学家的研究,而其中提到理雅各的,则数量更为庞大,在此不再一一列举。⑦ 总体上来说,虽然近20年来关于理雅各的研究取得了许多重要进展,但相比而言,汉语学界对于理雅各的了解和研究仍然相对滞后,这一方面固然是因为资料缺乏,更重要的也是因为受到旧的研究观念和方法论的束缚以及学科的限制。英语学界在资料搜集及研究方法上都较为领先,但有些学者受限于语言的问题,使得文本分析的部分难以深入,这为后来的研究者留下不少进步的空间。

---

① Lauren F. Pfister, "Clues to the Life and Academic Achievements of One of the Most Famous Nineteenth Century European Sinologists—James Legge," *Journal of the Hong Kong Branch of the Royal Asiatic Society* 30(1990), pp.180-218.
② Lauren F. Pfister, "James Legge's Metrical Book of Poetry," *Bulletin of the School of Oriental and African Studies* 60:1(February 1997), pp.64-85.
③ Lauren F. Pfister, "Reconfirming the Way: Perspectives from the Writings of Rev. Ho Tsun-sheen," *Ching Feng* 36:4(December 1993), pp.218-259.
④ Lauren F. Pfister, "A Transmitter but not a Creator: The Creative Transmission of Protestant Biblical Traditions by Ho Tsun-Sheen (1817-1871)," *Bible in Modern China: The Literary and Intellectual Impact*, Irene Eber, et al., eds., Nettetal: Steyler Verlag, 1999, pp.165-197. 或可参见[以]伊爱莲等:《圣经与近代中国》,蔡锦图编译,香港:汉语圣经协会有限公司,2004年,第132~162页。
⑤ Lauren F. Pfister, "Discovering Monotheistic Metaphysics: The Exegetical Reflections of James Legge (1815-1897) and Lo Chung-fan (d. circa 1850)," Ng On-cho, et al., eds., *Imagining Boundaries: Changing Confucian Doctrines, Texts and Hermeneutics*, Albany: SUNY Press, 1999, pp.213-254.
⑥ Lauren F. Pfister, "The Response of Wang Tao and James Legge to the Modern Ruist Melancholy," *History and Culture*(Hong Kong) 2 (2001), pp.1-20. 或参见林启彦、黄文江主编:《王韬与近代世界》,香港:香港教育图书公司,2000年,第117~147页。
⑦ 如香港中文大学俞强的博士论文《十九世纪伦敦会传教士在沪港两地活动之研究》(2006)就属此类。

# 第一章

# 理雅各传教士生涯的结束及北方之行

## 第一节　殖民地的最后时光(1870—1873)

从1870年起直到1873年离港,由于理雅各的妻子健康欠佳而回国休养,他独自一个人留在香港工作。在香港度过的最后这段时光中,理雅各在繁忙的教会工作之余还要进行翻译工作,与此同时又缺乏家庭的照料,理雅各只能用给妻子写信的方式来为自己纾压。翻译和出版工作所需的费用非常昂贵,给他带来了很大的经济压力①,但他最终还是在离开香港前成功出版了《中国经典》的最后部分②,即《诗经》(1871)和《春秋左氏传》及《竹书纪年》(1872)。这样到1872年,

---

① 理雅各不止一次在给妻子的信中提到出版经费的问题。给王韬的钱就大概占到开支的百分之二十,他曾经想过要辞退王韬来节省开支,但最终还是觉得王韬在经学方面对他帮助很大而留下了他。参见 Helen Edith Legge, *James Legge: Missionary and Scholar*, London: Religious Tract Society, 1905, p.43。
② 第四卷《诗经》(*The She King or the Book of Poetry*)和第五卷《春秋左氏传》(*The Ch'un Ts'ew, with the Tso Chuen*)都各有上下两卷,先印出正文部分(包含注释),再由理雅各撰写前言。

理雅各就完成了《中国经典》整个系列第一版的翻译和出版工作。① 毫无疑问,这一皇皇巨著随着每一卷的出版影响不断扩大,并且为理雅各带来了杰出汉学家的声誉。1870 年,他获得阿伯丁国王学院颁发的荣誉教授头衔。湛约翰(John Chalmers,1825—1899)曾在 1870 年 9 月致信理雅各,认为《中国经典》对每一位传教士以及整个传教事业都有很大的协助作用。② 而另一位伦敦会传教士约翰·施敦力(John Stronach,1810—1888)在 1872 年初写信给他,称理雅各的著作"充满生命和活力",而他本人则无疑是"时代标杆",《中国经典》系列意味着他"在任何时代都可称得上是第一流汉学家"。③ 同年欧德理也在《中国评论》(The China Review)上发表长篇书评,向读者介绍理雅各的《诗经》译本。欧德理称赞理雅各译本忠于原著,并期待他完成"五经"中剩下的部分。④ 尽管也有一些批评的声音,但不妨碍理雅各已经成为在汉学领域冉冉升起的明星。⑤

除《中国经典》以外,另一件对理雅各来说有特殊意义的事,是他从 1870 年年底开始在香港佑宁堂组织了一系列有关中国历史和文化的英文讲座,持续一个月左右。第一次讲座由理雅各开讲,题为"孔子:中国圣人"(Confucius, the Sage of China),之后邀请其他传教士(全部来自伦敦会,如欧德理、湛约翰等)主讲其他课题(如中国历史编年),最后由理雅各主讲孟子作为完结。令他喜出望外的是,第一次讲座就获得了热烈的反响。他兴奋地在信中写道:"(佑宁堂的)所有座位都

---

① 在《中国经典》五卷本当中,理雅各翻译了《中庸》《大学》《论语》《孟子》《书经》《诗经》及《春秋左氏传》,几乎涵括了儒家所有最重要的经典。《中国经典》最重要的特色在于,理雅各为每一卷写了上百页的绪论(Prolegomena),向读者介绍这些儒家经典的历史背景、学术渊源以及思想内容;在译文以外,还有篇幅多于译文数倍的注解和阐释。从形式上来说,《中国经典》颇像中国传统经学的注疏体;在内容上,理雅各对经学也浸淫颇深。但这一点并不为大多数读者所知:由于多数出版社(无论是西方还是中国)在再版《中国经典》时只留下了译文,很多人所看到的实际上只是一个"节本"。
② "Letter from Mr. Chalmers, Sept. 10,1870," SOAS 馆藏伦敦会档案,CWM/China/Personal/Box 10。
③ "Letter from John Stronach, Jan. 28,1872," SOAS 馆藏伦敦会档案,CWM/China/Personal/Box 8。
④ Ernest J. Eitel, "The She-King," *The China Review* Vol.1.1(1872), pp.1-11.
⑤ 在 1869 年的《爱丁堡评论》(*The Edinburgh Review*)当中有一篇匿名书评文章,此文开头就批评了理雅各在《中国经典》第一卷绪论当中对于孔子的评论。文章认为,理雅各以基督教的标准来评断孔子,这是不公正的。理雅各在《中国经典》修订时,修改了对孔子的评论,有可能是受到这篇文章的影响。吉瑞德教授称文章的作者是英国安立甘会牧师布彻(Charles Henry Butcher),但并没有说出根据。参见 Anonymous, "Review on the Chinese Classics, Vol.1," *The Edinburgh Review* 129 (April 1869), pp.302-305; Norman J. Girardot, The *Victorian Translation of China: James Legge's Oriental Pilgrimage*, Berkeley: University of California Press,2002, pp.78-79。

坐满了。有英国人、美国人、德国人,也有巴斯人(Parsees,指印度琐罗亚斯德教徒)和犹太人,全都盛装打扮,连阶梯上都站着人……我对自己的题目讲得非常自如,但我从未想到这个话题如此受欢迎。"① 对于伦敦会传教士们来说,他们多年来一直在传教的同时以研究中国传统社会文化为己任,这一传统从马礼逊(Robert Morrison,1782—1834)以来就奠定了,而这次讲座终于给了他们一次向西方人传播他们的研究成果的机会。

在19世纪来华新教传教士当中,理雅各具有非常鲜明的个人特色,将他与其他传教士区别开来。公认的评价是,他非常"学术化"。正如麦高恩(Macgowan)博士在他的葬礼上所说的,少年时期在阿伯丁受到的学术训练,将他引到经典研究的道路上来,并促使他想要理解和掌握中国的经典。② 尽管当时有很多传教士也对中国文化有所关注并出版专著,但仍然以传教工作为重心,他们所关注的也只是日常碰到的文化问题,不会想要去触碰艰深且离现实很远的大部头儒家经典。③ 因此可以说,理雅各"经典化"和"学术化"的倾向很早就奠定了,而在香港时期的辛勤工作为他的汉学家身份添加了重重的砝码。

在香港时期,理雅各日常工作极其繁忙。教会以及其他各种社会活动不仅限制了他用于研究的时间,也不可避免地对他的研究立场有所影响。他在香港时期的成果《中国经典》得到称赞的多数是文献学上的成就,而在其中他自己的观点(如在绪论当中对孔子的评价)却常常遭到攻击。他对于儒家经典的知识无疑已经高于同侪甚多,以至于他在与其他传教士辩论中国问题时常常不自觉地流露出傲慢的语气。与理雅各关系密切的欧德理曾在1873年发表一篇题为《业余汉学》的文章,概括了19世纪后半叶生活在中国的"业余汉学家"(绝大多数是新教传教士)的状况:

---

① "Letter by J. Legge, December 1870," SOAS 馆藏伦敦会档案, CWM/China/Personal/Box 10。
② Richard Lovett, *The History of the London Missionary Society, 1795 – 1895*, London: Oxford Unversity Press, 1899, p.456.
③ 新教入华时,传教士们的一项重大贡献就是将现代出版业介绍到中国,因此在香港、上海、北京、宁波、厦门、福州等城市都有传道会的印刷机构,这起先是出于印刷传教材料以及《圣经》的需要,后来很多传教士都印刷出版了自己关于中国问题的著作或小册子。参考1867年在上海出版的《在华新教传教士回忆录》(*Memorials of Protestant Missionaries to the Chinese*),可以发现其中很多传教士都曾出版中英文作品。但理雅各还是被认为是新教传教士当中最为学院派的,是儒家思想方面的权威。

"他生活在中国已有一些年头,对汉字的掌握过得去,口语水平也足以和他的中国老师交流。这位老师想方设法用这位外国学生能够理解的词汇来进行对话,而学生多少没怎么意识到老师对他的迁就,而是自豪于自己能用汉语来交谈。……当然这位老师还必须举止优雅有礼,并且对儒家经典的知识水平足以让他自以为可以成为一位一流学者。……当然我们的业余汉学家曾通读过理雅各博士的《中国经典》,但对其无甚高论;他熟读威妥玛(Thomas F. Wade, 1818—1895)的著作,认为其书生气十足;他偶尔翻阅一两本字典,却整天哀叹没有一本字典真正名副其实。但他私底下的兴趣却是一些由早期耶稣会士著作编成的关于各种中国议题的法文书,这些书在他看来是指路明灯,却很少为大众所知。"①

欧德理用嘲讽的语气生动描绘了当时所谓的"业余汉学家"的形象:大多数人对中国一知半解却自命为专家到处批评别人,抱着一些陈旧的耶稣会士的著作却认为是真理。在"译名之争"当中,这种情况就明显地表露出来,很多传教士特别爱引经据典,实际上却一知半解,错误百出。因而19世纪出版的汉学著作虽然多如牛毛,真正具有学术价值的并不太多。

尽管欧德理对理雅各评价很高,但后者在香港时期的生活处境与这些"业余汉学家"仍有不少相似之处。例如理雅各也开始为中国助手的问题苦恼,他甚至不怎么会讲官话,在与王韬相识后的很长一段时间里,两人之间还要用翻译。同时,理雅各虽然关注雷慕沙、儒莲等法国汉学家,但也没有真正摆脱早期耶稣会士著作的影响。② 因此在理雅各的香港时期,特别是在1861年以后,或许用"准专业汉学家"来定义他更为恰当。

在1870年前后,伦敦会派驻香港的传教士除了理雅各和他的助手何进善③,还有丹拿(F. S. Turner),后者1872年离港,此后就由从巴色会(Basel Mission)转到伦敦会的欧德理接替他的职位。根据伦敦会的统计数字,1870年时香港伦敦

---

① Ernest J. Eitel, "Amateur Sinology," *The China Review* Vol.2.1 (1873), p.2.
② 在《中国经典》的第一卷西文参考书目当中,柏应理(Philippe Couplet, 1623—1693)的《中国哲学家孔子》(*Confucius Sinarum Philosophus*)排在第一位。特别是在儒家术语的翻译问题上,他受到耶稣会士著作影响是显而易见的。参见 James Legge, *The Chinese Classics*, Vol.1, New York: Dover Publishings, 1970, "Prolegomena," p.135.
③ 何进善,字福堂,1864年被正式按立为牧师。他一直都是理雅各最亲近、最得力的学生和助手,但1871年因中风在广州去世,使理雅各痛失半臂。

会的正式成员有87人,除此之外还有当地信徒150人。① 这个人数虽然不算多,但香港的外籍人士远多于内地,理雅各还需要为士兵和囚犯布道,因此他在教会的工作也颇为繁重。除非身体欠佳,理雅各从不间断他每周末在佑宁堂的英文布道,这个布道是针对在港的公理会教会的。作为佑宁堂的建立者,他在佑宁堂的布道也一直很受欢迎,在他回英国休假后,伦敦会派另一位传教士接替他的工作,但效果不理想。因此在1870年理雅各一从英国回到香港,佑宁堂又再次聘请了他,并支付他的房租和薪水。② 每次理雅各都会手写一份20页左右的布道词,有一个固定主题,有时会涉及时事。1870年欧洲爆发普法战争,震惊英国朝野,理雅各也在这一年11月13日发表布道词,题为"战争的邪恶",献给在欧洲战争中受到伤害的人们。③ 理雅各从圣经的角度出发,讲述战争是被上帝所禁止的。可是他身处的是一个战争频发的时代:就在同一年,"天津教案"爆发,中国刚刚有所缓和的对外关系又紧张起来。除此以外,英国政府中的某些人开始把鸦片与传教士相提并论,认为这是中英关系中的两大问题,这令理雅各非常不满。④

1872年11月5日,理雅各归期已近。他在市政厅发表演说,回顾他自1843年将英华书院(Anglo-Chinese College)从马六甲迁到香港以来的30年当中所经历的本地社会的发展与变化。⑤ 在演说中,他不仅称香港是他在离开苏格兰以后再次找寻到的"故乡",更历数历届香港总督执政情况以及在30年中所发生的不少

---

① *Report of the London Missionary Society*,SOAS馆藏伦敦会档案,1870,p.87。
② Wong Man-kong,*Christian Missions,Chinese Culture and Colonial Administration:A Study of the Activities of James Legge and Ernest John Eitel in Nineteenth Century Hong Kong*,Ph. D. Dissertation,Hong Kong Baptist University,1997,pp.46-48.
③ "The Evil of War,"SOAS馆藏伦敦会档案,CWM/China/Personal/Box 4。
④ 在"天津教案"前,由于内地会在各地造成一系列骚乱,英国驻中国大使阿礼国数次致信外交大臣克拉伦顿(Earl of Clarendon),认为传教士的活动造成了外交工作中的障碍。他的信在上议院进行了讨论,并被数家报纸转发。随后驻京的英国传教士艾约瑟(Joseph Edkins,1823—1905)、包尔腾(John S. Burdon,1826—1907)、顾惠廉(William Collins)、德贞(John Dudgeon,1837—1901)等人联名致信阿礼国,向他提出抗辩,认为传教士不仅不是障碍,还对外交工作有所助益。理雅各虽然身在香港,但也与艾约瑟等人意见一致。最后克拉伦顿回信表示支持阿礼国,对英国传教士进入内地仍加以限制。参见"Sir. R. Alcock to the Earl Clarendon,Peking,March 12,1869," *British Parliamentary Papers*,*China*,*Volume 29*,Shannon:Irish University Press,1971,pp.192-193;"The Missionary Memorandum," Alfred J. Broomhall,*Hudson Taylor and China's Open Century*,*Book Five:Refiner's Fire*,London:Hodder & Stoughton,1871,"Appendix 8,"pp.458-462。
⑤ James Legge,"The Colony of Hong Kong," *The China Review* Vol.3(1874),pp.163-176.

事件的细节。作为一位香港开埠历史的亲历者,理雅各意味深长地说:"在欧洲、美洲、印度、非洲所发生的战争和变革,都及不上远东所正在发生的。当我想到正在开放当中的中国,以及更加积极主动地寻求发展的日本,很少意识到1839年和1872年之间的巨大反差。有时我们怀疑中国是否在变革,但它确实在变革当中;有时我对中国变化的缓慢感到不满,希望其像它的邻居那样,但最终这种缓慢使我更加尊敬这个国家和人民。这个国家必定有伟大的未来。……如果说中国政府到目前为止的进步都在军事方面,这又有什么可指责的呢?"①

当时的理雅各对中国的感情是复杂的。由于中英间的战争,尤其是鸦片贸易,他对中国怀有道义上的愧疚:"我们没有给日本任何理由爱我们,而给了中国很多理由憎恨和害怕我们。我今晚并不是来表达我对鸦片贸易的意见,也不想要冒犯任何人,但我想问,如果我们像在中国一样,在日本强行贩卖鸦片的话,今天日本的对外关系会是怎样?……"②在理雅各看来,真正破坏中英关系的是鸦片贸易和英国政府的错误决策,而非传教士。对于长期从事儒家研究的理雅各来说,对中国的历史和当下的处境产生同情心是很自然的,因此虽然中国不像邻国日本那样快速开放和发展,但在理雅各看来,那是由于中国具有更长的历史和更庞大的传统思想体系。当然这其中也有一部分原因是理雅各长期生活在香港,并不太了解真正的中国,因而带有一种理想化的光环。当他在后来的北方之行中真正看到中国特别是普通中国人的日常生活时,光环很快破灭,这使得他对晚清政府的批评异常尖锐。

1873年3月23日,理雅各在香港度过了最后一个周末。尽管很快就要离开,理雅各仍然以极其工整的笔迹写下最后一篇布道词,并进行了他的最后一次布道。在布道词开头,理雅各讲述了自己读希腊文《新约》的心得,就是《圣经》中有些动词应当是将来时,而非祈使句。他引用《彼得前书》当中的句子:"全能的上帝曾在基督耶稣里召唤你们,使你们得享他的荣光。在你们暂时遭受苦难之后,他将使你们完满、挺立、坚固和安定。"③这一引文意味深长,原是彼得写给生活在

---

① James Legge, "The Colony of Hong Kong," *The China Review* Vol.3(1874), pp.174-175.
② 同上,p.175。
③ 理雅各此处引文与现行英文《圣经》文本有所不同,此节由笔者从理雅各的原文译出。参见"Last Sermon in Hong Kong," SOAS馆藏伦敦会档案,CWM/China/Personal/Box 6。

亚洲各国的信徒的话,特别被用来鼓励生活在异教国家的基督徒。理雅各引用此句,不仅充满着离别的感伤,更用来表达对未来的憧憬,无论是将要回归故国的自己,还是香港以及香港的传教事业。

## 第二节 1873 年的中国北方之行①

### 一、中国北方之行的背景

对于理雅各来说,矛盾之处在于,他花了大量时间研究中国经典并且也获得了显著的成果,但在日常生活中却一直与香港当地社会有一定的距离。他的布道绝大多数是英文的,也就是说,他的听众以外国人为主,中国信徒则由当地布道师(如何进善等)负责。他可以说当地方言,但不怎么会讲官话,书写也不行,因此香港时期留下的几乎都是英文手稿和书信,中文手稿寥寥可数。他在香港的生活也完全是英国式的,无论是衣着,还是饮食,抑或是家中的摆设,都和一个典型的维多利亚式家庭没有什么两样。这似乎与一位汉学家的身份不相称,也与那些杰出的耶稣会先行者反差强烈。理雅各固然从未想要把自己的生活方式完全改成中国式的,但他很早就希望能有机会到中国内地去。早在 1842 年,他就曾写信给马儒翰(John Robert Morrison,1814—1843),希望能把传教点搬到南京,甚至是北京去,但马儒翰认为这是异想天开,劝他还是留在香港。② 在香港的 30 年中,他从未去过中国北方。

---

① 关于理雅各的中国北方之行,目前可见到的原始文献包括伦敦会档案中关于北方之行的一份信件打字稿,以及伦敦大学亚非学院(SOAS)和牛津大学波德雷安图书馆所藏理雅各的部分信件手稿,这些资料到目前为止尚有一大部分未被使用。他的女儿海伦·蔼蒂丝·理雅各(Helen Edith Legge)所著《理雅各:传教士与学者》(James Legge: Missionary and Scholar)中对这次北方之行有一些描述,并引用了一些信件;美国学者吉瑞德在其《维多利亚时代的译者:理雅各的东方朝圣》一书中,也提到了这次北方之行,但他把这次旅行称为"朝圣之旅",着重强调了理雅各对于天坛、泰山、孔庙等地的拜访,这种说法是不够准确的。理雅各的真正目的是要认识真实的中国。从下文中也可以看出,他所关注的东西包括人民生活、国家制度和信仰状态。把理雅各看作一个单纯的文化朝圣者是不恰当的。

② "Letter from J. R. Morrison, Nanking, 11 Sept. 1842," SOAS 馆藏伦敦会档案,CWM/China/Personal/Box 8. 马儒翰是马礼逊之子。

1870年前后,中国的对外关系处在变革之中。英国政府中一些人,特别是重商派希望能进一步打开中国的大门,而英国商人也在不遗余力地鼓吹"自由贸易",但英方代表阿礼国获得外交大臣克拉伦顿的支持,坚持要与中国在没有军事威胁的情况下进行谈判。① 1869年中英双方所签订的"阿礼国协定"当中,双方都有所让步,中国适度上调了关税,开放温州和芜湖作为港口,同时外国人可以有条件、有限制地在中国内地获得临时居住权。② 虽然次年"阿礼国协定"被英国国会否决,但英国对华政策走向温和是肯定的。王韬曾作《英欲中国富强》一文,指出英国在1870年普法战争后的对华政策转变,实为欧洲局势所造成:"通商英为急,传教法为重。……起而环顾欧洲,西有普而东有俄,鹰瞵虎视,皆足与英相抗。其在中土也,皆足与英竞利争雄,比权量力。英于是熟思审处,以为此非致中国富强不为功。中国既富且强,则内足以慎固封守,外足以镇抚邻邦,以控驭乎群策群力,而西北可以永无俄患,欧洲之局可不至于再变。此非英之为中国,而实自为也。"③

正如王韬所说,英国对华政策的缓和是受到欧洲局势的影响。除此之外,执政党的交替也不免使外交政策有所摇摆。④

## 二、香港—上海—山东—天津

中英关系缓和,使得理雅各最终在离港之前从清政府获得了正式许可,这时

---

① 实际上在帕默斯顿(Palmerston)时代结束之后,英国外交中霸权主义的"炮舰外交"就有所消退。克拉伦顿站在阿礼国一边,希望以和平的方式修约,并推动中国进一步开放,但1870年克拉伦顿去世,其后由保守党和自由党轮流执政,英国外交政策也在不断摇摆当中。参见[英]约翰·劳尔:《英国与英国外交,1815—1885》,刘玉霞、龚文启译,上海:上海译文出版社,1998年,第103~117页;Norman Macord & Bill Purdue, *British History, 1815-1914*, 2nd ed., London: Oxford University Press, 2007, pp.274-294。
② 徐中约:《晚清的对外关系,1866—1905》,费正清、刘广京编:《剑桥中国晚清史》下卷,北京:中国社会科学出版社,2006年,第74页。
③ 〔清〕王韬:《弢园文新编》,北京:生活·读书·新知三联书店,1998年,第84~85页。
④ 有一些国外研究者如芮玛丽(Mary C. Wright,1917—1970)提到了在英国发起的分离主义运动(即让殖民地获得自治权的观念)对英国对华政策的影响,这种影响在1870年前后格拉斯顿(W. E. Gladstone,1809—1898)执政期间尤为显著,但芮玛丽也指出,格拉斯顿本人并非分离主义者,而是提倡紧缩政策。这一态度在普法战争中格拉斯顿政府所采取的立场也得到了显现。参见[美]芮玛丽:《同治中兴:中国保守主义的最后抵抗(1862—1874)》,房德邻等译,北京:中国社会科学出版社,2002年,第29页。

他已经不再是传教士,而是以"进士"身份获准进入山东、直隶、江苏三省"游历",同时写明不允许进入"逆匪所占城镇"。① 理雅各在1873年3月29日下午4点登船北上,前往上海。在船上他回忆起过去几年的生活:"我无法不遗憾离开香港这个城市,但想到将要和你还有孩子们团聚,这种遗憾就减少到了最低。……很多时候我都忙于研究和出版工作,佑宁堂的工作也占了我大量时间,简直找不到一个小时是空闲的。……在我所关注的两个方面我完全成功了。我出版了《中国经典》的第四卷和第五卷,这个过程进展顺利,几乎无法更好了。另外,佑宁堂也从废墟上重建起来,教会组织交给了拉蒙特先生(Mr. Lamont),状况令人满意。"②

不算在船上的时间,理雅各在上海只住了3天,显然作为开放口岸的上海并不是理雅各的目的地。他住在伦敦会驻上海传教士慕维廉(William Muirhead, 1822—1900)家中,并见到了包括伟烈亚力(Alexander Wylie, 1815—1887)在内的很多老朋友。③ 他和慕维廉夫妇以及伟烈亚力一起观看了俄罗斯领事馆举行的晚宴之后的灯火游行。理雅各兴奋地形容:"两边的房子都被照亮了,不会少于一万中国人在路边观看了游行。"

1873年4月5日,理雅各从上海上船,继续北上穿过黄海,到达山东。4月9日,他到达烟台市芝罘区,然后造访伦敦会驻芝罘的传教士韦廉臣(Alexander Williamson, 1829—1890)的家。④ 经过商议,决定由韦廉臣陪同他去北京。他在芝罘停留了数日,当地有3个传道会:来自理雅各家乡苏格兰的联合长老会(United Presbyterian Church)、美国长老会(American Presbyterian Mission)以及英国浸信会(Baptist Chunrches of Great Britain)。芝罘地处山东北部海滨,其自然景观与理雅各的故乡苏格兰北部地区很相近,在接近赤道的香港生活了30年的他显然思乡情切了:"在中国从未有任何一个地方,具有如此明显的中国特征,还能如此令我想起家乡的景致。这里有成片绿色的麦田,一年两熟,有四寸高,路旁长满了花,

---

① 执照原件现藏于牛津波德雷安图书馆,编号Mss. Eng. Misc. C. 865,1。"逆匪"指太平天国。
② 这封信是理雅各在船上所写,录于一份题为"Journey in North China and North America"的档案中,原件现藏于伦敦大学亚非学院。从1870年到1873年的3年间,理雅各的妻子由于健康问题在英国休养,理雅各独自在香港工作,直到他从伦敦会退休才回国与妻子儿女相聚。
③ 慕维廉,伦敦会传教士,上海墨海书馆创始人之一。伟烈亚力,伦敦会传教士,1846年来华,曾与李善兰合作续译《几何原本》。
④ 韦廉臣,苏格兰传教士,汉学家,是广学会创办人之一。他的弟弟也是一名传教士,1869年在山东传教时路遇盗贼被杀。

有蒲公英、蓟花，就像你在朵拉的花园中常常看到的一样。"理雅各还注意到，这里是贸易进出的港口，因此路上非常繁忙，"成排的牛车和骡车拉着各式各样的包袱在路上行走，在路上我看到一些骡子，披着青紫色的骡衣，上面坐着农民或是商人们的妻子，穿着漂亮，裹着小脚"。

4月13日下午2点，他乘坐汽轮离开芝罘，前往天津。天津是伦敦会最早在中国北方建立的传教点。据理雅各信中说，除了他和韦廉臣，同行的还有俄国驻京公使倭良嘎哩将军(General Vlangaly)。俄国公使英语说得不错，也非常健谈，理雅各很高兴地觉得与他同行足可以弥补自己之前被耽搁的时间。

1873年在北京的热门话题是同治皇帝大婚并且亲政，以及外国公使要求觐见，这也是理雅各与公使之间讨论的话题。在同治皇帝大婚之前，总理衙门的两位大臣亲自拜访各国公使，要求他们以及外国在京人员在皇帝大婚期间不得外出。这本来是出于皇家礼仪的顾虑(外国使臣需行跪拜礼)，但各国使臣却由于未受到邀请而感觉受到了侮辱，并且对此极为不满——据说英国公使威妥玛用一种"暴怒"的态度接待了这两位总理衙门的大臣，倭良嘎哩也对使臣言辞尖刻。[①]在此之前，同治皇帝一直以年龄尚幼为由拒绝接见各国使臣。在皇帝大婚亲政之后，各国公使又再次提出觐见的要求。倭良嘎哩也参与了这次请求，但他私下却对理雅各说，他的个人观点是时机尚未成熟，或许应该废除公使，直到中国政府准备好让他们"得见天颜"。理雅各认为，各国要求派驻使节是合理的，但他同时也担心，如果清政府再次因为其"固执和傲慢"而拒绝请求的话，要如何处理？显然理雅各是担心再次引发军事冲突，但最终清政府同意了这一请求，在1873年6月27日接见了各国驻京公使，倭良嘎哩也在其列。[②]

作为一位经验老到的外交官和政客，倭良嘎哩自然娴于辞令，理雅各称他公正、克制，对中国政府也知之甚详。[③] 同时，他们也谈到了传教问题，特别是天津教案，理雅各和倭良嘎哩似乎都对法国的处理方式很不满。船沿白河而上经过大

---

① 参见[美]马士：《中华帝国对外关系史》第二卷，北京：商务印书馆，1963年，第291页。
② 参见费正清等编：《剑桥中国晚清史》下卷，中国社会科学院历史研究所编译室译，北京：中国社会科学出版社，2006年，第80~81页。
③ 倭良嘎哩在中俄会订陆路通商约章时，表现出极强的外交手段，有学者曾用"沉毅宏忍，冷静英鸷"来形容倭良嘎哩的为人和他在外交上的表现。参见王尔敏：《晚清商约外交》，香港：香港中文大学出版社，1998年。

沽，这里正是1858年英国战船登陆的地方。理雅各注意到，大沽炮台已经重新修缮，加强了守卫，但在塘沽，他也看到了"从未见过的贫穷和悲惨景象"，房屋都是用茅草建成，令他想起恺撒所描述的古代不列颠人所住的小屋。①

4月13日晚上9点，他们抵达了天津，见到了伦敦会传教士理一视（Jonathan Lees, 1835—1904），后者是艾约瑟在天津的继任者。在传教士还未能获准进入北京之前，艾约瑟1861年在天津创立了传教点，并敦促伦敦会加派人手。② 艾约瑟本想把天津作为进入北京的跳板，但当时的英国公使布鲁斯（F. Bruce）拒绝向传教士发放通行证，他只好暂时留在天津。几个月后，另一位伦敦会传教士雒魏林（William Lockhart, 1811—1896）拿到了通行证，以医生的身份进入北京。艾约瑟在1863年前往北京与雒魏林一起工作，天津地区就由理一视接任。③ 理一视自1862年4月起就被伦敦会派驻天津，是"天津教案"的亲历者④，并曾经在"译名之争"事件中撰文支持理雅各⑤。由于理一视的小女儿病了，他们会面时间极短。理一视曾在1864年访问北京，并游览了天坛和颐和园等处，很有可能向其提到了自己的天坛之行，使得天坛后来成为北京给理雅各留下最深刻印象之所在。

---

① "Journey in North China and America," SOAS馆藏伦敦会档案，CWM/China/Personal/Box 7, pp.5-7。
② Richard Lovett, *The History of the London Missionary Society, 1795-1895*, Vol.2, London: Oxford University Press, 1899, p.545.
③ 雒魏林，1811年生于利物浦，曾经在都柏林米斯医院及伦敦盖氏医院学习，1838年被伦敦会作为医学传教士派往中国后，曾先后在广东、澳门、上海、北京等地的医院服务，1864年返回英国。著有《中国的医学传教士：二十年回望》（*The Medical Missionary in China: A Narrative of Twenty Years Experience*）。参见 Alexander Wylie, *Memorials of Protestant Missionaries to the Chinese*, Shanghai: American Presbyterian Mission Press, 1867, pp.112-113。
④ 在1870年7月5日的信中，理一视描述了"天津教案"的情形："有至少二十个外国人被杀，或者是二十二个；被杀的中国人人数不确定，大概在六十到一百之间。财产遭到了破坏：包括法国领事馆的房屋、一座刚建成的大教堂，刚刚重修完毕的慈善医院，三分之一的天主教财产……有三名被杀的外国人是俄国人。"参见 Richard Lovett, *The History of the London Missionary Society, 1795-1895*, Vol.2, London: Oxford University Press, 1899, p.550.
⑤ 理一视在1878年4月13日《万国公报》第四百八十四卷上发表题为《圣号论》的文章，认为"上帝"之译名更为恰当："……然中国所素知者，非指万有之主而谁哉？此名何也？即上帝也。上帝有主宰之意，即犹约伯、亚伯拉罕时所称之沙带为有权者之意也。"参见李炽昌主编：《圣号论衡：晚清〈万国公报〉基督教"圣号论争"文献汇编》，上海：上海古籍出版社，2008年，第226页。

## 三、理雅各访问北京

**1. 1873 年以前北京教区的情况**

北京在当时作为清帝国的都城,对新教传教士们来说也是魂牵梦萦之地。在伦敦会 1867 年的年报中展示了雒魏林所绘的北京地图,并附有如下的描述:"北京城位于帝国北方,属于直隶省,始建于 1267 年。永乐皇帝在许多方面将其设计成一个高贵的城市。如地图所示,北京城可以说是由南北两部分组成。'鞑靼城'(满城)在北部,是一个标准的正方形,每一边都是 4 英里长。汉城在南部,5 英里长,2 英里宽。……想要详尽描述这座城市中的伟大建筑所具有的不同寻常的美是不可能的。"①

在伦敦会的文献中也不遗余力地强调北京的重要性:"北京作为传教点非常重要,不仅因为它是中国的大都市,有着庞大的人口,也因为这里有大量来自全国各地的人……地方官每年至少要来一次,而上京赶考的生员每年大约有一万人……"②

随着条约的签订,新教传教士开始踏足这座名副其实的"禁城"(Forbidden City)。北京是天主教传教士的传统领地,而新教与天主教之间存在着巨大的信仰鸿沟。如教会史家赖德烈(Kenneth S. Latourette, 1884—1968)所说:"对于新教徒来说,好像罗马天主教徒从未来过中国一样。新教徒们几乎总将自己看作福音的唯一代表……照他们的看法,罗马天主教最多被看作是基督宗教的一种腐败形势,改革派付出了很大的代价与牺牲来逃离这个形势,重新恢复了纯正的基督宗教……基督宗教这两个派别之间的鸿沟被语言与文化的差异更加深化了。"③一直以来,伦敦会对于在清帝国中心的传教活动有非同寻常的重视,而显然,这时传教工作的成功与否与英国政府的态度密切相关。针对英国政府对传教工作的冷淡态度,伦敦会指出传教工作不但不会妨害外交工作,反而对其有利:"我们相信

---

① "Map of Peking," *The Evangelical Magazine and Missionary Chronicle*, London: Jackson, Walford, and Hodder, 1867, pp.46-53.
② "The Peking and Tientsin Mission," *The Evangelical Magazine and Missionary Chronicle*, London: Jackson, Walford, and Hodder, 1867, p.104.
③ 参见[美]赖德烈:《基督教在华传教史》,雷立柏等译,香港:道风书社,2009 年,第 308 页。译文根据原文略有改动。

向北京本地居民介绍基督教,以及对劳苦大众的关心和善意,将会改善他们对外国人的看法。"①

伦敦会在北京最早的传教点由医学传教士雒魏林建立,当时他租赁了英国公使馆旁边的一座两进四合院作为医院,这就是北京施医院最早的地址。② 雒魏林的医院渐渐步入正轨之后,病人也越来越多,艾约瑟遂在1863年离开天津来到北京加入了雒魏林。在此之前,雒魏林只负责医疗工作,布道则由中国讲道员负责。艾约瑟调到北京之后,就专门负责传教事务。根据艾约瑟的报告,北京的医院一直人满为患,但开办两年来病人当中受洗成为基督徒的只有6人,其中一个是回民。然而艾约瑟对整体的传教前景表示非常乐观,在1864年写给伦敦会的报告中,他用"好运的开头"来形容北京教区的发展。③ 雒魏林在1864年结束在北京的工作准备返回英国,伦敦会派另一位医学传教士德贞④接替他管理北京的医院。

德贞在传教事业上颇有野心和行动力,在发现许多病人因为路途遥远无法来看病之后,他就决心要开设医院分部并且四处寻找合适的地方,但都失败了。⑤ 不仅如此,9月英国公使馆收回了租给伦敦会的房子,他们不得不把医院搬到哈德门大街的一座庙里,这时病人的数量已达到每天七八十人之多。⑥ 艾约瑟实际上是北京传教点的负责人,德贞则负责医院工作,两人合作无间。德贞认为艾约

---

① *The Missionary Magazine and Chronicle*, London: Jackson, Walford, and Hodder, 1862, p.80.
② 这个院子先是被普鲁士公使看中,但他们住了几天就搬走了。然后英国公使馆出钱买下了房契,雒魏林再向英国公使馆转租。据雒魏林描述,这个两进的四合院在英国公使馆旁边,门朝大街,第一进作为医院,第二进是雒魏林和他仆人的住处。参见 *The Missionary Magazine and Chronicle*, London: Jackson, Walford, and Hodder, 1862, pp.30-31; Richard Lovett, *The History of the London Missionary Society 1795-1895*, Vol.2, London: Oxford University Press, 1899, p.564. 亦可参见高晞:《德贞与中国医学早期现代化》,复旦大学博士论文,2008年,第31页。但该论文中把普鲁士公使误认为是俄国公使,对房子描述亦与原记载有出入。
③ 参见"Letter by J. Edkins," *The Missionary Magazine and Chronicle*, London: Jackson, Walford, and Hodder, 1865, pp.6-7。
④ 关于 John Dudgeon 的中文名,《在华新教传教士回忆录》记为"德约翰",但其在中国发表著作署名为"德贞",在此从第二说。参见高晞:《德贞与中国医学早期现代化》,复旦大学博士论文,2008年,第1-6页。
⑤ "Letter by J. Dudgeon," *The Missionary Magazine and Chronicle*, London: Jackson, Walford, and Hodder, 1864, p.251.
⑥ Richard Lovett, *The History of the London Missionary Society 1795-1895*, Vol.2, London: Oxford University Press, 1899, p.569.

瑟工作极其勤奋,而艾约瑟也认为德贞的医疗工作对差会至关重要:"从一开始北京传教点就感受到了医院的优势。……奎宁在最近发生的洪水之后发挥出很好的作用。疫苗接种在城市和乡村都在稳步增加。"到1866年,北京传教区已有当地教徒90人。艾约瑟并不满足于在满城(内城)传教,而是将传教点扩大到外城和乡村地区。到1868年,伦敦会在北京周边地区已经有5个传教点,共有教徒(准教徒)84人。① 尽管艾约瑟对传教工作一腔热忱,但情况是,不断有新人加入,也不断有教徒退出,很多人在受洗之后才被发现抽鸦片。②

在19世纪60年代,北京教区的另一重要事件,是《圣经》官话本的翻译。根据雒魏林在1864年初提供的一份名单,当时共有10名新教传教士在京传教。③ 1864年,新教传教士在北京成立"《圣经》翻译委员会",成员包括艾约瑟、包尔腾、施约瑟(S. I. J. Schereschewsky,1831—1906)、白汉理(Henry Blodget,1825—1903)、丁韪良(William A. P. Martin,1827—1916)④,目的是翻译《圣经》官话本。5名成员来自英、美不同的传道会,背景各不相同,但都有较高中文水平和长期在华传教经验。

在此前,英美传教士在译名问题上曾有过激烈的争论,分裂为"上帝""神"和"天主"三个阵营,始终也未能达成一致,但北京翻译委员会成员之间的合作尚可称作和谐。⑤ 在委员会中,分属英国安立甘会和美国圣公会的包尔腾和施约瑟,坚持认为应该采取天主教的译名,把God译为"天主"。艾约瑟作为唯一的伦敦

---

① "Mission in China," *Report of London Missionary Society*,SOAS馆藏伦敦会档案,1868,p.113。
② Irene Eber,*The Jewish Bishop and the Chinese Bible*;*S. I. J. Schereschewsky(1831-1906)*,Leiden:Brill,1999,p.94.
③ 这10名新教传教士分别是伦敦会的艾约瑟和雒魏林,英国安立甘会的包尔腾、傅兰雅(John Fryer)、顾惠廉,福音会(Society for Propagation of Gospel)的约翰·斯图尔特(John Stewart)和约翰·米切尔(John Mitchell),英格兰长老会的宾威廉(W. Burns),美国圣公会(American Episcopal Mission)的施约瑟以及美国长老会的丁韪良。参见Richard Lovett,*The History of the London Missionary Society 1795-1895*,Vol.2,London:Oxford University Press,1899,p.567。伦敦会报告将施约瑟的名字误写作S. Scherescherveski,理查·洛维特书中亦同。施约瑟从1862年起受文惠廉主教(Bishop Wivliam J. Boone,1811—1864)派遣从上海搬至北京学习官话并发展传教事业,因此此处应为施约瑟。参见Annette B. Richmond,*American Episcopal Church in China*,New York:The Domestic and Foreign Missionary Society of the Protestant Episcopal Church in U. S. A,1907,p.46。
④ 丁韪良是间断性参加翻译工作,因此有些材料中未提到他的名字。
⑤ 关于新教入华早期"译名之争"的讨论,可参见吴义雄:《译名之争与早期的〈圣经〉中译》,《近代史研究》2000年第2期,第205~222页。但吴义雄教授将"译名之争"归结于英、美两大阵营的争论,未提到支持"天主"的第三阵营。

会代表,为了维护成员间的关系,同意了"天主"的译名,并在1866年5月致信伦敦会秘书梯德曼(Arthur Tidman)解释此事。① 艾约瑟自己并无明显偏向(在此之前他偏向"上帝"译名),但他向梯德曼指出,使用"天主"译名有可能是统一新教各传道会意见、解决分歧的一个契机,伦敦会不应该放弃这个机会。②

但是在英美来华新教传教士当中关于译名问题的分歧根深蒂固,艾约瑟想要调和矛盾的努力最终失败了。美国公理会牧师白汉理首先宣布退出,放弃在协议上签字,中国南方以杨格非(Griffith John,1831—1912)、湛约翰等人为代表的伦敦会传教士也拒绝接受"天主"译名。官话本《新约圣经》的第一版几乎难产,直到1872年在第一版的基础上出版了修订版,共有3个不同版本,分别是大英圣经公会的"上帝"及"天主"版本和美华圣经会的"神"版本。③

次年,即1870年6月所发生的"天津教案",规模和影响超过之前的所有教案,对整个北方教区都造成了严重破坏。④ 对于紧邻天津的北京教区来说,困难是可想而知的。艾约瑟报告说:"……这一令人感到恐怖的事件在许多方面对我们造成不利影响。我们的两所乡村学校因此而无法开办。一些不那么虔诚的教徒退出了,而一些本来有兴趣的人也不再参加我们的集会。但如果计算我们的新教徒和退出的教徒,我们大约增长了50人。……在城里的周日集会仍然进行得不错,但医院里的日常听众减少了。"⑤教案的影响在1871年之后持续了很长的一段时间,北京教区因而陷入了"冰冻期"。根据宓治文(Samuel Evans Meech,

---

① 艾约瑟在信中分别陈述了支持和反对"天主"译名的双方观点。在这个问题上伦敦会内部的观点也不统一,支持的一方有韦廉臣、伟烈亚力、慕维廉等,反对的则以杨格非为代表。参见"Edkins to Dr. Tidman, May 14, 1866," SOAS馆藏伦敦会档案, CWM/China/North China/Incoming letters。伊爱莲教授认为艾约瑟与包尔腾、施约瑟一样支持"天主"译名,这一说法不够准确,实际上他并未明确表态,只是为了解决各修会之间的译名争端才提议在官话本《新约圣经》中使用"天主"。
② "Edkins to Dr. Tidman, May 14, 1866," SOAS馆藏伦敦会档案, CWM/China/North China/Incoming letters。
③ 参见赵晓阳:《基督教〈圣经〉的汉译历史》,《维真学刊》2004年第3期;《历史上的北京官话〈圣经〉译本》,《北京档案史料》2003年第4期。
④ 西文材料中称为"天津大屠杀"(Tien Tsin Massacre)。有奸人迷拐人口而牵连教民,民间遂盛传天主教堂迷拐幼童,挖眼剖心作为药料。法国领事丰大业(H. V. Fontanier)态度蛮横,被愤怒的群众打死,之后一发不可收拾,被杀外国人近百人。清政府派曾国藩赴津查办,曾国藩查实后认为迷拐幼童之事并无证据,于是将天津知府张光藻、知县刘杰罢职,并公告澄清"挖眼剖心"的谣言,但遭朝野清议所谤。参见〔清〕王之春著,赵春晨点校:《清朝柔远记》,北京:中华书局,2000年,第318~323页;〔清〕赵尔巽等:《清史稿》第三十九册《列传一百九十二》,北京:中华书局,1977年。
⑤ "Letter by J. Edkins, Feb.8, 1871," SOAS馆藏伦敦会档案, CWM/China/North China/Reports。

1846—1937)①的"十年报告",1872 年北京城区的教会成员从前一年的 177 人下降到 103 人,而外城传教所(out-stations)的人数更从 153 人降到 27 人。②

除环境的影响以外,北京教区的开拓者之一艾约瑟的工作方法也遭到年轻传教士的挑战。艾约瑟认为,当一个人对基督教产生兴趣时,最好雇佣他做教会工作,使他对教会有更多了解。而年轻传教士们则认为,最好使用更直接的方法来传教,而不是让他们获得持续的报酬来影响他的决定。③ 1873 年,理雅各到访北京之后,艾约瑟也结束他 10 年的服务,与理雅各同行回到英国,北京教区的"艾约瑟时代"暂时告一段落。④

**2. 理雅各在北京的见闻**

1873 年 4 月 16 日凌晨 1 点,理雅各一行人从陆路到达北京。⑤ 尽管只有不到 100 英里,但道路非常颠簸难走,花掉了近两天的时间;马车很小,人只能蜷缩在里面,没有任何坐垫或靠垫,他们只能自备坐垫,并且把行李用来做靠垫。考虑到当时理雅各已经 58 岁,身体不算好,这样的旅途对他来说是相当辛苦的。他毫不客气地批评道:"从天津到北京的路简直不能称之为'路'。从头到尾都颠簸不停……在这样一个地缘广阔的国度修路当然是不容易,但如果政府不是虚有其名的话,他们应该能想出办法来解决。从首都到最近的港口间却是这样的交通状况,真是一个耻辱。"⑥早在 11 年前,雒魏林在 1862 年 9 月 18 日到达北京后的第一封信中就感叹道:"我的旅途的开头和结尾是多么截然不同啊。我只花了 2 个小时就从伦敦到了 100 英里以外的多佛,而最后我蜷缩在马车中等着进入北京城。"⑦在 19 世纪下半叶,英国工业化和资本主义正在蓬勃发展当中,理雅各的家乡,苏格兰小镇亨特利在 1854 年就通了铁路。相比之下,晚清时期的中国在公共设施

---

① 宓治文,伦敦会传教士,1873 年到达北京教区工作。
② "Report of the Work of London Mission in Peking for the Ten Years by S. E. Meech," SOAS 馆藏伦敦会档案,CWM/China/North China/Reports。
③ Richard Lovett, *The History of the London Missionary Society 1795–1895*, Vol.2, London: Oxford University Press, 1899, p.577.
④ 在 1878 年,外城传道所的人数达到 206 人,但城区仍没有起色。参见"Report of the Work of London Mission in Peking for the Ten years by S. E. Meech," SOAS 馆藏伦敦会档案,CWM/China/North China/Reports。
⑤ "Journey in North China and America," SOAS 馆藏伦敦会档案,CWM/China/Personal/Box 7, p.7。
⑥ 同上,p.9。
⑦ *Report of London Missionary Society*, SOAS 馆藏伦敦会档案,1862, p.25。

方面的差距是如此巨大,并且从鸦片战争时期到理雅各访问北京,情况看起来并没有丝毫改变。

理雅各一行首先去拜访了伦敦会在北京的驻地,见到了艾约瑟夫妇、德贞夫妇、宓治文夫妇以及季雅各(James Gilmour,1843—1891)①。在理雅各笔下,当时的北京城尘土飞扬:"这是世界上最破旧不堪、最尘土飞扬的地方……连国子监的座位上都覆盖着2英寸厚的尘土。"但理雅各也预言,糟糕的状况不会一直持续下去,大的变化也许很快就会到来。②理雅各还在北京拜访了英国驻华公使威妥玛并共进早餐,但威妥玛先生相当沉默,会面显得有些尴尬。尽管威妥玛也是一位著名汉学家,并在卸任后在剑桥大学任职,但当时传道会与英国政府的关系相对疏离;从教派立场来说,理雅各所属的非国教的苏格兰公理宗,历来对英国政府多有批评,而威妥玛则隶属于国教安立甘宗,这或许也是两人话不投机的原因。

此外,在北方之行中给理雅各留下深刻印象的无疑是天坛。4月21日,理雅各清晨就起床与德贞医生、宓治文夫妇一起去了天坛。理雅各称之为北京城内"最伟大的景观",并且对他的宗教研究产生了巨大的影响:"……一神崇拜由这个国家的君主们在都城中延续了4000年,我深刻地认识到这一点,是在某一个清晨站在天坛旁边的时候。我脱了鞋,登上了顶部,下面是白色的大理石路面,头顶是蓝色的苍穹,我与同行的朋友们手拉手唱起了赞美诗:'受庇荫的子民赞美上帝……'"③而对于理雅各来说,这一体验如此难忘,以至于直到他晚年都清晰如昨日。

实际上,天坛历来受到外国来华人士的关注,包括雒魏林、艾约瑟、德贞在内的许多伦敦会传教士都曾在信件中提到天坛,并认为天坛能够反映中国人真正的信仰状态。曾任香港总督的英国汉学家德庇时(John Davis,1795—1890)尽管没有到访过天坛,但他在书中仍用了一定的篇幅加以介绍:"天坛(Altar to Heaven)坐落在四方形的围墙内,占地大约3英里见方,靠近南门。平台共包含3层,其直径从120英尺到60英尺递减。每层都有大理石栏杆包围,向上的台阶也由大理

---

① 季雅各,伦敦会传教士,以北京为基地,多数时间会前往内蒙古地区传教,著有《在蒙古人当中》(*Among the Mongols*)。
② "Journey in North China and America," SOAS 馆藏伦敦会档案,CWM/China/Personal/Box 7,p.12.
③ James Legge, *The Religions of China: Confucianism and Taoism Described and Compared with Christianity*, London: Hodder and Stoughton, 1880, p.251.

石制成。平台的西北方向是皇帝的斋戒沐浴之处（Palace of Abstinence），皇帝在冬至祭天之前将在这里斋戒3天。另一边是一条中央大道，直通向紫禁城。"①

理一视在1864年到访北京之后，也曾在日记中记载了他对天坛的印象："……很难用语言来描述这一奇景，对我来说它是中国所有景观中最有趣味的，不仅由于它在设计和制作上所体现的难得的工艺品位，更是由于它是古代一神信仰仅存的遗迹。"②理一视相信天坛代表着中国人对上帝的崇拜，也就是上古时期的一神信仰。他进一步描述自己在天坛上的体验道："……头顶蓝天，环顾四周的树林和庙宇，屋顶反射着耀眼的光芒，我感到一种强烈的冲动想要顶礼膜拜，并且感受到'上帝'（Supreme Ruler）崇拜传统，尽管受到迷信经年累月的摧折，但依然强大。"③

理一视在译名问题上是"上帝"阵营的一员。他曾在《万国公报》上发表文章，反对将God译为"神"，因此在这个问题上，他是理雅各的盟友。巧合的是，他的天坛"体验"也与理雅各如出一辙。这极有可能是此前理雅各在天津与理一视会面时，后者向他特别提到了自己对天坛的印象。更有意思的是，伦敦会《传教士杂志及日记》的编者在抄录理一视的信时，却自己加入了一段与理一视意思完全不同的评论，认为尽管天坛蔚为壮观，反映出中国人具有极高的文明和艺术程度，但由于"偶像崇拜"的侵害，就算富丽堂皇，也对人类的"个性和心灵"毫无益处。④这样对于天坛的不同评价，折射出新教传教士群体内部在看待中国历史和信仰上的态度差异。

1873年4月23日，理雅各又在德贞和宓治文的陪同下游览了长城和十三陵，来回花去了4天时间。他们清晨出发，租了3头毛驴，从南口村（今昌平南口镇）上了居庸关。中午时他们终于到达了长城，眼前的宏伟景象令他们震惊。理雅各写道："我几乎浑身战栗，尽管这里只是横贯中国北方的巨大建筑中的一个垛口，但从宽度和规模来看，完全可以看作一个完整的部分……我无法把这里仅仅描述

---

① John Davis, *The Chinese: A General Description of the Empire of China and Its Inhabitants*, Vol.1, New York: Harper & Brothers, 1836, p.362. 德庇时的著作在当时的英国颇有影响力。
② *The Missionary Magazine and Chronicle*, London: London Missionary Society, 1865, p.9.
③ 同上。
④ 同上, p.8。

为'城墙',顶部超过25英尺宽,我甚至躺在上面的草地上小憩了半个小时……"①
4月底的北京天气已经相当炎热,但理雅各却觉得,跟广东地区的闷热相比,中国北方的天气更令人感到舒适,这里的干燥和阳光令他想起了家乡苏格兰高地的风光。

从南口出发向东,他们又改乘马车前往明陵。十三陵中葬有明代12位帝王,只有崇祯皇帝上吊之后葬在了别处。由于时间有限,他们只游览了永乐皇帝的陵墓。陵墓外原有的大理石路面已经成了"令人感伤的废墟",原本的森林不见了,河流干涸了,露出深深的河床。

从5座拱门的入口往里面走半英里,可以看到巨大的龟趺,上有乾隆所写的碑文和诗句。再往里面走是"兽道"(The Avenue of Animals,指永乐陵的神道),据理雅各说,这一图片不久之前刚在《伦敦图片新闻报》(Illustrated London News)上刊出过。虽然承认动物雕像都很壮观美丽,但理雅各对这种"粗野、蛮横的壮观"并不怎么欣赏。②象征皇权的华丽的"兽道"和破旧的道路形成了鲜明的对比,让他无法对这种显然花费了大量人力却无任何实际用途的景象产生好感。从十三陵返回的路上,马车路过汤山(小汤山),他们就在那里住宿休息,并在温泉中洗了个澡。

在离开北京前的最后一封信中,理雅各写道:"我很高兴来到这里,并且对中国有了新的认识。但穿过城门的时候我也很高兴,终于要离开这些布满灰尘的街道,重新踏上回家的路途了……"③显然帝国首都给了理雅各一些新的印象,这些印象或许不够深入,但是对他来说是真实的,并且足以使他从前的一些想象破灭,并且对他以后的研究造成影响。

## 四、山东之行

1.从直隶到山东:一个帝国的余晖

1873年5月1日,理雅各和韦廉臣离开北京,艾约瑟要回国休假,因此决定与他们同行。他们3人仍然乘马车(骡车)前往天津,但一路上麻烦不断:先是理雅

---

① "Journey in North China and America," SOAS 馆藏伦敦会档案,CWM/China/Personal/Box 7,p.12。
② 同上,p.18。
③ 同上,p.20。

各和艾约瑟的骡子无法爬坡,于是他们下来步行,走了大约 1 英里后发现韦廉臣的马车走了另一条路,他们被扔在半路了。于是他们在白河上找了一条船,乘船前往目的地。船比颠簸的马车要舒服得多,但那天风向不顺,他们直到晚上 9 点才到达旅馆与韦廉臣会合。第二天,艾约瑟的车又坏了,只能把行李搬到理雅各的车上,两人下车步行。理雅各注意到,尽管他们出了这么多麻烦,却没有任何中国人对此有什么反应。理雅各发现,"在这里和北京,人们对外国人的长相已经习以为常了,并且他们比南方人要冷淡得多。他们尽管比广东人高大健壮,但缺乏活力和灵敏"。周六,他们到达天津,仍旧住在理一视家中。

在天津短暂停留之后,理雅各一行人离开直隶,前往山东。每天他们都在清晨五六点就上路,直到晚上 7 点左右才停下来休息,但因为路况太差,他们的前进速度非常缓慢,4 天只走了 143 英里(460 里)。理雅各不无幽默地在给妻子的信中写道:"以英国的观念来说,我们的速度太慢了,但这 4 头牲口,如果它们能说话的话,一定会说我们催得太紧了。"①走了 1 个星期时间,他们才终于出了直隶到达德州。即使在艰苦的旅途中,他们仍然保持着典型英式的生活习惯——早餐是奶茶和饼干,行李中带着罐头和黄油。在路上会随便买些点心:通常是烤白薯,或是烧饼和馒头。下午 2 点停下来休息 1 个小时,吃午饭并且喂牲口。艾约瑟长期生活在内地,口味已经相当中国化,理雅各却还有些不能适应,然而他乐观地对妻子描述道:"没有红酒,没有啤酒,也没有其他酒精类饮料。这是一种粗糙的生活,但我的健康状况从未比此刻更好。"②

理雅各一行人所走的路线基本上是沿着运河,走的是陆路。实际上从北京到济南有两条路线,一条是陆路,一条是水路(乘船沿运河而下)。1650 年,方济各会士利安当接受汤若望的建议前往天津,走的是陆路③;1689 年,康熙皇帝第二次南巡,当时运河治理有成,走的路线是水陆结合;1865 年,韦廉臣从北京前往曲

---

① 参见理雅各在 1873 年 5 月 8 日从山东济州府写给妻子的信,SOAS 馆藏伦敦会手稿,CWM/China/Personal/Box 7。在 SOAS 所藏题为"Journey in North China and America"的打字稿中也收录了这封信,但其中拼写错误较多,也略去了理雅各原信件中的汉字。
② 同上,p.27。
③ [美]孟德卫:《灵与肉:山东的天主教,1650—1785》,潘琳译,郑州:大象出版社,2009 年。

阜,也是选择水路,而且相当迅速①。运河在明清时期不仅是重要的交通线路,也是沟通南北物资和经济的通道,为此国家每年都要付出高昂的费用。利玛窦曾说:"维持这些运河,主要在于使它们能够通航的费用,如一位数学家所说,每年达到了1百万。"②在康乾年间,运河上的交通要冲,如临清、济宁等,都是物资集散、人流云集的繁华之地,但当理雅各经过时,这些地方都随着运河的渐渐废弃而变得残破。据史念海先生所说,在同治十一年(1872),张秋以北到临清段运河已经无水源可用,时任直隶总督的李鸿章倡言,治理实无他策,不如舍弃运河,改用海运。③ 因此在1873年理雅各从直隶前往山东时,已经无法由运河乘船而下,只有选择陆路。

理雅各注意到,从直隶到山东一路都是平原,一座小山也见不到。所有的土地都被充分开垦了,谷物已经开始成熟,6个星期以内就可以收割,到处都可以看到麦垛。跟南方相比,北方的水渠没有那么多,但也时常能看到堤坝,上面长着野花和蒲公英。尽管他颇有闲情地欣赏着沿途的田园风光,但晚清农村破败的景象仍令他吃惊:"自从我离开北京后就没有看到过一座好房子。首先是中国北方的房子(包括北京)都不超过一层,而农村的房子都以泥土筑成……如果你看到一座房子有漂亮些的砖,并且有一些建筑风格的话,几乎可以肯定那是一座寺庙……"④

另一个令理雅各感到吃惊和失望的是黄河,他在信中写道:"一直以来黄河都是我所期望见到的事物,无论如何它不算小了,可是由于我自己过高的期望,第一次见到它的时候我有些失望。(黄河)大约有半英里宽,奔流不息,在顺风的情况下我们大概花了10分钟过河。"⑤对于理雅各这样对中国传统经典有精深研究的学者来说,黄河无疑带有强烈的象征意义,代表着中国灿烂的古代文明;然而他所见到的黄河,却没有带给他"逝者如斯夫"的感慨,反而只有处于现代冲击下古老

---

① Alexander Williamson, *Journeys in North China, Manchuria, and Mongolia*, London: Smith, Elder & Co., 1870, pp.193-199.
② [意]利玛窦,[比]金尼阁:《利玛窦中国札记》上,何高济等译,北京:中华书局,1983年,第325页。
③ 史念海:《中国的运河》,西安:陕西人民出版社,1988年,第339~340页。
④ "Journey in North China and America," SOAS馆藏伦敦会档案,CWM/China/Personal/Box 7, p.25。
⑤ 同上,p.31。

帝国的衰败景象。

周日,也就是5月11日,他们经过禹城和齐河,到达了下一个目的地,山东首府济南。理雅各发现,"济南城比其他同等级的城市更清洁甜美……这主要是因为这里丰富的水源。在西门附近有四个泉眼,泉水从中日夜喷涌而出。泉水在城中流汇并形成一个湖,人们可以泛舟湖上,在湖中的岛上建有房屋,感觉惬意"①。理雅各在流水边坐下来,清洗一身的风尘,"这是从小汤山温泉以来洗得最舒服的一次了"②。然而理雅各随后就发现水渠中貌似漂亮的水草下至少有3英尺深的淤泥。

此刻,理雅各在帝制中国的北方所进行的游历已经进行了一个半月。对于所见所闻,他已经从起初的抱怨、不满或是其他情绪中冷静下来,开始发表自己观察的结果:"从水渠的情形就可以反映出中国的现状。道路、运河、宫殿——全都曾经有着宏伟的规模和良好的秩序,但它们逐渐蒙尘,直至被破坏。政府和人民曾经努力过使一切变好,但他们似乎以为不需要持续努力那些东西就应该保持现状。……缺乏公共精神和地区自治将会造成巨大的罪恶。人民指望政府为他们做所有事,一旦政府衰弱,或是缺乏进取心,就好像正常人心脏麻痹了一样,整个身体都要遭受苦难,并且越来越虚弱无助。"③

在理雅各看来,曾经宏伟壮丽的帝国及其运转良好的公共设施之所以在短短时间就衰弱至此,是因为这些秩序和设施都太过于依赖中央集权的政府——传统制度虽然能够在短时间创造出雄伟壮丽的奇景,却无法持之以恒地维持这些设施正常运转下去。就这点来说,曾在研究中大量参考了理雅各《中国经典》及《东方圣书》的马克斯·韦伯(Max Weber,1860—1920)有着独到的论述:"第一位纯官僚制的君主'始皇帝',则被认为是运河、道路、城堡的修筑者。这样的传说,逼真地显示出家产官僚制起源于洪水的治理与运河的开凿。王权则来自臣民的赋役,这种赋役对水利工程是不可或缺的……"④

韦伯认为,所谓的家产官僚制在公共事业当中起到关键性的作用;一旦社会

---

① "Journey in North China and America," SOAS馆藏伦敦会档案,CWM/China/Personal/Box 7,p.32。
② 同上,p.32。
③ 同上,p.33。
④ [德]马克斯·韦伯:《中国的宗教》,康乐、简惠美译,桂林:广西师范大学出版社,2004年,第98页。

机制开始衰弱而赋税无以为继时,大型工程必然遭到破坏,而人民的生活也会受到极大影响。在帝制的晚期,这样的问题已然是昭然若揭,不需要太深的洞察力就可以发现了。理雅各在参考着英国的做法思考这个问题,在他看来,或许"地方自治"是解决途径。对于一个苏格兰人来说,这从来不是一个陌生的问题。苏格兰新教改革领袖乔治·布坎南(George Buchanan,1506—1582)曾经指出,统治者的治理失误或甚至于行为失当都构成了暴君统治,以至于失职的君主成为公敌。① 就苏格兰的宗教革命来说,从来都与政治改革息息相关,而作为出身于非国教家庭的理雅各来说,批评政府以及现实政治简直是他的天然使命,正如他在晚年的回忆录中所说的,"没有自由和独立就称不上是一个苏格兰人",他对政府行为的敏感是毋庸置疑的。理雅各极少提到皇帝或任何其他当权者。他通常以"政府"(government)来指称。他关于政府的观点带有鲜明的维多利亚时期英国政治的意味。

之后他们在济南拜会了山东巡抚,一位姓丁(Ting)的官员②,并与之交谈了很长时间。在谈到黄河时,这位官员解释说由于黄河夹带的泥沙,河道会自然受到损害。即使第一年修好,第二年又会出现同样的状况。然而理雅各显然不接受这样的解释,他认为这个官员的话正好证实了他先前的推断:"中国对于对抗自然界对事物的侵蚀和破坏所要进行的'持续'努力并无概念。她可以在某一情形下做出努力,但无法一直保持之前的优势。"③理雅各这个结论可以看作是当时面对他所知道的古代中国与所见到的现实之间的冲突,他对自己所做的解释。

**2.泰山之行**

1873年5月12日,理雅各离开济南,路过张夏(今张夏镇),并在次日到达泰安。他和艾约瑟决定去登泰山。但对于都已经年过半百的理雅各和艾约瑟来说,尽管是乘坐轿子(一种类似软兜的椅子,分量很轻,由两个人抬),要登上如此陡峭的高山,也不能不说是一种冒险。他们花了6个小时爬上山顶,下山则只用了2个小时。理雅各心有余悸地告诉妻子:"如果你看到我们在上山时是如何艰难,下

---

① 乔治·布坎南,"论苏格兰统治的冲突"(De jure regni apud Scotos),参见[英]尼古拉斯·菲利普森、昆廷·斯金纳主编:《近代英国政治话语》,潘兴明等译,上海:华东师范大学出版社,2005年,第6页。
② 应为丁宝桢。
③ "Journey in North China and America," SOAS馆藏伦敦会档案,CWM/China/Personal/Box 7, p.25。

山时又是如何惊险,你今天会更加衷心感谢上帝。我自己是如此,尽管我没有觉得自己真的遇到危险。……算起来台阶应该有几千个,要在一天里面上下山,有些年轻人可能做得到,但我如果没有人帮忙,是肯定不行的。"①

理雅各在泰山上看到了"孔子登临处",他本以为泰山会有更多跟孔子思想或是跟中国古代信仰有关的遗迹,但却失望地发现,他找不到更多跟孔子有关的东西,泰山已经被道教寺庙占领了。除了东岳庙,还有供奉"碧霞元君"的庙宇,并且香火鼎盛。这些寺庙外面放满了还愿的牌子,理雅各说,由此看来,他们的祈愿"并非无用"。

从他的记录来看,理雅各对人们进香的行为并没有太多指责,尽管他认为这是一种"大众迷信"。② 但在1873年,他显然对道教没有丝毫好感:他把道教称为"最低下恶劣的"信仰系统。综观理雅各在香港期间的研究,可以发现他从未对道教本身有任何兴趣。实际上中国的民间信仰往往是三教合一,同时受到儒、道、佛三教的影响,但理雅各所理解的"儒教"仅仅是孔孟之道、儒家经典,或者说是士大夫式的儒家传统,从来不包括民间信仰;而他对道教的鄙视,不仅仅是新教徒对于偶像崇拜的反对,也带有一种"子不语怪力乱神"的儒家士大夫态度。理雅各对儒家这种知识分子式的理解一直没有改变;而对于道教的认识,也要到他认识缪勒并且开始参与编辑《东方圣书》之后,才有机会涉猎更多的道教经典,从而有所加深。

### 3."孔子之城":曲阜

理雅各的下一个目的地是到曲阜拜访孔陵和孔庙。在离开泰安前往曲阜的路上,理雅各第一次在中国内地看到人们在种植鸦片。有一个中国老人说,这样下去,年轻人肯定会全部抽上鸦片。这使得他又一次想到,正是英国卖给中国鸦片,才造成这样的局面,这是英国的对华政策所造成的恶果。进入曲阜地界之后,处处可见理雅各早已在古代文献中耳熟能详的地名:他们先是渡过了泗水,又路过了洙泗书院,这是孔子晚年修书讲学的旧址,但在理雅各一行到那儿时书院

---

① "Journey in North China and America," SOAS 馆藏伦敦会档案,CWM/China/Personal/Box 7, pp.36-37。
② "Journey in North China and America," SOAS 馆藏伦敦会档案,CWM/China/Personal/Box 7, p.40。吉瑞德教授的《维多利亚时代的译者:理雅各的东方朝圣》一书中第91页提到,理雅各认为进香的人"完全迷失并且堕落",实际上理雅各这句话是用来形容泰山上的乞丐,他从未对进香者有尖锐的批评。

已经废弃。

接着他们去了孔林,先是拐入了一个小园子,那里葬的是孔子的两个女儿。理雅各说,他原以为孔子只有一个女儿,到了这儿才知道,孔子还有另外一个女儿幼年夭折了。理雅各描述道:"进门之后,在我们面前的是一条30公尺宽、1里长的大道,两旁种植着美丽的柏树。走到大道尽头是一个很大的园林,向左转再渡过洙水桥,……就可以看见孔子的陵墓的入口了。接下来还是一条大道①,路旁有柏树和金合欢树,石头雕成的豹子和独角兽②,样子和明陵的差不多,但体积较小。"③接下来他注意到,在孔子墓冢的前面又有一座较小的冢,是孔子的孙子孔伋(子思)的墓,而在不远处有一座小房子,子贡曾经在此结庐为孔子守丧6年。

理雅各和艾约瑟带了一封一位在北京的孔子后人所写的引荐信,希望能够见到当时的世袭衍圣公④,理雅各还随信附上了一本他自己的《中国经典》第一卷。结果他们收到便条说,将由一位地方官员带他们参观孔庙,并且与这位衍圣公见面。这次会面颇费了一番周折:理雅各他们理解错了意思,以为是让他们在家等,但那位官员实际上是在孔庙等他们。等他们赶到时,已经过了约定时间,理雅各只见到孔家另一位后人,而最终没能见到衍圣公。理雅各认为,对方可能觉得他们不守时而且很无礼,所以才拒绝见他们。错失了这次他一直期待的见面,对于理雅各来说,无疑是很大的遗憾。

在孔子的陵墓前,理雅各回想起自己游览圣赫勒那岛时见到空空如也的拿破仑墓冢的情形,他问自己:孔子和拿破仑哪个更伟大?结论是,他更倾向于孔子。⑤ 理雅各在《中国经典》第一卷初版(1861)的绪论中对孔子的贬低曾被很多

---

① 指通往享殿的甬道。
② 指甬道旁的文豹和角端各一对。实际上孔林中的石像与明陵并不相同,明陵中一般形制为狮子、獬豸、骆驼、大象、麒麟、马等石兽共12对,将军、品官、功臣等石人6对。理雅各显然对此毫无兴趣,因此才认为差不多。
③ "Journey in North China and America," SOAS馆藏伦敦会档案,CWM/China/Personal/Box 7, pp.43-44。
④ 根据孔府家谱,当时的世袭衍圣公是第75代孔祥珂,字觐堂,时年仅25岁。理雅各对他一无所知,只知其世袭爵位,并且是整个家族的首领。
⑤ "Journey in North China and America," SOAS馆藏伦敦会档案,CWM/China/Personal/Box 7, p.44。

人引用过,也引来不少批评。① 但在这里,他的观念似乎有一些微妙的变化。然而孔子与拿破仑年代相差甚远,尽管都是伟人,也全非同一领域,理雅各为何把两者相提并论? 为何他又觉得孔子胜过于拿破仑? 或许孔子如此宏伟的陵墓令他有所感慨,让他想到帝王的功业虽然煊赫一时,而学者(圣人)的思想才能真正流传下去,并且影响后世。

理雅各、艾约瑟一行人在离开曲阜后向南前往江苏,一路上基本上仍以陆路为主。5月23日,他们到达宿迁。到了江苏境内之后,他们雇了船,沿运河而下,这比坐马车要舒服很多,但船是人力的,晚上只能休息,速度还是快不了多少。29日,他们的船到了运河上的一个大港清江(淮阴),在第二天就坐上了轮船回到上海,并在那里登上了回国的油轮。途中他们在日本停留了8天,并且去美国逗留了数月,最后在1873年年底返回了英国。

理雅各的中国北方之行是他第一次也是唯一一次来到帝国的心脏地区,同时也标志着他在香港传教生涯的结束和新时期的来临。这次中国北方之行对他之后在观点和研究方法上所造成的影响,也将在他就任牛津大学汉学教授之后逐渐显示出来。

---

① 理雅各在第一版《中国经典》第一卷绪论中对孔子的个人评价相当严苛,甚至说:"经过对他的性格和观点的长期研究,我无法视其为一个伟人。"参见 James Legge, *The Chinese Classics* Vol.1, London: Trübner and Co., 1861, "Prolegomena," pp.107-113。

第二章

理雅各与早期牛津汉学系

## 第一节　讲座席位的设立:1874—1876

当法兰西学院在1814年设立第一个汉语教授席位时,英国汉学仍是一片荒芜之地。虽然当时英国已经有马礼逊、米怜等来华传教士,并且出版了一些汉学书籍,但相对于法国、意大利、德国等欧陆国家来说,英国缺乏天主教传教士所留下的深厚汉学研究背景,在此之前他们对于中国的了解大多来自从欧陆翻译的书籍。马礼逊曾经四处奔走,希望能在牛津大学或剑桥大学设立汉学教授席位,但最终没有成功。这种情况一直到马礼逊去世之后才有所改变。小斯当东(Sir George Thomas Staunton, 1781—1859)作为马礼逊遗产的执行人,把15000册汉籍藏书捐献给伦敦大学的大学学院(University College),交换条件是设立一个教授席位。因此在1838年,英国才有了第一个汉学教授席位,当时的就任者就是理雅各的老师,在马六甲英华学院任教多年的萨缪尔·基德(Samuel Kidd, 1799—1843)。仅仅5年之后,基德教授就去世了,这个讲座席位也就中止了。1848年,这个席位又在伦敦大学国王学院再次开设。① 伦敦大学的汉学席位时断时续，并且以语言教学为主要目的，因此牛津大学汉学教授席位的设立，实际上是真正意义上的第一个汉学研究性席位。

## 一、汉学席位背后的政治杠杆

从整个 19 世纪的历史来看，维多利亚时期是英国经济和政治影响力快速扩张并逐渐达到顶峰的时期，而英国在东方的殖民地为英帝国带来的收益占到整个商业收入的很大一部分。相对来说，英国与中国的正式外交往来要到第一次鸦片战争之后才建立（如果不把马戛尔尼那次不算成功的访问算在其中的话）。而随着香港成为殖民地，以及沿海贸易港口的开放，中英关系也日渐重要起来。然而英国的东方学研究却与其在贸易和外交当中所占的位置完全不相称。因此，在 19 世纪 70 年代促使牛津大学设立汉学教授席位的首要原因，仍然是中英关系发展当中的现实需要。对于英国来说，由于香港成为殖民地以及沿海口岸城市的开放，英国的在华利益日益庞大，对华关系也变得越来越复杂。在维多利亚时代重商主义的影响之下，外交官以推动贸易为最重要的工作，而不希望发生军事冲突。② 在此影响下，大学研究也几乎不可能与商业利益脱离关系。在牛津大学设立汉学讲座，并且最终同意聘请理雅各作为第一任汉学教授的过程中，曾任驻华公使的阿礼国在当中起到了最主要的推动作用。他不仅曾经就此事多次写信敦促当时的牛津大学校长，强调汉学研究的重要意义，而且以其自身的影响力担任推动汉学席位设立的委员会主席。③ 除此以外，曾任香港总督、时任在华贸易总监督（Chief Superintendent of Trade in China）的德庇时，以及曾任香港辅政司（Colonial Secretary）的仔沙（William T. Mercer, 1821—1879）也都在汉学席位的设立上发挥了相当大的作用，前者在后来更以他的名字在牛津大学设立了汉学奖学金。

在 1875 年 4 月，牛津大学正式召开会议讨论设立汉学教授席位以及聘请理

---

① 参见［日］近藤一成著，王瑞来译：《英国的中国学》，张西平编：《欧美汉学研究的历史与现状》，郑州：大象出版社，2006 年，第 346~353 页；Timothy H. Barrett, *Singular Listlessness: A Short History of Chinese Books and British Scholars*, London: Wellsweep Press, 1989.
② 从阿礼国任驻华公使期间（1865—1869）的修约事件可以发现，英国所关注的是能否打开中国市场，以发展进一步的贸易。
③ 参见牛津大学波德雷安图书馆馆藏阿礼国信件手稿，编号 Mss. Top. Oxon. C. 528。

雅各作为第一任教授。会议提议把此事提交给前校长里德尔(Henry Liddell)以及麦克斯·缪勒教授考虑。里德尔对此没有异议,而缪勒毫无保留地支持这一决定。在5月份,设立教授席位的事基本上已成为定局。大学再次召开会议,提出需要筹款3000英镑作为讲座基金,用来支付理雅各每年250英镑的薪水。于是阿礼国等人召集成立筹款委员会,向各机构、商会以及个人募款。募款工作持续了大约一年,最终委员会在英国本土募得了约2900英镑,加上在香港所募,总共募得了3100英镑左右,已经达到了大学委员会所要求的数额,其中仅渣甸(Jardine)家族①就捐了310英镑。这样,理雅各在就任后可以从大学获得一笔固定的收入,虽然数额不大,但也足够让他在牛津过得比较舒适了。②

有些微妙的是,作为牛津大学创立汉学教授席位当中最主要的推动者之一,阿礼国过去一向主张限制传教士的在华活动,特别是在1869年,他在写给外交大臣克拉伦顿的信中抱怨传教士是政治纷争的导火索,并且表态反对英国传教士进入中国内地传教,因此引发了英国在华传教士的强烈不满和抗议。③ 阿礼国自己也在之后一封致克拉伦顿的信中坦陈自己与传教士之间的嫌隙:"我相信我所表达的意见已经严重冒犯了传教士团体,但这是我必须执行的职责,正如传教士们认为在所有地方传播福音是他们的职责一样。"④作为传教士团体的一员,理雅各也曾经公开批评阿礼国的外交策略和对传教士的态度。⑤ 但时过境迁,当理雅各与阿礼国两人的身份都已经转变之后,阿礼国似乎"摒弃前嫌",竭力帮助理雅各获得教授职位,而理雅各的态度也颇为积极,曾经多次与阿礼国通信以及见面,并且就筹款的事向他提供可能有用的信息。

在阿礼国、里德尔以及缪勒等人的联合推动之下,在1876年2月22日,牛津

---

① 渣甸家族来自苏格兰,以贩卖鸦片起家,后创办"怡和洋行",曾资助理雅各在香港出版《中国经典》。
② 理雅各的具体收入并没有确切记载,但据施莱格(Gustave Schlegel, 1840—1903)在理雅各去世后所写的纪念文章中所说,他的年收入大约是220英镑,跟欧洲大陆的汉学家比起来,是相当微薄的,儒莲的薪水差不多是他的3倍,荷兰的汉学教授收入也比他高得多,并且英国的消费一直都高于欧洲大陆。参见G. Schlegel, "James Legge," *T'oung Pao* Vol.9.1(1898), p.60。
③ "Sir R. Alcock to the Earl Clarendon, Peking, March 12, 1869," *British Parliamentary Papers: China*, Vol. 29, Shannon: Irish University Press, 1971, pp.192-193.
④ 同上,pp.195-220。
⑤ James Legge, "The Colony of Hong Kong," *The China Review* Vol.3(1874), pp.163-176.

大学正式发布通告,任命理雅各为首任汉学教授。筹款委员会在随后发表的声明中宣告了对于这一席位设立非同寻常的期望:"除商业目的以外,在宗教和政治方面,我们期望获得关于汉语的更广泛和深入的了解,并且能够熟知中国的经典作家。作为在远东占有最大经济利益的国家,其所占份额甚至超过其他国家的总和。作为世界上最为富有的大学,本应该尽最大的努力促进东方语言的研究,但事实却并非如此,欧洲大陆的政府和大学必定都感到无法理解……如今,得益于牛津大学所给予的慷慨协助,终于可以消除这些非难了……"①

## 二、非国教徒进入牛津

在进入牛津的过程当中,一个使理雅各感到不安的因素是他非国教徒的身份。看起来作为英国国教重镇的牛津大学要接受一名非国教徒成为教授是有些困难的,连麦克斯·缪勒这样声名远播的学者都在定居牛津之后加入了国教,而他自己在从阿伯丁国王学院毕业时,也被告知如果想在大学工作,就必须加入(苏格兰)国教,因此理雅各的担心并非事出无因。

如果要追溯国教与非国教之间的差异,除了神学解释和教会组织形态的不同,其政治立场是一个重要因素。总的来说,英国国教会以及安立甘信徒更倾向于服从于王权的权威,他们与政府机构之间关系更为紧密,并且倾向于维护现有的政治秩序。非国教徒则常常成为政府批评者和改革的推动者,苏格兰非国教组织更是在苏格兰独立运动中成长起来,并且发挥过巨大的作用。早期的非国教徒为了争取信仰权利和政治地位,经历了长时间艰苦的努力。1689年颁布的"宽容法案"(Act of Toleration)宣布所有异端教派都享有信仰自由,但实际上,在政治权利和担任公职方面,非国教徒仍然无法享受与国教徒一样的待遇。这种情况一直到19世纪才有所改变。1828年,英国国会推翻了"宣誓法案和结社法案"(The Test and Corperation Acts),非国教徒获得了进入议会的权利。② 在19世纪后半叶,非国教的组织由于社会政治环境的日益宽松而飞快发展,对于非国教徒的迫害不能说不再存在,但大众舆论对迫害是持谴责态度的。"非国教徒"(Noncon-

---

① "Chinese Professorship at Oxford,"波德雷安图书馆馆藏,编号 Mss. Top. Oxon. C. 528。
② Tim Grass, *Modern Church History*, London: SCM Press, 2008, p.159.

formity)或是"被驱逐者"(Dissenter)已经渐渐被"自由教会"(Free Church)的说法所代替,标志着非国教在自身身份的认同上已经不再局限于与国教之间的差异和对抗。①"自由教会"所坚持的观念是教会不应该依附于国家,而国家也不应该干预教会的发展,在这一点上,甚至有一些安立甘会教徒也持相同意见。

与此同时,国教会自身也不得不经历变革。由于自由教会的不断壮大,国教会内部的高教会派(High Church)在19世纪30年代发起了"牛津运动",意图重新振兴国教以及"安立甘主义"(Anglicanism)。"牛津运动"给整个19世纪国教的发展留下了深远的影响,但国教会自身与英国政府的关系还是逐渐地疏远了。另一个因素是,随着英国在全球势力的扩张,安立甘宗也在海外生根并且发展起来。从1841年起,海外的安立甘会主教无须再宣誓向女王效忠,这也在某种程度上表明"安立甘主义"不再等同于英国国教会,也与英国的王权逐渐脱钩。②

国教会和自由教会之间的关系变化自然也逐渐影响到教育领域。以一向是国教会大本营同时也是"牛津运动"发源地的牛津大学为例,在1871年的一项法令中,完全废除了对教授、助教、学者以及其他工作人员的神学考试,这些考试在之前都是以国教会教义作为标准的。在这项法令之后,每年进入牛津的非国教背景的学生都有所增加。正像当时的一位学者所说:"这项法令的意义并不仅仅是纾解了非国教徒长期以来的不满情绪,也使得像牛津和剑桥这样的大学能够成为国家的代表,而不仅仅是国教会的代表。这为两所大学带来了智识上的新鲜空气,并且把所有的学术研究从宗派主义的束缚当中解放出来。"③

由此可见,1875年牛津大学在考虑接受理雅各成为教授时,正是在国教壁垒正在消除的背景之下,从这方面来说,这个汉学席位的设立也得益于牛津大学逐渐脱离宗派主义。因此,当理雅各写信给牛津大学前校长里德尔询问非国教身份是否会成为阻碍时,里德尔回信说,在他看来,除非一个人是持强烈的非国教立场并且表露出来,或者在反对国教的运动当中担任重要角色,才会对他在牛津大学

---

① W. B. Selbie, *English Sects, a History of Nonconformity*, New York: Henry Holt and Company, 1912, pp. 225-226.
② Tim Grass, *Modern Church History*, London: SCM press, 2008, p.160.
③ W. B. Selbie, *English Sects, a History of Nonconformity*, New York: Henry Holt and Company, 1912, pp. 209-210.

这样的学校任职有所影响，而以理雅各的情况来说，不会有人因此而针对他。①里德尔言下之意，虽然牛津大学仍然是国教背景的学校，但对于来自自由教会的学者任职教授已经完全持宽容态度。而且实际上，在牛津大学准备设立汉学教授席位之时，理雅各也几乎是唯一符合资格的候选人。

### 三、东方学联盟：麦克斯·缪勒与汉学教授席位的设立

1868年，牛津大学建立了比较宗教学的教授席位，第一位教授即是被认为是现代宗教学之父的德国籍学者麦克斯·缪勒。缪勒是一位充满活力的学者，早期在莱比锡大学学习古典语言，并且以研究斯宾诺莎的伦理学获得博士学位。后来他在柏林大学跟随谢林（Friedrich Schelling, 1775—1854）从事研究工作，并翻译出版了德文本《嘉言集》②。之后缪勒又到巴黎，师从著名东方学家尤金·布赫诺夫（Eugène Burnouf, 1801—1852）继续深造梵文。

1846年，缪勒因需要使用英国东印度公司的梵文手稿而前往英国，由此开始了他在英国的学术生涯。他与牛津大学的梵文学者关系紧密，曾做过波德雷安图书馆的策划人，并在1851年成为牛津大学最古老的学院之一——基督教会学院（Christ Church College, Oxford）的一员。1860年，缪勒竞争梵文教授席位失败，但他最终在1868年成为牛津大学第一任比较宗教学教授。③

尽管东方学研究在当时的英国是相当冷门的领域，但由于缪勒思维敏捷，口才辨给，因此交游相当广泛，与卡莱尔（Thomas Carlyle, 1795—1881）等人一样是维多利亚时期具有公共声誉的知识分子。④他也时常充当德国学术界与英国学术界之间的桥梁。如1862年兰克（Leopold von Ranke, 1795—1886）到访英国时，缪

---

① "Letter by Mr. Liddell, Feb 27th, 1875," 波德雷安图书馆馆藏手稿，编号 Mss. Top. Oxon. C. 528。
② 《嘉言集》，指印度早期寓言集 Hitopadesa，缪勒的德译本出版于1844年。
③ 缪勒的一些朋友认为，缪勒的梵文水平无疑高于对手，这次失败的主要原因是缪勒是一个德国人而非英国人，国家主义阻止了牛津大学接纳他成为一位教授。参见 Georgina Müller, *The Life and Letters of the Right Honourable Friedrich Max Müller*, Vol.1, London: Longmans, Green, and Co., 1902, pp. 243-244。
④ 缪勒本人也与卡莱尔关系密切，对其甚为敬重，在卡莱尔去世之后，他曾写信给卡莱尔之子，称卡莱尔"像金字塔般坚固和挺拔，对于如同游客的大众来说是一个谜，而他的深邃和广阔，自然不能用'常理'度之！"参见 Georgina Müller, *The Life and Letters of the Right Honourable Friedrich Max Müller*, Vol.2, London: Longmans, Green, and Co., 1902, pp.99-100。

勒就负责将他引介给伦敦和牛津的知识圈。① 除此以外,作为一位具有社会声望的学者以及坚定的自由主义者,他与当时不少政坛人物也有所往来,并且一直是自由党领袖格拉斯顿坚定的支持者。②

缪勒的学术成就除了在印度教和佛教文献方面,更为重要的是他提出了新的宗教研究方法。从19世纪50年代开始,他就逐步发表一系列宗教比较方法论的文章,提出将比较神话学、比较语言学等研究方法引入宗教研究。③ 虽然他早期极少涉及中国研究的题目,但他所提出的这些方法在当时的来华传教士中广为流行,不少传教士都在文章中借用他的观点和结论,但这种借用多数是肤浅和断章取义的,以至于欧德理曾在《业余汉学》一文中语带讥讽地说:"假设缪勒的著作落入我们这位业余汉学家手中,他一定无法抵抗用现代比较语文学去得到一个对《尚书》的全新解释……"④理雅各在香港时期出版的著作中几乎没有提及过缪勒,但他无疑曾受到缪勒的影响:在1866年的一个会议上,理雅各就发表了题为"比较宗教学知识对传教工作的意义"的演讲,提出传教士应当对比较宗教学的基本理论有所了解。⑤

在1875年,即理雅各进入牛津大学前夕,缪勒的职业生涯却发生了变化。他当时完成了《梨俱吠陀》的翻译,并且曾一度考虑是否要回到德国去。他在一封信中称牛津大学是一个"冬眠的地方",对那里的研究活力感到有些不满。但这时缪勒也同时在筹划着一部大型丛书的出版,即《东方圣书》系列。在2月缪勒给理雅各的第一封信中,他首次提到了这一计划。很显然,理雅各的到来为他增添了一个极有力的伙伴,为《东方圣书》系列增添了重重的砝码。在信中他还写道:"长久以来我都希望能有机会认识您,告诉您我有多钦佩您的《中国经典》系列。

---

① Georgina Müller, *The Life and Letters of the Right Honourable Friedrich Max Müller*, Vol.1, London: Longmans, Green, and Co., 1902, pp.266-267.
② 曾经四次担任首相的格拉斯顿无疑是维多利亚时代最有影响力的政治家,同时他出身牛津,曾一度在牛津参选议员,因此一向与牛津的知识分子互动频繁。尽管缪勒并非赞同他所有的政治方针,但他一向都非常仰慕格拉斯顿。
③ 缪勒曾受以洪堡(Wilhelm von Humboldt, 1767—1835)为代表的德国语言学研究熏陶,因此后来将比较语言学引入英语学界,特别是宗教研究领域。
④ J Eitel, "Amateur Sinology," *The China Review* Vol.2.1 (1873), p.8.
⑤ James Legge, "The Bearing of Our Knowledge of Comparative Religion on Christian Missions," SOAS馆藏伦敦会档案, CWM/China/Personal/Box 4。

当然我无权对您的作品做出评价,但考虑到我的老朋友儒莲对其做出了高度赞誉,要知道他可不是一个喜欢颂扬别人的人。我所要说的就是,我希望能够将您的译作放在这套有关世界宗教的著作当中。"①随后牛津大学委员会就设立汉学教授一事询问缪勒,缪勒毫无疑问对此给予了支持。1875年12月,当理雅各的汉学教授位置已经基本确定时,缪勒写信向他的到来表达了热烈的期盼:"我怀着最大的热情期待你来到牛津。牛津需要学者胜过一切,否则它将降格为一所中学!我自己亦有自私的目的,在儒莲去世之后,希望你能成为我们在汉学研究上的向导……"②

但就在这时,缪勒自己却决定辞去牛津大学的教授职位。他似乎厌倦了大学内部复杂的人际关系和流言蜚语,也认为教授的工作占用了他太多的时间,因而他宁愿到一个德国小镇去专注于自己的研究。他在12月1日正式向大学申请退休,令他感到意外的是,他的退休声明引起了很大的反响:不仅友人们纷纷写信给他表示遗憾和挽留之意,各大报纸也都刊登了他在牛津期间的工作回顾,来自欧陆大学的邀请也络绎不绝。缪勒最终还是没有离开英国,也没有接受其他大学的邀请,而是在牛津定居下来。③ 1876年初,《东方圣书》的出版经费确定由牛津大学和印度政府联合资助,缪勒也开始了与理雅各之间近20年的合作生涯。

## 四、英国汉学的里程碑:理雅各就职演说

1875年,理雅各获得了第一届儒莲奖(Prix Stanislas Julien),代表着他前一阶段的汉学成就得到了欧洲大陆汉学界的认可。1876年10月,理雅各的就职典礼在牛津波德雷安图书馆旁的谢尔顿剧院(Sheldonian Theatre)举行,他在这里发表了就职演说。谢尔顿剧院是一座古老的圆形建筑,也是牛津大学通常举行典礼的地方。作为在英国历史上第一位发表就职演说的汉学教授,理雅各也开创了牛津、剑桥每有汉学教授入职,都会发表公开演说的传统。这次演说可以说是理雅

---

① "Letter from Professor Müller, February 18th, 1875," 波德雷安图书馆馆藏手稿,编号 Mss. Top. Oxon. C.528。
② 同上。
③ Georgina Müller, *The Life and Letters of the Right Honourable Friedrich Max Müller*, Vol.1, London: Longmans, Green, and Co., 1902, pp.496-503.

各第一次在牛津的知识圈公开亮相。他引用了缪勒在8年前就职比较语文学(比较宗教学)教授时所说的话作为开场白:"对于每一种新科学来说,在牛津大学设立教授席位都标志着新时代的开始。"①就汉学这一领域而言,理雅各的说法无疑是恭维之辞,因为汉学在欧洲大陆不但早已在大学中有了一席之地,并且在研究水平上领先英国不少。而英国之前在牛津大学设立的两个汉学席位都因为教授青黄不接、学生人数稀少而只能惨淡经营。② 在回顾了英国汉学在19世纪学院化的发展历史之后,理雅各承认,即使马礼逊当年的努力能够成功③,法国也依然会在汉学研究上领先于英国,其原因一方面是因为天主教时期法国国王对中国的兴趣,另一方面则是"法国学者具有的天赋和求知精神":法国不仅有像雷慕沙和儒莲这样的优秀学者,并且在东方学研究领域体系已经非常完整,学生人数也更多。德国汉学进入大学从时间上来说和英国差不多,但德国人对梵文兴趣更大。④ 荷兰则在莱顿开始汉语教学,一开始只不过是作为日语的附带课程,后来逐渐转为正式课程,由施莱格负责为荷兰东印度公司培养人才。⑤

在回顾了欧洲汉学的发展历程之后,理雅各指出了英国汉学发展的现实需要和方向。他首先强调的是两国关系和经济利益发展的实际需要。正如俄罗斯汉

---

① James Legge, *Inaugural Lecture on the Constituting of a Chinese Chair in the University of Oxford*, London: Trübner and Co., 1876.
② 伦敦大学学院(University College London)的汉学教授席位在1838年设立,任职者是理雅各的老师基德。基德当时的年薪仅有60英镑,他在1842年退休之后,由于缺乏合适的人选,这个位置一直空置到1873年。另一个伦敦大学国王学院的汉学席位是在1846年设立,先后任职的有费伦(S. Fearon)、詹姆斯·苏谋斯(J. Summers),以及与理雅各同时代的道格思(R. K. Douglas, 1838—1913)。参见T. H. Barrett, *Singular Listlessness: A Short History of Chinese Books and Brittish Scholars*, London: Wellsweep Press, 1989, p.60;魏思齐:《不列颠(英国)汉学研究的概况》,《汉学研究通讯》总第106期,2008年5月,第45~52页。
③ 1825年,马礼逊从远东回到英国,曾经试图将汉学研究引入牛津或剑桥,但由于一些"无法探查得出满意解释的原因",最终没有能够成功。他转而在伦敦开办了一个语言学院向将要前往东方的传教士教授汉语,但语言学院也在1828年解散。参见[英]艾莉莎·马礼逊编:《马礼逊回忆录2》,郑州:大象出版社,2008年,第148~149,199~200页。
④ 1838年,柏林大学设立第一个"汉语和满语"教授职位,第一位教授是硕特(Wilhelm Schott)。
⑤ 施莱格曾在年轻时拜访过雅各,一对其甚为崇敬。在一年之后的1877年,施莱格成为莱顿第一位汉学教授,他特地选了与理雅各相同的日期(10月27日)发表就职演说。参见[荷]包罗史:《拓荒者和引水者:莱顿大学的早期汉学家(1853—1911)》,张西平编:《欧美汉学的历史与现状》,郑州:大象出版社,2006年,第224~225页。

学是在两国关系的现实需要上发展起来的,英国目前也有相同的需要。① 英国的在华利益不断增长,而中英关系也日益成为最重要的外交关系,大使馆、领事馆、香港和各口岸城市的商会都需要大量的口译人才。在理雅各看来,英国政府直接把未接受训练的工作人员送到北京去学习语言是不妥当的。参照当时有人提出的在外交人员被派往印度之前应该至少在牛津或剑桥学习两年以接受语言及其他方面的教育,他认为中国的情况也同样应该如此。

在商业贸易方面,19世纪70年代,英国的在华利益已经超过其他西方国家的总和。理雅各所提到的一个数据是,在1875年,中国海关的进出口贸易总价值达到4000万英镑,而当中与英国及其海外殖民地之间的贸易占到3150万英镑。而在1870年、1871年、1872年三个年份中,中国的对外贸易当中,与英国有关的占到了一半以上。在中国各大口岸城市中,由于缺乏翻译人才,这些贸易都依赖本土操持"洋泾浜"英语的买办和蹩脚的翻译进行。这种情况显然对英国在华的贸易发展不利,因此如果英国的大学能够培养能说中文的高水平人才,也无疑会有利于在华商业发展。

在通用学术研究方面,汉语的研究价值主要体现在比较语言学(Comparative Philology)当中。比较语言学的发展需要对更多语言进行深入了解,而汉语是世界上最古老的语言之一,对比较语言学的研究价值是巨大的。此外,理雅各还向听众介绍了中国数量庞大的古典文学和历史文献,并且说,这些文献的丰富性和可靠性是其他国家难以比拟的。② 理雅各还预见说,中国的清政府会打破之前的孤立政策而逐步走向开放,汉学也会在两国外交当中起到重要作用,这从中国此前派出留美学童③就可以看出端倪。英国在这种情况下,应该争取让更多的中国学生来到英国学习,这样他们对英国的友好情感会在以后的两国关系中起到重要

---

① 理雅各认为,正是由于中俄两国签订边境条约,促进了俄罗斯汉学的发展,俄罗斯在1838年已经在喀山大学有了四个蒙、满文教授席位,有了瓦西里耶夫这样的杰出汉学家。他还特别提到,在签订《尼布楚条约》时,有一个由耶稣会士所起草的拉丁文版本。参见 James Legge, *Inaugural Lecture on the Constituting of a Chinese Chair in the University of Oxford*, London: Trübner and Co., 1876, pp.8-9。

② James Legge, *Inaugural Lecture on the Constituting of a Chinese Chair in the University of Oxford*, London: Trübner and Co., 1876, p.13。

③ 指李鸿章在1872年派出的首批留美学童。

作用。①

通过上面的描述我们可以看出,理雅各充分了解牛津大学设立汉学讲座席位的主要推动力是出于政治和商业发展的需要,这与一些具有汉学传统的欧陆国家是不一样的。作为一个开创者,他不遗余力地宣扬汉学在这方面的价值,用了大部分的篇幅讨论这个话题。除此以外,学术研究可以看作是第二重要的价值。第一个真正意义上的研究性职位,以及对于其他学科的参考价值,促使牛津大学设立这个汉学教授席位。作为一名已退休的传教士,理雅各在伦敦会服务超过30年,与新教差会有着深厚的关系,但他在就职演说中仅仅用了很短的篇幅提及汉学对于传教事业的帮助,姿态相当低调,立场也非常审慎。这一方面是由于英国政府对于传教一贯的冷淡态度,同时也是因为无法预料牛津的听众对此的态度。他澄清说,自己并不希望英国政府像俄国那样推进传教事业,也不认为政府应该在中国保护和支持任何一个传道会,只是由于条约的签订,赋予了差会在中国传教的自由。同时理雅各提出,派往中国的传教士应该首先受过中国语言和文化的训练,因此汉学教授席位的设立对于传教事业也是极其有利的。②

## 第二节　理雅各与早期牛津汉学系(1876年起)

### 一、"智识无政府":维多利亚时代的文化精神与牛津知识分子

通常人们将维多利亚女王在位时期称为"维多利亚时代",其时限是从1837年到1901年。然而如果从更宽泛的文化角度来看,在维多利亚女王即位之前,

---

① James Legge, *Inaugural Lecture on the Constituting of a Chinese Chair in the University of Oxford*, London: Trübner and Co., 1876, p.20.
② James Legge, *Inaugural Lecture on the Constituting of a Chinese Chair in the University of Oxford*, London: Trübner and Co., 1876, p.10. 事实上也正如理雅各所说,在他任职期间,牛津的汉学教育与差会保持着密切的关系,他不止一次受伦敦会所托进行传教士的短期培训,而理雅各更曾经写信给多个差会,要求他们送年轻传教士来牛津培训。参见 James Legge, "Letter to To the secretaries of the Wesleyan-Methodist Missionary Society," 波德雷安图书馆馆藏手稿,编号 Mss. Top. Oxon. C.528。

"维多利亚主义"就开始了。① 不少知识分子都曾对什么是维多利亚"时代精神"(Spirit of the Age)②作出过定义:密尔(John Stuart Mill,1806—1873)称之为"变动的""智识无政府"的时代③,卡莱尔责备其是"信仰贫困,被怀疑主义所惊吓"的时代,诗人布尔沃·李顿(Edward Bulwer Lytton,1803—1873)则宣称其是"浪漫主义死亡,只余下暗淡无光的功利主义"的时代④。尽管这些评论不尽是正面的,但人们都意识到,他们身处特别的年代,并且所谓的"时代精神"也前所未有地受到关注。

正如密尔所指出的,维多利亚时代的英国是"变动的",它正经历思想和生活方式的双重变革:帝国的经济逐渐走向顶峰,思想权威日益丧失地位,文化环境更加自由和多元化。维多利亚时代没有产生像休谟这样具有卓绝地位的思想家,但无论是在政治哲学还是人文科学上,各种思潮都有其自己的地位,也同时产生了一批具有社会影响力的知识分子。⑤ 与德国"康德-黑格尔"哲学体系的不断发展完善不同,维多利亚时期的英国智识界似乎已经失去了对思辨哲学和抽象问题的兴趣,就像密尔曾经抱怨过的那样,"除了偏执的宗教狂……很少有人对人的本性和生活的重大问题感兴趣,更少有人对人类社会的本性和原则及文明的历史或哲学有求知欲望,也没有任何一个人相信从这样一些研究中能得出单单一条重要的实际结论"⑥。相对地,维多利亚时期的知识分子有他们自己的写作和思考方式,精致和敏捷的文风更受欢迎,而他们所关注的更多的是政治变革、社会生活和文化事件,而非形而上的思辨哲学。

---

① 多数学者认为"早期维多利亚时代"应当以 1832 年"改革法案"的颁布作为起点。
② 实际上"时代精神"一词,也是在早期维多利亚时代才在出版物中正式出现。
③ 密尔曾在 1831 年写了系列散文《时代精神》,但在生前他从未将其集结成书出版。非但如此,该文中的一些观点还与其著名的《论自由》(On Liberty)截然相反。在该文中他所提出的"智识无政府"(Intellect Anarchy)在维多利亚后期常常被人引用。比密尔更早使用"时代精神"一词作为题名的,是维多利亚时期著名作家哈兹里特(William Hazlitt,1778—1830),他在 1825 年出版了《时代精神:当代人物群像》(The Spirit of the Age; or, Contemporary Portraits)一书,但密尔从未在自己的作品里提及哈兹里特。
④ Gertrude Himmelfarb ed., The Spirit of the Age: Victorian Essays, New Haven: Yale University Press, 2007, "Introduction," pp.2-4.
⑤ 维多利亚时期的"知识分子"(intellect)并不仅仅指那些在大学有教职的学者,还包括一些具有文化影响力的政治家、宗教学家、作家、出版业者,或是从事其他工作的人。当时的学科分工也并没有当代那么严格,有不少人是在业余从事写作。
⑥ 参见[英]索利:《英国哲学史》,段德智译,济南:山东人民出版社,2007 年,第 236~237 页。

在早期的"牛津运动"失败以后,自由主义(Liberalism)成为维多利亚中期以后最流行的思想潮流。正如伊恩·布兰德尼(Ian Bradley)所说:"19世纪后期大多数受过教育的(英国)人有着共同的价值观。他们相信宽容的美德以及理性的力量。他们对政治自由的理想和国会宪章有着真诚或许略显空洞的信仰。"[1]密尔的《论自由》一书,可以代表维多利亚时期所兴起的自由主义思想根源。他所提出的公民自由当中与精神生活有关的包括两个方面:首先是思想和讨论的自由,即在科学、道德、政治、文化和宗教等问题上,人民有形成、阐述和坚持自己意见的自由。其次是在志趣和行动领域发挥个性的自由,即人民有选择符合自己趣味和需要的生活方式及形成和发展自己多样化的爱好和性格的自由。[2] 这也使得维多利亚时代的知识分子在信仰、思想方面都更为多元化。同时,密尔的自由主义学说也伴随着英国政治格局的改变。在1859年(即《论自由》出版当年),辉格党正式完成了其向自由党的演变,而在当时担任辉格党领袖的正是维多利亚时期英国智识界的重要人物,曾四次担任首相的格拉斯顿,由于他与牛津大学深厚的关系,因而也被看作牛津智识圈的一员。

较少被国内学界注意的一点是,英国自由主义的发展与基督新教尤其是非国教的改革宗之间在思想渊源上有着千丝万缕的联系。[3] 格拉斯顿承认,非国教教义是英国自由主义的重要支柱和思想来源,而这种说法得到了后来研究者的广泛认同。[4] 拉吉罗(Guido de Ruggiero)也指出,英国现代自由主义的思想和模式最早产生于非国教团体的组织形态当中:"这些社区内成员之间的平等,激发了协商与批评,这有助于自发产生最杰出的大才。由于牧师们不是产生于自上而下的委任,而是产生于自下而上的选举,从中便出现一种对权威与政府的全新的看法,认

---

[1] Ian Bradley, *The Optimists: Themes and Personalities in Victorian Liberalism*, London: Faber and Faber, 1980, "Preface," p.11.
[2] 参见阎照祥:《英国政治思想史》,北京:人民出版社,2010年,第324页。
[3] 英格兰国教会指安立甘宗(Anglican Church),苏格兰国教会则指苏格兰长老宗(Presbyterian Church of Scotland),非国教指除此之外的其他新教派别,或称"独立教会"(Independent Church)。
[4] 格拉斯顿,维多利亚时代政治家,自由党领袖,曾四次出任首相。他本人出身国教会中的高教会派,并因此在政坛获得国教会,尤其是牛津大学的长期支持,如同珀西(Pusey)在1863年写给他的信中所说的:"正是由于您的宗教信仰,才使得现政府获得牛津大学的长期支持。"从19世纪60年代开始,格拉斯顿开始与非国教派逐渐达成一致,这也一度使他原本的支持者感到不安。参见G. I. T. Machin, "Gladstone and Nonconformity in the 1860s: The Formation of an Alliance," *The Historical Journal* Vol.17.2(June 1874), pp.347-349。

为这些不过是一种功能，而不是超验的律法。对生活全然民主的观点，便由此萌生。"①在现实层面中，1832年英国成立英格兰和威尔士公理会（Congregational Church of England and Wales），标志着英国在宗教组织领域已经走向自由化；②而到1851年，英国包括循道宗（Methodists）③在内的非国教教徒人数已经与国教徒接近持平。④ 因此，在维多利亚中后期非国教团体的发展，也推动、影响了自由主义在英国，特别是英格兰地区的发展。

与此同时，在文化和教育领域，这种自由主义理论和倾向也有着不少批评者，第一位就是著名的文化保守主义者、维多利亚时期文化领袖之一，来自牛津大学的诗学教授和批评家马修·阿诺德（Mathew Arnold，1822—1888），他与密尔之间有关"文化的无政府主义"的争论被看作是维多利亚时期最重要的论争之一。1867年，阿诺德在退休之前发表的最后一次演讲，题为"文化及其敌人"⑤，文中虽然仅有一次直接提及密尔，但所提出的问题几乎都是针对后者的《论自由》。阿诺德文中提到密尔的好友、自由党人罗巴克所说的"在英国，难道不是人人都可以说他想说的话吗？"⑥这一引述实际上正是来自密尔。但微妙的是，尽管《论自由》当中所谓"文化无政府主义"是阿诺德的主要批判对象，但密尔在早期作品《时代精神》当中却在一些观点和态度上与阿诺德不谋而合，可见密尔自身的思想也经

---

① 参见[意]拉吉罗：《欧洲自由主义史》，杨军译，长春：吉林人民出版社，2001年，第15、108页。
② 公理宗的教会组织原本只存在于苏格兰地区。理雅各的哥哥乔治·莱格（George Legge，1802—1861）就是最早一批英格兰公理会牧师，并曾任英格兰和威尔士公理会联盟主席；而理雅各在前往中国之前（1833），曾在他哥哥家住了一段时间，对英格兰公理会有了最初的了解。参见 James Legge, "Memoir of Rev. George Legge, L. L. D.," *Lectures on Theology, Science & Revelation by the late Rev. George Legge, L. L. D., of Gallowtreegate Chapel, Leicester*, London: Jackson, Walford, and Hodder, 1863。
③ 循道宗起先只是18世纪英国国教会内部由出身牛津的约翰·卫斯理所发起的改革运动，后来与国教会之间的分歧逐渐扩大，成为独立宗派，称为循道会或卫理公会（Wesleyan Church）。
④ Roberts C. and Roberts D., *A History of England*, London: Routledge, 1982, p.500. 转引自阎照祥：《英国政治思想史》，北京：人民出版社，2010年，第287~288页。
⑤ 阿诺德后来将这一论文改名为"甜美与光明"（Sweetness and Light），并且作为其著作《文化与无政府主义》的第一章。"甜美与光明"这一名字来自乔纳森·斯威夫特的讽刺寓言《书的战争》（*The Battle of the Books*）。
⑥ 中译本可参见[英]马修·阿诺德：《文化与无政府状态》，韩敏中译，北京：生活·读书·新知三联书店，2002年，第12页。但译者将第一章题名译为"美好与光明"，舍弃了蜜蜂和蜂蜜寓言的原意，这一点译者在书中"关键词"这一部分做了解释。

历了比较大的转折。① 由此折射出维多利亚时期的英国自由主义声浪渐强,而对自由主义的批判也开始产生。

## 二、理雅各:其传教士背景及与智识界的关系

只要稍加留意就不难发现牛津大学在维多利亚时期英国智识界当中所占的核心地位:这里产出了形形色色的风云人物,有自由主义者、政治家如格拉斯顿,有发起"牛津运动"的宗教改革家如纽曼,有文化评论家如马修·阿诺德等。尽管维多利亚时期被认为是热衷于宗教和道德生活的时代,但知识精英对教士阶层,特别是非国教牧师、传教士大都有隔阂,甚至毫无好感。热衷于描绘教士生活的小说家乔治·艾略特(George Elliot,1819—1880)就指出教士这一职业被看作是一般家庭的青年用来出人头地的捷径:"假使一个没有高贵或富裕出身背景的年轻人,学识中等,道德标准大约相当于平均水平,又富有辩才并且口齿伶俐,那么哪一种职业最易于使他在英格兰社会中获得权力和声望?……让他成为一位福音派教士吧,他会发现自己微不足道的能力很容易满足膨胀的野心。"②阿诺德在《文化与无政府主义》中将非国教徒描述为热衷于"争论、茶会、开设教堂和布道",而对文化的"甜蜜与光明"一无所知的人。③ 狄更斯则常常把牧师描述为一些脑筋僵化、粗俗不堪的人。理雅各"不幸"同时具有"非国教徒"和"前传教士"的双重身份,正好处在这种"傲慢与偏见"之下。

理雅各进入牛津时已届耳顺之年。作为一位"年长的新来者",他兴奋而又惶恐地发现自己身处的社会环境发生了巨大的变化。在就职典礼之后,牛津当时最具声望的巴利奥学院(Balliol College)为他举行欢迎宴会,出席的多是当时智识界的显赫人物。"我突然发现自己身处于乔维特和葛德温·史密斯之间,而乔维特的右手边就是斯坦利大主教。这样的社交场合让人既兴奋又精疲力竭,但还是

---

① 这一点国外的学者早已有所讨论,如著名思想史学者格特鲁德·希梅尔法布(Gertrude Himmelfarb)在1968年出版的《维多利亚心灵》(*Victorian Minds:A Study of Intellectuals in Crisis and Ideologies in Transition*)一书的第四节"另一个密尔"即是讨论这一问题。
② George Elliot,"Evangelical Teaching:Dr. Cumming," *Westminster Review*,October 1855.
③ 参见Valentine Cunningham,*Everywhere spoken against:dissent in the Victorian Novel*,Oxford:Clarendon Press,1975,p.21。

令人愉快的。我与葛德温·史密斯先生聊了很多关于美国的事……"①

维多利亚时期的牛津教授们仍处在传统贵族式的生活方式中,他们远离现代意义上的所有考核、发表论文等职责,日常生活中充满各种悠闲的下午茶会;他们之间有着错综复杂的姻亲关系,这使得他们成为一个相对紧密的圈子。理雅各初来乍到、默默无闻,处在一个相对边缘的地位,但也渐渐进入牛津社交圈。他甚至在某个私人场合见到了格拉斯顿,后者在 1874 年结束了自己第一次首相任期并卸任自由党领袖,但当时仍是上议院议员。②

麦克斯·缪勒无疑是理雅各在牛津初期最熟悉的朋友。理雅各深受缪勒所创立的比较宗教学观点的影响,也非常重视与缪勒的学术关系,在他的私人档案中所保留的信件中与缪勒的通信最多。缪勒作为《东方圣书》的主编,常常与理雅各讨论亚洲宗教的问题。缪勒隶属英国圣公会,热衷于公共活动,并与格拉斯顿私交甚笃,相比而言,他与理雅各就极少论及私人生活。理雅各曾写过一篇长 15 页的缪勒小传,通篇述及缪勒的生平及学术成就,表现出他对于缪勒的称赞,但并没有什么独家资料,可见他与缪勒间的关系还是以学术和工作为主,谈不上很深的私交。

另一位与理雅各有来往的核心人物是与他一样具有非国教背景的哲学家托马斯·格林。格林被认为是在当时最有影响力的哲学家,他也是巴利奥学院的第一位哲学教授。在当时的巴利奥学院,格林不仅是乔维特的学生,更是其最坚定的追随者。③ 他们在宗教及其他方面都是毋庸置疑的自由主义者:乔维特曾经公开质疑原罪说和赎罪说,甚至因怀疑上帝的存在而被指责为异端,一度只能在牛津领一份古典学教职的微薄薪水。但在维多利亚时代后期,牛津思想界风气渐至

---

① "Letters written by Dr. Legge in Dollar and Oxford," SOAS 馆藏伦敦会档案,CWM/China/Personal/Box 8。牛津大学巴利奥学院建于 1263 年,苏格兰思想家亚当·斯密就毕业于此,"牛津运动"结束后就取代奥利尔学院(Oriel College)成为当时牛津最具声望的学院。本杰明·乔维特(Benjamin Jowett, 1817—1893)是维多利亚时期著名古典学者和神学家,曾任巴利奥学院院长,他与斯坦利大主教(Arthur P. Stanley, 1815—1881)是志同道合的密友,而葛德温·史密斯(Goldwin Smith, 1823—1910)是出身牛津的历史学家,曾在英国大学改革中担任斯坦利的助手。
② 根据现有材料,1888 年理雅各曾在阿克兰(Henry Acland, 1815—1900,牛津著名医学教授)家中与格拉斯顿会面,但极有可能两人在此之前很早就由缪勒引见认识了。参见"Letter by Acland," SOAS 馆藏伦敦会档案,CWM/China/Personal/Box 8。
③ Noel Annan, *The Dons: Mentors, Eccentrics and Genius*, New York: Harper Collins Publishers, 1999, Chapter 4.

开放,乔维特自1870年起担任巴利奥学院院长并且影响巨大,也是这一环境使然。①

格林在宗教上隶属非国教的英格兰公理会,而在牛津,他更是与理雅各属于同一个教堂。在当时的牛津智识圈中,他作为一个虔诚新教徒及道德主义者的形象根深蒂固。格林的好友,当时被称为"智识贵族成员"的女性小说家玛丽·阿诺德(Mary Augusta Arnold,1851—1920)曾经创作一部以牛津为背景的小说《罗伯特·埃尔斯密》(*Robert Elsmere*),书中描写一位出身牛津的青年教士对建立在神迹之上的信仰产生怀疑,而接受了一种实际上是道德宗教的有神论。② 主人公原本出身国教,却成了所谓的"唯一神论者"(即不承认三位一体),而他在牛津的导师亨利·格雷就是以格林为原型创作的。③

作为巴利奥学院第一位非神职导师,格林同样热衷于发表宗教观点,他曾将自己的两篇布道词印成一本小册子在朋友间传播,理雅各也曾收到一份。这本小册子后来由格林的学生和同事汤因比(Arnold Toynbee,1852—1883,经济学家,著名历史学家汤因比之叔)编辑再版,题为"上帝和信仰的见证"。正如汤因比在序言中所说的,格林致力于将精神的东西与超自然的成分相分离,希望为基督教寻找一个智识主义的立场,以抵抗自然科学的发现对基督教历史性的消解。④ 理雅

---

① 最早系统研究格林的中国学者当属金岳霖,1920年他在哥伦比亚大学提交的博士论文题目就是《格林的政治思想》,但当时并未被翻译成中文。参见 Chin Yueh-liu, *The Political Theory of Thomas Hill Green*, Ph. D. Dissertation, Columbia University, 1920。作为"新自由主义"的先驱,格林批评密尔等早期自由主义者和功利主义者缺乏持久的理论根据而过度依赖经验,他提出一种积极的自由观和积极的国家观,并认为就伦理学的角度来看,一种理性的政治制度应该要体现社会的道德观念。而在哲学方面,格林批评英国传统的经验主义而努力引介康德-黑格尔的学说,后来在20世纪初英国出现的一批新黑格尔主义者都深受格林的影响。参见阎照祥:《英国政治思想史》,北京:人民出版社,2010年,第363~365页。在宗教思想上,格林具有明显的理性主义倾向,同样深受康德、费希特等人的影响。参见 Denys P. Leighton, *The Greenian Moment: T. H. Green, Religion and Political Argument in Victorian Britain*, Thorverton: Imprint Academic, 2004, pp.129-131。
② 玛丽·阿诺德,或称为沃德夫人(Mrs. Ward),是马修·阿诺德的侄女,与赫胥黎家族有姻亲关系。她曾创作数十部小说,并推动了牛津两所女子学院之一的苏默维尔学院(Somerville College)的建立,是维多利亚时期颇负盛名的女性知识分子。
③ 《罗伯特·埃尔斯密》因讨论当时青年迷惘的精神和信仰状态而成为当时最畅销小说之一,销量超过百万。实际上在维多利亚时代,这类与信仰有关,或以教士为主人公的小说并不罕见,但《罗伯特·埃尔斯密》一书的销量实在太过惊人。参见 Patrick Brantlinger and William b. Thesing, eds., *A Companion to the Victorian Novel*, Oxford: Blackwell Publishing Company, 2002, p.108。
④ Thomas Hill Green, *The Witness of God and Faith: Two Lay Sermons*, London: Longmans, Green, and Co., 1889, "Preface" by Arnold Toynbee.

各虽与格林同属非国教派,但其福音派的立场显然与这种智识主义的宗教理解格格不入:他回了一封长达12页的信,表示自己不赞同格林对《圣经》中神迹的怀疑态度,并对格林的一些神学观点提出看法。格林随即回信,表示自己并非想要影响那些相信神迹的人,而只是想挽救那些与自己一样无法接受神迹的人罢了,同时他也并没有自认正统,而是欢迎各种批评意见的。① 由此可以发现,理雅各虽然初来乍到,身份也并非神学家,但他保持着苏格兰人的直率脾气,总是勇于表达不同意见。

在牛津度过的漫长日子里,理雅各被他的朋友以及大学职员们看作中国问题权威,有任何关于中国的问题都会写信问他。在当时的英国,就算是接受过高等教育的人,多数也对中国的事情一知半解,因此他常常收到一些朋友和学校部门的信,询问一些关于中国的问题,当中有一次尤为有趣。牛津的考试委员会写信告诉他,有一位学生在神学学位考试中讨论原罪问题时,竟然引用孔子的话来力证"人性本善",并且在试卷上写了汉语的引文。这让考试委员会摸不着头脑,只好向理雅各求证孔子是否真的这样说过,如果是真的,他们就算这个学生答对。② 我们现在已经无法得知理雅各的答复,但他一定为汉学在牛津的影响力渐增而感到欣慰,而牛津大学在神学问题上风气逐渐开放,因此也可见一斑。

## 三、展望欧洲:理雅各与欧陆汉学界

正如理雅各在就职演讲中所说的,欧陆汉学(尤其是法国汉学)由于有耶稣会士们打下的基础,其研究水平早已领先于英国。与其他英国汉学家比起来,理雅各娴于拉丁文,也可以读希腊文、法文和德文,在语言上有明显的优势。在早期翻译《中国经典》系列时,理雅各一直对欧陆汉学界的研究成果有较多的关注,由于英文文献中缺乏高水平的参考书目,理雅各常常需要借助欧洲的研究成果。在《中国经典》的第一、二卷,即"四书"部分的西文参考书目中,有将近一半是拉丁

---

① 参见阎照祥:《英国政治思想史》,北京:人民出版社,2010 年,第 289 页。格林与理雅各之间的通信,参见波德雷安图书馆馆藏手稿,编号 Mss. Eng. C.7124, fols. 19–24;SOAS 馆藏伦敦会档案,CWM/China/Personal/Box 8。
② 信件见 SOAS 馆藏伦敦会档案,CWM/China/Personal/Box 8。

文和法文著作。①

在欧陆专业汉学领域,理雅各极为敬重法国汉学家雷慕沙,而在与他自己差不多同时代的学者中,则对儒莲最为推重。1866 年,理雅各在翻译他最为重视的《中国经典》第三卷《书经》,虽有王韬相助,但仍然困难重重。他多次写信向儒莲求教,儒莲也一一回信详细解答。② 1867 年,理雅各从香港回国休假,曾两次在巴黎拜访了儒莲。理雅各在信中形容儒莲是一位"身材粗壮、有些紧张的老人,是典型的法国人"。两人见面之后谈论了不少汉学话题,虽然儒莲表现得很热情,理雅各也态度谦逊、礼数周到,但两位学者都是欧洲汉学界的佼佼者,不免有暗中较劲之意。理雅各在写给家人的信中,就生动地形容两人好似是"初次交手的拳击手,想要掂量对方的分量"。③ 同时在场的还有另外一位理雅各的旧识,德国汉学家摩尔(Julius von Mohl,1800—1876)。④

1869 年,王韬应理雅各之邀访问欧西诸国。此前理雅各早已向他盛赞儒莲,于是王韬事先投书求见,在信中王韬盛赞儒莲的佛教研究价值,特别是其所译《大唐西域记》以及《大慈恩寺三藏大法师传》,"精深详博,殆罕比伦;于书中所载诸地,咸能细参梵语,证以近今地名,明其沿革"。王韬还希望儒莲能相助搜集西文中关于元史的资料,与自己合作完成《元代疆域考》一书,同时提到自己正在帮助理雅各准备翻译《春秋》的资料。⑤ 此后在王韬路经巴黎时,两人终于在儒莲家中

---

① 分别是柏应理的《中国哲学家孔子》、雷慕沙的《中庸》法译本、鲍狄埃(P. G. Pauthier)的《大学》法译本、雷孝思(Jean Baptiste Regis,1663—1738)的《易经》拉丁文译本、钱德明等的《中国文化、历史与风情丛刊》、冯秉正的《中国通史》、马若瑟(Joseph de Prémare,1666—1736)的《汉语札记》(*Notitia Linguae Sinicae*)、小毕欧的《地名词典》、鲍狄埃的《中国图识》等,其中有 5 人是耶稣会士,其余是稍早于理雅各的法国汉学家。参见 James Legge, *The Chinese Classics*, Vol.1, London: Trübner and Co., 1861, pp.135~136。
② 波德雷安图书馆藏有儒莲写给理雅各的 4 封回信,编号 Mss. Top. Oxon. C. 528,16 开信纸共计 10 页。儒莲笔迹纤细,均用法文写成,第一封信向理雅各详细介绍了自己的过往著作和研究成果,其他内容为回答理雅各所提出的有关《尚书》字句解释和史料问题,也有一些涉及佛教典籍,理雅各称其为"最丰富的通信者"。
③ 在戴密微所写的回忆录中,儒莲被形容为个性讨厌、难以相处的人,这大概是他和理雅各之间除谈论学问之外并无私交的原因。参见[法]戴密微:《法国汉学研究史概述》,张西平编:《欧美汉学研究的历史与现状》,郑州:大象出版社,2006 年,第 203 页。
④ 信件见 SOAS 馆藏伦敦会档案,CWM/China/Personal/Box 7。
⑤ 原信《与法国儒莲学士》可参见[清]王韬:《弢园文新编》,北京:生活·读书·新知三联书店,1998 年,第 255~258 页。王韬曾著有《春秋左氏传集释》《春秋朔闰日至考》《春秋日食辨正》及《春秋朔至表》等,均是为理雅各翻译《春秋左氏传》所作,对其帮助很大。

会面。王韬称儒莲"能做笔谈",交谈则需要翻译,而法兰西学院图书馆有中文藏书"三万册,目录凡三卷"。儒莲在1873年理雅各返英前去世,两位汉学家只有两面之缘。①

1875年,在理雅各进入牛津任职以前,他成为第一届儒莲汉学奖得主,英国汉学家巴瑞特在其《奇异的冷淡:英国汉学简史》一书中称理雅各为英国第一位获得世界性声誉的专业汉学学者。② 但当时的牛津汉学尽管有了像理雅各这样的优秀学者,研究基础却仍然薄弱。根据艾约瑟在1876年编写的一本波德雷安图书馆的汉学目录,当时的藏书还不足300本,当中还包括一些日本和蒙文著作,与法兰西学院相差甚远。③ 理雅各从香港返回英国时,带回了自己的大多数藏书,基本相当于一个小型图书馆。他在牛津工作期间,一直都在关注欧陆汉学,并与那里的汉学家交流。

尽管理雅各在欧洲汉学界已经久负盛名,但他之前长期生活在香港,与欧洲学术界交流并不多。1878年,他在牛津的工作已经步入正轨,9月,他携妻子出席了在佛罗伦萨举行的汉学大会,这也是他第一次出席在欧陆举行的大规模汉学会议。他在中国部分进行了主题发言,由于他不懂意大利语,因此仍旧用英语发言,但他用拉丁文对发言内容做了介绍,风格是"西塞罗式"的。理雅各对自己的拉丁文很有信心,希望能够以此和那些不懂英文的欧洲汉学家顺畅交流。④ 在这次会议以后,理雅各时常参加东方学大会,并曾多次担任召集人和中国部分的主持人。

另外一位与理雅各保持着密切交流的欧洲学者是来自德国的语言学家,莱比锡大学的甲柏连孜(Georg Conon von der Gabelentz,1840—1893)⑤。虽然甲柏连孜

---

① 长于文献而弱于口语是19世纪欧洲汉学家的常态,儒莲也不例外。柯文称儒莲与王韬会面时"可能由理雅各翻译",实际上理雅各并未陪同王韬访问巴黎,翻译者另有其人。儒莲与王韬的会面记载可参见〔清〕王韬:《漫游随录》,北京:社会科学文献出版社,2007年,第63页;柯文:《在传统与现代性之间:王韬与晚清改革》,南京:江苏人民出版社,2006年,第48页。T. H. Barrett, *Singular Listlessness:A Short History of Chinese Books and British Scholars*, London:Wellsweep Press,1989, p.76.
② T. H. Barrett, *Singular Listlessness:A Short History of Chinese Books and British Scholars*, London:Wellsweep Press,1989, p.76.
③ 同上,pp.76-77.
④ SOAS馆藏伦敦会档案,CWM/China/Personal/Box 7。
⑤ 甲柏连孜从年纪上来说比理雅各年轻得多,他在1876年获得博士学位,1878年出任莱比锡大学首任"远东语言教授",当时年仅38岁。

是一位语法学家,主要研究兴趣是普通语言学和语法,但他对中国经典也一贯保持着兴趣,并且由于他的语言学知识,他对于中国经典的看法也常常与众不同。甲柏连孜尤其欣赏理雅各对待中国经典的态度,称赞他能够公正对待常常在欧洲遭到贬低的中国宗教。[①] 理雅各也将甲柏连孜引为知己,曾多次把自己刚刚出版的著作寄给对方。理雅各虽然从未出版有关汉语语言学或语法学的专著,但他有学习汉语的经验,对于这一领域也有着相当高的关注。

1881年,甲柏连孜出版了其重要著作《汉文经纬》(*Chinesische Grammatik*),理雅各也为他写了长篇书评[②]。在这篇书评中,理雅各首先回顾了此前的汉语语法著作:马若瑟的《汉语札记》,雷慕沙的《汉语语法纲要》(*Élémens de la grammaire chinoise*),以及儒莲的《汉文指南》(*Syntaxe nouvelle de la langue chinoise*)等,[③]但理雅各认为甲柏连孜的著作不仅在体系上比以前的所有著作都更加完整,而且例句的选择范围相当广泛,"超过我们现有所有汉英字典",翻译也"令人吃惊的"准确。在文章的最后,理雅各还盛赞这本书的出版标志着汉学研究"新时代的到来"。[④] 考虑到理雅各一贯关注的是宗教及文化研究,这篇文章几乎是理雅各所写过的唯一一篇语言学类著作的书评,可见其对甲柏连孜的看重。

由于理雅各在牛津就任时已过耳顺之年,历数他在牛津时期所往来的欧陆汉学学者,如甲柏连孜、施莱格、考狄(Henri Cordier,1849—1925),不仅都比他年轻得多,而且几乎都是大学出身的专业学者,并无传教士的经历。[⑤] 理雅各可以看作是欧洲汉学从传教士汉学到专业汉学的过渡人物。理雅各与这些来自欧陆的后辈学者交往时丝毫没有显露出他在传教士时期时常为人所指摘的尖刻好辩,而是态度宽和,乐于助人。如甲柏连孜的学生乌勒(Max Uhle,1856—1944)出版第一本书时就寄给理雅各请他提意见,理雅各给予了慷慨的称赞,而乌勒在试图找一个固定的汉学研究席位时,理雅各也毫无保留地帮助了他。随着理雅各在欧陆

---

① 信件见 SOAS 馆藏伦敦会档案,CWM/China/Personal/Box 8。
② 未见在出版物上发表的这篇文章,但牛津波德雷安图书馆藏有书评完整手稿,编号 Mss. Eng. C. 7124。
③ 关于早期欧洲汉学家的汉语语法研究成果,参见张西平:《传教士汉学研究》,郑州:大象出版社,2005年,第252~260页。
④ 波德雷安图书馆馆藏,编号 Mss. Eng. C.7124,fol. 90。
⑤ 施莱格,荷兰汉学家,莱顿大学首任汉学教授,与考狄一起创办了《通报》;考狄,法国汉学家,目录学家,《通报》主编。

汉学界的名声与日俱增,1893年,荷兰皇家科学院授予了他荣誉研究员头衔,这是他在欧陆获得的第一个头衔。① 理雅各去世之后,施莱格在《通报》上发表悼念文章,文中回忆了理雅各在其汉学道路上所给予的帮助和鼓励,以及两人之间亦师亦友的关系。文章的最后,施莱格饱含深情地写道:"逝者蒙上帝恩典而放下了劳作,但他们的功业将会永存。"②

## 四、公共活动中的汉学家:牛津时期的理雅各与中英关系

19世纪70年代是中英之间外交关系的磨合期,英国的在华利益达到了全盛,英国政府的对华外交政策也以促进贸易为其最大目的,牛津大学的汉学系正是在这样的背景下由阿礼国等政商要人一手推动建立的。而正像理雅各在他的"就职演说"中所说的,中国方面的对外观念与策略同样也在发生着变化,并且由一开始一批最早接触外部世界的士大夫如王韬、冯桂芬、郑观应的言论,而渐至实际政策的改变。1876年,清政府派出郭嵩焘作为英法公使从上海出发,起航前往欧洲。③ 郭嵩焘是第一位由清政府派出的驻外公使,似乎标志着清政府正在试图进入世界秩序当中。经过50天的海上航行,郭嵩焘一行人终于在1877年1月到达伦敦,随后拜访了当时英国的外交大臣德尔比(Lord Derby,即Edward Henry Stanley,1826—1893),并被安排觐见维多利亚女王。

格拉斯顿的自由党在1874年大选失败,继而由迪斯累利(Benjamin Disraeli,1804—1881)领导的保守党组阁并出任首相。郭嵩焘抵英时,正是保守党内阁执政时期。不仅如此,就在1877年元旦,迪斯累利宣布"大英帝国"(British Empire)成立,英国在维多利亚时期国力之强盛,达到了顶峰。郭嵩焘在这种情况下任驻英公使,行事无不小心谨慎,并且与使馆人员约法五章,"一戒食洋烟,二戒嫖,三戒赌,四戒出外游荡,五戒口交喧嚷",以免引起外交争端。④ 他与理雅各在1877

---

① 证书原件见SOAS馆藏伦敦会档案,CWM/China/Personal/Box 10。
② G. Schlegel, "James Legge," *T'oung Pao* Vol.9.1(1898),pp.59-63.
③ 郭嵩焘,字筠仙,湖南湘阴人,曾为曾国藩幕僚,后历任两淮盐运使、广东巡抚等,后因其有处理外交事务的经验而被任命为首任驻英、法公使。郭嵩焘长于洋务,但当时舆论指其为媚外,最终辞官归里讲学。参见〔清〕赵尔巽等:《清史稿》第四十一册《列传》二百三十三,北京:中华书局,1998年。
④ 参见汪荣祖:《走向世界的挫折》,长沙:岳麓书社,2001年,第178页。

年中就在伦敦一次会议上相识,11月28日又应理雅各之邀到牛津访问。他从伦敦帕丁顿火车站(Paddington Station)经由雷丁(Reading)到达牛津,住在兰多甫(Randolf)旅馆。此行由牛津大学校长思维尔(James Edwards Sewell,1810—1903)亲自陪同,理雅各作为向导为其解说,共参观了牛津大学三个学院:马德林学院(Magdalen College)、万灵学院(All Souls College)、基督教会学院(Christ Church College),以及波德雷安图书馆。① 各学院院长均出面与郭嵩焘相见,麦克斯·缪勒也在基督教会学院见到郭嵩焘。郭嵩焘在日记中称其为"马克斯木拉,注有印度佛经,名《非达经》,云尚在佛千年以前。其字略近西洋,与所见锡兰梵经绝异,殆犹西洋通印度后文字之变也"②。

当天下午理雅各在谢尔顿剧院开讲《圣谕广训》第四部分,特别邀请郭嵩焘列席。前三次演讲在6月就已结束,理雅各特地把最后一次留待郭嵩焘来访时再讲。据郭嵩焘记载,理雅各先用汉语朗读《圣谕十六条》的最后四条,再用英文解释其意,在场有"男妇三百人,寂不闻声,每讲至佳处,则群鼓掌唱诺"③。演讲结束之后,理雅各设茶会款待郭嵩焘,在座的还有包括葛德温·史密斯等人在内的知名牛津知识分子。郭嵩焘在结束两天的访问后,对牛津学制赞叹不已,称之为"此实为中国三代学校遗制,汉魏后士大夫知其所以者鲜矣"④。郭嵩焘的来访,无疑是牛津汉学系建立后的第一件大事。在郭嵩焘来牛津之前,大学校方就对此表示出非同一般的重视,校长曾亲自致信理雅各,表示愿意提供任何帮助,而郭嵩焘在离开之后也致信给校长表示感谢。⑤

理雅各清楚地知道,中英关系中的一大障碍是鸦片贸易,而从他的新教道德观来说,鸦片贸易也不啻是煊赫的西方现代文明之上无法容忍的污点。他曾经多次在不同场合提到他与郭嵩焘的一段对话。郭嵩焘先是问理雅各,中国和英国比

---

① 郭嵩焘在日记中说"又游大学堂一,名曰波里安,藏书五十余万帙,总办葛克斯,言西洋藏书以法国巴黎为第一,伦敦妙西因次之,此又次之"云云,当指牛津波德雷安图书馆,汪荣祖先生误为巴利奥学院,此正。参见〔清〕郭嵩焘:《郭嵩焘日记》第三卷,长沙:湖南人民出版社,1982年,第350页;汪荣祖:《走向世界的挫折》,长沙:岳麓书社,2001年,第204页。
② 《非达经》即指缪勒所译《梨俱吠陀》。参见〔清〕郭嵩焘:《郭嵩焘日记》第三卷,长沙:湖南人民出版社,1982年,第349~350页。
③ 〔清〕郭嵩焘:《郭嵩焘日记》第三卷,长沙:湖南人民出版社,1982年,第350页。
④ 同上,第352页。
⑤ 信件由理雅各翻译,原件见波德雷安图书馆馆藏档案,编号 Mss. Top. Oxon. C.528。

起来,哪个国家更为优越?理雅各回答说是英国。郭嵩焘又问,如果不是比较工业,而是比较人民的道德呢?理雅各回答说,他同样也不得不说是英国。郭嵩焘听了之后"在自己的客厅里来回大步行走,用力甩着自己的手臂,最后一下子坐进自己的椅子里,椅子几乎被挤到客厅角落里,甚至要被坐垮了"。最后他反问理雅各:"那么,博士先生,为什么,为什么您的国家要强迫我们接受你们的鸦片?"[1]理雅各说他自己当下羞愧得无言以对。这次对话使他在道德和思想上的自信都受到了打击,大概他会想起自己在山东看到的吸食鸦片的老百姓和鸦片田,以及在香港所见到过的鸦片贸易。

郭嵩焘最早应是在伦敦参加"禁鸦片贸易会"集会活动时见到理雅各,并且因为看到英国不少士绅、传教士呼吁禁烟而大受感动,他写信给李鸿章告知此事:"鸦片烟不独戕贼民生,耗竭财力,实亦为导乱之源,洋人至今引为大咎,中国反习而安之。"[2]自从第二次鸦片战争清政府被迫将鸦片贸易合法化后,英国对华鸦片贸易不断增长,到1870年前后,中国年消耗鸦片已经惊人地达到39000吨。英国国内反对鸦片贸易的声音早已有之,但由于鸦片贸易关系英国大宗经济利益,特别是印度殖民政府将其作为主要收入来源,一直到19世纪末,英国政府始终拖延不通过禁止鸦片贸易的决议。1890年,在上海的传教士大会决定成立"永久反鸦片贸易促进委员会",杨格非等人都参与其中。理雅各自己的禁烟立场也相当明确,在牛津时期更为此奔走呼告。1893年,78岁高龄的理雅各还就有关《天津条约》当中鸦片贸易的问题致信苏格兰籍议员福开森(M. P. Farquharson),在信中理雅各澄清了鸦片贸易的历史,并且认为额尔金的传记[3]中对将鸦片贸易合法化的记载,并不像福开森所说的反映了历史本身,而是为其粉饰太平。理雅各信的最后讽刺地说:"说到额尔金的'正义感'使得他在天津谈判时对鸦片问题避而不谈,那么如果他的'正义感'能够使他更进一步禁止鸦片贸易的话,对他的国家和

---

[1] Helen Edith Legge, *James Legge: A Missionary and Scholar*, London: Religious Tract Society, 1905, pp. 225-227.
[2] 〔清〕郭嵩焘:《伦敦致李伯相》,《养知书屋文集》卷一七,第7页,转引自汪荣祖:《走向世界的挫折》,长沙:岳麓书社,2001年,第184~185页。
[3] 指奥立芬(Laurence Oliphant,1829—1888)所著《额尔金伯爵出使中国日本记》(*Narrative of the Earl of Elgin's Mission to China and Japan in the Years 1857, '58, '59*)。

中国无疑是一件好事。"①

自郭嵩焘以后,理雅各与中国公使馆官员都有来往,不少使馆人员都曾慕名来牛津拜访他。1887年,曾纪泽卸任驻英公使,临别前赠送理雅各茶具一套,以表示对其研究的钦佩。②而在1892年,中国公使馆一位姓王(黄?)的官员来信,请求理雅各帮他找一位老师学习跟矿产有关的知识,理雅各也慨然相助,为他找到了牛津大学的格林教授来讲授矿物学③。

牛津时期的理雅各身份是一位大学教授,以研究工作为主,但实际上他不仅是英国政府外交中的咨询对象之一,而且在公共领域中也需要常常代替中国发言,因此他被英国社会视为"中国代言人"。他带有维多利亚时期知识分子特有的智识优越感和国家意识,但在鸦片贸易等问题上又具有极强的正义感和道德观。牛津大学曼斯菲尔德学院院长费尔班(Andrew M. Fairbairn, 1838—1912)在理雅各的葬礼上所致的悼词中的一句话可以用来概括理雅各在公共领域所做的努力,以及对他的最高表彰:"他不是身份低微的传教士,也不仅仅是一位东方学学者,而是一位国士(Statesman)。"④

---

① 波德雷安图书馆馆藏手稿,编号 Mss. Top. Oxon. C.528。
② 参见 SOAS 馆藏伦敦会档案,CWM/China/Personal/Box 8。
③ 蹊跷的是,这位官员请求理雅各保密,对中国公使称是在理雅各家中看汉语材料,实则学习矿物学。当时的驻英公使薛福成是洋务派成员,按理来说不会阻止属下学习西方科学,这位官员出于什么原因要求理雅各保密不得而知。
④ "In Memoriam of James Legge,"波德雷安图书馆馆藏,编号 Mss. Eng. C. 7124。

第三章

牛津时期理雅各翻译事业的延续

## 第一节 《东方圣书》出版始末及内容概述

### 一、麦克斯·缪勒与比较宗教学理论在英国的奠基

1870年对麦克斯·缪勒来说是不同寻常的一年。普法战争的爆发,极大地激发了德国人的民族意识,缪勒也不例外。生活在英国的德国年轻人都纷纷回国参战,缪勒在战争初期写给母亲的信中甚至声称非常希望和他们一起回去。① 而随着战争的进行,缪勒渐渐陷于对战争极度担忧的情绪当中。一方面他同情那些受到战争伤害的平民,另一方面他担心战争会引起无法收拾的后果:他悲观地预料"德国如果不是整个被毁,就是会发生前所未有的报复行为"②。他期望与德国有天然血缘和文化关系的英国能够站在德国一边,但英国政府却倾向于保持中立态度,在这一点上,他与自己的老朋友、自由党领袖、时任英国首相的格拉斯顿之

---

① Georgina Müller ed., *The Life and Letters of Right Honourable Friedrich Max Müller*, Vol.1, London: Longmans, Green, and Co., 1902, p.376.

② 同上, pp.377-378。

间有了很大分歧。① 在 8 月份写给斯坦利大主教的信中,他承认战争对自己的精神压力已经不堪负荷;强烈的民族自豪感使他认为德国在战争中完全是正义的一方,"日耳曼民族优于拉丁人和斯拉夫人,在基督教中新教当然优于天主教"②。同月,他在《泰晤士报》上发表了题为"致英国人"的信,希望英国人成为德国的盟友和朋友,这封信后来与卡莱尔、蒙森、施特劳斯等人的信一起再版,收入用于救助德国在战争中的孤儿寡妇。普法战争使生活在英国并且在英国度过了几乎全部学术生涯的缪勒一度陷入进退两难的境地:他对英国社会偏袒法国人感到不满(主要是因为伦敦涌入大量法国避难者,使得社会舆论更同情法国),但又觉得在德国的反英情绪"更加幼稚"。③ 在战争结束之后,英国的反德情绪还在不断增长(后来英国人对法国也失去了好感),缪勒对此感到非常痛苦。尽管他的英国朋友们(如葛德温·史密斯和斯坦利主教)常常来信安慰他,但这还是为他在 1875 年萌生离开牛津回到德国的想法埋下了伏笔。

然而麦克斯·缪勒在战争中表现出的强烈爱国主义以及他对法国的种种负面评价却没有损害他与儒莲之间的友谊。儒莲的妻子在战争中去世,以至于这位汉学家陷入一种神经质的恐慌之中,缪勒立即邀请他来英国小住,但儒莲拒绝了,理由是要保护自己的汉学图书馆。最终儒莲在战争中存活下来,图书馆也得以保存,但缪勒认为这一次的灾难极大地损害了儒莲的健康,导致他在 3 年后过早地去世了。④

但在这受到战争烦扰的一年当中,缪勒在英国学界所获得的声望也是前所未有的:他接受了爱丁堡大学所授予的荣誉博士学位;同时,他也在伦敦发表了题为"宗教科学"(The Science of Religion)的系列演讲,这就是 1873 年结集出版并被认为是现代宗教学理论奠基之作的《宗教学导论》(*Introduction to the Science of Religion*)。他在第一次演讲当中就呼吁要用一种科学的态度来研究宗教,"把世界上

---

① 在整个战争当中以及战后,缪勒与格拉斯顿之间通信频繁,并且曾经见面交谈,希望能够争取他站在德国一边。缪勒认为格拉斯顿在感情上更倾向于法国,对德国文化则缺乏同情和信任,但还是希望可以说动他。
② Georgina Müller ed., *The Life and Letters of the Right Honourable Friedrich Max Müller*, Vol.1, London: Longmans, Green, and Co., 1902, p.382. 缪勒所认为的日耳曼主体的国家包括德国、英国和美国。
③ 同上,pp.400–401。
④ 同上,p.384。

所有的宗教进行比较,并且其中任何一种宗教都不能取得高于其他宗教的地位"①。同时缪勒期望将德国比较语言学的成果和方法引入宗教研究。缪勒的宗教学研究观念在 1870 年还不够成熟,因此他希望经过仔细修改之后再将其出版,当时他只是将演讲稿印了 16 份,分寄给和自己关系亲密的友人。

在收到缪勒演讲稿的人当中就有当时作为牛津文化领袖之一的马修·阿诺德。阿诺德与缪勒同在牛津任教却无深交,但 1870 年阿诺德出版了他为数不多的宗教著作之一《圣保罗和新教主义》②,并立即将书寄给缪勒,征求其意见。缪勒随即回信,告知自己在比较宗教学特别是语言学方面的最新进展,并寄给阿诺德一份讲稿。③ 但如缪勒所预料的,他和他的新学科将不得不面对"顽固的反对者"④:阿诺德虽然并非缪勒的敌人,也敬重他在宗教研究中的地位,却仍对所谓的"比较宗教学"不以为然。他在 1873 年出版的《文学与教条》一书中,语带嘲讽地引用了法国学者布赫诺夫(M. Emile Burnouf,1821—1907)所著的《宗教学》(*La Science des Religions*)一书,认为书中所说的基督教并非来源于闪族而是来源于吠陀经的说法极为荒谬,"使任何稍有知识的人都目瞪口呆"⑤。阿诺德显然对一些宗教研究者试图用历史比较语言学的成果来篡改基督教起源感到不满。对此,缪勒在其后出版的《宗教学导论》中专门加以解释,指出阿诺德所引的话的确荒谬,但这一观点从未得到任何学者的认可,最多只能算是一家之言;而这位作者布赫诺夫,也并非像阿诺德所说是著名梵文学者尤金·布赫诺夫的儿子。⑥ 由此可见,在比较宗教学理论发展初期,各种新奇论点层出不穷,这也在某种程度上使这

---

① 参见[英]麦克斯·缪勒:《宗教学导论》,陈胜观等译,上海:上海人民出版社,2010 年,第 7 页。
② Mathew Arnold, *St. Paul and Protestantism, with an Essay on Puritanism and the Church of England*, London: Smith, Elder & Co., 1870.本书是阿诺德在宗教批评方面的重要著作,当中专章评论了英国国教及非国教在 19 世纪的信仰状态。
③ Georgina Müller ed., *The Life and Letters of the Right Honourable Friedrich Max Müller*, Vol.1, London: Longmans, Green, and Co., 1902, pp.401-402.
④ 参见[英]麦克斯·缪勒:《宗教学导论》,陈胜观等译,上海:上海人民出版社,2010 年,第 4 页。
⑤ 原文可参见 Mathew Arnold, *Literature and Dogma* (popular edition), London: Smith, Elder & Co., 1889, pp.88-89。
⑥ 尤金·布赫诺夫是缪勒在巴黎时的梵文老师,据缪勒说他既没有儿子也没有其他继承人。参见 Max Müller, *Introduction to the Science of Religion*, New Edition, London: Longmans, Green, and Co., 1882, pp.27-28。

门新学科招致了更多批评。① 除此以外,缪勒还受到宗教界保守人士的攻击,但缪勒本人并不认为他自己作为一名国教徒的身份与宗教学研究有任何冲突。在1879年7月写给一位贵族夫人的信中,缪勒表示相信"令某些好人觉得非常讨厌的《东方圣书》将把基督教的地位提升至前所未有的高度"②。

## 二、《东方圣书》的筹备和理雅各的加入

缪勒在1875年2月13日写给理雅各的信中,第一次提到他正在组织学者翻译东方的宗教经典,但这在当时只是一个设想。首先缪勒自己正在考虑离开牛津回到德国去,另外更重要的是,丛书出版费用极其高昂,要解决这个难题并非易事。到了1876年初,事情有了很大转机,缪勒终于决定定居牛津,包括牛津大学基督教会学院院长里德尔在内的出版社委员会开始着手安排《东方圣书》的筹备工作,而克拉伦顿出版社与印度政府同意共同负担出版费用。缪勒的工作则是开始召集和联系参与翻译的学者,而这时理雅各也已经在牛津就职,可谓万事俱备。在写给一位印度学者的信中,缪勒谈到了《东方圣书》的意义:"所有宗教的'圣书'除神学家眼中的价值以外,更为重要的是对于传教士的价值。他们必须要掌握准确的知识,就好像将军必须了解敌国一样。除此以外,这些经典还被赋予了新的意义,就是它们的史料价值。在任何保存经典的国家,这些圣书都是它们最古老的历史资料。"他与理雅各等各学科学者一起制定编辑原则,希望能够呈现原汁原味的经典,而非是经过挑选的"精选集","不仅要包括精彩有趣的部分,也要包括繁琐糟糕的内容"③。

从1875年直到去世,缪勒将其大多数时间和精力都花费在《东方圣书》的筹备和出版工作上,前后总共长达25年的时间。在缪勒看来,缺乏可靠的经典译本是阻碍东方学在学界和社会中得到认可的主要原因,而想要出版理想中完整、准

---

① 在来华新教传教士当中也有不少人将缪勒的理论应用到汉学当中,但这种应用往往是肤浅和不适当的。欧德理在《业余汉学》一文中曾说:"假使缪勒的著作或是考克斯(Cox)的雅利安神话学落入我们的业余汉学家手中,他们将无法抵挡用现代语文学的成果来得出一个对《尚书》的全新和奇异解释的诱惑。"参见 Ernest Eitel, "Amateur Sinology," *The China Review* Vol.2.1(1873), p.3.
② Georgina Müller, ed., *The Life and Letters of the Right Honourable Friedrich Max Müller*, Vol.2, London: Longmans, Green, and Co., 1902, p.67.
③ "Letter by Max Müller on 10th March, 76," SOAS馆藏伦敦会档案,CWM/China/Personal/Box 8。

确的《东方圣书》丛书,需要很多学者为之做出牺牲,他们必须暂时放下自己的研究,花费时间来做翻译工作。并不是所有的学者都愿意如此,因此缪勒作为丛书主编,常常为了追稿而焦头烂额,一些译者甚至交稿时间比预计的晚了好几年。理雅各是唯一从来没有让缪勒失望的译者,他总是准时交稿,在他通知缪勒"译本快完成"时,缪勒就基本可以确定付印时间了。①

在筹备之初,缪勒所预想的是出版24卷,当中包括佛教、婆罗门教、儒教、道教、琐罗亚斯德教以及伊斯兰教等六种宗教的经典。但最后实际上《东方圣书》的篇幅远远超出预期,达到49卷之多(不含后来出版的索引),而缪勒在其中所面临的难题之一是如何分配篇幅。他希望能在各宗教之间保持平衡,平均分配它们所占的卷数,但这一点也很难做到:由于印度政府是主要的资助者,丛书不可避免地向婆罗门教和佛教倾斜,最终仅婆罗门教就占了20卷之多,佛教又占10卷,而理雅各所翻译的道教和儒教经典没有资助,因而出版费用尤其昂贵,最终仅占了6卷。②

起初理雅各希望能够采取《中国经典》的版式,即中文原文加上英译,以及英文注疏。但《中国经典》当中英文注疏往往篇幅长达译文的数倍,那样的话,出版费用都将大大超出预算。最终他不得不接受缪勒的提议,删去所有详细注疏,而仅有英文译文和简要的英文解释。理雅各为每一卷《东方圣书》的中国部分都撰写了"简介",对经典的背景和内容加以介绍,但同样受篇幅所限,在详细程度上与《中国经典》每卷之前长达200多页的绪论无法同日而语。

## 三、《东方圣书》与《中国经典》的文本联系

理雅各在1876年6月与出版社正式签订《东方圣书》前3卷的出版合同,按照他与缪勒之间最早达成的共识,这3卷将包括全本的《书经》《诗经》《易经》《礼记》等,意图完整地呈现中国古代的信仰状态。缪勒对中国经典了解不多,但他对道教思想有特别的兴趣,因此建议理雅各把一些道教经典也包括在内。到了9

---

① Georgina Müller, ed., *The Life and Letters of the Right Honourable Friedrich Max Müller*, Vol.2, London: Longmans, Green, and Co., 1902, pp.11-13.
② 这6卷分别是第三卷《书经·诗经(宗教部分)·孝经》(1879),第十六卷《易经》(1882),第二十七、二十八卷《礼记》(1885),第三十九、四十卷《老子·庄子·太上感应篇》(1891)。

月,缪勒改变了主意,他发现如果将全本的《书经》等翻译都放在其中的话,篇幅会大大超过他原本预计的 500 页左右一卷,况且理雅各在《中国经典》系列当中已经出版了全本的《书经》和《诗经》,似乎已无必要再版一次。他写信给理雅各希望改为节译本,这虽然违反了最初要"完整呈现"经典的想法,但更能突出经典中的宗教思想。① 因而最终于 1879 年出版的《东方圣书》中国部分第一卷(总第三卷),实际上是从之前《中国经典》译本当中节选出来的。(参见下表)

《中国经典》与《东方圣书》卷数对照表

| 卷数 | 《中国经典》 | 《东方圣书》 | 其他版本 |
| --- | --- | --- | --- |
| 第一卷 | 《论语》《大学》《中庸》(1861) | 《书经》《诗经》《孝经》(节译本,1879) | 《孔子生平及教义》(The Life and Teaching of Confucius, Trubner, 1869);《诗经》有韵本(1876);《中国经典》系列 1893 年修订版 |
| 第二卷 | 《孟子》(1862) | 《易经》(1882) | |
| 第三卷 | 《书经》《竹书纪年》(1865) | 《礼记》(两卷本,1885) | |
| 第四卷 | 《诗经》无韵版(1871) | 《道德经》《庄子》《太上感应篇》等(两卷本,1891) | |
| 第五卷 | 《春秋左氏传》(1872) | | |

从初版《中国经典》到《东方圣书》中国部分第一卷的第一个改变,是将所有专名的拼音改为了威妥玛拼音②,字母的写法也与《东方圣书》其他卷保持一致。理雅各指出,这是因为有越来越多的外国人住在北京,使用标准的官话拼音方案可以使得经典更加易懂。③ 在《东方圣书》每卷后还附有梵文、阿拉伯文、希伯来文、汉语等 7 种东方语言与拉丁拼音的对照表。④ 理雅各指出,想要统一标准对于汉语来说是特别困难的,因为汉语本身并没有拼写系统,而从天主教传教士到新教传教士,所使用的拼音也有不同。理雅各在不同版本的译文中使用的拼音差异参见下表:

---

① 参见附录三"理雅各与缪勒通信列表"。
② 指威妥玛在《寻津录》和《语言自迩集》中所使用的拼音方案。
③ James Legge, *The Sacred Books of the East*, Vol.3, Oxford: Clarendon Press, 1879, "Preface," p.xxx.
④ 同上,pp.489-492。

| 汉字 | 第一版《中国经典》 | 《东方圣书》 | 修订版《中国经典》 |
|---|---|---|---|
| 夏 | Hea | Hsiâ | Hea |
| 商 | Shang | Shang | Shang |
| 汤 | T'ang | Thang | T'ang |
| 禹 | Yu | Yü | Yu |
| 尧 | Yaou | Yâo | Yaou |
| 放勋 | Fang-heun | Fang-hsün | Fang-heun |
| 羲 | Hsîs | He | He |
| 和 | Hos | Ho | He |

从表格中可以清楚地看出《中国经典》与《东方圣书》所采用拼音系统和拼读方式的差异。需要注意的是，1893年出版的修订版《中国经典》，实际上只对第一、二卷进行了修订，后面几卷则与第一版完全一样。因此修订版第一、二卷采用的是威妥玛拼音，后三卷仍采用原本的拼音。可能是因为后面三卷，即《书经》《诗经》《春秋左氏传》篇幅过长，排版复杂（汉字、英文、拉丁拼音混排），修订难度太高，只能照原版重印。

《尚书》一向有今、古文之别，理雅各的第一版《中国经典》中采用的是孔颖达《十三经注疏》中的《尚书》篇目，总共58篇，篇目顺序也与《十三经注疏》完全相同。而《东方圣书》再版时，他仅仅删去了正文中的孔安国序，其余顺序仍然照旧，并且在每篇之前加了一个简要的介绍。清儒阎若璩、王鸣盛、孙星衍等都已经明确指出，《古文尚书》乃是伪作，孔安国序亦被指出并非孔安国所作，在清代后期这一说法已经几成定论。因此孙星衍《尚书今古文注疏》中仅收录29篇[1]，但其文字内容基本仍从孔颖达本，同时参用唐代开成石经。（篇目详见下表）

---

[1] 其中今文28篇无争议，但《史记》《汉书》《论衡》等所记都是29篇，孙星衍认为应是《泰誓》，而清末今文家皮锡瑞《今文尚书考证》中则以《泰誓》为伪，而从《顾命》中分出《康王之诰》一篇，总数仍为29篇。参见〔清〕皮锡瑞：《今文尚书考证》，北京：中华书局，1989年，第429~430页。

## 《尚书》篇目对照表

| 《中国经典》第三卷《书经》 | 《东方圣书》中《书经》部分 | 孙星衍《尚书今古文注疏》 |
|---|---|---|
| 孔安国序 | | |
| 唐书—尧典 | 唐书—尧典 | 尧典 |
| 虞书—舜典 | 虞书—舜典 | |
| 大禹谟 | 大禹谟 | |
| 皋陶谟 | 皋陶谟 | 皋陶谟 |
| 益稷 | 益稷 | |
| 夏书—禹贡上、下 | 夏书—禹贡上、下 | 禹贡 |
| 甘誓 | 甘誓 | 甘誓 |
| 五子之歌 | 五子之歌 | |
| 胤征 | 胤征 | |
| 商书—汤誓 | 商书—汤誓 | 汤誓 |
| 仲虺之诰 | 仲虺之诰 | |
| 汤诰 | 汤诰 | |
| 伊训 | 伊训 | |
| 太甲上、中、下 | 太甲上、中、下 | |
| 咸有一德 | 咸有一德 | |
| 盘庚上、中、下 | 盘庚上、中、下 | 盘庚 |
| 说命上、下 | 说命上、中、下 | |
| 高宗肜日 | 高宗肜日 | 高宗肜日 |
| 西伯戡黎 | 西伯戡黎 | 西伯戡黎 |
| 微子 | 微子 | 微子 |
| 周书—泰誓上、中、下 | 周书—泰誓上、中、下 | 泰誓 |
| 牧誓 | 牧誓 | 牧誓 |
| 武成 | 武成 | |
| 洪范 | 洪范 | 洪范 |
| 旅獒 | 旅獒 | |
| 金縢 | 金縢 | 金縢 |
| 大诰 | 大诰 | 大诰 |

续表

| 《中国经典》第三卷《书经》 | 《东方圣书》中《书经》部分 | 孙星衍《尚书今古文注疏》 |
|---|---|---|
| 微子之命 | 微子之命 | |
| 康诰 | 康诰 | 康诰 |
| 酒诰 | 酒诰 | 酒诰 |
| 梓材 | 梓材 | 梓材 |
| 召诰 | 召诰 | 召诰 |
| 洛诰 | 洛诰 | 洛诰 |
| 多士 | 多士 | 多士 |
| 无逸 | 无逸 | 无逸 |
| 君奭 | 君奭 | 君奭 |
| 蔡仲之命 | 蔡仲之命 | |
| 多方 | 多方 | 多方 |
| 立政 | 立政 | 立政 |
| 周官 | 周官 | |
| 君陈 | 君陈 | |
| 顾命 | 顾命 | 顾命 |
| 康王之诰 | 康王之诰 | |
| 毕命 | 毕命 | |
| 君牙 | 君牙 | |
| 冏命 | 冏命 | |
| 吕刑 | 吕刑 | 吕刑 |
| 文侯之命 | 文侯之命 | 文侯之命 |
| 费誓 | 费誓 | 费誓① |
| 秦誓 | 秦誓 | 秦誓 |
| | | 书序上、下 |

---

① 孙星衍《尚书今古文注疏》当中《吕刑》在《费誓》之后,其他篇目顺序同。

理雅各翻译《尚书》时已经筹划多年，又得王韬作为得力助手①，自然广征清儒之研究成果，并且对《尚书》真伪问题也知之甚详。② 他在征引阎若璩《古文尚书疏证》、王鸣盛《尚书后案》、段玉裁《古文尚书纂异》、孙星衍《尚书今古文注疏》等《尚书》证伪之作时，也特别提到了毛奇龄的《古文尚书冤词》，以表示清人对《尚书》真伪亦非全无异议。毛奇龄《古文尚书冤词》本为针对阎若璩《古文尚书疏证》而作，钱穆曾指出阎若璩极有可能在读到毛奇龄《古文尚书冤词》之后，对《古文尚书疏证》再加以删改，"欲使我书无不是，毛说无足取，亦非从善服义之公心"③，况且《尚书》真伪虽在阎若璩作《古文尚书疏证》后几成定案，但毛奇龄的立论也非全无可取，理雅各引用毛奇龄作以为己辩，亦有情可原。

在已经知道清代经学家的立场之后，理雅各为何仍然坚持收录孔安国序及其他篇目？一方面是由于官方出版的《十三经注疏》并没有明确否定孔安国序及注，另一方面理雅各认为对于清代学者来说关系极大的《尚书》真伪问题，对于外国读者来说并没有那么大的重要性。在他看来，即使孔安国序是伪作，也起码在4世纪就存在了，而到底是谁作伪也已经无可考证。孔安国序已经成为经典很长时间，并且在宋以前从未有人提出疑问，况且是因为唐代孔颖达等人的注疏，很多汉代学者对《尚书》的解释才得以保存至今。因此理雅各认为，这个序是不是历史上的那个"孔安国"所写，也并不重要了。④ 由于理雅各并非儒教徒，《尚书》对其也不具备神圣性，如果从史料角度收录58篇《古文尚书》也颇可以说得通。理雅各在《中国经典》导论中虽引毛奇龄《古文尚书冤词》想要证明孔序等并非伪作，但他仍保持较为谨慎的态度，并在最后引用欧阳修的《日本刀歌》诗，"徐福行时书未焚，逸书百篇今尚存"⑤，希望能在日本找到古本《尚书》存本以作证据。

在1879年的《东方圣书》序言当中，理雅各也提到了"有人"对于孔安国序和

---

① 王韬1862年到香港之后，对理雅各翻译后三卷《中国经典》都有所帮助，但其对理雅各影响最大的是《诗经》与《春秋左氏传》两卷。王韬曾撰有《春秋左氏传集释》《春秋朔闰日至考》《春秋日食辨正》《春秋朔至表》及《毛诗集释》等，以助理雅各的翻译工作。
② 刘家和先生在《理雅各英译〈书经〉及〈竹书纪年〉》一文中对理雅各所征引《尚书》清人注疏已有详细讨论，因而在此不再赘述。参见刘家和：《史学、经学与思想：在世界史背景下对中国古代历史文化的思考》，北京：北京师范大学出版社，2005年，第126~127页。
③ 参见钱穆：《中国近三百年学术史》上册，北京：商务印书馆，1997年，第270~277页。
④ James Legge, *The Chinese Classics*, Vol.3, London: Trübner and Co., 1865, "Prolegomena," pp.37-38.
⑤ 同上，p.46。

注的质疑，同时明确表示自己不相信孔序及《尚书》现有篇目是伪造的，呼吁读者对此不要有怀疑，措辞比《中国经典》中要坚决得多①；然而他却在保留原有所有篇目的情况下，删掉了孔安国序。对此理雅各并未解释原因，或许他认为《东方圣书》的读者大多数都不懂汉语，一个汉序对他们来说无关紧要，也有可能是为了避免争论的麻烦。事实上，《东方圣书》中的《尚书》译本在出版后确实引发了一些争议，但争议点并不是质疑他收录中国学者所不认可的篇目及孔安国序。②

两个版本的《尚书》译本之间的另一个差异是"帝"的翻译。在《中国经典》中，当"帝"用在尧、舜等处时理雅各将其翻译为emperor，如"帝尧"即为Emperor Yaou，但在《东方圣书》中则保留不译，即为"Tî Yâo"。③ 而书中"上帝"及其简称"帝"，则仍然译为God，与《中国经典》一致，如"弗事上帝神祇""受命文考，类于上帝"（《泰誓》），都是如此。这本是理雅各的一贯观点，并无改变，但他在前言中对此详加说明，并声称"上帝"唯一适合的翻译就是"God"，因而不可避免地引起了"译名之争"中其他派别大规模的抗议。

## 第二节　在华新教传教士对"上帝"译名的争议

从第一位新教传教士马礼逊入华以来，一直没有一个《圣经》中译本能够得到所有传教士的认可，于是在1843年8月22日，英美传教士在香港召开会议，希望能够共同翻译新的版本，并取得大英及美洲圣经学会的支持。④ 会议决定下设五个分支，分别负责《圣经》的一部分翻译。到1847年，各分支均已完成部分翻译工作，然而同年6月在上海所召开的会议上，传教士在名词Theos/God的翻译上出现重大分歧，分裂为"上帝"和"神"两派，其中前一派的代表人物有麦都思

---

① James Legge, *The Sacred Books of the East*, Vol.3, Oxford: Clarendon Press, 1879, "Introduction," p.7.
② 实际上直到瑞典汉学家高本汉（Bernard Karlgren，1889—1978）出版《尚书注释》（1949）和《尚书》英译本（1950）之后，西方汉学界才认识到《古文尚书》的真伪问题。
③ James Legge, *The Sacred Books of the East*, Vol.3, Oxford: Clarendon Press, 1879, "Preface," p.xxxiii.
④ William J. Boone, *An essay on the Proper Rendering of the Words Elohim and Theos into the Chinese Language*, Canton: the Office of the Chinese Repository, 1848.

(Walter Henry Medhurst,1796—1857)、理雅各、湛约翰等,美国方面则有文惠廉、卫三畏(Samuel Wells Williams,1812—1884)等人。在 1847 年到 1853 年间,双方的争论达到白热化,随后以搁置问题而告一段落。双方决定搁置争议,各行其是。然而在 1877 年,理雅各在上海传教士大会上宣称"中国的上帝就是 God",再次引发争论;1879 年,理雅各出版《东方圣书》,在其中将"帝"和"上帝"全部译为 God,将问题更加扩大化。美国传教士哈巴安德(Andrew Patton Happer,1818—1894)就此事公开致信《东方圣书》的主编缪勒教授,质疑理雅各的翻译,并称"同意理雅各译法的传教士屈指可数";同时有 22 名传教士联名写信向缪勒提起抗议。而理雅各在伦敦出版题为《致缪勒教授——关于帝和上帝的英译》的小册子,对哈巴安德的观点一一回击。一般来说,我们将《圣经》翻译中 God 的译名争议称为"译名之争"(Term Question)。而之后由《东方圣书》引起的争论,因为参与者和所讨论的问题都和"译名之争"有极其密切的关联,因此可以看作是"译名之争"的余波。这里将以 1877 年至 1880 年的争论为讨论中心,这一次争论虽然在规模上和参与人数上都不如前一次,但牵涉内容更广,思想上也更为成熟。

## 一、"译名之争"中所涉主要文献的梳理

涉及"译名之争"的文章连篇累牍,几乎遍及当时所有传教士刊物,前期的《中国丛报》(*The Chinese Repository*)和后期的《教务杂志》(*The Chinese Recorder*)是这次争论的主要战场。许多文章后来还单独出版了单行本[1],其中有一些颇具代表性,能够反映出当时双方争论的情况和线索。

文惠廉于 1848 年在《中国丛报》上所发表的《关于 Elohim 和 Theos 的适当中译名的文章》一文,可以说是激起大规模辩论的导火索。针对这篇文章,麦都思随即在同年发表《关于〈圣经〉中 God 正确中文译名的疑问》[2],对文惠廉认为应当用"神"来翻译 God 的观点予以回击。双方都引经据典,通过对中国传统经典的解读来支持自己的观点,而麦都思又在 1849 年发表《关于神的真实意义——〈佩

---

[1] 香港浸会大学的黄文江教授曾经专门整理过一个"译名之争"的相关文献目录,现藏于浸会大学图书馆。
[2] Walter H. Medhurst, *An Inquriy into the Proper Mode of Rendering the Word God in Translating the Sacred Scriptures into the Chinese Language*, Shanghai: the Mission Press, 1848.

文韵府〉中的相关引文》①,搜集《佩文韵府》中所有关于神的释义来支持自己的观点。理雅各也在香港出版题为《"上帝"是耶和华的恰当译名——对文惠廉文章的反驳》②的论文。针对众多的批评声音,文惠廉直到两年半后才再次发表《对于Elohim和Theos的适当中译名文章的辩护》③,在文中对麦都思、理雅各等人的批评做出回应。在这篇长达168页的文章中,他的讨论焦点已经突破了God应翻译为"神"还是"上帝"这一问题,而是全面讨论了中国的古代信仰。1852年,"译名之争"已渐渐落幕,理雅各在9月28日致信伦敦会秘书梯德曼博士(1841—1865年在任),向其说明《圣经》翻译当中"译名之争"的始末。④ 同年,理雅各出版专著《中国人的鬼神观》,副题仍是"对文惠廉辩护文章的审视"⑤,双方不仅没有偃旗息鼓,反而把争论上升到更高的层次。

1876年在华新教传教士上海会议前夕,伦敦会传教士欧德理在英国圣书公会(the English Religious Tract Society)的年度报告上,敦促美国方面与英国传教士达成一致,接受"上帝"的译名。在文中,欧德理称曾经支持"上帝"译名的耶稣会士为"学识丰富的",而称反对者多明我会士为"无知的",似乎影射美国传教士不了解中国传统。⑥ 美国公理会传教士白汉理随即作出回应,对欧德理的文章一一进行了反驳,指出最早反对"上帝"译名的是同为耶稣会士的龙华民(Nicolas Longobardi,1559—1654),并不是所有耶稣会士都支持"上帝"这一译名。白汉理认为在清初"礼仪之争"当中,教皇所做出的最终决定是有所根据的,双方对于中国传

---

① Walter H. Medhurst, *On the True Meaning of the Word Shin, as Exhibited in the Quotations Adduced under that Word, in the Chinese Imperial Thesaurus*, Shanghai: the Mission Press, 1849.
② James Legge, *Shang Te as the Proper Rendering of the Words Elohim and Theos in the Chinese Language, with Strictures on the Essay of Bishop Boone in Favour of Shen*, Hong Kong: the "Hong Kong Register" Office, 1850.
③ William J. Boone, *Defense of an Essay on the Proper Rendering of the Words Elohim and Theos into the Chinese Language*, Canton: the Office of the Chinese Repository, 1850.
④ James Legge, *A Letter from Rev. J. Legge To Dr. Tidman*, Shanghai: London Mission Press, 1852.
⑤ James Legge, *The Notions of the Chinese Concerning God and Spirits; with an Examination of the "Defense of An Essay on the Proper Rendering of the Words Elohim and Theos into the Chinese Language, by William J. Boone"*, Hong Kong: the "Hong Kong Register" Office, 1852.
⑥ Ernest J. Eitel, *The Chinese Term for God: Statement and Reply*, London: De Souza & Co., 1877. 欧德理在文章中虽未点名指责美国传教士,但其对"礼仪之争"的描述可以明显看出偏向性。由于"礼仪之争"是素来具有争议性的话题,他草率的判断必然会引来对方的攻击。

统的知识都很丰富,但耶稣会士有为了迎合讨好中国人而放弃原则之嫌。① 白汉理在文中特别提到,由英国圣经公会在北京印刷的《新约圣经》,仍然使用"天主"作为译名,引出在"译名之争"中一直未受到关注的"天主"这一派。

1877年5月,在上海召开的传教大会议上,身在牛津的理雅各虽然未能出席,但还是提交论文《儒教与基督教的关系》由他人代读。② 在这篇论文中,他表示对于会议能否在传教士中达成一致不那么乐观,接下来说"不是所有的与会者都同意我的观点,但我要重复我久已为人所知的观点,中国经典中的'帝'和'上帝'是God——我们的上帝,真正的上帝",这句话显然再次触动了反对者的神经。在1877年的《教务杂志》上出现署名"Inquirer"的一篇文章《中国经典中的上帝是圣经中的耶和华吗》,矛头直指理雅各,这篇文章也标志着争论焦点的转移。③ 圣公会主教包尔腾致信坎特伯雷大主教陈述译名问题,表示自己坚定地站在维护基督教的立场,支持"天主"这个译名。同年发表在主要杂志上的支持和反对理雅各的文章多达数十篇,然而理雅各对此并没有立刻进行抗辩,其原因可能是他知道无法说服反对者,不想再次挑起"译名之争"。

如果说之前的争论都是围绕《圣经》中译展开的话,随着理雅各翻译的《东方圣书》的出版,焦点开始转移到中国传统信仰诠释问题。1879年,理雅各出版了《东方圣书》中国部分的第一卷《书经·诗经(宗教部分)·孝经》,他在之前出版过的译文基础上加以修改,但仍坚持把"帝"和"上帝"译为God。④ 针对这一译本,《教务杂志》发表了题为《致缪勒教授:关于〈东方圣书〉第一卷》的公开信,信中对理雅各的译法和观点进行了猛烈批评,而作者即是理雅各的老对手。时任

---

① Ernest J. Eitel, *The Chinese Term for God: Statement and Reply*, London: De Souza & Co., 1877.
② James Legge, *Confucianism in Relation to Christianity: A Paper Read before the Missionary Conference in Shanghai*, Shanghai: Kelly & Walsh, 1877. 在这篇论文中,理雅各有3个主要议题:(1)儒家经典中所包含的"上帝"及其他崇拜对象;(2)这些书中关于人和人性,以及将来的状态;(3)关于人的道德和社会责任。对于后2个问题并未引起多少注意,讨论的焦点依然在第一个问题,可见"译名之争"的激烈程度。
③ Inquirer, "Is the Shangti of the Chinese Classics the Same Being as Jehovah of the Sacred Scriptures?" *The Chinese Recorder* Vol.8(1877), pp.411-426.
④ James Legge, *The Sacred Books of China*, Vol.3, Oxford: Clarendon Press, 1879.

《教务杂志》主编的美国长老会传教士哈巴安德。① 同时有23名传教士联名向缪勒写信抗议此事。此时,理雅各被迫应战,发表《致缪勒教授:关于"帝"和"上帝"的翻译,兼回应〈教务杂志〉上的文章》。② 在这封信中,理雅各虽然不无自嘲地说,"当想起当年我们将这个问题(指译名之争)当作世界上最重要的争端时,我常常感到好笑",但他仍就自己对中国经典的理解做了深入阐述。在理雅各的私人信件中,他提到这次反对的声浪相当大,给缪勒和理雅各都造成了极大的压力。③ 1880年年底,湛约翰在《中国评论》上发表题为《无休止的问题》的文章,声援其把"上帝"译为God的做法,并指责抗议者对理雅各怀有恶意。④ 在题头中签名的抗议者之一包尔腾对湛约翰反唇相讥,说他的文章"毫无学术价值,还是不要回应的好"⑤。之后缪勒给抗议者回信,回复这一争论,这封信后来与抗议信一起刊登在1881年的《教务杂志》上,同样起名为《无休止的问题》。

除以上提及的文献之外,理雅各在1880年出版的演讲集《中国的宗教:关于儒教、道教的描述及与基督教的比较》虽然并非针对"译名之争",但其中有不少地方对此和其他相关问题发表评论,可以看作是对这一事件的最后回应。⑥

## 二、本次争论中理雅各和缪勒的关系

1877年以来理雅各在传教士当中由于译名问题所遭到的批评,随着《东方圣书》中国部分第一卷在1880年出版而更加激化,这与理雅各当时的身份转变也有

---

① Inquirer, "A Letter to Prof. Max Müller on the Sacred Books of China, Part I," The Chinese Recorder Vol. 9 (1880), pp.161-187. 最初发表在《教务杂志》上,同年由上海美国长老会印刷单行本。这封信是匿名发表,实际上作者是哈巴安德;湛约翰后来在文章中隐晦地嘲讽哈巴安德敢做不敢当。而理雅各在回信中并未提及他的名字,而是称之为 Inquirer。
② James Legge, A Letter to Professor F. Max Müller: Chiefly on the Translation into English of the Chinese Terms Ti and Shang Ti, London: Trübner and Co., 1880. 在这封信中,理雅各对他的批评者采取了嘲讽的口吻,认为对方对他的观点常常断章取义,引文也不完整。
③ James Legge, "Letter to Mr. Moule," SOAS 馆藏伦敦会档案, CWM/China/Personal/Box 7。
④ John Chalmers, "The Interminable Question," The China Review Vol.9.3 (1880), pp.190-192. 湛约翰使用"Interminable",既是"没完了"之意,也是双关"译名之争"(Term Question)。
⑤ John Chalmers, "The Interminable Question," The China Review Vol.9.4 (1881), pp.228-233.
⑥ James Legge, The Religions of China, Confucianism and Daoism Described and Compared with Christianity, London: Hodder and Stoughton, 1880.

着微妙的关系。正如理雅各在自己的就职演讲中引用缪勒的话说:"对于每一种新科学来说,在牛津大学设立教授席位都标志着新时代的开始。"①一方面,对于中国宗教的研究已经成为一个新学科,立于西方学术之林,而不再是局限于在华传教士内部,理雅各面临着研究方法和身份的转变。在他的就职演说中,理雅各几乎只字未提自己在香港和马六甲度过的 30 余年传教生活,而用了很大篇幅回顾了汉学在英国发展的历史,似乎有意要淡化自己的前传教士身份。另一方面,他本就在传教士当中树敌不少,教授和知名汉学家的身份不可避免地为他召来更多嫉妒和反对。

由于在这次争论当中,理雅各所主持翻译的《东方圣书》中国部分第一卷是主要攻击目标,作为《东方圣书》的主编麦克斯·缪勒显然无法置身事外。1880年6月,23 名在华传教士联名写信给缪勒,向其抗议理雅各在书中对"上帝"的诠释令人无法接受。② 在信上签名的 23 位传教士都特意标注了来华传教的年份(最长的 36 年,最短的 14 年),以表明他们均对汉语和中国文化有相当的研究资历。在这些传教士看来,"上帝"是不是基督教中的耶和华这一问题,虽然经过之前的"译名之争",但从未盖棺论定,而理雅各将典籍中的"帝"和"上帝"直接译为 God,继续坚持自己在"译名之争"当中的立场,不仅误导了英文读者,也违反了缪勒所谓的"没有任何理论或是偏见色彩"的翻译原则。他们同时提醒缪勒,由于《东方圣书》的读者和潜在读者对英格兰和其他国家的传教事业有很大影响力,因此这并不仅仅是文字争端,而实际上是传教士问题。而在传教士中,即使在"译名之争"中与理雅各同一阵营的人,真正支持他观点的也是"极少数"。因此作为主编的缪勒有责任纠正这一偏见,而在两种异见中保持平衡。

哈巴安德在《教务杂志》上发表的致缪勒的公开信中的观点与此相同,但在学术层面就中国人的信仰真相问题进行了讨论。有意思的是,哈巴安德信的开头

---

① James Legge, *Inaugural Lecture on the Constituting of a Chinese Chair in the University of Oxford*, London: Trübner and Co., 1876.
② 这封信上所标注的日期是 1880 年 6 月 25 日,在寄给缪勒的同时也抄送给了理雅各一份。1881 年包尔腾将此信与缪勒的回信一起刊登在《中国评论》第九卷上。在这封信中概括了译名问题的两大阵营,天主教最初以利玛窦和龙华民为两方代表,而新教传教士以理雅各、麦都思、艾约瑟及湛约翰为一方,文惠廉、卫三畏、裨治文(Elijah C. Bridgeman, 1801—1861)为另一方,同时杰出的俄国汉学家巴拉第(Archimandrite Palladius, 1817—1878)应该也加入了后者。

就特意声明说,这次的抗议与"译名之争"并无必然联系,只是关于《东方圣书》本身的一次争论,而实际上接下来争论的焦点并没有什么改变,仍然是关于"帝""上帝""天"的译名问题。这样声明的原因可能有二:一是因为"译名之争"本身已经被扩大化,并且关系到英美多个差会之间的关系,哈巴安德不想牵扯过广;二是他在之前的"译名之争"中已经被认为是理雅各的"敌人",声明与"译名之争"无关是不想让别人认为他有意针对理雅各。但是在缪勒和理雅各看来,这次争论仍是"译名之争"的延续,在多份与此有关的信件档案上,理雅各都特意标注上了"译名之争"的字样。①

由于这次的反对者均是有较深资历的在华传教士,缪勒不得不慎重考虑他们的意见,在这段时间中,他和理雅各之间紧密的合作关系也经受了考验。从缪勒过去对于中国宗教的理解来看,他并不必然与理雅各意见一致。② 缪勒询问了很多人的意见,其中有一位日本人值得特别提到,即日本政治家、时任驻英公使的森有礼(Mori Arinori,1847—1889)。由于森有礼是来自日本的佛教徒,可以说完全是"译名之争"的局外人,对缪勒来说他的观点比其他人具有更大的影响力。起初森有礼在缪勒家中与理雅各谈论译名问题时认为,尽管在中文中没有其他词比"上帝"更接近 God,但宋儒已经剥除了其中人格化的部分,因此还是保留不译比较好。理雅各之后将自己已经写好的小册子(即"致缪勒教授")寄给森有礼,后者读完之后向缪勒表示,理雅各的观点是正确的。而另外一位日本佛教学者南条文雄(Nanjio Bunyiu,1849—1927)当时正跟随缪勒学习梵文,同时也是理雅各的旧识,他极有可能也对这一事件给出了意见。③

经过多方咨询和考虑,特别是看到理雅各所写的辩护文章后,缪勒终于决定

---

① 见 SOAS 馆藏伦敦会档案,CWM/LMS/Personal/Box 7。
② 在 1870 年的演讲中,缪勒认为中国最高的神的名字是天,同时又认为中国是一种诸神并立的宗教。参见[英]麦克斯・缪勒:《宗教学导论》,陈观胜等译,上海:上海人民出版社,2010 年,第 76 页。
③ 参见 Georgina Müller, *The Life and Letters of the Right Honourable Friedrich Max Müller*, Vol.2, London: Longmans, Green, and Co., 1902, Chapter 24;"Letter to Wylie," SOAS 馆藏伦敦会档案,CWM/China/Personal/Box 7;"Letter to Professor Müller," 波德雷安图书馆馆藏档案,编号 Mss. Top. Oxon. C. 528。

与理雅各站在一起。① 1880年12月底,他给抗议者写了回信,在信中,他表示自己在近30年前的"译名之争"中就已经说过支持"上帝"的译名,因此在这个问题上已经无法说自己具有公正的立场。② 而在将儒家经典中的"上帝"译为God这个问题上,他经过艰难选择,还是决定同意理雅各的观点。缪勒使用他一贯的语言学方法来看待这个问题:尽管在中国经典中的某些段落使用的是神话语言,但是否就可以确定中国人没有关于God的知识呢?所有的古代信仰所使用的语言都是混杂着智慧和愚蠢的,包括在犹太和基督教的早期经典中,也不可否认存在关于信仰的"幼稚、无助、诗化以及所谓神话化的表达"③。God一词来自拉丁文deus,即梵文deva,其词源div是"天"的意思。关于传教士们所提出的保留"上帝"的名字不翻译,或是翻译成"超越的主宰"(Supreme Ruler)的做法,缪勒认为前者会让读者认为Shangti(上帝音译)是像Jupiter一样的专有名词,然而,他引用理雅各的话说,"上帝从未成为专有名词";后者在他看来,与God所能造成的印象毫无区别。他肯定地说,上帝、Jupiter或是其他宗教中的神,只能是真神God错误的名号,而非假神的名号。

  缪勒在这封信中鲜明地表明了自己的立场,尽管内在角度不完全一致,但他与理雅各是同一阵线的。考虑到他在现代宗教研究中的地位,传教士中的反对者也不得不尊重他的意见。1881年以后,这一事件也在两人的关系中渐渐淡化,无论是缪勒还是理雅各,都再也没有在信件中谈论起此事。

---

① 理雅各后来在致湛约翰的信中不无雀跃地说:"我将我的论文副本寄给了缪勒教授,上次我见到他时,他说:'现在在这一问题上我的观点与你完全一致。'"见波德雷安图书馆藏档案手稿,编号Mss. Eng. C.7124。
② 缪勒曾经分别致信给包尔腾和哈巴安德表达自己的意见(可能还曾写信给其他传教士),刊登在《中国评论》上的回信实际上是由几封信整理而成。参见 Georgina Müller, *The Life and Letters of the Right Honourable Friedrich Max Müller*, Vol.2, London: Longmans, Green, and Co., 1902, Chapter 24。缪勒后来特意将自己的这封回信附在《宗教学导论》中,以说明自己对中国宗教的看法。
③ 在这里缪勒所用的"神话化"(Mythological)一词,来源于他提出的神话是"语言的疾病"这一理论,他认为可以通过对古代语言中神话部分的研究,来了解古代人的宗教思想,这一观点被认为受到浪漫主义(Romanticism)的影响。参见[英]麦克斯·缪勒:《比较神话学》,金泽译,上海:上海文艺出版社,1989年,"前言";[英]麦克斯·缪勒:《宗教学导论》,陈观胜等译,上海:上海人民出版社,2010年,第27~31页。

## 三、"译名之争"事件中的反对者

哈巴安德曾说支持理雅各观点的人"一只手都数得完",理雅各也清醒地知道真正支持他观点的人并不太多。他在写给缪勒的信中说:"在华传教士中起码有一半同意使用上帝的译名,这就够了。就算他们不能完全同意我的观点,我仍然感到满意。"① 而湛约翰则声称,反对者是一些"不稳定的少数派",人数越来越少,这一说法并非事实。② 在写给缪勒的信上签名的23人不仅都是有相当地位和影响力的传教士,而且他们身后显然还有更多支持者。如果对这份23人的名单加以分析,可以发现其中有7人来自美国长老会③,4人来自美国圣公会④,2人来自美国公理会⑤,2人来自美南浸信会⑥,2人来自美部会⑦,1人来自浸礼会真神堂⑧;除此以外,还有5名英国传教士格外引人注目,他们全部来自英国圣公会(即 Church Missionary Society,属于英国国教安立甘宗),其中时任香港维多利亚教区主教的包尔腾更是决定刊登出这封信的人。⑨ 这23人有些在前次"译名之争"中就是风头人物,与理雅各的观点分歧由来已久,有些则曾参与《圣经》翻译,长期关注译名问题。⑩

虽然美国方面的传教士占了大多数,来自英国圣公会的批评力量也不可忽

---

① James Legge, "A Letter to Professor F. Max Müller," *The Chinese Recorder* Vol.12(1881), p.48.
② John Chalmers, "The Interminable Question," *The China Review* Vol.9.3(1880), p.190.
③ 这7人是哈巴安德、倪维思(John L. Nevius)、郭显德(Hunter Corbett)、梅礼士(Chas. R. Mills)、惠志道(John Wherry)、雷音百(J. A. Leyenberger)和那夏礼(Henry V. Noyes)。
④ 孙罗伯(R. Nelson)、施约瑟、汤蔼礼(Eliot H. Thompson)和小文惠廉(Henry William Boone)来自 Protestant Episcopal Missionary Society in the United States for Foreign and Domestic Missions,现在通译为美国圣公会,有学者认为这是不准确的译法,应当译为监督会,此处仍从通译。
⑤ 这2人是白汉理、富善(Chauncey Goodrich,1836—1925)。
⑥ 这2人是宴马太(Matthew L. Yates,1819—1888)、高第丕(T. P. Crawford,1821—1902)。
⑦ 这2人是江载德(L. D. Chapin)、嘉立(C. A. Stanley)。
⑧ 这人是劳德(Edward C. Lord)。
⑨ 英国圣公会有麦克拉奇(M'Clatchie)、丘胼烈(Frederick F. Gough)、包尔腾、布彻、贝德士(James Bates)。
⑩ 如富善曾参与和合本《圣经》翻译,惠志道则曾与湛约翰、艾约瑟等人共同翻译文理和合本《圣经》,后因观点不同不欢而散。和合本最终采用"神"的译名,而文理和合本则采用了"上帝"。

视,这一点在之前的研究文章中很少被提及。① 理雅各所属的伦敦会从创立起就号称是无宗派的,但实际上是以公理会为主的非国教组织,成员多数来自独立教会,理雅各即是属于苏格兰公理会。从宗派背景上看,浸信宗与伦敦会都发源于苏格兰改革派,与作为国教的安立甘会有明显差异,这种差异不可避免地表现在传教士的出身背景、政治立场和宗教理解等方面。

湛约翰说"圣公会似乎想要张开手臂包容我们所有人,但实际上内部成员却在彼此攻讦",显示了英国圣公会内部意见并不统一。从当时英国的历史背景来看,这句话颇有深意。在英国国教安立甘宗内部素有高、低教会之分②,高教会派在19世纪所发起的"牛津运动"③虽然最终失败了,但影响深远。在18世纪的理性思潮中,安立甘宗作为英国国教的权威逐步走向衰落。巴特勒主教在其著名的《宗教类比》前言中就曾经哀叹道:"不知怎么回事,基督教在许多人看来再也不是用以询问的主体,而是已经最终被发现是虚构的。"④他认为安立甘教会已经是一个无可救药的教会。到了19世纪,随着新的政治势力掌权,安立甘宗与国家之间的紧密关系在渐渐解体,教会对社会生活的影响也在削弱,教会正在变成"世俗国家的负有责任的仆人"。在这一背景下产生的"牛津运动"希望用新教公教化

---

① 以吴义雄为代表的学者认为"译名之争"是英美两大阵营传教士之间的争论,但实际情况要复杂得多,特别是他们忽略了安立甘会在其中的作用。伦敦会的创立本就与安立甘宗颇有关系。在福音运动席卷英国之后,开始有人提出要将福音传往异教世界。1786年被称为"具有划时代意义"的年份,国会通过法案,允许安立甘宗在殖民地发展教会事业。同一年,有"现代传教事业之父"之称的浸信宗牧师凯利(William Carey, 1761—1834)在会议上提醒牧师们"对于异教事业的义务"。1792年凯利出版著名的《关于基督徒使异教徒皈依的义务的询问》(*An Enquiry in the Obligations of Christians to Use Means for the Conversion of the Heathen*)一书,鼓吹英国海外传教事业。同年,浸信宗传教会成立。这时安立甘宗内部的福音派力量虽然反复鼓吹海外传教事业,但在教会会议上一直无法通过。1795年,非国教背景的传教协会成立,即后来的伦敦会。伦敦会在创立之初即因为其在传教事业上的进取姿态得到许多宗教界人士支持,而国教会面对非国教传教会的成长壮大,终于在1799年成立安立甘会。参见 Eugene Stock, *The History of the Church Missionary Society—Its Environment, Its Men and Its Work*, London: CMS, 1899, Chapter 6。

② 高教会派,安立甘宗的内部派别,强调教会的作用和地位,注重与教会相关的教规教义及由教会所履行的圣事,与此相对的是低教会派(Low Church)。

③ "牛津运动"也被称为"书册运动",是英国国教会内部的一场倾向于天主教的改革运动。"牛津运动"通常被认为是维护教会正统以及反对自由主义的一次教会改革。值得一提的是,在20世纪初,辜鸿铭也曾经把张之洞领导的"清流运动"喻为中国的"牛津运动",辜氏曾著《中国牛津运动故事》一书,题献给张之洞。参见辜鸿铭:《辜鸿铭文集》,黄兴涛等译,海口:海南出版社,1996年,第274页。

④ 参见 Joseph Butler, *Works of Joseph Butler*, Vol.1, Oxford: Clarendon Press, 1897。

的方式振兴国教会以及基督教信仰,对于安立甘宗成员有极大影响。"牛津运动"在宗教思想上强调"无与伦比的虔敬"和"自我克制的顺从",针对日益壮大的实证科学主义,提出人类经验的有限性。从教会体系上来说,它提倡恢复天主教的教父传统,反对对《圣经》的自由诠释,以及强调教会自身的独特身份与权威,希求能建立大公教会。而在政治立场上,"牛津运动"作为辉格党掌权下的产物,正如利文斯顿所指出的:"部分地可以视为对这种政治上的自由主义增长的一种反动。"① 包尔腾初到香港时,一改从前福音派重视传教的传统,强调教会组织结构,并且因为坚持使用"天主"、反对使用"上帝"而与教徒起了冲突。而后来汉语中"圣公会"的译名,也来自 Catholic Church,即公教,这显然是受"牛津运动"中恢复天主教传统的影响。② 事实上除了包尔腾等人,安立甘会内部确实还存在着以慕氏兄弟③为代表的温和派,他们虽然对理雅各的观点存在疑义,但并没有在抗议信上签名。慕稼谷曾经私下写信给理雅各讨论译名问题,措辞相当客气,理雅各也恳切地回答了他的问题。④

英国圣公会与文惠廉、施约瑟等人所在的美国圣公会的关系也值得一提。美国圣公会最初是英国圣公会的分支,坚持英伦的安立甘传统,自称是"新教,但也是公教"(Protestant, yet Catholic),两者的宗教思想虽然不完全一致,但在建立大公教会这一点上,英国圣公会与美国圣公会如出一辙。施约瑟曾与包尔腾在香港共同工作,翻译公祷书以及其他教会文献,关系极为密切;英国圣公会和美国圣公会在后来共同成为中国圣公会的两大来源。⑤ 因此在"译名之争"当中,英国圣公会与美国圣公会可以说是天然的战友,观点也极其类似。

相较于英国教会长久以来不断的分裂和改革,以及相互间错综复杂的关系,

---

① 参见[美]利文斯顿:《现代基督教思想》上卷,何光沪译,成都:四川人民出版社,1999年,第229页。
② 参见潘乃昭:《公祷书的翻译与圣公会命名的历史关系》,原载香港《教声》杂志,2005年。
③ 指慕雅德(George Evans Moule,1828—1912)和慕稼谷(Arthur Evans Moule,1836—1918)。慕雅德曾任英国圣公会华中区主教。
④ "Letter to Wylie," SOAS 馆藏伦敦会档案,CWM/China/Personal/Box 7。
⑤ 参见 Irene Eber, *The Jewish Bishop and the Chinese Bible: S. I. J. Schereschewsky (1831-1906)*, Leiden: Brill, 1999;林美玫:《施约瑟主教与美国圣公会早期在华传教策略的调适》,第二届近代中国基督教史研讨会论文,2001年1月;潘乃昭:《公祷书的翻译与圣公会命名的历史关系》,原载香港《教声》杂志,2005年。

美国教会的情况要简单得多,与社会政治之间的关系也较浅。① 就目前的材料来看,我们无法肯定美国传教士内部是否有支持"上帝"译名的一派,但湛约翰声称,所有的卫斯理派都是赞成(译为"上帝")一方的②,也就是说美国传教士中属于循道宗的美以美会观点极有可能与美国长老会等相左,然而当时美以美会在华势力相对较弱,他们的声音并未被注意到。③

理雅各从未公开反驳包尔腾,因此从表面看来,伦敦会与英国圣公会在这件事上维持了表面的和平。但理雅各在写给伟烈亚力的信中,称包尔腾"莫名其妙,很难捉摸,而且说话不负责任",两人私下关系实际上已经彻底恶化。④ 而对于另外一个来自美国的反对者哈巴安德,理雅各似乎反而没有记仇,还曾经在对方摔伤时特意看望对方,有主动和解的意思。在英国传教事业的大前提下,英国国教会与非国教的伦敦会之间的微妙张力可见端倪。

有学者在描述新教神学的多元化时说道:"路德绝对想不到,他的宗教改革呼召、他被开除教籍,以及他建立的与西方原有教会匹敌的基督教,最终不仅造成基督教国度的分裂,甚至连基督教神学也因此四分五裂。"⑤从 19 世纪发生在中国的"译名之争"来看,这种分裂对中国传教事业的影响也十分巨大。理雅各本人对教派问题一向谨慎,也希望打破这种教派之间的隔阂。1880 年,理雅各将其应英格兰长老会之邀所做的演讲结集出版为《中国的宗教》一书,在题记中的话正可以表明他对于教派分歧的态度:"……正由于作者并非属于长老派,所以极其愿意加入这次演讲。我渴望看到来自不同教派而对于共同上帝的信和爱有着善意同情的牧师之间有更加密切的交流。"⑥

---

① 根据统计,在 1790 年的美国有 50% 的人经常去教堂,但只有 5%—10% 的人口是某个确定教会的成员。参见 Tim Grass, *Modern Church History*, London: SCM Press, 2008, p.200。
② 卫斯理派(Wesleyan)同样起源于英国,18 世纪卫斯理带领其跟随者从安立甘宗分裂出去另创循道公会,给安立甘宗造成严重的打击。
③ 在美国国内,美以美所属的循道会并非少数派,在 1850 年的统计中占到 34.2%,是所有教派中比例最大的。在"复兴运动"(Revivalism)中,长老会牧师芬尼认为个体皈依除了内在能力外,必须要有圣灵的活动,由此提出新的教会活动方法,长老会和浸信会后来都采用了他的方法,而循道会则遵循旧则。参见 Tim Grass, *Modern Church History*, London: SCM Press, 2008, p.208。
④ "Letter to Wylie," SOAS 馆藏伦敦会档案, CWM/China/Personal/Box 7。
⑤ [美]奥尔森:《基督教神学思想史》,吴瑞诚等译,北京:北京大学出版社,2003 年,第 488 页。
⑥ James Legge, *The Religions of China: Confucianism and Taoism Described and Compared with Christianity*, London: Hodder and Stoughton, 1880。

## 四、有关译名争论中的焦点问题

如果将卷入"译名之争"的传教士分为三派,即以伦敦会等为首的支持"上帝"译名的一派,以美国长老会为代表的支持"神"的一派,以及以圣公会为首的支持"天主"的一派,在对于中国典籍中"帝"和"上帝"的理解的争论中,后两者站在了同一战线上。在1878年第一期的《教务杂志》上,主编发表声明说不再刊登关于"译名之争"的文章,但1880年又再次刊登了署名"Inquirer"的《致缪勒教授》。1880年年底,理雅各在伦敦出版的小册子《致缪勒教授:关于"帝"和"上帝"的英文译名》,《教务杂志》也全文刊载了这封信并加以回应,显然无法对译名问题置身事外。编者还在发表这封信时特别做了注解,声明这封信讨论的问题与"译名之争""完全不同",并不是关于God译名的争论,而是"一个中国神话学的问题",关系到传教士们对中国宗教和崇拜体系的正确认识,因此并未违反之前的声明。这虽然有强加辩词之嫌,但确实,传教士们所辩论的不仅仅是译名,而且是对中国宗教的看法,更进一步说,是他们本人的神学立场。

哈巴安德所要强调的观点是,异教神(假神)绝不可能是《圣经》中所启示的God。尽管哈巴安德在很多问题上与理雅各观点一致,同意"上帝"是在中国经典中具有最高权威的神,而中国的"上帝"看起来也具有God的某些特质,但他坚持认为中国的"上帝"不可能与基督教的耶和华有关。中国典籍中的"天"是被崇拜的对象,是上帝的外在形式,因而归根结底,中国的传统宗教是对于"假神"的偶像式崇拜。在他看来,即使"帝"在中国信仰中地位高于其他神明,也并不能证明这个"上帝"就是耶和华,因为对某个"假神"进行原属于耶和华的至高无上的崇拜活动,只能证明这种宗教是错误的。如果其他民族,如埃及人、巴比伦人、罗马人、希腊人、印度人等都经历过偶像崇拜,怎么会唯有中国人两千多年来一直保存"有关于God的知识"?[①] 如果说中国人的"上帝"是真的耶和华,那么也可以证明其他民族的神祇。哈巴安德引用《旧约》中的说法,即所有民族都背离了耶和华,唯有选民以色列人通过启示认识了真神。如果说中国人也有这样的知识,显然就

---

① Andrew Patton Happer, "A Letter to Professor F. Max Müller on the Sacred Books of China, Part I," *The Chinese Recorder* Vol.11(1880), p.185.

与《旧约》相矛盾。

　　哈巴安德还引用《旧约》中的一系列句子以及加尔文等人的《圣经》注释来说明,《圣经》已经昭示了当时在其他国家中的假神,例如:"四周之民所事之上帝岂得救其国脱于亚述王之手乎?"(《列王传》下 18:33)"列邦之所谓上帝,非上帝也,然未尝有人弃之。我民昔归荣于我,今又弃我,以事无益之物耶。"(《耶利米书》2:11)①他还进一步引用加尔文在《罗马书注释》中的话:"……世界上充斥着迷信的大众,每个国家都有自己独有的神,他们彼此之间并非一无所知,但真正的 God 被夺去了原本属于他的荣光。"②哈巴安德认为根据《圣经》的说法,启示最早只存在于犹太人当中,而唯有通过启示才有可能认识真正的耶和华。在这里,哈巴安德表现出明显的长老会所特有的保守加尔文主义的特色。加尔文神学以所谓的"TULIP"为其基本教义,即"完全败坏""无条件的拣选""有限的救赎""不可抗拒的恩典"及"坚忍"。哈巴安德认为希腊、罗马、印度、巴比伦及中国早期信奉"假神"的说法,是来自加尔文"完全败坏"的说法。而美国长老会所认定的"威斯敏斯特信条"更是"道地的加尔文主义",其中强调《圣经》是逐字启示与无误的经典。哈巴安德在辩论中几乎以《圣经》词句为其唯一依据,正是为了表现这一点。③

　　在《儒教与基督教的关系》(1877)一文的第一部分,理雅各表达了以下观点:中国典籍中的"帝"和"上帝"即是基督教的 God,这是引起争论的核心问题之一。1880 年,他在写给慕氏的信中说:"我很高兴中国人的祖先'知道'上帝,并且他们的一神崇拜多少控制了这个词的使用。令我难以明白的是,为什么有些传教士会对这个观点感到震惊,并且对其进行夸大和曲解。"④在阐述自己对于中国宗教的认识时,不同于哈巴安德所使用的"神话学"(Mythology),理雅各使用了"神学"(Theology)一词。而关于"上帝"是否就是耶和华的问题,他解释说:"帝、上帝、

---

① 此处中译采用上海圣书公会所印的"委办本"《圣经》。
② Inquirer, "Is the Shangti of the Chinese Classics the Same Being as Jehovah of the Sacred Scriptures?" *The Chinese Recorder* Vol.8(1877), p.6.
③ 参见[美]奥尔森:《基督教神学思想史》,吴瑞诚等译,北京:北京大学出版社,2003 年,第 533~558 页。
④ "Letter to Mr. Moule," SOAS 馆藏伦敦会档案,CWM/China/Personal/Box 7。据信的内容推断,收信人应是慕氏兄弟中的哥哥慕稼谷,英国圣公会传教士。

天、耶和华这四个词,所表达的存在(Being)是相同的,但各自所表述的故事不一样……天所表达的是'伟大'的概念,而耶和华是'自我存在'(self existent)的概念。"①也就是说,这四个词是同一个"存在"的不同解释进路,它们彼此之间是诠释的不同角度,而不是字义上的统一。关于哈巴安德所说的对"天"的崇拜是偶像崇拜,理雅各把中国儒家经典与民间文化做了区分,认为在儒家文献当中出现的"天"并非是所谓主神的专名(即相当于希腊的 Jupiter),而是超越的存在(也就是上帝)。在此他还引用了宋代理学家杨复的说法,"天帝一也,星象非天,天固不可以象求也。以象求天,是何异于知人之有形色貌象,而不知有心君之尊也"②,说明中国所崇拜的"天"与可见的天并不是一回事。

其次,理雅各认为中国人对于其他人或物的崇拜都"远逊于"对上帝的崇拜,虽然中国并非严格的一神信仰,但"上帝"是有超越地位的。"传教士们当然应该谴责对其他事物的崇拜,但应当认识到在儒教中上帝崇拜和其他崇拜的不同,后者将随着基督教体系在中国广为人知而消失。"在他看来,儒教中的其他信仰与基督教义之间的冲突,仅仅相当于"罗马教会对圣人和天使的崇拜",并且他预言道:"或许这些崇拜的蛛丝马迹还将在中国基督教文献和活动中长期存在,如同今天在英格兰和其他新教国家教会文献中依然存在着我们先人所遗留下来的天主教的谬误一样。"③在理雅各看来,尽管程度不同,但儒教与基督教的差异与天主教和基督新教的差异是一回事;同时从中也不难看出他对英国国教会当中所遗留的天主教成分的不满,他与圣公会的分歧部分正由此而来。

由于辩论的焦点有类似之处,双方不可避免地涉及天主教"礼仪之争"的问题。哈巴安德将天主教宗引为同道,他曾引用教皇克莱孟十一世(Clement XI,1700—1721)的通谕④,指出罗马教宗禁止在中国使用"天""敬天"及"上帝"等一系列名称,证明罗马天主教会及东正教会都对使用"上帝"一词持严格

---

① James Legge, *Confucianism in Relation to Christianity: A Paper Read before the Missionary Conference in Shanghai on May 11th*, Shanghai: Kelley & Welsh; London: Trübner and Co., 1877, p.38.
② 同上,p.39。
③ 同上。
④ 指教皇克莱孟十一世在 1715 年针对中国的"礼仪之争"所发出的通谕"自登基之日"(Ex illa die)。

的反对态度。他还引用古伯察(Régis-Evariste Huc,1813—1860)神父评价李明(Le Comte,1655—1728)的话说:"李明神父显然是出于要使中国人特别是文人皈依的目的,但用耶稣会现代护教士的话来说,在这件事上,基督教的慷慨和科学的热情让他们误入歧途。"①在哈巴安德看来,耶稣会士出于讨好中国文人,最后达到宣教的目的而曲解教义,理雅各等人的做法正与此相近。理雅各对此反驳说,必须要考虑到通谕是在天主教内部长期激烈辩论后才颁布的,而根据雷孝思和其他《易经》翻译者的说法,"天主"与"上帝"是同义词,如果说"上帝"一词已经被宋儒改换了意思,后来天主教采用的"天主"也好不到哪儿去。②

对于中国的"上帝"和基督教的 God 在内涵上的差异,理雅各认为传教士所要做的仅仅是对中国的"上帝"含义进一步补充;在基督教在中国广泛传播后,人格化的含义将逐渐替代非人格化的"上帝"。他发出诘问:"难道我们不也是一年年通过各种研究和思考,来增加关于上帝的知识,扩充这个名号对于自己的意义吗?"正如天主教神学家对犹太经典的解释一样,传教士也可以对中国的"上帝"含义进行扩充,这与基督教神学在欧洲的发展并无两样。

## 五、"译名之争"内在的自然宗教问题

从英国 16 到 19 世纪的历史来说,宗教改革与政治改革、宗教自由与政治自由从来都密不可分。洛克在 17 世纪提倡宗教宽容,反对国教与国家体制的结合,强调信仰与政治应当分离。在他看来,宗教多样化并不会造成政治分裂和动荡,"对那些在宗教问题上持有异见的人实行宽容,这与耶稣基督的福音和人类的理智本来完全一致";相反他视国教徒为和平的最大威胁,因为他们会通过国家获取权力以获得宗教上的统一。③ 作为自然神论(Deism)的先驱,洛克将宗教知识作

---

① Inquirer,"Is the Shangti of the Chinese Classics the Same Being as the Jehovah of the Sacred Scriptures?" *The Chinese Recorder* Vol.8(1877),p.5.
② James Legge,"A Letter to Professor F. Max Müller," *The Chinese Recorder* Vol.12(1881),p.49.
③ [英]洛克:《论宗教宽容》,吴云贵译,北京:商务印书馆,1996 年,第 4 页。并参见[英]詹姆斯·塔利:《语境中的洛克》,梅雪芹等译,上海:华东师范大学出版社,2005 年,第 38~52 页。

了"合乎理性""高于理性"和"违反理性"的区分,违反理性的启示则不可接受。[①]而对于那些从未有可能接受或拒绝基督启示的人来说,洛克认为他们应该能够得到自然理性的启发,因为自然理性是上帝给予所有人的礼物。[②] 如果说洛克尚且尊重启示的重要地位,后来的自然神论者,如托兰德(John Toland,1670—1722)与廷德尔(Matthew Tindal,1655—1733)等,则视理性为人世间唯一权威,任何不符合理性的启示都应当被抛弃。在廷德尔看来,"一切信念和行为不仅必须由自然理性进行判断,而且必须根据其增进人类福祉的能力来进行判断"。而对宗教当中不直接有益于道德的所有东西,他都乐于称之为迷信与危险的东西。[③]

在现代的基督教思想史家看来,以巴特勒为代表的正统论者和以休谟为首的怀疑论者联手使得自然神论在18世纪走向了衰落,几乎所有的教派都反对自然神论,尽管他们"暗中同情其中某些理想"[④]。有学者正确地指出:"自然神论者所发起的运动最终在法国和德国而不是在英国扎下了根,并造成了持续的影响。"[⑤]康德对理性与宗教的关系进行了更加彻底的论述,而他的思想又重新传回了英国,影响了19世纪自由派宗教学者。理雅各在为其兄长乔治·莱格所编的文集前言中曾经提到,乔治·莱格在学生时代就注意到康德等大陆思想家的著作,而保守的教授则遵循苏格兰宗教家的传统。[⑥] 在文中,理雅各称赞

---

[①] 自然神论是在17世纪和18世纪初产生的基督教改革运动。由于对17世纪频繁爆发的宗教冲突不满,以及受到启蒙运动的影响,激进的新教改革家试图把基督教更新变化为"普世纯理性的自然宗教"。如果说托马斯·阿奎那、安瑟伦(Anselmus)等人的自然神学(Natural Theology)是一种学说,自然神论则是现代化前的一种运动,从思想上来说,他们之间有一定渊源,但并不是一个概念。参见[美]奥尔森:《基督教神学思想史》,吴瑞诚等译,北京:北京大学出版社,2003年,第561~566页;翟志宏:《阿奎那自然神学思想研究》,北京:人民出版社,2007年,第22~23页。洛克本人在宗教思想上是索齐尼派(Socinian),也有学者将其归为唯一神论者。参见[英]J. C. D. 克拉克:《1660—1832年的英国社会》,姜德福译,北京:商务出版社,2014年,第150~170页。
[②] 参见[美]利文斯顿:《现代基督教思想》,何光沪译,成都:四川人民出版社,1999年,第28~38页。
[③] 同上,第45~46页。
[④] 参见[美]奥尔森:《基督教神学思想史》,吴瑞诚等译,北京:北京大学出版社,2003年,第576页。
[⑤] Charles J. Abbey and John H. Overton, *The English Church in the Eighteenth Century*, London: Longmans, Green, and Co., 1896, p.111.
[⑥] 乔治·莱格曾经任英格兰公理会主席,理雅各在宗教思想方面受他影响极深。

康德等人"以令人惊叹的勇气和力量抓住本体论以及道义论(Deontology)的问题"①。而在这时,自然神论原有的过分激进的部分在反对者的攻击中逐渐消除了,新一代的宗教理性主义者已经能够自如地使用自然神论所留下的思想遗产。

在中国的"译名之争"当中,自然神论及其反对派共同成为辩论的思想资源。1877年,理雅各最坚定的支持者之一湛约翰所发表的一篇题为《中国的自然神学》的文章更是从一个角度揭开了"译名之争"中有关自然神论的思想脉络。② 在这篇文章中,他把有关上帝的中国古代文献划分为29个话题来讨论,如果按照内容来分,其中包括10个关于上帝本质的题目③,6个关于人与上帝的关系④,7个关于人性论⑤,以及6个关于信望爱⑥。尽管是在中国宗教的范围内讨论,但这些均是近代基督教神学所讨论的热门问题。如果我们对照后来缪勒在其《自然宗教》演讲集的首章中提到的苏格兰大律师吉福德(Adam Gifford)所给出的定义,"自然神学,从最广泛的意义来说,是关于上帝的知识,关于无限,整体,最早和唯一的动因,唯一的物质,唯一的真实,唯一的存在,关于上帝本质和特性的知识,关于人类和整个宇宙与上帝关系的知识,关于伦理道德的本质和基础,以及由此而起的责任和义务"⑦,湛约翰所谈论到的问题,无一不符合缪勒所认为的自然神学范畴。在第一节中,他提到萨缪尔·克拉克(Samuel Clarke,1675—1729)在上帝

---

① James Legge, "Memoir of Rev. George Legge, L. L. D.," *Lectures on Theology, Science & Revelation by the late Rev. George Legge, L. L. D., of Gallowtreegate Chapel, Leicester*, London: Jackson, Walford, and Hodder, 1863.
② John Chalmers, "Chinese Natural Theology," *The China Review* Vol.5(1877), pp.271-281.
③ "上帝的本质""上帝的整体性""上帝的全知性""上帝的善""上帝的正义""上帝的仁慈""创世""上帝的命令""启示""上帝的普世统治"。
④ "被崇拜的上帝""被服侍的上帝""对上帝的祈祷""对上帝的奉献""被上帝加冕的统治者""人依靠着上帝"。
⑤ "天堂中正义的神""上帝生人以善""人类行恶违反神圣法令和他们的本性""没有人是德行完美的""人在美德方面的失败并非因为无知""贫困和艰辛的益处""富有对美德的危害"。
⑥ "悔罪的义务"、"天国"、"赎罪论"、"真理和信仰"、"敬畏"(敬畏上帝、崇敬王、崇敬父母、崇敬长者、崇敬人)、"爱"(爱上帝、爱人、人文主义)。
⑦ Max Müller, *Natural Religion, Müller's Gifford Lectures*, London: Longmans, Green, and Co., 1907.本书是缪勒受邀在苏格兰吉福德讲座讲演的讲稿,吉福德讲座是欧洲最负盛名的神学讲座之一,以促进自然神学为其宗旨。

论证中所引用牛顿的话,"上帝并非永恒和无限本身,而是永恒的和无限的"①,指出中国典籍中所描述"天"的永恒性和无限性正是在描述上帝的一个特质。湛约翰认为中国是否存在上帝观念对于传教事业来说至关重要:"作为一名传教士,我对于在中国经典中找到从基督教立场能被看成是正确的神学思想感到非常高兴。如果在中国人之中丝毫找不到这类思想,我们在他们中间传播基督教思想也就没有任何希望;如果以下引文中所表达的清晰的上帝观念后来没有被错误所模糊和掩盖的话,或许在中国传播基督教就像我们某些同胞有时候所说的一样,是多余的了。"②从自然神论的方法来推断,"世界上存在两个上帝"是违背理性的,那么关于上帝的知识必然是关于真神上帝了,因此中国古代典籍中对上帝的描述是"正确的神学思想",只是缺乏了启示的导引。

有意思的是,哈巴安德在其《中国经典中的上帝是〈圣经〉中的耶和华吗?》(1877)一文中,也提到了湛约翰的这篇文章。他并未反驳湛约翰的观点,而是同意中国有很多有关于上帝特性的文献。在他看来,《圣经》中早有启示而后来被当代的宗教研究所证实的一点是,"早期宗主教所知道的宗教教义在巴别塔倒塌之后传播到了所有的国家"③。随后他引用了包括缪勒在内的大量宗教学者的研究成果,证明这些看似是关于上帝的描述,并不仅限于中国,而是存在于所有早期异教当中,在这一点上,他与湛约翰并无分歧。然而哈巴安德依然认为耶和华有

---

① 克拉克通常被看作笛卡儿和斯宾诺莎的反对者,与通常所认为的自然神论者(如托兰德)之间有种种分歧,但他与自然神学之间也有颇多相通之处。在其所著《对上帝的存在属性的论证》中,克拉克采用了一种与斯宾诺莎不同的方法,即强调有"自存"的存在作为前提来进行论证。从另外一方面,克拉克的道德理论认为,人们通过理性而认识到所谓的"道德关系",而上帝虽然是自由的存在,但由于理性,也不可能违反这样的道德关系,因此,上帝必然是善的。可以看出,克拉克的思想颇具理性主义和道德主义的特色。参见 W. R. Sorley, *A History of British Philosophy to 1900*, Cambridge: Cambridge University Press, 1920, pp.155-158。
② 同上,p.271。
③ Inquirer, "Is the Shangti of the Chinese Classics the Same Being as Jehovah of the Sacred Scriptures?" *The Chinese Recorder* Vol.8(1877), p.9.

一些特质使得他区别于其他神,第一点是"永恒的自我存在"①,第二点是"耶和华使所有理性生命对他的唯一崇拜称义"②,第三点则是《圣经》中耶和华的功业,即神迹和经验。他所说的第三点正是为许多自然神论者所反对的。尽管哈巴安德的论证不够有力,但他触及了几个关键性的问题,首先本体性存在,其次是一神信仰,最后是宗教体验。哈巴安德并不反对湛约翰把中国宗教称为"自然宗教",只不过他认为自然宗教是不能与真正的信仰基督教相提并论的。哈巴安德的态度是将其他宗教研究与神学分开,即使这些宗教与基督教有众多表面相似点,但基督教作为启示宗教是独一无二的。

作为比较宗教学创始人的缪勒必定不能同意哈巴安德将基督教排除在比较宗教学研究之外。在《宗教学导论》的开头,缪勒就不无感慨地说:"在我们这个时代,要既不冒犯右派又不冒犯左派而谈论宗教,几乎是不可能的事。对有些人来说,宗教这个题目似乎太神圣了,不能以科学的态度来对待;对另一些人来说,宗教与中世纪的炼金术和占星术一样,只不过是谬误和幻觉构成的东西,不配受到科学界的注意。"③做一些关于其他民族宗教的知识性研究显然不会在当时的英国引发任何争论,这里的"宗教"其实就是指基督教。他进一步说,"要把全世界所有的宗教进行比较,并且其中任何一种宗教都不能取得高于其他宗教的地位,这对许多人来说无疑是危险的、应受谴责的"④,这正好说中哈巴安德等人的心事。尽管他们常常表现出对宗教研究(佛教、印度教等)的了解和欣赏,但基督教是不在同一范畴内的。在这次"译名之争"中,反对派由于尊重缪勒的学界地

---

① 即 self-existent,指上帝作为创世者,是自我存在的。针对这一点,理雅各在第一次"译名之争"中就曾提出反驳说,中国的上帝也是自我存在的,他先天地生,创造万物,也没有完结,只是他没有像耶和华一样明白地宣称自己是自我存在的。因此自我存在这一概念存在于中国人的思维中,只是没有被表述出来罢了。参见 James Legge, *The Notions of the Chinese Concerning God and Spirits; with an Examination of the "Defense of An Essay on the Proper Rendering of the Words Elohim and Theos into the Chinese Language, by William J. Boone"*, Hong Kong: the "Hong Kong Register" Office, 1852, pp. 32-33。
② 即一神信仰的问题,中国宗教是否为一神信仰是"译名之争"的争论焦点之一。
③ [英]麦克斯·缪勒:《宗教学导论》,陈观胜等译,上海:上海人民出版社,2010 年,第 5 页。引文中的"左派"是指科学主义者,而"右派"是指宗教界的保守人士。对于宗教界的批评者来说,缪勒的宗教研究简直是一种泛神论;而对于科学主义者来说,缪勒则是著名的"反达尔文主义者",在宗教饱受达尔文进化论冲击的时候致力于寻求信仰的根源。
④ [英]麦克斯·缪勒:《宗教学导论》,陈观胜等译,上海:上海人民出版社,2010 年,第 7 页。

位,对他的态度算得上委婉,但实际上他们之间的讨论立场有着根本上的对立。在英国本土,缪勒也从来都不缺少来自宗教界的批评者,如格拉斯哥的大主教孟若(Monsignor Munro,1820—1892)就尖锐地指责他的理论是"披着泛神论外衣的无神论"。

1881 年,缪勒将康德的《纯粹理性批判》译为英文并在英国出版。虽然之前已经有英译本,但在缪勒看来都不能令人满意,更重要的是,19 世纪的英国需要更好地认识康德,因为英国人"从某方面是反康德的",他们"不承认康德是贝克莱和休谟的合法继承人"。① 如果说康德在《纯粹理性批判》当中花了许多篇幅对中世纪的自然神学,特别是本体论证进行推敲,在《纯然理性界限内的宗教》当中康德所提出的关于自然宗教的定义更具有近代理性主义特色:"如果在一种宗教中,我必须在能够承认某种东西是上帝的诫命之前,就知道它是义务,那么,这种宗教就是自然宗教。"同时,如果一个人"虽然容许这种超自然的上帝启示,却主张认识这种启示并认为这种启示是现实的,这对于宗教来说并不是必须要求的,他可以被称作一个纯粹的理性主义者"。康德更进一步认为,"每一种宗教,甚至包括启示宗教,都必须包含自然宗教的某些原则"②,而基督教当然也在某个限度上是一种自然宗教。在关于自然宗教的描述上,康德与自然神论者的渊源非常明显,并且用精确的语言把洛克等人的思想系统表述了出来。

尽管从未被归类为理性主义者,缪勒受洛克等人以及康德思想的影响甚深,毋庸置疑,他也继承了自然神论的部分遗产。他所给出的宗教定义更像是在理性主义和信仰主义之间折中的产物:"宗教是一种内心的本能或气质,它独立地、不借助感觉和理性,能使人们领悟在不同名称和各种伪装下的无限。"③正是在所谓"信仰能力"的基础上,他认为所有民族的宗教都包含有部分真理,正如他在给传教士的回信中所说的:"我们怎么知道,中国人在造出'上帝'一词时,不是指真正的 God,他们之中最聪明的人也从来没有想到过真正的 God?"这也是他最终选择同意理雅各的论述的根本原因。1889 年至 1892 年,缪勒因为其自然神学的观念

---

① Max Müller, *Critique of Pure Reason*, London: Macmillan, 1881, "Translator's Preface". 缪勒所指的是当时英国所流行的经验理性对大陆理性的排斥。
② [德]康德:《康德论上帝与宗教》,李秋零编译,北京:中国人民大学出版社,2004 年,第 421 页。
③ [英]麦克斯·缪勒:《宗教的起源与发展》,金泽等译,上海:上海人民出版社,2010 年,第 14 页。

在宗教界受到批判,他在苏格兰所做的 20 次关于自然宗教的系列讲演,被孟若大主教看作是"反基督耶稣,反神启的运动"。孟若认为缪勒所讲授的理论"使神启成为不可能的事,而上帝被贬低为自然,基督教信仰被连根拔起,像圣安德鲁这样的基督教大学竟然能容忍这种讲演简直不可想象"①。实际上,比起前文提到过的吉福德所定义的自然神学,缪勒的宗教思想更加复杂和多元化,他从未完全赞同吉福德那种启蒙式的自然神学观点,但已经被当时保守的宗教界人士看作敌人。

相对于湛约翰,"译名之争"中的理雅各在"中国古代宗教是否为自然宗教"这个问题上更加谨慎,他甚至很少提到自然神学这个容易引起攻击的话题。他所着重强调的是中国宗教是一神信仰,但不止一次地,他提到中国宗教所缺乏的是启示,然而也认为这不是什么致命的问题。在 1850 年前后与文惠廉的辩论中,双方都提到了实验科学巨擘牛顿。牛顿虽非自然神论者,但通常被视为自然神论的奠基人物,他曾经提出,上帝是作为"无限、全能、永恒、创世者的存在",而上帝的存在"从无限到无限……他持续至永远,且无处不在;而且借助永远的无处不在的存在,他造就了持续和空间",从绝对时空的存在推衍出无限的上帝的存在。② 但在文惠廉看来,牛顿的说法根本不能作为辩论的依据,因为"他在自然科学之外的领域仿佛换了个人";同时,文惠廉还引用西塞罗的名言说"在辩论中应当诉诸理性而不是权威"(non enim tam auctoritatis in disputando, quam rationis momenta quaerenda sunt)。而理雅各对牛顿关于上帝的种种说法则持赞同态度,对文惠廉竟然反对牛顿的说法感到震惊。③ 从这里我们可以看出,他至少也属于是"暗中赞同自然神论中的某些观点"的一类人。苏格兰启蒙主义、改革派神学、洛克到巴特勒等人对自然神论的讨论,以及缪勒的比较宗教学,共同构成了理雅各的思想渊源,也造成了他在"译名之争"中独特的立场。

---

① Georgina Müller ed., *The Life and Letters of the Right Honourable Friedrich Max Müller*, Vol.2, London: Longmans, Green and Co., 1902, p.275.
② 牛顿提出的绝对时空概念正是克拉克与斯宾诺莎辩论的核心问题之一。参见[英]斯图亚特·布朗主编:《英国哲学和启蒙时代》,高新民等译,北京:中国人民大学出版社,2009 年,第 56 页;赵林:《英国自然神论初探》,《世界哲学》2004 年第 5 期。
③ James Legge, *The Notions of the Chinese Concerning God and Spirits; with an Examination of the "Defense of An Essay on the Proper Rendering of the Words Elohim and Theos into the Chinese Language, by William J. Boone"*, Hong Kong: the "Hong Kong Register" Office, 1852, pp.86-87.

发生在19世纪中叶后的"译名之争"可以说是新教入华后传教士间规模最大、波及最广的一次争论,后来更由于缪勒的加入而延伸到了欧洲学术界。对于理雅各来说,这场争论尽管一度造成危机,但对他来说其意义已经远远超出译名选择的问题,而是阐明了自己对中国宗教的研究立场。在伦敦大学亚非学院的理雅各档案中,还藏有一封1893年由驻汉口的新教传教士写给在韩国传教士的信,理雅各在信封上用铅笔亲笔标注为"关于'译名之争'的重要信件",可见当时已经78岁高龄的理雅各仍在关注此事。[①] 通过对文献资料的梳理我们可以发现,"译名之争"以及后来《东方圣书》引发的争论从根本上来说是一个欧洲问题,它涉及宗教改革后各新教宗派之间的组织矛盾和思想分歧,同时也反映出19世纪宗教研究向所谓的"科学化"转型对传统神学造成的影响。

---

[①] 见SOAS馆藏伦敦会档案,CWM/China/Personal/Box 8。

# 第四章

## 「黜异端以崇正学」：理雅各的儒教研究

在香港出版了五卷本《中国经典》之后，理雅各在牛津时期的儒教研究开始进入新的阶段。从1879年到1882年，他出版了《东方圣书》中的儒家部分，当中包括他付出时间最多的《易经》。① 同时他开始关注儒教经典之外的思想材料，关注儒教在中国的真实状态。更重要的是，他的一些态度和研究角度相对于香港时期发生了转变和修正，这种转变是由于理雅各自身思想的转变以及他在牛津所受的影响所致。本章将就理雅各在牛津时期的儒教研究及其转变进行讨论。

## 第一节 "皇家儒教"：文本与儒家伦理

### 一、《圣谕广训》的文本解释和译本

1877年的秋季学期(Michaelmas Term)，理雅各在牛津大学泰勒学院(Taylor Institution)做了4次题为"皇家儒教"的公开讲座，向英国学生介绍和剖析《圣谕

---

① 理雅各在《东方圣书》第三卷前言中曾称儒教是中国"出类拔萃之宗教"(religion par excellence)。James Legge, *The Sacred Books of the East*, Vol.3, Oxford: Clarendon Press, 1879, "Preface," p.xiv.

十六条》及《圣谕广训》的历史文本和内容,讲座内容后来也在《中国评论》上全文发表。① 在理雅各之前的另一位伦敦会传教士米怜曾在马六甲的英华书院翻译过《圣谕广训》。据理雅各说,尽管米怜当时从英国到马六甲不过短短 4 年(1813—1817),其翻译却可圈可点。② 理雅各也曾担任英华书院院长,他所看到的最早的版本应是米怜的译本。③ 英国驻华公使、后来就任剑桥大学汉学教授的威妥玛也曾在《寻津录》中节译,并加上了自己的点评和解释。

在此之前,理雅各已经在香港出版了五卷本的《中国经典》。他对于儒家的研究是文本式、学术式的,极为重视儒家的学术史,努力将自己的诠释建立在儒家经学的基础上。《圣谕广训》是他第一次选取一个通俗化的儒家文本进行解读,而这个文本无疑是带有很强政治属性的。一般而言,正统的儒家学者并没有把《圣谕广训》这类的皇帝圣谕当作儒家典籍,只是将其当作"教导愚民遵守道德规范的教科书,并没有什么深奥的道理"④,但新教传教士却对其非常重视。首先是因为《圣谕广训》发行时下面都带有直解,地区不同,直解也由不同方言写成,因此对于传教士来说,《圣谕广训》的第一个作用是语言学习的范本,特别是口语的范本。米怜所译之版本,除了《圣谕广训》和王又朴的《广训衍》外,还包括英译者序、雍正《广训序》、原书编者序和韩封跋文的英译。⑤ 米怜的译本流传甚广,据威妥玛在《寻津录》中所说,使馆开班授课,他推荐米怜的《圣谕广训》作为教科书,与中文本对照学习。卫三畏也说,在 19 世纪,米怜的《圣谕广训》广为英语读者所

---

① 根据理雅各的女儿所整理的列表,这 4 次讲座分别是在 5 月 11 日、22 日、6 月 6 日、28 日举行;在此之前,理雅各只有 4 次学术演讲,其中关于儒家思想的只有"孔子"(1877 年 1 月 31 日)和"孟子"(1877 年 3 月 15 日),由此可见,理雅各非常重视《圣谕广训》,将其作为理解儒家思想的基本读物。参见"Lectures by Dr. Legge, Delivered in the University of Oxford," SOAS 馆藏伦敦会档案,CWM/China/Personal/Box 9。
② James Legge, "Imperial Confucianism, Lecture I," *The China Review* Vol.6.3(1877), p.149.
③ 据周振鹤教授研究,在米怜之前还有两个俄文的译本,分别是 1778 年列昂季诺夫的译本,以及 1788 年阿加芬诺夫的译本;除此以外,还有 1799 年法国人格拉蒙特译本,据说斯当东也曾翻译广训的前 9 篇,但以上译本理雅各均未提到。参见周振鹤撰集,顾美华点校:《〈圣谕广训〉集解与研究》,上海:上海书店出版社,2006 年,第 618~619 页。
④ 参见周振鹤撰集,顾美华点校:《〈圣谕广训〉集解与研究》,上海:上海书店出版社,2006 年,第 618~619 页。
⑤ 米怜所译版本 1817 年在伦敦初次出版,1870 年由长老会在上海的美华书馆再版。全书均为英文,并未附有中文原文。米怜在前言中说,是马礼逊最早介绍他看这本书并从中学习汉语语法。参见 William Milne, *The Sacred Edict, Containing Sixteen Maxims of the Emperor Kang-hi*, Shanghai: American Presbyterian Mission Press, 1870, "The Translator's Preface," p.iii。

知。① 有学者认为,传教士亦从《圣谕广训》的宣讲中领悟出传教方法:"嗣后教士传教,多取当街露天宣讲形式,并派发圣书。尤其注意地方岁试科试之期,传教士以为是街头传教最佳良机。故民间宣讲形式,亦为西洋教士领悟使用。"②

此外,一些在华新教传教士也早已认识到《圣谕广训》的政治性、伦理性价值,如裨治文就曾称之为"政治-道德著作"(politico-moral work)③,而对于理雅各来说,他对《圣谕广训》的关注更是远远超出一本语言学习的教材。理雅各明确指出,《圣谕十六条》所体现的是中国皇帝们表态要执行的一些原则,是康熙皇帝为他的万千子民所制定的一些行为准则。④ 在"皇家儒教"中,理雅各真正关注的是儒教政治伦理的部分,他将儒家道德观与基督教相对照,以寻求他认为恰当的解释进路。

尽管理雅各赞扬米怜的译本甚佳,他在其4次关于《圣谕广训》的演讲中,还是按照自己的理解重译了《圣谕十六条》(理雅各与米怜的译文参见下表)。如果将两人的译文加以对照,可以发现理雅各的译文在意思上改动不大,但整体来说较长,用词也较为书面化。对于一些儒家概念,如"孝弟"等,他全部沿用《中国经典》中的译法,显示了其在概念诠释上已经形成较完整的体系。

附录:《圣谕十六条》米怜、理雅各译文对照表

| 原文 | 米怜译文 | 理雅各译文 |
| --- | --- | --- |
| 敦孝弟以重人伦 | Pay just regard to filial and fraternal duties, in order to give due importance to the relations of life. | Esteem most highly filial piety and brotherly submission, in order to give their due importance to the social relations. |

---

① 参见廖振旺:《试论十九世纪来华新教传教士对〈圣谕广训〉的出版与认识》,《汉学研究》第26卷第3期,第236~247页。
② 参见王尔敏:《清廷〈圣谕广训〉之颁行及民间宣讲拾遗》,《近代史研究所集刊》第22期,第255页。
③ Elijah C. Bridgman, "Review," *The Chinese Repository* Vol.1.8(1832), p.298.
④ James Legge, "Imperial Confucianism, Lecture I," *The China Review* Vol.6.3(1877), p.149.

续表

| 原文 | 米怜译文 | 理雅各译文 |
|---|---|---|
| 笃宗族以昭雍睦 | Respect kindred, in order to display the excellence of harmony. | Behave with generosity to the branches of your kindred, in order to illustrate harmony and benignity. |
| 和乡党以息争讼 | Let concord abound among those who dwell in the same neighbourhood, in order to prevent litigations. | Cultivate peace and concord in your neighbourhoods, in order to prevent quarrels and litigations. |
| 重农桑以足衣食 | Give the chief place to husbandry and the culture of the mulberry tree, in order to procure adequate supplies of food and raiment. | Recognize the importance of husbandry and the culture of the mulberry tree, in order to ensure a sufficiency of clothing and food. |
| 尚节俭以惜财用 | Hold economy in estimation, in order to prevent the lavish waste of money. | Show that you prize moderation and economy, in order to prevent the lavish waste of your means. |
| 隆学校以端士习 | Magnify academical learning, in order to direct the scholar's progress. | Make much of the colleges and seminaries, in order to make correct the practice of the scholar. |
| 黜异端以崇正学 | Degrade strange religions, in order to exalt the orthodox doctrine. | Discountenance and banish strange principles, in order to exalt the correct doctrine. |
| 讲法律以儆愚顽 | Explain the laws, in order to warn the ignorant and obstinate. | Describe and explain the laws, in order to warn the ignorant and obstinate. |
| 明礼让以厚风俗 | Illustrate the principles of a polite and yielding carriage, in order to improve manners. | Exhibit clearly propriety and yielding courtesy, in order to make manners and customs good. |

续表

| 原文 | 米怜译文 | 理雅各译文 |
|---|---|---|
| 务本业以定民志 | Attend to the essential employments, in order to give unvarying determination to the will of the people. | Labour diligently at your proper callings, in order to give settlement to the aims of the people. |
| 训子弟以禁非为 | Instruct the youth, in order to prevent them from doing evil. | Instruct sons and younger brothers, in order to prevent them from doing what is wrong. |
| 息诬告以全良善 | Suppress all false accusing, in order to secure protection to the innocent. | Put a stop to false accusations, in order to protect the honest and good. |
| 诫窝逃以免株连 | Warn those who hide deserters, that they may not be involved in their downfall. | Warn against sheltering deserters, in order to avoid being involved in their punishment. |
| 完钱粮以省催科 | Complete the payment of the taxes, in order to prevent frequent urging. | Promptly and fully pay your taxes, in order to avoid the urgent requisition of your quotas. |
| 联保甲以弭盗贼 | Unite the Paou and Kea, in order to extirpate robbery and theft. | Combine in hundreds and tithings, in order to put an end to thefts and robbery. |
| 解雠忿以重身命 | Settle animosities, that lives may be duly valued. | Study to remove resentments and angry feelings, in order to show the importance due to the person and life. |

  需要指出的是,理雅各实际上并没有基于《圣谕广训》,而是直接就《圣谕十六条》进行解释,他时常引用的则是王又朴的《广训衍》。① 理雅各将康熙皇帝看作帝国政治的样本加以讨论,并特别提到他的称号为"圣祖仁皇帝"("圣祖"是庙号,"仁"是谥号),或称其为"仁皇帝"②,这一称谓是带有特殊用意的。理雅

---

① 据理雅各所说,当时《圣谕广训》与王又朴的《广训衍》的合订本最为常见。王又朴的解释通俗易懂,同时也博征《三字经》等儒家通俗类文献。
② Benevolent Emperor.

各对于儒家经典中的"仁"有多种解释,而 Benevolence 则是取"善""德行"之义,来自《论语·学而》中"孝弟也者,其为仁之本与"①;这句话恰恰是指"君子",因此理雅各称康熙皇帝为"仁皇帝",显然是指其符合儒家传统对于统治者的道德要求;相对地,理雅各对雍正皇帝的评价则是"在领悟力和思想活力方面与其父相距甚远",只是提及雍正在《圣谕十六条》的基础上颁布了《圣谕广训》这一文本。②

理雅各敏锐地看出康熙颁布《圣谕十六条》,是希望建立一种如同父子一般的伦理型政治关系:"他(康熙)不仅仅作为一个统治者向臣民颁布法令,而是好像父亲对待自己的孩子,希望在他和他们相互之间理解顺畅。"③这在理雅各看来,不像其他政治体系常常处在失控的边缘(他比喻说好像一条船的船长害怕他的船员,对他们无计可施),而是具备一种"甜美的合理性"(sweet reasonableness)。理雅各对于《圣谕十六条》的解读,也是倾向于儒家伦理型的,他将其视为理想化的儒家伦理在中国社会当中的具体实施。

## 二、"异端"与"正学":《圣谕广训》与基督新教的关系

《圣谕十六条》第七条"黜异端以崇正学",一向是传教士们关注的焦点。"正学"是指儒家正统,特别是程朱理学;而"异端"一说,源出于《论语》:"攻乎异端,斯害也已。"《史记》:"孔子既没,邪说暴行有作。"孟子则曾指"杨朱、墨子"为异端。《圣谕十六条》在康熙朝颁布之初,"异端"一说本与天主教无涉,如范承谟之《上谕十六条直解》中说:"逮今二氏盛行,江浙之俗尤崇释氏,不特五山十刹遍立门庭,即一邑一村尽开法座,付佛者何止百人,传衣者尽称和尚,惑哄愚蒙,妄自尊大。……无知之人犹然妄从彼教,殊不知此辈自己心地惘惘,岂能觉人? 自己恶念未除,岂能忏众? 纷起戈矛,竞高门户,此是今时之异端。"④这是针对佛教而言的。清初制度初创,反清复明之声未绝,许多反清斗士托佛教之名,因此范承谟说

---

① 本句理雅各译为:"Filial piety and fraternal submission! —Are they not the root of all benevolent actions?"在注释中理雅各特别提到,这里的"仁"解释为"爱的原则"(principle of love)。参见 James Legge, *The Chinese Classics*, Vol.1, New York: Dover Publishings, 1970, p.139。
② James Legge, "Imperial Confucianism, Lecture I," *The China Review* Vol.6.3(1877), p.148.
③ 同上,p.150。
④ 周振鹤撰集,顾美华点校:《〈圣谕广训〉集解与研究》,上海:上海书店出版社,2006 年,第 63 页。

"纷起戈矛,竞高门户",佛教自然列异端之首。范正辂《上谕解义》:"所以皇上这一条诚恐邪说惑人久有严禁,又蒙上宪禁止邪教,只为此等奸民焚香集众、煎茶拜空,甚用药酒符水、妖术幻法,小者恣为贪淫,大者招纳亡命……"①李来章《圣谕图像演义》则明确指出,"释教不可过信","道教不可过信","白莲、无为不可误信","扶鸾、祷圣不可误信"。除了释教、道教外,白莲、升仙、扶乩等民间邪术亦在异端之列。

但到了雍正颁布《圣谕广训》时,天主教也被加入异端之列。《圣谕广训》正文言道:"又如西洋教宗天主亦属不经,因其人通晓历数,故国家用之,尔等不可不知也。"顺治、康熙年间,耶稣会士汤若望、南怀仁等任职于钦天监,掌管天文历算,本来极受荣宠,天主教亦在民间流传颇广。后来由于"礼仪之争"事件的影响,康熙曾数度禁教,但对在朝的耶稣会士仍颇优容。及至雍正帝即位时,天主教声势已经大大衰微。《圣谕广训》在雍正二年(1724)颁布,雍正帝即位不久,不能遽废先帝之制,因此对天主教措辞仍较为温和,仅仅澄清朝廷并非崇信天主,只是因其有历数之技而用之。

在理雅各的时代,新教在华的处境与初期相比也有了很大转变。从1860年签订《北京条约》,批准新教传教士进入非口岸城市传教以来,各地教案频发,在英国国内引发了很大的反对声浪。1870年"天津教案"的爆发虽然是因法国天主教传教士而起,但也对新教的传教工作造成致命打击,英国政府更加坚定要控制传教士进入内地的想法。传教士们虽然极力辩解教案并非由传教引起,而是由于战争引起了中国人排外浪潮的爆发,但他们不得不面对传教工作中的矛盾和冲突,并对其进行思考。

在反教浪潮中,"黜异端以崇正学"的《圣谕十六条》也成为地方士绅反对"洋教"的武器。如1861年四川出现的《讨西洋教匪檄文》当中就写道:"……我圣祖仁皇帝,现有'黜异端以崇正学'一条,列于圣谕中,颁行天下,近年来各处宣讲,家喻户晓,耳所熟闻,口所常讲,岂忘之乎?我辈生于本朝,岂忍违圣祖之巨典,而染夷人之陋俗乎?"②这时"异端"之名已直指基督教。更有官员提出要通过宣讲

---

① 周振鹤撰集,顾美华点校:《〈圣谕广训〉集解与研究》,上海:上海书店出版社,2006年,第65页。
② 王明伦选编:《反洋教书文揭帖选》,转引自赵广军:《西教知识的传播与晚清士流》,华中师范大学博士论文,2007年,第280页。

《圣谕广训》来教化愚民,抵制洋教,但颇有意思的是,有人认为宣讲圣谕的方式应该借鉴西洋教士传教的方法,在地方设立教官,专职教化人民。①

由此可见,《圣谕广训》在晚清政治动荡之季重新为中国士绅所重视,与列强入侵、"洋教"日盛有密切关系。但同时传教士们也发现,"黜异端以崇正学"一条,亦可以用来反对佛教、道教,因此有些传教士对《圣谕广训》也颇有兴趣。② 而理雅各在解读时,试图将《圣谕广训》当中所传达的儒家伦理观与新教伦理观加以对照和分析,破除基督教在中国的"异端"之名的同时,也向西方读者介绍较为具象化的儒家伦理观念。

## 三、作为儒教伦理基础的"孝"③

理雅各在第一次开讲《圣谕十六条》时,首先向听众解释了它的文本背景;而在正式讲解具体内容之前,他表明自己将会尽量不发表自己的观点和评论,而让听众能够对那个"道德、社会、政治的中国"有所了解,即使《圣谕十六条》所反映的并非中国的真实情况,也起码是统治者所期望的理想状态。④ 由于听众并无关于中国的知识背景,理雅各在对《圣谕十六条》进行解释时,时常引用英国历史或社会中的例子作为对照,帮助听众理解。

尽管理雅各认为在不少地方儒家伦理与英国人广泛认同的现代新教伦理很相近,但他对作为儒家伦理根本的"孝"提出了疑问。在讲解第一条"敦孝弟以重人伦"时,他引用《论语》"君子务本,本立而道生,孝弟也者,其为仁之本与"(《学而第一》)来向听众说明"孝"在儒家伦理体系中被看作是其他道德和善行的基础。《圣谕广训》:"夫孝者,天之经,地之义,民之行也。"⑤王又朴《广训衍》道:"怎么是孝呢? 这个孝顺的道理大得紧,上而天、下而地、中间的人,没有一个离了这个理地。怎么说呢? 只因孝顺是一团的和气。你看天地若是不和,如何生养得

---

① 王明伦选编:《反洋教书文揭帖选》,转引自赵广军:《西教知识的传播与晚清士流》,华中师范大学博士论文,2007年,第280页。
② E. R. Eichler, "The K'uen Shi Wan, 劝世文 or the Practical Theory of the Chinese," *The China Review* Vol.11.2(1882), p.95.
③ 理雅各将"孝"(孝道、孝顺)译为"filial piety",历来受到不少人的批评,因为"filial"意为"顺从",而"piety"意为"虔诚",本义却是指人对于神的情感。
④ James Legge, "Imperial Confucianism, Lecture I," *The China Review* Vol. 6.3(1877), pp.150-151.
⑤ 参见周振鹤撰集,顾美华点校:《〈圣谕广训〉集解与研究》,上海:上海书店出版社,第162页。

许多人物出来呢？人若是不孝顺，就失了天地的和气了，如何还成个人呢？……"①理雅各又以"二十四孝"故事为例，告诉听众在中国社会之中，孝道是社会道德的首要原则，并且提起他曾经在布道时讲到保罗说"儿女不该为父母积财，父母该为儿女积财"（《哥林多后书》12：14），就引起中国人的极大不满。②

理雅各认为，中国人确实是非常孝顺的民族，在这一点上，基督新教伦理中也有同样的内容，但表述上稍稍有所差别。如摩西第五诫就是"当孝敬父母，使你的日子在耶和华——你上帝所赐你的地上得以长久"（《出埃及记》20：12），而理雅各进一步引用1647年威斯敏斯特《大教理问答》中对摩西第五诫的解释："第五诫的整体范围是指尊卑长幼以及平辈之间所相互履行的本分。"③理雅各之所以没有采用更为常见的《小教理问答》，是为了强调作为伦理的社会关系的"相互性"，在这一点上，他显然认为基督新教的解释比儒家传统中一味强调子女对父母的"孝道"要更为合理，这与他在《中国经典》第一卷绪论中曾经提出的观点是一致的。需要注意的是，威斯敏斯特会议及其产生的《认信文》以及《教理问答》，都是苏格兰新教改革以及改革宗反抗国教会的产物，是新教思想走向现代的标志之一。理雅各采用《大教理问答》中的伦理解释，既符合其出身苏格兰非国教的思想背景，也是试图用现代基督教新教教条来诠释儒家伦理。④

理雅各所难以理解的是，无论是《圣谕广训》或是其解释，都只是直观朴素的伦理劝导，并无法解释所谓"孝弟也者，其为仁之本"的含义：为什么其他美德会在孝道的基础上产生？理雅各认为《论语》及其他儒家经典中对此的说法都十分模糊。而在讲到第八条"讲法律以儆愚顽"时，他又再次提出"孝道"和"法律"之间的关系问题。中国古代法律对于犯法者亲人和家族的"连坐"，是由于家族关系紧密的原因；而"孝道"在整个伦理关系中被赋予的"过分夸张"的地位，使得父

---

① 参见周振鹤撰集，顾美华点校：《〈圣谕广训〉集解与研究》，上海：上海书店出版社，第163页。
② James Legge, "Imperial Confucianism, Lecture I," *The China Review* Vol. 6.3 (1877), pp.153-154.
③ 同上，p.154. 威斯敏斯特《大教理问答》(*The Larger Catechism*) 在1647年威斯敏斯特会议之后颁布，以"威斯敏斯特信条"为基础撰写出来，是大多数加尔文派改革宗所奉行的共同教理解释，但后来其影响力远不及针对一般人的《小教理问答》(*The Shorter Catechism*)。
④ 由于是威斯敏斯特会议做出的决议并且苏格兰教会全体表示认同，威斯敏斯特《教理问答》在苏格兰地方教会的圣经解释传统当中在很长时间里都具有权威性意义。参见 Thomas F. Torrance, *Scottish Theology: From John Knox to John Mcleod Campbell*, Edinburgh: T & T Clark, 1996, p.130。

母、兄长、主人等在这个不平等的伦理关系中占有优越地位的人,在法律上获得了种种不平等的特权。①

在出版《东方圣书》中国部分第一卷时,理雅各将《孝经》也包括在内,并且在绪论中解释说,《孝经》是"五经"之外得以被命名为"经"的古代典籍,而这本书在他看来,"是试图建立一种以孝道作为首要美德为基础的宗教,这极易招致非议"②。《孝经》作为文本的真实性历来有所争议,耐人寻味的是,理雅各在《孝经》译本前专门整理了历代儒家学者对《孝经》的批评和质疑,这在他所译的儒家经书中是罕见的(即使是受经学家广泛质疑的《古文尚书》,他也持肯定态度)。但他同时也指出,历代执政者都对《孝经》非常重视,其中又以清代为甚:顺治皇帝曾颁布《孝经注》,康熙皇帝颁布《孝经衍义》一百卷,雍正皇帝颁布《孝经集注》。③ 再考虑到康熙《圣谕十六条》中将"孝弟"列为第一条,"孝"在传统中国不仅仅是社会伦理的基础,更是政治伦理的一部分。与"皇家儒教"讲义不同的是,在《东方圣书》当中,理雅各没有再批评儒家将"孝"作为"仁之本"是不合理的说法,而是请读者注意儒家学者和中国统治者是如何将社会关系和美德建立在"孝"之上的。④

"皇家儒教"系列讲座的讲义是理雅各在刚刚进入牛津时期的作品,因此文中不少观点仍延续前期研究的成果。他对《圣谕广训》的讲解和批评具有鲜明的现代社会观念的烙印:他提倡社会关系中双向的责任和义务,反对对弱者的压迫以及不公正,反映了一个典型的来自自由教会的英国知识分子的社会伦理观。实际上,理雅各选择《圣谕广训》作为其在牛津的第一个系列公开演讲的主题,应是经过深思熟虑的:在 19 世纪后期的英国社会中,随着对于不同宗派的教会日渐宽容,达尔文的进化论对启示宗教的地位造成沉重的打击,而基督新教教义作为伦

---

① James Legge,"Imperial Confucianism,Lecture 3,"*The China Review* Vol. 6.5(1878),p.301.
② James Legge,*The Sacred Books of the East*,Vol.3,Oxford:Clarendon Press,1879,"Preface,"p.xx.
③ 同上,p.461。
④ 同上,p.462。

理学的价值则被凸显出来。① 理雅各在之后的儒教与基督教比较研究中也显示出这样伦理化的倾向。

## 第二节 理雅各对孔子思想的诠释及其自我修正

### 一、理雅各早期著作中对孔子的批评

理雅各在1861年所出版的《中国经典》第一卷(包括《论语》《大学》《中庸》)以其精细的注疏格式以及广征博引的注解著称,一向被公认为儒家"四书"在西方的标准译本和研究著作,也正是在这一卷的第一版绪论当中,理雅各从各种角度对孔子的思想提出批评。他对孔子的第一项指责是,孔子从未讨论关于"人类状况和命运的重大问题","他没有谈论过创世或末世的问题;他不关心人类起源,也不关心未来。他从未涉及物理学和形而上学"②。在理雅各看来,孔子并非对这些问题保持缄默,而是对这些全都一无所知、闻所未闻,"对于他注重实际的心灵来说,花费心思去想些不确定的东西比毫无用处更糟"③。

有关孔子的第二个疑问是,他是否曾对华夏民族自古就有的"教条"做任何改变? 理雅各认为,孔子在删定"六经"时对经典的内容有所减是早有人讨论的问题,但他所做的删改应该不是有意识的。"如果不是因为他(孔子)的这种怪异的倾向,我们本该有更多古代的思想留下来,这对我们会比今天所残留(资料)的不确定性更有帮助。……但他为了加入自己的思想而删除或增加的部分并不能归咎于他。"④原因是,如果孔子有意识改动古代经典的话,就不会留下蛛丝马

---

① 1859年达尔文发表《物种起源》,1860年在牛津大学进行了大规模的有关进化论的辩论,其中最为著名的是赫胥黎和国教会主教塞缪尔·威伯福斯(Samuel Wilberforce)之间的辩论。当时不少宗教界人士都是反达尔文主义者(缪勒据称也是如此),但也有所谓的"基督教达尔文主义者"。另外值得一提的是,赫胥黎家族在牛津智识界颇具影响力,并且与另一"智识贵族"阿诺德家族有姻亲关系(赫胥黎的一个儿子娶了马修·阿诺德的侄女)。
② James Legge, *The Chinese Classics*, Vol.1, London: Trübner and Co., 1861, "Prolegomena," p.98.
③ 同上,p.99。
④ 同上。

迹,让后人发现其中的差别所在。① 他举例说,在《尚书》和《诗经》中常常出现的人格神名"帝"或者"上帝"从未在《论语》中出现,孔子更多地是使用"天"。理雅各的结论是,孔子并不反宗教,但他也不是宗教性的人物,从"性情和智识上"来说,他对宗教的态度都是冷淡的,而他对于中国此后的宗教发展所起到的作用是消极的。②

理雅各提出的孔子对于古代思想所做改变的另外一个例子是有关祭祖。在理雅各看来,尽管从基督教的角度来说并不赞成祭祀,但祭祖(祭祀死去的人)是证明中国上古时期相信灵魂不灭的一个证据。孔子虽然主张遵守这一传统,却避免深入谈论这个问题。理雅各认为在《论语》中孔子每次与弟子谈及这一问题时,都竭力淡化祭祖这一习俗的宗教性,如"祭如在,祭神如神在。子曰:吾不与祭,如不祭"(《论语·八佾》),"未能事人,焉能事鬼","未知生,焉知死"(《论语·先进》)都是如此,其原因在于,孔子是"怀疑主义者",而非"不可知论者"。他将古代信仰中的"上帝"用一种"理性化和自然化"的方式来表述,这就是他不再使用"上帝"或"帝"这一古代名词而改用"天"的原因。而在孔子的影响下,祭祖也倾向于被认为仅仅是孝思的表达,而非宗教性的仪式。③

因此,理雅各下结论说,孔子并没有像他自己或后学所标榜的那样"述而不作",完全忠实地记录古代思想,相反,他并不是一个很忠诚的记录者。理雅各由此进一步认为,虽然"信"是儒家最重要的教条之一,孔子自己有时却找借口不遵守誓言。④ 在这一点上,理雅各认为缺乏宗教性而使得孔子不能完全遵守"信",其他美德,如孝道、对他人的爱或许可以在世俗社会中产生,而"信"则是依赖信仰而生的。在这里,理雅各把儒家"仁义礼智信"中的"信",同质于基督教中"信、望、爱"的"信"(faith),而实际上这两者是有所差异的。

在政治理论方面,理雅各没有过分尖锐的批评,但认为孔子的思想是比较早

---

① 理雅各较接近古文经派的传统,认为孔子"述而不作","祖述尧舜,宪章文武",但在继承中国古代思想时自己加以了改动。
② James Legge, *The Chinese Classics*, Vol.1, London: Trübner and Co., 1861, "Prolegomena,"p.100.
③ 同上, pp.100—101。
④ 理雅各所举的例子之一是《孔子世家》中所记载的孔子为蒲人所围,与对方订下盟约不前往卫国才得以脱身。孔子离开后继续到卫国去,子贡问,是否可背离誓言,孔子回答:"要盟也,神不听。"(被要挟才许下的誓言,神不会听从)

期和原始的对政治的看法。他认为孔子是将国家的统治关系建立在五种社会关系的基础上(父子、兄弟、夫妻、君臣、朋友),但从未详细说明这些社会关系彼此之间的责任和义务。而对于孟子所申发的"父子有亲,君臣有义,夫妇有别,长幼有序,朋友有信"①,理雅各却认为并不足以反映孔子之义:孔子更加强调权威性,如父对于子、君对于臣、男性对于女性的权威,以及一方对另一方的服从,而孟子的诠释对其来说则显得太过于温情了。② 理雅各引用《孔子家语》中"男子者,任天道而长万物者也;……女子者,顺男子之道,而长其理者也"以及"五不取""七出"的说法来说明孔子对于女性的态度:男子对于女子是一种绝对的权威,而女子只能完全服从,因此在这之间不存在"权利和义务"的关系。③

理雅各进一步指出,由于社会关系实际上就是"统治"和"被统治"的关系,因而孔子将建立好的政府的期望完全寄托在统治者或权威一方自身的行为和修养上,也就是所谓的"仁政"。例如在《论语》"季康子问政"一节中,孔子答道,"政者正也,子帅以正,孰敢不正","子欲善,而民善矣。君子之德风,小人之德草,草上之风,必偃"。④ 在孔子的政治思想当中,期望为政者(君)同时成为民众道德榜样,这种建立在伦理道德上的社会政治关系显然是与西方社会(特别是近代以来)截然不同的。与此同时,理雅各认为孔子对于统治者的道德如何形成并没有过多讨论,而是将美德视为理所当然的结果,丝毫没有注意到善与恶之间的道德张力。⑤ 综上所述,理雅各把孔子思想体系中的政府称为"温和的暴政"。与孟子赋予人民反抗暴政的权利不同,孔子更倾向于服从统治权威,社会存在要向前发展的趋势,但孔子的思想却使之倒退,因此作为一个庞大的帝国,中华帝国有着"巨人的身躯,却是孩童的心智"⑥。除此以外,理雅各认为孔子思想也影响到中

---

① 《孟子・滕文公上》,或参见 James Legge, *The Works of Mencius*, New York: Dover Publications, 1970, p.252.
② James Legge, *The Chinese Classics*, Vol.1, London: Trübner and Co., 1861, "Prolegomena," p.104.
③ 同上,pp.104-105;并参见《本命解第二十六》,《孔子家语》,王国轩、王秀梅译注,北京:中华书局,2009年,第214~215页。
④ James Legge, *The Chinese Classics*, Vol.1, London: Trübner and Co., 1861, "Prolegomena," p.106.参见《论语・颜渊第十二》。
⑤ 这也是他在《中国经典》第二卷中对孟子的"性善论"所提出的质疑,即儒家对于道德的乐观主义,具体参见下节。
⑥ James Legge, *The Chinese Classics*, Vol.1, London: Trübner and Co., 1861, "Prolegomena," pp.106-107.

华帝国的外交发展;尽管提出过"怀柔远人"的思想,但孔子有关社会和政府的观念实在太过于简单,只适合于古代时远离其他文明的状态,"在真实的世界中,一旦与基督教文明正面碰撞,中国必然分崩离析"。① 无论是在伦理方面还是处理社会关系方面,理雅各都认为基督教新教的教义比孔子的教诲更具有积极意义,更适合现代社会。②

最后,理雅各发表了一段关于孔子思想的著名论断,这也是他在之后遭人攻评的主要原因:"我希望我没有不公正地对待他(指孔子),但经过对他的性格和观点的长期研究,我无法视他为一位伟人。他并未领先于时代,尽管还是要高于当时的一般学者和士大夫。关于有普世性意义的问题,他没有提供任何新的观点。他没有推动宗教信仰。他对社会进步毫无同情。他在之前的影响力是巨大的,但从今以后将走向衰落。我自己的观点是,这个国家对他的崇信将很快大范围退去。"③

1869 年 4 月,在 19 世纪英国智识界最具影响力的刊物《爱丁堡评论》④上出现了一篇关于理雅各《中国经典》首卷、卫三畏《中国总论》⑤以及伟烈亚力《中国文学札记》⑥等三本汉学著作的书评文章。⑦ 这篇评论的作者具有明显的宗教自由主义倾向,尽管他承认理雅各的译文和注释中对中国儒家学者的征引都优于其他所有译本,但他认为理雅各对孔子的评价(即上段所引的一段话)是非常不公正的。这位作者说,理雅各"与一般的传记作者正相反,越是了解传主,对其越是冷淡",孔子由于没有在一些观点上与"比其晚 5 个世纪的另一位导师"(指耶稣)达成一致而遭到责备。对于理雅各认为孔子并不伟大,这篇文章指出孔子与希腊的色诺芬、毕达哥拉斯,波斯的查拉图斯特拉,印度的释迦牟尼一样,是在公元前

---

① James Legge, *The Chinese Classics*, Vol.1, London: Trübner and Co., 1861, "Prolegomena," p.109.
② 理雅各认为犹太人的教义与孔子并没有什么本质区别,所以他所强调的实际上是现代意义上的基督新教的伦理。
③ James Legge, *The Chinese Classics*, Vol.1, London: Trübner & Co., 1861, "Prolegomena," p.113.
④ 《爱丁堡评论》创刊于 1802 年,在维多利亚时期以呼吁改革及其苏格兰自由主义背景而著名,是辉格党的支持者,托马斯·卡莱尔、密尔、斯坦利大主教、缪勒等都曾时常为其撰稿。
⑤ Samuel W. Williams, *The Middle Kingdom*, 4th ed., New York: Scribner, 1861.
⑥ Alexander Wylie, *Notes on Chinese Literature*, Shanghai: American Presbyterian Mission Press, 1867.
⑦ "Review on the Chinese Classics, Vol.1," *The Edinburgh Review* Vol.129(1869), pp.303-332. 吉瑞德教授认为此文是出自安立甘会牧师布彻之手。布彻是英国圣公会驻华传教士,曾在反对理雅各将"上帝"译为 God 的联名信上签名,而本文丝毫没有显露出这一观点。同时从内容上来说,这篇文章没有明显的基督教倾向,所征引文献全部来自理雅各或其他汉学家的英文著作,而没有使用任何中国文献,并不像是一位长期驻华的传教士所写。

6世纪所诞生的思想伟人之一。①

这篇文章就孔子思想重新做了"富有同情的"描述,但实际上在对孔子思想的理解上,它与理雅各绪论中的观点并没有太大出入,差异主要在于立场上。对于不少西方作家所批评的孔子在道德上过分高调以及"形式主义",作者认为这没有什么值得过分批评的:"我希望他们能看看我们自己国家的情况。这个时代的宗教家们视繁复的仪式为信仰中最有价值和最高贵的部分,因此我们不需要对这位简朴哲学家视为必需的礼仪表现得过分严厉。……礼仪会改变,教条会停止,知识会增加,但人类伟大的道德导师们享有光辉的特权,即任由世界改变而他们的教诲始终如一。"②在某些部分,这篇文章更与理雅各的观点如出一辙,比如认为孔子思想中毫无进步的因素,而是希望恢复古代的秩序。③

接下来,有关理雅各对孔子最严重的一项指控,即由于在《论语》中用"天"来取代"帝"和"上帝",而认为孔子是"非宗教性"和"非精神性的",文章作者认为在这一点上,希腊哲学家色诺芬与孔子非常相似,而色诺芬被认为是"自然神论者"而非"无神论者",因此言下之意,孔子也可以归为"自然神论"的行列。④ 而孔子之所以从未提到"上帝"的名号,可能有后人无法得知的原因,而非对信仰的冷漠。作者进一步猜测道,有可能孔子不愿意让自己的教义与道家相混淆,因此才避免使用"帝"这一道家也会使用的名词,转而使用所有人都能理解的"天"。同样,对于理雅各所说的孔子对于死亡、人类起源和未来等重大问题丝毫没有兴趣,这位作者则认为,有时候孔子的沉默比话语有着更多意义。⑤

在这篇评论文章的结论部分,作者似乎陷入了自相矛盾的境地之中。他一方面认为西方读者应该消除偏见,"如果我们在孔子思想中没有找到任何基督教观念,也没什么好惊讶和不高兴的。……对于一个国家特有的观念体系需要有很大的宽容。保罗是希伯来人的保罗,路德是德国人的路德,而孔子是中国人的孔

---

① "Review on the Chinese Classics, Vol.1," *The Edinburgh Review* Vol.129(1869), pp.304-306.
② 同上,p.317。从上面这段话也可以看出,这篇评论作者在宗教上观点近于启蒙主义者,与国教会并不相近,更非新教传教士的论调。
③ 同上,p.316。
④ 需要说明的是理雅各在第一版绪论中也没有说孔子是"无神论者",而是称其为"怀疑主义者"。参见 James Legge, *The Chinese Classics*, Vol.1, London: Trübner and Co., 1861, "Prolegomena," pp.100-101.
⑤ "Review on the Chinese Classics, Vol.1," *The Edinburgh Review* Vol.129(1869), pp.322-323.

子";但另一方面又与理雅各一样,认为孔子需要为"中国人最后堕入迷信"而承担部分责任,并且为孔子没有能够将宗教信仰加入其教义而感到遗憾。①

鉴于《爱丁堡评论》在当时英国智识界的巨大影响力,理雅各几乎不可能对这篇匿名评论视而不见:在1872年出版的《中国经典》第五卷《春秋左氏传》的绪论部分,他提到了这篇针对他的批评文章。② 在第五卷绪论中他不仅没有改变对孔子的态度,而且又就历史学问题对孔子提出几项新的批评,认为孔子对"历史真实"毫无敬意,并且同情强权的一方而不同情弱者,因此常常无法做到公正。接下来他提到了《爱丁堡评论》上的这篇文章,指出自己遭受各种批评,有人认为他不公正、不人道地对待孔子,另一些人又认为他对孔子过于偏爱和美化。他辩解道:"我乐意给他(孔子)和他的学说以慷慨的欣赏,但我无法把他塑造为一个英雄。我的工作是为了让我自己以及其他人理解中国的宗教、道德、社会和政治状态,以便能找出最可行的方法使之进步,而中国学者和政府对孔子的尊崇是进步道路上的最大障碍。"③可以看出,理雅各对待这篇评论并未像对其他批评者一样反击,有可能这对理雅各确实有所触动,但起码到《中国经典》第一版完成时,理雅各对孔子的批评立场并没有任何改变。

## 二、道德家或是宗教家?
## ——理雅各在牛津时期对孔子的态度转变

1877年,理雅各在牛津大学做了题为"孔子"的公开讲座,向牛津的听众们介绍孔子的生平、著作和思想,这也是他继《中国经典》之后第一次有机会公开讨论孔子。在讲稿的开头部分他引用了曾国藩的一句话,而这句引文同样也曾出现在1869年的匿名书评当中,可见该文对理雅各的影响。④ 在这篇讲稿中,理雅各对

---

① "Review on the Chinese Classics, Vol.1," *The Edinburgh Review* Vol.129(1869), pp.330-332.
② 吉瑞德教授亦有提到此节,但将《春秋左氏传》误作《竹书纪年》,此正。参见 N. J. Girardot, *The Victorian Translation of China: James Legge's Oriental Pilgrimage*, Berkeley: University of California Press, 2002, "note 33", p.580。
③ James Legge, *The Chinese Classics*, Vol.5, London: Trübner and Co., "Prolegomena," pp.50-51.
④ "Confucius,"波德雷安图书馆馆藏理雅各手稿,编号 Mss. Eng. Misc. d. 1261, fols.85-86。曾国藩的话据说出自1868年的奏稿,但未见于《曾文正公全集》,理雅各也未标明出处。英文译文如下:Confucianism has suffered nothing by attrition through myriads of ages, and has regenerated China in government, morals, manner and doctrines.

孔子的评价与之前相比并没有很大变化，但态度温和了许多。他指出孔子在伦理学方面的两大贡献，一是提出被认为是"伦理学黄金法则"的"己所不欲，勿施于人"，在这一点上他承认孔子的教导与基督教伦理学是差不多的，只是没有那么积极；另一方面就是孔子强调执政者的"仁义"，因此执政者同时也担负道德榜样的责任，这虽然有时并不能真正做到，但对于权力来说总还是一个约束。① 而他关于孔子的几项批评，如没有谈论启示宗教、对超越性问题态度冷淡、缺乏进步观念等也依然存在，只是言辞上比较缓和了一些。他称儒家学说为"纯粹的世俗主义"，"孔子的信仰是人，社会中的人，对社会之外或是超越现世的都没有任何兴趣……他是非常杰出的人物，信念坚定，言辞凝练，但他的思想体系或是性格都并非完美"。②

理雅各真正意义上的第一次态度转变发生在1879年，他出版了《东方圣书》中国部分第一卷，而他的转变主要是在宗教观念方面，并且带有明显的"缪勒烙印"。在《东方圣书》第一卷中，理雅各首次称儒家为"中国出类拔萃的宗教"（the religion of China par excellence）。尽管他称孔子是"按照自己的方式"来记录古代经典和宗教，但并未像过去一样指责孔子对其加以篡改，而是表示出了更多敬意："我们应该怀着敬意接受他（孔子）所写所说的古代经典的意义，但如果那些经典能够完整保留下来，我们，起码是我们外国人，就可能可以获得与他一样的位置来理解中国的宗教。……不幸的是，大多数古代书籍在孔子死后的一段时间内失传了。然而我们有理由为目前保留下来的部分而感谢（孔子）。没有任何其他来自同样年代的文献像中国古代文献这样完整。"③理雅各同时指出，中国古代思想中没有任何"启示"的部分，但"关于宗教的观念和行为则数不胜数"，人们可以由这些古代文献而刻画出中国人古代信仰的状态。④ 在此理雅各只将"启示"作为宗教的特征之一，而非决定性的因素，显示出他的宗教观念在缪勒的影响下开始有所转变。

缪勒在其1873年出版的《宗教学导论》当中明确驳斥了此前一些欧洲神学家

---

① "Confucius，"波德雷安图书馆馆藏理雅各手稿，编号 Mss. Eng. Misc. d.1261, fols.85—86。
② 同上。
③ James Legge, *The Sacred Books of the East*, Vol.3, Oxford: Clarendon Press, 1879, "Preface," pp.xiv-xv.
④ 同上，p.xv。

将宗教划分为"启示宗教"和"自然宗教"的分类法。他指出,如果这样的话,划分到"启示宗教"这一边的将只有基督教,或是加上犹太教,而其他所有宗教都将被划分到另一边,并且由于"自然宗教在宗教学中相当于语言学中以前被称为'普遍语法'的东西",任何一种宗教都不可能与自然宗教截然分开,因此这种分类法是荒谬的、不科学的。[1] 取而代之的是缪勒以语言为中心将古代宗教划分为"图兰语""闪米特语"以及"雅利安语"三个类别,中国的儒教和道教归为第一种。[2] 理雅各虽然不一定赞同缪勒对儒教的判断,但缪勒对于古代宗教的理解以及他的比较宗教学理论体系,显然对理雅各的儒教研究方法和立场造成了很大的影响。[3]

在稍晚的1880年,理雅各又结集出版了自己在英格兰长老会所做的系列演讲,题为"中国的宗教:关于儒教、道教的描述及与基督教的比较",这也是在牛津时期唯一一本讨论中国宗教问题的专著。在这本书中,他频繁地提到缪勒的宗教学理论,并且借助了宗教学的分析方式,这显示出理雅各对宗教以及宗教学的观念已经有了重大变化。而在孔子及儒家思想方面,他的表述与《东方圣书》第一卷基本相同,并且更加明晰。他在第一次演讲中就开宗明义地申明,儒家是宗教,尽管这个宗教并不是以孔子为源头,但孔子起到了保存和传授古代宗教思想的作用,理所应当被视为宗教导师。对于一些传教士认为儒家是伦理和政治理论而非宗教的说法,他认为是一种"荒唐的不公正"。[4] 这与他自己早前称儒家为"纯粹的世俗主义"显然有了很大改变。

1883年,理雅各在英国圣书公会发表演讲——"基督教和儒教的比较:有关'人的全部责任'的教导"[5]。在这篇演讲词中,理雅各坚持此前的说法,指出"只

---

[1] [英]麦克斯·缪勒:《宗教学导论》,陈观胜等译,上海:上海人民出版社,2010年,第43~47页。
[2] 同上,第57~58页。
[3] 缪勒在1870年发表有关宗教学的系列演讲时对儒教和道教的具体情况了解得并不多,他将中国古代宗教模棱两可地描述为"一种较高级的半宗教半哲学的信仰,是对两个较高力量的信仰,这两个力量用哲学的语言可称为'形式'和'事实',用伦理的语言可称为'善'和'恶',但是若用宗教和神话的根本语言可称为'天'和'地'"。同上,第57~58页。
[4] James Legge, *The Religions of China: Confucianism and Taoism Described and Compared with Christianity*, London: Hodder and Stoughton, 1880, pp.3-6.
[5] James Legge, *Christianity and Confucianism Compared in Their Teaching of the Whole Duty of Man*, London: Religious Tract Society, 1883.

要曾经对孔子著作做过深入研究的人,都不会否认儒教是一种宗教"①。除此以外,他还尝试从宗教的角度来解释儒家伦理学,他认为在儒教最高道德——孝道当中,除了赡养、孝顺父母以外,祭祀祖先也是孝道当中很重要的部分,由此可见,在"孝"这一儒家伦理中本来就含有宗教的成分,并且很容易推而广之到对其他伟大人物的崇拜上。② 理雅各认为由于儒家思想的影响,中国人"乐观、温和、勤奋、友好",但比起基督教世界更加保守和闭塞;儒教并不福音化,因此比较起来基督教传播更广,更富侵略性。他还史无前例地谈到基督教世界的缺点:尽管创造出伟大的人文主义传统,但在现实社会中却常常发生违背道德、令人瞠目结舌的事。③ 尽管他仍然认为应该在中国传播基督教,以使中国人不再"不适当地过分沉迷"儒教,但在措辞上,理雅各已经渐趋使用更为中性的词句。④

《中国经典》1893 年修订再版,在绪论中"孔子的影响和观点"一节,理雅各对于内容改动很少,并将结论部分修改为:"我对他(孔子)的性格和思想了解得越多,就越是对他感到崇敬。他是一位伟人,他对中国的整体影响是有益的,而对我们基督徒来说,他的教诲亦是重要课程。"⑤考虑到文中原本对孔子的严厉批评未经一字修改,理雅各的这个新结论不能不让人感到突兀甚至莫名其妙。为何他对孔子的态度改变了,却没有对前面的内容加以修改? 这有可能出于两个原因:第一个原因是他的健康状况不允许。在 1893 年他已经 78 岁高龄,身体一向不好,⑥实际上自 1891 年出版最后一卷《东方圣书》之后直到去世,理雅各都没有任何著作或翻译作品问世。第二个原因则是他的部分观点并没有原则上的改变,改变的只是态度和措辞,这一点从前面所提到的文献也可以看出来。无论如何,修订版《中国经典》的出版,是理雅各最后一次对孔子以及孔子的思想表明态度。

---

① James Legge, *Christianity and Confucianism Compared in Their Teaching of the Whole Duty of Man*, London:Religious Tract Society,1883,p.13.
② 同上,pp.15-16。《孝经》云,"孝子之事亲也,居则致其敬,养则致其乐,病则致其忧,丧则致其哀,祭则致其严。五者备矣,然后能事亲",即是理雅各的论据。参见《孝经·纪孝行章第十》。
③ 同上,pp.34-35。尽管理雅各对基督教世界的批评只占了很短的篇幅,但是很显然,自从他在 1875 年回到英国定居之后,有一些事情引发了他对社会道德伦理状况的不满。
④ 同上,p.36。
⑤ James Legge, *The Chinese Classics*, Vol.1, Oxford: Clarendon Press,1893,p.111.
⑥ 在新版《中国经典》绪论的一个脚注中,理雅各感叹他译完《易经》后对孔子有了新的看法,但却"时不我与"了。

附录:理雅各历年来对孔子及儒家思想的评价

| 年份 | 文献来源 | 内容 |
| --- | --- | --- |
| 1861 | 《中国经典》第一卷 | "如果不是因为他(孔子)的这种怪异的倾向,我们本该有更多古代的思想留下来,这对我们会比今天所残留(资料)的不确定性更有帮助。……"<br>"我希望我没有不公正地对待他(指孔子),但经过对他的性格和观点的长期研究,我无法视他为一位伟人。他并未领先于时代,尽管还是要高于当时的一般学者和士大夫。关于有普世性意义的问题,他没有提供任何新的观点。他没有推动宗教信仰。他对社会进步毫无同情。他在之前的影响力是巨大的,但从今以后将走向衰落。我自己的观点是,这个国家对他的崇信将很快大范围退去。" |
| 1872 | 《中国经典》第五卷绪论 | "我乐意给他(孔子)和他的学说以慷慨的欣赏,但我无法把他塑造为一个英雄。我的工作是为了让我自己以及其他人理解中国的宗教、道德、社会和政治状态,以便能找出最可行的方法使之进步,而中国学者和政府对孔子的尊崇是进步道路上的最大障碍。" |
| 1877 | "孔子"讲义 | "儒家学说是纯粹的世俗主义。孔子的信仰是人,社会中的人,对社会之外或是超越现世的则都没有任何兴趣……他是非常杰出的人物,信念坚定,言辞凝练,但他的思想体系或是性格都并非完美。" |
| 1879 | 《东方圣书》中国部分第一卷引论 | "我们应该怀着敬意接受他(孔子)所写所说的古代经典的意义,但如果那些经典能够完整保留下来,我们,起码是我们外国人,就可能可以获得与他一样的位置来理解中国的宗教。……不幸的是,大多数古代书籍在孔子死后的一段时间内失传了。然而我们有理由为目前保留下来的部分而感谢(孔子)。没有任何其他来自同样年代的文献像中国古代文献这样完整。" |
| 1880 | 《中国的宗教》 | "儒教是宗教。"<br>"孔子应当被视为宗教导师。" |

续表

| 年份 | 文献来源 | 内容 |
|------|---------|------|
| 1883 | 《基督教和儒教关于人的全然职责的教导》 | "只要曾经对孔子著作做过深入研究的人,都不会否认儒教是一种宗教。"<br>"作为儒家最高伦理的孝道……本身就包含有宗教成分。" |
| 1893 | 《中国经典》第一卷修订版 | "我对他(孔子)的性格和思想了解得越多,就越是对他感到崇敬。他是一位伟人,他对中国的整体影响是有益的,而对我们基督徒来说,他的教诲亦是重要课程。" |

## 三、理雅各对孔子思想所做诠释和批评的内在意义

不少研究者都注意到了理雅各对孔子的态度转变,但在这个问题上有两个误区需要澄清。第一个误区是,理雅各对孔子的批评并不仅仅局限在宗教思想上,而是涉及伦理学、政治学、历史学等多个方面,因此仅仅将这种批评归于理雅各早期的传教士身份,是片面、不恰当的。① 第二个误区是,由于《中国经典》的修订版发行量大,流传极广,致使多数研究者和读者认为理雅各推翻了自己之前的观点,但实际上理雅各的"修正"也仅限于儒家思想中的宗教方面,其他方面则从未有改变;对于孔子,他所改变的应该说是"态度"而非"观念",因此他的早期诠释在他的整体思想中仍占有重要地位。

首先,必须承认的是,作为生活在19世纪的英国知识分子,理雅各思想中的"观念优越感"是毋庸置疑的。如果以17、18世纪的来华耶稣会士为参照,我们会发现以利玛窦为首的耶稣会士推行"补儒辟佛"的策略,因此极为尊崇孔子,而理雅各虽然一向推重耶稣会士的研究,他的某些解释也可以看出耶稣会著作的影子,却对孔子的权威地位痛加挞伐。② 其原因之一是,新教入华以来中国在政治

---

① 如有研究者认为,"理雅各坚持以基督教的教义为标准,以其新教传教士之意去'追迎''捉取'孔子言论之志,如此生发出来的阐释自然是带偏见的、主观的"。参见陈可培:《偏见与宽容,翻译与吸纳——理雅各的汉学研究与〈论语〉英译》,上海师范大学博士论文,2006年,第77页。

② 如《天主实义》中提出,"吾天主,乃古经书所称上帝也。《中庸》引孔子曰:'郊社之礼,以事上帝也',朱注曰:'不言后土者,省文也。'窃意仲尼明一之不可为二,何独省文乎"。强调《尚书》《诗经》等经典中多次出现的"上帝"即是基督教中的"上帝",到孔子之后这一名称才渐渐不再使用。参见朱维铮主编:《利玛窦中文注译集》,上海:复旦大学出版社,2001年,第21页。

上遭遇了种种失败,对比英国在维多利亚时期的全盛国力,此消彼长之下,解读者的心态发生了变化,孔子一直以来的"中国圣人"地位自然也不复存在。理雅各曾多次提到"启蒙"一词,指出儒教统治下的中国是"未经启蒙的"(unenlightened),显示出经历启蒙之后的欧洲在思想和观念上的高度自信,这也是明末清初的耶稣会士们所不具备的。

其次,在欧洲智识界出现的对孔子的批评声音,也极有可能对理雅各的解读造成影响。其中最为著名的是早于理雅各半个世纪左右的黑格尔,他在《哲学史讲演录》中说:"孔子只是一个实际的世间智者,在他那里思辨的哲学是一点也没有的。——只有一些善良的、老辣的、道德的教训,从里面我们不能获得什么特殊的东西。"① 另一位稍晚于黑格尔并且时常被缪勒所提到的德国思想家是谢林,他用了比黑格尔长得多的篇幅来讨论中国宗教。在谢林看来,"把孔夫子看作为一种哲学或一种宗教的创始者,恐怕是一种误解。……孔夫子决不能被看作是一位革新者,相反,在动荡的时刻,在旧有准则似乎风雨飘摇的当口,他重新确立旧有标准,并将其维系在旧有的基础之上。……诚然,孔夫子的学说不带任何神话学色彩,也没有宇宙进化论的成分,然而这些并不说明孔夫子的特性。即使在这方面,他也只是再现了他的民族对一切超于事物现有状态的东西冷漠和回避的性格"②。

尽管理雅各从未直接引用黑格尔、谢林等启蒙后欧洲思想家的著作,但思想上的间接影响是极有可能存在的。对理雅各的汉学研究具有重要影响的一本著作,查尔斯·哈德威克的《基督以及其他导师》就曾多次引用黑格尔在《哲学史讲演录》中关于孔子的观点以及其他德国研究者的著作。③ 哈德威克指出,尽管孔子被奉为"圣人",但他的思想使得人们的智性被僵化、禁锢,所谓的"变革"也不过是重复过去的历史罢了。同时他也提到了孔子对于非现实问题毫无兴趣。④ 哈德威克并非传教士,而是大学和宗教界权威人物,他的评价在某种程度上可以

---

① [德]黑格尔:《哲学史讲演录》,贺麟、王太庆译,北京:商务印书馆,1983年,第119页。
② [德]夏瑞春编:《德国思想家论中国》,陈爱政等译,南京:江苏人民出版社,1997年,第165~166页。
③ Charles Hardwick, *Christ and Other Masters*, 4th ed., London: Macmillan and Co., 1882, p.271. 这本书第一版出版于19世纪50年代,哈德威克任教于剑桥大学,并曾任伦敦主教。
④ Charles Hardwick, *Christ and Other Masters*, 4th ed., London: Macmillan and Co., 1882, pp.282-283.

代表当时一般知识分子对孔子的认知。固然理雅各的批评要比此前的这些批评更细致，对文献也更为熟悉，但在19世纪的英国智识界所形成的一种对孔子的固有看法，如非宗教性、政治保守、反对变革等，不能不对理雅各造成影响。而从1869年《爱丁堡评论》上对《中国经典》的书评文章也可以看出，作者虽然反对理雅各对孔子的批判，但却提不出任何关键性的反驳意见，可见这些观念已经被接受为对孔子的一般性评价，批评者所不能接受的只是理雅各的激烈措辞和态度罢了。

如果说缪勒的比较宗教学对理雅各的影响，主要是在宗教观念的改变，以及把儒教放入世界宗教的背景下来考察，那么以苏格兰常识哲学派为其代表的新教伦理学则全面影响了理雅各对于儒家伦理的解读。常识哲学是建立在"常识"（common sense）基础上用于对抗怀疑主义的哲学流派，而所谓的"常识"，指的是未经哲学思辨检验而在日常生活中被普遍接受并且行之有效的基本原则。在伦理学的范畴中，托马斯·锐德将"良好的善意"（benevolent affection）作为所有伦理的基础，这一提法可以上溯至17世纪英国宗教家约瑟夫·巴特勒。锐德进一步认为，这种"良好的善意"会表现为各种形态，但有两点在人类的理智上是始终一致的，一是令人感觉到舒适，二是对于幸福的追求。[①] 理雅各在早期曾多次质疑《论语》中将"孝道"作为道德基础，并且由于孔子没有明确谈论人性善或恶，致使他认为孔子"从未对有普世性价值的问题提出任何新见解"。这也是为什么理雅各独树一帜、"尊孟抑孔"的重要原因。

---

[①] G. A. Johnson, ed., *Selections from the Scottish Philosophy of Common Sense*, Chicago and London: Open Court Publishing Company, 1915, p.162.

## 第三节　孟子与巴特勒：理雅各对"性善论"的再诠释

### 一、问题缘起：理雅各对孟子及其"性善论"的评价

理雅各对孟子思想和著作的翻译和研究工作始于1861年在香港出版的《中国经典》第二卷《孟子》，在前言中他对孟子评价极高，称之为"我们的哲学家"（our philosopher）。1877年，理雅各在牛津大学发表题为"孟子：一位中国哲学家"的演讲，向英国听众介绍孟子的生平和思想。[1] 1893年，理雅各重新修订出版了《中国经典》，包括第二卷《孟子》，其中仍旧保留对孟子哲学的评价。在前言中，理雅各对孟子生平和哲学详加介绍，但其中最为特别的是关于"性善论"的讨论。

在汉学家，特别是传教士背景的汉学家中，理雅各对孟子的态度是相当特别的。在西方汉学界，孟子的声誉远逊于孔子，《孟子》一书的西译本也寥寥可数，正像葛瑞汉所说："大多数孟子的西方解读者把他想象成为一个雄辩的教师和贫乏的哲学家。"[2] 理雅各却与众不同：他一开始对孔子评价不高，却唯独称孟子为"我们的哲学家"，其主要原因就是孟子对于普遍性哲学问题的关注，特别是关于人性论的讨论。从1861年《中国经典》的初版，到他在1877年在牛津的公开讲座向大众介绍孟子，再到1893年对《中国经典》的最后修订，他对于孟子"性善论"的认同可谓一以贯之。

在《中国经典》第二卷的前言中，理雅各引用了杨时的话来评价孟子思想的影响和价值："杨子云曰：'古者杨墨塞路，孟子辞而辟之，廓如也。'……然赖其言，而今之学者尚知宗孔氏，崇仁义，贵王贱霸而已。其大经大法，皆亡灭而不救，坏烂而不收。所谓存十一于千百，安在其能廓如也？然向无孟氏，则皆服左衽而

---

[1] 演讲词原件藏于牛津大学波德雷安图书馆档案馆，分别有手稿和打字稿，编号 Mss. Eng. Misc. d. 1261。手稿上并没有记载年代，但由理雅各的女儿所整理的一份记录中记有演讲发表的时间，参见SOAS馆藏伦敦会档案，编号为 CWM/China/Personal/Box 7。

[2] ［英］葛瑞汉：《孟子人性理论的背景》，江文思、安乐哲编：《孟子心性之学》，北京：社会科学文献出版社，2005年，第36页。

言侏离矣。故愈尝推尊孟氏,以为功不在禹下者,为此也。"①

杨时的这段话由朱熹转录,收录于《四书章句集注》中,基本能代表宋代学者,特别是理学家对孟子的看法:孟子的功劳在于抵制异端邪说,保存和维护儒家"道统"。而对于何谓儒家正宗,理雅各再次引用杨时的说法:"孟子一书,只是要正人心,教人存心养性,收其放心。至论仁、义、礼、智,则以恻隐、羞恶、辞让、是非之心为之端。……心得其正,然后知性之善。故孟子遇人便道性善。欧阳永叔却言'圣人之教人,性无所先',可谓误矣。"②

以上同样是由朱熹录于《四书章句集注》,肯定"性善论"在儒家传统中的重要性,批评欧阳修所谓"性无所先"的说法。北宋新儒家学者如程颐等多支持孟子一方,认为孟子是"醇乎醇者也"的儒家正宗传人③,在这一点上,理雅各完全赞同杨时、程颐等人的说法,并且更进一步认为恰恰是"性善论"使得孟子无愧于哲学家的桂冠:"……他的人性论,以及他鼓吹'性善论'的努力,使他毫无争议地获得道德家和思想家的称号。"④这与他评价孔子"从未讨论具有普世性意义的问题"形成了鲜明对比。

尽管如此,仅仅引用中国经学家的话还无法说服西方读者,理雅各必须在西方领域中寻找思想资源来支撑自己的观点。英国国教会大主教、基督教思想家约

---

① 杨时(1044—1130),字中立,北宋理学家,二程弟子。引文参见〔宋〕朱熹:《四书章句集注》,北京:中华书局,1983年。(理雅各引程颐、程颢、杨雄、周敦颐等人的话常常不明标出处,引文绝大多数出于《四书章句集注》,下同。)理雅各译文参见 James Legge, *The Chinese Classics*, Vol. 2, Hong Kong: Hong Kong University Press, 1960, pp.40-41.此处使用的1960年港大版《中国经典》翻印自1893年牛津版,内容是完全一样的,只是多加了一个前言。
② 参见〔宋〕朱熹:《四书章句集注》,北京:中华书局,1983年,第197~200页。理雅各译文见 James Legge, *The Chinese Classics*, Vol.2, Hong Kong: Hong Kong University Press, 1960, "Prolegomena," pp. 41-42。
③ 同上,第198页。自先秦以来,基于孟子"性善"、荀子"性恶",又发展出杨雄"善恶混"说、王充"有善有恶"、荀悦"性分九品"等,都倾向于调和孟子之说。而儒家"尊孟抑荀"的倾向始于北宋理学,特别是程子批荀子为"偏驳",认为其"只一句性恶,大本已失",奠定了孟子"性善论"为儒家正宗的地位。直至晚清,孟荀之间的藩篱渐渐打破,一些学者虽然私淑荀子,表面上仍奉"性善论"为正宗。
④ James Legge, *The Chinese Classics*, Vol.2, Hong Kong: Hong Kong University Press, 1960, "Prolegomena," p.56.理雅各特别译出这段话,认为杨时的评论极为重要。

瑟夫·巴特勒为理雅各提供了一个最恰当的理论来源。① 在启蒙以来的欧洲,讨论人性问题的哲学家多如牛毛,为何会独独选择巴特勒？理雅各的解释是,"在欧洲有上百位有活力和敏锐的思想家都曾涉及这一问题,但无可否认在英格兰,最深入讨论人性论问题的是巴特勒"。另一个他并未明言的原因是,巴特勒出身正统,又以鼓吹启示宗教闻名,可以使理雅各免遭其他西方传教士的攻击。针对其他传教士对孟子"性善论"的批评,理雅各想要证明"性善论"与基督教新教思想并无矛盾,起码自 18 世纪以来是如此。而如果要把两者相比较,他认为"在术语使用和组织结构上,主教(巴特勒)占了上风,而在修辞的巧妙和表达的魅力方面,中国哲学家(孟子)则更胜一筹,但两者的理论则是如出一辙"②。

需要注意的是,理雅各自己并不隶属于英国国教会思想系统,而是受苏格兰常识哲学影响更深。但常识哲学的代表人物如锐德等,不仅年代要晚于巴特勒,而且在人性论及人类理解论方面都深受巴特勒影响。现代学者在对锐德的手稿进行整理后发现,他不仅早年就批阅过巴特勒的重要著作《宗教类比》,也极有可能读过其有关人性论的演讲录,而锐德对巴特勒的许多伦理学观点几乎是全盘接受。③ 因此,理雅各在这里选取巴特勒作为其理论来源,也颇具有思想史上的深意。

---

① 约瑟夫·巴特勒,新教思想家,著有著名的《宗教类比》(*The Analogy of Religion*)一书。巴特勒在英国基督教史上是承上启下的人物。自从 17 世纪洛克等人的"自然神论"(Deism)产生以来,基督教特别是国教会的影响力在英国不断衰退,巴特勒希望恢复国教会的权威,也曾哀叹国教会已经不可救药,但他为 19 世纪的"牛津运动"提供了重要的思想资源。"牛津运动"领袖之一、曾任英国首相的格拉斯顿视巴特勒为偶像,并为他编辑出版了《巴特勒文集》(*Works of Joseph Butler*)。正如有学者所指出的:"巴特勒在英国道德哲学的伟大传统当中思考,他的思想也最终成为这一传统的重要部分。"参见 Stuart M. Brown, *Five Sermons*, New York: Liberal Arts Press, 1950, "Introduction,"。
② James Legge, *The Chinese Classics*, Vol. 2, Hong Kong: Hong Kong University Press, 1960, "Prolegomena," pp.56–57.
③ Thomas Reid, *Practical Ethics: Being Lectures and Papers on Natural Religion, Self-Government, Natural Jurisprudence, and the Law of Nations*, Princeton: Princeton University Press, 1990, "Introduction," pp.7–10.

## 二、儒家思想史中的"性善论"

身处晚清的理雅各所面对的不仅仅是《孟子》这一经典文本,而是儒家的整个孟子阐释学传统及历代儒家思想家对"性善论"的讨论。理雅各在对孟子加以解释和阐发时,是否全面理解了历代注家及儒家经学传统,他是否有意识地对解释者进行了筛选,无疑会影响到最终的阐释结论。因此在进入进一步的讨论之前,将对这一问题稍加厘清。

### 1."性"的概念及孟子与告子之争

"人性"(Human Nature)是哲学的核心问题之一,但是如何解释"性"这一概念,却在东西方哲学中一直有所争议。孔子对这个问题极少涉及,因此子贡说:"夫子言性与天道,不可得而闻也。"(《论语·公冶长》)《中庸》谓"天命之谓性",但《中庸》是否可以作为子思、孟子一派的文献仍有所争论。当代学者的观点是,今天所看到的《中庸》肯定不是原来的版本,"但是能够代表子思的基本思想"。[①] 但是可以肯定的是,二程、朱熹等宋代学者认同《中庸》的"天命之谓性"是儒家真言,是子思、孟子的纲领,因此在宋儒中,以《中庸》解孟子是毫不奇怪的。

《告子》篇中,孟子曾与告子就何谓"性"有一段讨论,可以帮助我们理解孟子哲学中的"性"。告子提出"生之谓性",以及荀子所说的"生之所以然者谓之性",意为"性"是为生命体所有,并且与生俱来,这是先秦时期相当普遍的说法。[②] 在《告子》篇中,告子用了两个比喻来对"性"做出定义,孟子则一一加以反驳。告子首先将性喻为"杞柳",而义为"桮棬",孟子反驳道,既然必须要"戕贼杞柳而后以为桮棬",是否也要"戕贼人以为仁义"?如果这样的话,天下的人必然以为仁义是违背人性的了。[③] 第二个比喻是将性喻为急流(湍水),所流的方向取决于决口在哪儿。孟子就这个比喻认为水向下流才是其本性,正如人本性是善。"人无有

---

① 从儒家思想史脉络来看,司马迁在《孔子世家》中首先提出"子思作《中庸》",但颜师古注说"今《礼经》中有《中庸》一篇,亦非本礼经"。参见蒙培元:《〈性自命出〉的思想特征及其与思孟学派的关系》,《儒家思孟学派论集》,济南:齐鲁书社,2008年,第14页。
② 理雅各将"生之谓性"译作 Life is what we called nature,将"生"解作生命之"生"。朱熹的解释是"生,指人物之所以知觉运动者而言",认为与佛教中的说法相似。理雅各的翻译大体符合朱熹的解释。
③ 〔宋〕朱熹:《四书章句集注》,北京:中华书局,1983年,第325页。

不善,水无有不下","是岂水之性哉?其势则然也",①因此,顺其性就可以使人向善。

告子认为"人性之无分于善不善也,犹水之无分于东西也",有人又在告子学说的基础上提出人性"无善无不善""可以为善,可以为不善""有性善,有性不善"三种说法。② 针对这一疑问,孟子提出"乃若其情,则可以为善矣,乃所谓善矣",以及"恻隐""羞恶""恭敬""是非"之心人皆有之来回应,③并强调"夫为不善,非才之罪",显示出孟子坚持"性善论"的重要原因,是要肯定"善"对于人来说是"顺其自然",而非矫揉而成,这无疑表现出了鲜明的道德主义倾向。

《孟子》作为经典文本,对于"性善论"的解说多数是陈述式,或理雅各所谓的归谬法④(reductio ad absurdum),虽然作为道德教义看起来颇有说服力,但叙述上有不少模糊甚至对立之处,因此为后世儒家阐释者留下很大的解释空间,也埋下儒家思想史当中分歧的伏笔。

### 2.朱熹论"性善"

朱熹的人性论与二程一脉相承,是其哲学体系的重要一环。由于孟子集中地讨论人性问题,朱熹关于"人性论"的讨论也大多数集中在《孟子精义》和《孟子集注》当中。关于《告子上》中孟子与告子有关"生之谓性"的争论,朱熹明确指出:"性者,人之所得于天之理也;生者,人之所得于天之气也。性,形而上者也;气,形而下者也。……以气言之,则知觉运动,人与物若不异也;以理言之,则仁义礼智之禀,岂物之所得而全哉?此人之性所以无不善,而为万物之灵也。"⑤

---

① 〔宋〕朱熹:《四书章句集注》,北京:中华书局,1983年,第326页。
② 《孟子·告子上》。对此理雅各认为,告子的说法意味着否认善和恶、美德和罪恶之间有本质区别。参见 James Legge, *The Chinese Classics*, Vol. 2, Hong Kong: Hong Kong University Press, 1960, "Prolegomena," p.58。
③ 《孟子·告子上》。
④ 这里的"归谬法"是理雅各所用的术语,参见 James Legge, *The Chinese Classics*, Vol.2, Hong Kong: Hong Kong University Press, 1960, "Prolegomena," p.58。
⑤ 参见〔宋〕朱熹:《四书章句集注》卷十一,北京:中华书局,1983年,"然则犬之性犹牛之性"条下注,第326页。

性得之于天之理,是以《中庸》"天命之谓性"来解说孟子①;理、气二分,即是将人的知觉运动与形而上的仁、义、礼、智相分离。其后朱熹又引用程子言道:"性即理也,理则尧舜至于涂人一也。"②由于理无不善,因此性无不善。

同一章中,朱熹又引用张载的"形而后有气质之性,善反之则天地之性存焉",将人性分为"气质之性"与"天地之性",认为"气质所禀虽有不善,而不害性之本善:性虽本善,而不可以无省察矫揉之功"。③ 此处将原本的"性善"改为"性本善",这也是宋儒新义。如伊川(程颐)说"孟子之言性善者,乃极本穷源之性",又说"性之本谓之命,性之自然者谓之天,自性之有形者谓之心,自性之有动者谓之情,凡此数者皆一也"。④

但正如有学者所指出的,"性即理"以及"天地之性""气质之性"的二分法,虽在理学、心学中都未引起争议,但终非先秦儒家的旧义,而只能说是宋、明儒家的新义,因此到了以"汉学"为标榜的乾嘉时代,终于招致批评。⑤

3.戴震、焦循论"性善"

南宋以后的孟子学研究基本围绕朱熹而无甚发明,清初汉学家,如阎若璩、毛奇龄等都对朱熹有所批评,但关注的焦点仍在训诂考证方面。直至戴震(东原)而学风丕变,不再局限于训诂考证而转向义理。戴震晚年著《孟子字义疏证》⑥,

---

① 以《中庸》解《孟子》之性论非自朱熹起,北宋时二程就已如此。明道曾说:"人在天地之间,与万物同流,天几时分别出是人是物。修道之谓教,此则专在人事,以失其本性,故修而求复之,则入于学。若元不失,则何修之有?是由仁义行也,则是性已失故修之。"参见〔宋〕朱熹:《孟子精义》卷第十一,《朱子全书》第七册,上海:上海古籍出版社,2002年。
② 参见〔宋〕朱熹:《孟子精义》卷第十一,《朱子全书》第七册,上海:上海古籍出版社,2002年,"诗曰天生蒸民"条下注。
③ 同上。
④ 〔宋〕朱熹:《孟子精义》卷第十一,《朱子全书》第七册,上海:上海古籍出版社,2002年,第771~774页。
⑤ 参见何泽恒:《焦循研究》,台北:大安出版社,1990年,第164页。
⑥ 戴震视《孟子字义疏证》为其毕生得意之作,曾在与段玉裁书中说:"仆平生著述最大者为《孟子字义疏证》一书,此正人心之要。……今人无论正邪,尽以意见误名之曰理,而祸斯民,故《疏证》不得不作。"但清代学者中已有人认为戴震虽著《疏证》,但其学却近于荀子。参见钱穆:《中国近三百年学术史》,台北:台湾商务印书馆,1957年,第329~332页。

亦关注到"性善"问题。① 他批评程朱"气质之性""天地之性"的说法，认为"孟子言性，曷尝自岐为二哉！二之者，宋儒也"；而程朱的人性论也非孟子本意，而实为"老、庄、释氏"之言。② 而东原所提出"性"的定义则是："性者，分于阴阳五行以为血气、心知、品物，区以别焉，举凡既生以后所有之事，所具之能，所全之德，咸以是为其本，故易曰'成之者性也'。"③

又说："凡有血气心知，于是乎有欲，性之征于欲，声色臭味而爱畏分；既有欲矣，于是乎有情，性之征于情，喜怒哀乐而惨舒分……"④

戴震所言"血气心知"之性，其实正是宋儒的"气质之性"，但他反对程、朱将性与人欲相对立，强调"欲"和"情"都是性之表征，这是对理学的反动。⑤ 对于"性善论"，戴震认为孟子所强调的是性善合乎人本身的材质，因此不善者"非才之罪"，而是未能尽其性。⑥

焦循（里堂）对戴震之学推崇备至，晚年著《孟子正义》，也多引《孟子字义疏证》。他曾说："循读东原戴氏之书，最心服其《孟子字义疏证》。"对于戴震批评宋儒，焦循也认为程、朱发明之义理，未必合于先秦，而真正的义理应建立于"训故明"的基础上："说者分别汉学宋学，以义理归之宋，宋之理诚详于汉，然训故明乃能识羲文周孔之义理，宋之义理，仍当以孔之义理衡之，未容以宋之义理即定为孔子之义理也。"⑦ 至乾嘉以后，学者渐能打破训诂和义理、汉学和宋学之间的学

---

① 当代学者李天纲、张晓林等都认为戴震《孟子字义疏证》与利玛窦《天主实义》关系密切，极可能受后者影响。张晓林举例认为，利氏论人性，如"夫性也者非他，乃各物类之本体耳。曰各物类也，则同类同性，异类异性"；又如"若论厥性之体与情，均为天主所化生。而以理为主，则俱可爱可欲，而本善无恶矣"等，都颇与戴震相似。笔者认为戴震思想确实极有可能受《天主实义》之影响，但仅就人性论而言，因为利玛窦也是使用儒家术语进行表达，同时这些思想并非在儒家传统中找不到蛛丝马迹，仅据一些语句的近似来断定戴震人性论是受利玛窦影响，未免过于草率了。参见张晓林：《戴震的"讳言"——论〈天主实义〉与〈孟子字义疏证〉之关系》，《华东师范大学学报》第34卷第4期，2002年7月。
② 参见〔清〕戴震：《孟子字义疏证》，北京：中华书局，1982年"性"条。
③ 同上。《孟子正义》亦征引此条，见卷二十二"然则犬之性犹牛之性"条注下。
④ 同上。《原善》。
⑤ 虽然在《原善》已经奠定戴震的人性论基础，但他在其中并未直接批评朱熹等理学家，而要到《孟子字义疏证》中才明确立场反对宋儒。
⑥ "孟子道性善，察乎人之材质所自然，有节于内之谓善也。"参见〔清〕戴震：《孟子字义疏证》，《读孟子论善》篇，北京：中华书局，1982年，第182页。
⑦ 转引自钱穆：《中国近三百年学术史》，台北：台湾商务印书馆，1957年，第453页。

术藩篱而兼容并蓄,焦循的《孟子正义》正是一例。

胡适曾指出:"焦循论性,大致与戴震相同……但这种相同是表面上的。焦循很佩服王阳明的哲学,根本上便和戴震不能相同。"①焦循虽与戴震一样,反对朱熹"以理论性",其对"性善论"的阐释也受戴震影响,其学术进路却与东原有所不同。里堂论性曰:"性无他,食色而已。"

又言人与禽兽之异同:"有圣人出,示之以嫁娶之礼,而民知有人伦矣。示之以耕耨之法,而民知自食其力矣。以此示禽兽,禽兽不知也。禽兽不知,则禽兽之性不能善,人知之,则人之性善矣。"②

里堂之性善由知觉而来,但需先觉者(圣人)教导之:"圣人何以知人性之善也?以己之性推之也。……人之性不能自觉,必待先觉者觉之;故非性善,无以施其教,非教无以通其性之善。教即荀子所谓伪也、为也。为之而能善,由其性之善也。"③

里堂极重易学,曾说:"孟子'性善'之说,全本于孔子之赞《易》。伏羲画卦,观象以通神明之德,以类万物之情……孔子赞之则云:'利贞者,性情也。六爻发挥,旁通情也。'禽兽之情,不能旁通,即不能利贞,故不可以为善。"④

在阐释"圣人之教"时,他也多次引用《系辞传》来解释孟子所谓"称尧舜"实际上与荀子之"法后王"并不矛盾:"羲农之前,人苦于不知……浸而至于黄帝尧舜之世,则民不患不知,转患其太知。……故圣人治天下之道,至尧舜而一变。《系辞传》云:'黄帝尧舜氏作,通其变,使民不倦。神而化之,使民宜之。'若云'法后王',后王,无定之称也。……盖孟子之称尧舜,即孔子删书首唐虞,赞易特以通变神化归于尧舜之意也。"⑤

正如有学者所指出的,"里堂之阐说群经义理,莫不以其所创发之易义而为之申说"⑥,在孟子"性善论"的阐发上,里堂虽与东原一脉相承,但里堂重"性灵""变通",而东原重"知觉",差别正在于此。

---

① 胡适:《戴东原的哲学》,台北:台湾商务印书馆,1975 年,第 122~123 页。
② 〔清〕焦循:《雕菰集》,北京:中华书局,1985 年,第 127~128 页。
③ 〔清〕焦循:《孟子正义》卷十,北京:中华书局,1987 年,"孟子道性善言必称尧舜"条下注,第 315 页。
④ 同上,卷二十二"乃若其情则可以为善"条下疏,第 755 页。
⑤ 同上。
⑥ 参见何泽恒:《焦循研究》,台北:大安出版社,1990 年,第 174 页。

### 4.理雅各对历代注家的取舍

在儒家传统中,对孟子的注解、诠释乃至批评都连篇累牍。① 汉代注家中唯有东汉人赵岐的注本传世,且能深切其义,被认为"生孟子后而能深知其学者莫如赵氏"②。唐代韩愈始褒扬孟子为"醇之又醇者也",二程也加以表彰而对荀子加以抑制,使得《孟子》成为儒家核心经典之一。朱熹对"四书"用功极深,其中《孟子精义》集北宋诸家释孟之大成,晚年的《孟子集注》则是在《孟子精义》的基础上再加以推敲精练后的成果。

南宋以后《孟子》入经,学者关于孟子的诠释大多也是围绕朱熹的《孟子集注》。"元明两代有关《孟子》的著述……或敷衍义理,或训考字义,有所创新和发明的不多,在研究领域方面,也无突破,没有出现有空前成就和影响深远的传世之作。"③ 至清代,戴震著《孟子字义疏证》一书,自称是"正人心之要",此前虽有学者批驳朱熹,也基本是在训诂、考证,而《孟子字义疏证》则是从义理入手,可谓开风气之先;至焦循著《孟子正义》,集清代考据成果之大成,又吸收戴震孟子学的精义,"折中赵注,广博精深"④,成为清代孟子研究的高峰。

20世纪的英国汉学家阿瑟·韦利曾撰文批评理雅各《孟子》注释有不少错误,并认为这些错误是因为他"跟从朱熹而非赵岐注而造成的"。韦利认为赵岐的生年比朱熹更接近孟子,因此无疑赵岐注更加贴近原意。⑤ 韦利的文章流传很广,很多汉学家及研究者未加查证而因袭韦利之说,认为理雅各完全跟从朱熹的《四书集注》。诚然理雅各曾表示对朱熹颇为欣赏,但他并非不加选择全然接受朱熹的解释,韦利的指责是没有根据的。王韬称理雅各"于汉、唐、宋诸儒,皆能辨其门径,抉择其瑕瑜"⑥,虽然是恭维之辞,但也可看出理雅各一贯的经学取向是

---

① 如荀子被认为是孟子最早的儒家批评者,他斥责子思、孟子一派的儒家学者"甚僻违而无类,幽隐而无说,闭约而无解,案饰其辞而祗敬之"。
② 参见〔清〕焦循:《孟子正义》上,北京:中华书局,1987年,第7页。
③ 刘瑾辉:《清代〈孟子〉学研究》,北京:社会科学文献出版社,2007年,第7页。
④ 参见刘师培:《经学教科书》,上海:上海古籍出版社,2006年,第138页。
⑤ 韦利的文章最初载于《亚洲杂志》于1949年在英国出版的第1期中;《中国经典》1960年在香港再版时,也收录了这篇文章,参见 Arthur Waley, "Notes on Mencius," *Asia Major* Vol 1.1(1949);或参见 James Legge, *The Chinese Classics*, Vol. 2, Hong Kong: Hong Kong University Press, 1960。
⑥ 见〔清〕王韬:《与英国理雅各学士》,《弢园文新编》,北京:生活·读书·新知三联书店,1998年,第239页。

博采众家。

　　与韦利所说的相反,理雅各对赵岐评价甚高,在前言中专章论述了赵岐和他的《孟子》注,并引用《孟子题辞》中赵岐的自述①,认为赵岐之注《孟子》,颇与个人际遇相关,因而用心力更深,与历史上无数在逆境中从文字、哲学中获得慰藉的伟人相同。② 同时理雅各也提及儒家学术史上其他注家的贡献,包括唐代的陆善经、张镒、丁公著,宋代的孙奭、朱熹等,以及明清两代的学者。

　　在面对清代学者的丰富成果时,理雅各显示出一定的自主性,试图在朱熹的反对者(如毛奇龄等)和维护者(如曹之升等)之间保持相对平衡。③ 在《中国经典》第一卷前言中,他提到毛奇龄对他的影响很大,而后者是朱熹的主要批评者之一;④同时,他也经常引用另外一本维护朱熹观点的著作,即曹之升的《四书摭馀说》,并赞扬其论证有力,旁征博引。⑤ 而对于戴震《孟子字义疏证》,理雅各虽未直接提到,但他在前言当中赞扬受戴震影响极深的焦循所著的《孟子正义》,认为其价值犹在阮元《校勘记》之上。⑥

　　理雅各在训诂释义方面兼采众长,但在义理即哲学阐释上则有其独立的诠释立场。总的来说,朱熹理学路径与理雅各本人理性化的哲学训练最为切近,因此

---

① "聊欲系志于翰墨,得以乱思遗老也。惟六籍之学,先觉之士,释之辩之者既已详矣。儒家惟有孟子,宏远玄妙,蕴奥难见,宜在条理之科。于是乃述己所闻,证以经传,为之章句,俱载本文,章别其旨,分为上下,凡十四卷。究而言之,不敢以当达者;施于新学,可以寤疑辨惑,愚亦未能审于是非,后之明者,见其违阙,儻改而正诸,不亦宜乎!"见焦循:《孟子正义》上,北京:中华书局,1987年,第25~27页。

② James Legge, *The Chinese Classics*, Vol. 2, Hong Kong: Hong Kong University Press, 1960, "Prolegomena," pp.6-7.

③ 自乾嘉以来,学者之间以汉学、宋学之门派相标榜,而朱熹仍具有权威地位,因此相对于毛奇龄、戴震等人对程朱的抨击,亦有不少学者仍支持朱熹旧说,认为戴震过于偏激;而戴震《孟子字义疏证》一书抨击理学最为激烈,直到戴震去世后才得以付梓,其中许多观点亦不见于较早完成的《原善》当中。

④ James Legge, *The Chinese Classics*, Vol.1, Hong Kong: Hong Kong University Press, 1960, "Prolegomena," p.131. 毛奇龄曾作《四书改错》,称朱熹所作《四书章句集注》"无一不错",堪称是乾嘉之前批评朱熹最为激烈的学者。

⑤ 《中国经典》中所谓"四书拓余说",应写为《四书摭馀说》。曹之升在序言中说:"然则陈涵义理之精微,研覃性命之蕴奥,朱注观止已。"可见在"义理""性命"方面,曹之升认为朱熹是无可质疑的。参见〔清〕曹之升:《四书摭馀说》,萧山曹氏家塾本,嘉庆戊午年刻;另参见 James Legge, *The Chinese Classics*, Vol.1, London: Trübner and Co., 1861, "Prolegomena," p.131.

⑥ 理雅各所见《孟子正义》版本为《皇清经解》第 1117 卷到第 1146 卷。以年代而言,焦循《孟子正义》完成于 1818 年,阮元所编《皇清经解》初刻本成书于道光九年(1829),离理雅各翻译《中国经典》之年代不远。

理雅各在义理解释中时时倾向朱熹,但也会借助其他注家的解释作为自己的阐释桥梁。

## 三、基督教人性论与儒家"性善论"传统的互通

### 1.理雅各的孟子"性善论"解读

针对"性"的解释,理雅各认为《中庸》当中所说的"天命之谓性,率性之谓道,修道之谓教"对人性论表述得最为精到。① 这诚然是程朱以《中庸》解性善的路数,但也需要考虑到理雅各在翻译儒经时将"天"译为 Heaven,而在基督教语境中,Heaven 和 God 本就可以互通,因此理雅各显然是将"性"(Human Nature)理解为"天所造就的"或"上帝所造就的",这是其阐释的基础。同时我们也可以从中看出自然神论的影子:宋儒抽象化的"天"或"天命"可以视为秩序、理性的化身,与自然神论者的上帝是颇为相似的。

但正如理雅各自己所言,在大多数基督教徒看来,"性善论"明显违背基督教教义,而难以被基督徒接受和理解。理雅各为此辩解道:"孟子所说的是理想中的人性,而非现实存在的。"②也就是说,这种"人性善"存在于人类道德理想当中,而非实践当中。李明辉在比较孟子与康德哲学时曾指出,"孟子并非从人之所以为人的实然层面(自然的层面),而是从超乎人性的特质的普遍层面论'性'",属于一种"道德的形而上学"而非实践道德,这一从康德出发对孟子"性善论"的理解与理雅各极为近似。③

此外,理雅各在译文和注解中,都把"人性善"解释为"人性向善",如:

"人性之善也,犹水之就下也。"(《告子》上)

译文:The tendency of man's nature to good is like the tendency of water to flow download.

因此在理雅各的"性善论"阐释中,人性是"趋向"善的。我们可以发现,这时

---

① James Legge, *The Chinese Classics*, Vol. 2, Hong Kong: Hong Kong University Press, 1960, "Prolegomena," p.57.
② 同上,p.59.
③ 参见李明辉:《康德伦理学与孟子道德思考之重建》,台北:"中央研究院"文哲研究所,1994 年,第 122~123 页。

理雅各抛弃了宋儒的"性本善",反而颇近于焦循的说法:"人之性可引而善,亦可引而恶,惟其可引,故性善也。"①这样就避免了与基督教原罪说的直接冲突。

接下来理雅各又引用孟子的话来证明自己的表述:

"乃若其情,则可以为善矣,乃所谓善也。若夫为不善,非才之罪也。"(《告子》上)

译文:From the feelings proper to it, we see that it is constituted for the practice of what is good. This is what I mean in saying that the nature is good. If men do what is not good, the blame cannot be imputed to their natural powers.②

"才",朱熹注为"材质,人之能也"③。戴震、焦循皆解为"上智下愚",人之才能不同,但皆可以为善,所强调的都是人所具备的资质才能。理雅各则译为 natural power,强调自然造化的部分,并进一步说,如果一个人违背道德,他难道应该怪罪的是原罪或是造物者上帝吗?这一阐释显然来自基督教道德论。

孟子所举"孺子入井"④的例子常常遭到西方汉学家的批评,认为其不过是美德的展示而非本性。但理雅各认为,这种批评是由于根本不了解孟子为何要举这样的例子。⑤他援引巴特勒的话来说明恻隐之心作为"善端"与"性善"之间的紧密联系:"人性中的任何爱,不管它是多么短暂、多么微小、多么局限,只要是以他人的利益为出发点和结果,就可以称之为善","在人性中有善的种子,这就足够了"。⑥

恻隐之心虽然看起来微不足道,是表象化的,却是善之发端,在这一点上,理雅各认为巴特勒的理论与孟子是一致的。除此以外,理雅各在这里提到了巴特勒的三个观点:"首先,关于人性当中有善的'自然法则'。其次,无论是善还是自爱,整体上来说都为公众和私人利益作出了贡献。最后,人有自省之心,可以对自

---

① 参见〔清〕焦循:《雕菰集》,北京:中华书局,1985年,《性善解》第一,第127~128页。
② 译文参见 James Legge, *The Chinese Classics*, Vol. 2, Hong Kong: Hong Kong University Press, 1960, "Prolegomena," p.59.
③ 〔宋〕朱熹:《四书章句集注》,北京:中华书局,1983年,第328页。
④ "所以谓人皆有不忍人之心者,今人乍见孺子将入于井,皆有怵惕恻隐之心。"参见〔宋〕朱熹:《四书章句集注》,北京:中华书局,1983年,第237页。
⑤ James Legge, *The Chinese Classics*, Vol. 2, Hong Kong: Hong Kong University Press, 1960, "Prolegomena," pp.60-61.
⑥ 同上。

己的行为做出是非判断。"①正是以这三点为基础,创造了基督教伦理观与"性善论"的契合点。

同时,理雅各还强调,不信上帝的非基督徒也有其自身的律法和法则,这一点孟子表述得比希腊和罗马的道德家们更为清楚。因此从实践上来说,孟子的学说起到道德约束和规范的效果,这一点比"性恶论"要强得多。②

### 2. 巴特勒:基督教人性论在18世纪的变调

自宗教改革以来,包括国教会在内的英国新教神学都深受加尔文的影响,特别是自"威斯敏斯特信条"(Westminster Confession of Faith)以来,国教会更是恪守严格的加尔文主义。其中第六条"论人的堕落、罪恶与刑罚"当中明确认为由于原罪,人性全然堕落,而没有善的可能:"……因此罪使他们从原始之义,并与神的交往上堕落了,于是死在罪中……此罪的孽就归给他们的后裔并且在罪中之死与败坏的天性就遗传给他们的子孙。……由于此败坏性,我们对一切的善全然避忌,无能为力,且反对之,完全倾向邪恶。"这是对加尔文神学中"全体败坏"(Total Depravity)的具体阐释。如果按照加尔文的解释,基督教人性论不仅与孟子的性善理论完全对立,甚至与荀子的"性恶论"也无法相容。

基督教神学中的理性主义倾向首先在某种程度上改变了这一状况。英国的自然神论者竭力削弱启示的重要性,而强调基督宗教在道德上的功效。自然神论的先驱之一廷德尔就曾指出,真正的宗教在于"不断控制心灵,去做我们能做的一切善事,从而使得我们自己在对创造我们的目的作出应答时,能够为上帝所接纳"③。正如利文斯顿所说,自然神论者"关注的焦点已经从比较早的唯理主义宗教转移到实践理性宗教上来了"④。

约瑟夫·巴特勒曾任圣保罗大教堂主教、乔治二世的枢机秘书以及杜尔汉主教,并曾有机会任国教会红衣大主教,但他拒绝了。巴特勒一开始就与自然神论者渊源深厚:他与廷德尔同样出身牛津,少年时期就曾与唯理主义思想家萨缪

---

① James Legge, *The Chinese Classics*, Vol. 2, Hong Kong: Hong Kong University Press, 1960, "Prolegomena," p.60.
② 同上, pp.64-65。
③ [英]廷德尔:《基督教与创世同样古老》,转引自[美]利文斯顿:《现代基督教思想》上卷,成都:四川人民出版社,1992年,第45页。
④ 同上,第46页。

尔·克拉克通信。1736年,他针对廷德尔的著作《基督教与创世同样古老》作出回应,出版了著名的《宗教类比》一书为启示宗教辩护。同时,巴特勒在英国宗教思想中的地位也颇为微妙。其《宗教类比》原本是为了驳斥自然神论,为启示宗教辩护而作,却因为过于彻底,"导致了对于一切有神论的理性论证的普遍怀疑"①,并且最终发展成为休谟的怀疑论。在这一过程中,巴特勒是关键的转折性人物。②

1726年,巴特勒出版布道集,其中有3篇题为《论人性》。③ 第一篇题头引用《罗马书》"我们这许多人,在基督里成为一身,互相联络作肢体,也是如此",表明巴特勒是在社会群体意义下讨论人性,而他所关注的,并非是形而上意义上的"人性",而是伦理学当中的"善"和"恶"。如格拉斯顿所说:"人的职责和训练所涉及的关系是三重的:与上帝的关系,与他人的关系,以及与自己的关系。"④

巴特勒生前就具有极高声望,休谟和托马斯·锐德这一对论敌都对他非常敬重。休谟早在1736年就知道了他的著作,并曾为避免冒犯巴特勒主教而删去了自己《人性论》中关于神学论争的部分。⑤ 19世纪上半叶,他的学说更是在英国智识界盛行一时。1853年英国《卫报》(The Guardian)评论说:"对他(指巴特勒)的著作和人格无论怎么评价都不会过高,他没有先辈也无信徒,独立于没有信仰的时代。"⑥牛津大学从19世纪30年代开始将他的著作列入"人文学科文献"课程

---

① 有些人认为巴特勒给了自然神论致命一击,但吊诡的是,他却引致了对理性包括理性宗教在内的全面怀疑。可以说,对于启示和上帝的逻辑化辩护反而导致了对信仰的怀疑。如多德维尔(Henry Dodwell)所指出的一样,在读到萨缪尔·克拉克在波伊尔讲座中为有神论所做的理性主义辩护之前,根本没有人会想到怀疑上帝的存在。参见[美]利文斯顿:《现代基督教思想》上卷,成都:四川人民出版社,1992年,第100页。
② 休谟在其《人性论》(Treatise of Human Nature)中曾多次提及巴特勒,而他所用的论证方法也常常与巴特勒如出一辙。
③ Joseph Butler, Fifteen Sermons Preached at the Rolls Chapel, London: Crown in St. Paul's Churchyard, 1726.
④ W. E. Gladstone, "On His Positive Teaching," Works of Joseph Butler, Vol.3, Bristol: Thoemmes Press, 1995, p.99.
⑤ 参见[美]利文斯顿:《现代基督教思想》上卷,成都:四川人民出版社,1992年,第99~101页。有关巴特勒与休谟的关系,另参见 Terence Penelhum, "Butler and Hume," Hume Studies Vol. 14. 2 (November 1988), pp.251-276。
⑥ Jane Garnett, "Bishop Butler and the Zeitgeist: Butler and the Development of Christian Moral Philosophy in Victorian Britain," Cunliffe ed., Joseph Butler's Moral and Religious Thought, Oxford: Clarendon Press, 1992, p.63.

的权威阅读教材,包括格拉斯顿在内的一代英国政治家和思想家均受其影响很深。① 19世纪牛津文化领袖之一、诗学教授及文化批评家马修·阿诺德在青年时期(1849)曾就巴特勒关于"人性论"的演讲创作十四行诗,可见当时巴特勒在英国智识界特别是牛津的影响之普遍。② 因此理雅各尽管并非出身国教会,但由于巴特勒在19世纪上半叶非同一般的影响(这也是《中国经典》成书的时间),以及其强烈的道德论倾向,他选择了巴特勒作为诠释孟子的重要桥梁。③ 同时在理雅各看来,巴特勒所用的研究方法论同样值得借鉴:巴特勒的理论框架(scheme)曾被描述为是"将芝诺的体系基督教化",而孟子学说与芝诺颇为相像,在做相似的转化以后,会更容易被基督教所接受。④

**3. 巴特勒理论中的"自然法则"和"自爱"与"善端"的关系**

在巴特勒的人性论当中具有奠基地位的是自我认知,即人与自我的关系,正是在这个角度上,巴特勒淡化了基督教传统中的"原罪"观。巴特勒认为,正是因为人性具有善的本性(这一本性是由上帝造就的),人才能看见上帝。"很大程度上,是由于个人的本性,他才看见上帝。不是因为他与生俱来的错误和弱点,或是人自己随后加入的东西,而是根据上帝所制定的除了原罪的破坏以外的高贵计划,以及训练和经验所能造就的重要发展来获得。"⑤换言之,如果人性全然是恶的,他不能最终走向上帝;正是人性当中的善的因素,个人才能看到上帝。巴特勒把"自爱"称为一种"自然法则"(natural principle),是美德、信仰的基础。⑥

"自然法则"是巴特勒人性论当中的重要概念,顾名思义也就是无须逻辑证明,也无须后天造就,而是人性中本来就保有的。理雅各在其阐释和翻译中也借

---

① Jane Garnett,"Bishop Butler and the Zeitgeist:Butler and the Development of Christian Moral Philosophy in Victorian Britain," Cunliffe ed., *Joseph Butler's Moral and Religious Thought*, Oxford: Clarendon Press,1992,p.64.
② Mathew Arnold,"Written in Butler's Sermons," Lionel Trilling ed., *The Portable Mathew Arnold*, New York:The Viking Press,1949,p.52。
③ 巴特勒的著作在19世纪也曾被介绍到中国,1856年在香港英华书院出版的《天人异同》即节译自巴特勒的《宗教类比》一书,译者为伦敦会传教士慕维廉。
④ James Legge,*The Chinese Classics*,Vol.2,Hong Kong:Hong Kong University Press,1960,"Prolegomena,"p.58.
⑤ W. E. Gladstone,*Works of Joseph Butler*,Vol.1,Bristol:Thoemmes Press,1995,p.100.
⑥ 需要说明的是,有两个因素在巴特勒以上观点中起到关键性作用:首先是新教神学经过数百年的发展后越来越明显的个体性,其次是宗教理性化思潮之后人对于自我理性的信心。

用了"自然法则"一词:"孟子坚持人具有善(benevolence)、义(righteousness)、礼(propriety)以及智(apprehending moral truth)等'自然法则'。"①

再来看理雅各的译文:

"恻隐之心,仁之端也;羞恶之心,义之端也;辞让之心,礼之端也;是非之心,智之端也。"(《公孙丑上》)

译文:The feeling of commiseration is the principle of benevolence. The feeling of shame and dislike is the principle of righteous ness. The feeling of modesty and complaisance is the principle of propriety. The feeling of approving and disapproving is the principle of knowledge.②

"恻隐之心,仁也;羞恶之心,义也;恭敬之心,礼也;是非之心,智也。"(《告子上》)

译文:The feeling of commiseration implies *the principle of* benevolence; that of shame and dislike, *the principle of* righteousness; that of reverence and respect, *the principle of* propriety; and that of approving and disapproving, *the principle of* knowledge.

在《公孙丑上》及《告子上》中,孟子都提到恻隐之心等,但前后说法有所差别。"恻隐之心,仁之端也"和"恻隐之心,仁也"之间意思有差距,留下了相当大的诠释空间。理雅各在《告子上》的译文中用斜体加入了"the principle of",表示是补文,以使得两段文字意思前后一致。同时,理雅各将孟子哲学中的"端"解释为"法则",或是"自然法则",试图将巴特勒的"自然法则"融入到孟子"四端之心"的概念中。

那么,巴特勒的"自然法则"是否相当于孟子所说的"善端"? 在关于人性的第一篇演讲中,巴特勒认为人有"善的原则",与此对应的还有"自爱的原则",两者并不矛盾;其次,人有"自省原则"(principle of reflection)。③ 如果说"自省原

---

① 原文:"The proof by which Mencius supports his view of human nature as formed only for virtue is twofold. First, he maintains that there are in man a natural principle of benevolence, a natural principle of righteousness, a natural principle of propriety, and a natural principle of apprehending moral truth." 参见 *The Chinese Classics*, Vol.2, Hong Kong: Hong Kong University Press, 1960, "Prolegomena," p.60。
② James Legge, *The Chinese Classics*, Vol. 2, Hong Kong: Hong Kong University Press, 1960, "Prolegomena," pp.202-203, 下划线为笔者所加。
③ Joseph Butler, *Five Sermons*, New York: Liberal Arts Press, 1950, pp.23-26。

则"可以认为相当于"是非之心",善的原则近似于"恻隐之心",那么"义"和"智"都无从对应,理雅各无疑还是将"自然法则"的内涵扩大化了。

赵岐注云:"端者,首也。"焦循引用许慎《说文解字》,也认为"端"是"物初生之题"①,汉学一派所解看起来都与理雅各所用的"自然法则"无法呼应。但如果从程朱理学的"性即理也"来理解"善端","自然法则"一词就易于理解了。《朱子语类》释"恻隐之心,仁之端也"一节言道:"四端未是尽,所以只谓之端。……若说仁义,便如阴阳;若说四端,便如四时;若分四端八字,便如八节。"②

朱熹将四端比作"四时",取其非人力造化,而是天然生成之义,与理雅各所用"自然法则"可以互通。朱熹又回答何为"四端":"四端未见精细时,且见得恻隐便是仁,不恻隐而残忍便是不仁;羞恶便是义,贪利无廉耻便是不义;辞逊便是礼,攘夺便是非礼;是非便是智,大段无知颠倒错谬,便是不智。若见得细时,虽有恻隐之心,而意在于内交、要誉,亦是不仁了。然孟子之意,本初不如此,只是言此四端皆是心中本有之物,随触而发。"③

以上朱熹已经表明"四端"不可理解为仁、义、礼、智的表征,而强调"是心中本有之物",这与理雅各的"自然法则"也相当接近。

因此我们可以发觉,理雅各在"性善论"的解释中借用了巴特勒"自然法则"的概念,并且通过这一概念,将宋儒所诠释的理性化的"性善论"与巴特勒的"人性论"相对接。这一诠释虽然相当巧妙地在基督教和儒家思想当中找到了适当的联结点,但也有将原本的道德概念内涵过度扩张之嫌,正如戴震、焦循等人对朱熹的批评,过分强调"天理",而忽略了孟子所谓"乃若其情,则可以为善"之义。

需要注意的是,理雅各强调"善",却较少讨论到巴特勒另外一个重要概念,即"自爱"(self-love)。"自爱"是常常出现在苏格兰及英国伦理学家著作中的一个词,有时具有"自私自利"的负面含义,而巴特勒则认为"自爱"是完全正当的。巴特勒在其《论人性》第一篇中说:"人有着善的自然原则,从某种程度上说,它对

---

① 参见〔清〕焦循:《孟子正义》卷七,北京:中华书局,1987年,"恻隐之心仁之端也"条下注,第234页。
② 参见〔宋〕黎靖德:《朱子语类》卷五十三,北京:中华书局,1986年。
③ 同上。

社会就像自爱对于个人一样。"①在巴特勒那里,善是相对于自爱的一个范畴,是人性的两个方面。自爱是对于自身利益和幸福的关注,而善则是对公共利益、群体幸福的关注,两者的途径不同,但最终可以殊途同归。② 人性当中同时具有促进公共利益以及自我价值的部分,并且两者并不矛盾。巴特勒特别强调,自爱与善是一致的,因此,"我们自身的最大满足来自我们有一定程度上的善,同时,自爱的原则是我们正确的社会行为的主要保证"③。

如同戴震等人一样,巴特勒也谈到了情(affections/passions)和欲(appetite)的问题。在巴特勒看来,情和欲很多时候是与自爱相混合的。他举例说,饥饿(对食物的欲)和对于得到别人尊重的渴望都会使人趋利避害,最终为增加个人和大众的幸福做出贡献,这种欲望本身与自爱并没有什么区别。④

理雅各从未提到巴特勒以上这一观点,极可能因为这与他所理解的人性论不相符合,但实际上巴特勒的这一说法颇近似于焦循的"以情验性"说。里堂曾申孟子"乃若其情,则可以为善"之义,指出:"天下之事,使欲之得遂,情之得达,斯已矣。惟人之知,小之能尽美丑之极致,大之能尽是非之极致。然后遂己之欲者,广之能遂人之欲;达己之情者,广之能达人之情。道德之盛,使人之欲无不遂,人之情无不达,斯已矣。"⑤由此可知,个人私欲不仅不违背个人的礼义道德,更与公共利益相一致,所谓"天下之事",是将个人道德上升至公共利益的领域,其观念与巴特勒的"个人及大众幸福"几乎完全一致。

而焦循在阐释孟子"礼义之悦我心,犹刍豢之悦我心"时又说:"……惟人心最灵,乃知嗜味好色,即知孝弟忠信礼义廉耻。礼仪之悦心,犹刍豢之悦口。悦心是性善,悦口亦是性善。"⑥因此,孟子不仅不反对饮食男女,还认为性即在饮食男

---

① 原文:"There is a natural principle of benevolence in man, which is in some degree to society what self-love is to the individual." 参见 Joseph Butler, *Five Sermons*, New York: Liberal Arts Press, 1950, pp.21-22。这里根据理雅各的译法将 benevolence 译为"善",实际上这是一个具有基督教意义的词,与儒家意义上的"善"或是"仁"并不完全一样。如果从拉丁文词源来看,benevolence 则具有"向善"之意。
② Joseph Butler, *Five Sermons*, New York: Liberal Arts Press, 1950, p.21.
③ 同上,p.23。
④ 同上,p.24。
⑤ 〔清〕焦循:《孟子正义》卷二十二,北京:中华书局,1987年,"乃若其情,则可以为善"条下疏,第754页。
⑥ 〔清〕焦循:《孟子正义》卷二十二,北京:中华书局,1987年,"口之于味有同耆也"条下疏,第764页。

女——这一源出于东原而由里堂再次加以阐发的解读,与巴特勒关于自爱与情、欲关系的说法也几乎相同。可见戴震、焦循所代表的儒家传统人性论在近代的新发展,即反对理、欲二分,强调顺应人情,与巴特勒所提倡的近代英国新教伦理方向大体一致。

从以上论述我们可以发现,理雅各从巴特勒那里借用了"自然法则"的概念,来引入"性善论"中"理"的部分;而相对地,他对于清代学者的"以情验性"说基本持否定的态度,从而也对巴特勒人性论中的重要概念"自爱"加以淡化处理。正如在前章所述,理雅各在义理抉择上更加倾向于宋儒,这种倾向性在对"性善论"的阐释上也明显地体现出来了。然而如果加以深入剖析,巴特勒的人性论本身却更加接近于戴震、焦循所阐发的孟子,是一种兼具人欲、性灵、道德、公义等多重意义的人性论。而两者的不同之处在于,戴、焦的对手和攻击目标是程朱的"理、欲二分论",巴特勒要反对的则是反道德的人性论("性恶论");戴、焦强调顺应本性,巴特勒最终强调和专注的则是公共幸福,这是在两个不同思想背景下阐发出的人性论。

4.原罪与"性善论"的"缺陷"

作为一位基督教神学家,巴特勒在其"论人性"的演讲中却从未提及原罪说。对此理雅各为其辩解道:"巴特勒相对于孟子的最大优势在于他关于启示真理的了解。很多喜爱他的演说的人都曾表达出一定程度的不满,因为他没有在其中明确提及人腐坏和堕落的状态。……他在其他地方曾说:'人在圣经中表现出的是毁灭的状态。'"[1]那为什么他在演讲中没有提到这点呢?理雅各认为,这是因为巴特勒的演讲是针对其所生活的时代的特殊需要,尤其是针对霍布斯,后者"完全否定所有的道德感和社会情感,以个人利益为唯一的行为动机"[2],因此巴特勒要证明的是人性之中包含着无私的情感,是有良知的。由此理雅各为其辩护说,巴

---

[1] James Legge, *The Chinese Classics*, Vol. 2, Hong Kong: Hong Kong University Press, 1960, "Prolegomena," p.70.

[2] 同上,p.71。指霍布斯在《利维坦》中所提出的,人具有追求权力和私利的天性,其所造成的结果必然是争斗和战争,即所谓"一切人对一切人的战争"。巴特勒的演讲中只有极少的几处提及霍布斯,很难说他写演讲录是专门针对霍布斯,相反,巴特勒所强调的"自爱"并不与霍布斯有很大的冲突。实际上对巴特勒有影响的曾讨论人性论的学者除了霍布斯外,起码还有曼德维尔(Bernard Mandeville)和沙夫茨伯里(Lord Shaftsbury)等人。参见 R. G. Frey, "Butler on Self-Love and Benevolence," *Joseph Butler's Moral and Religious Thoughts*, Oxford: Clarendon Press, 1992, pp.243-253。

特勒所讨论的是"理想中的人性"。值得注意的是,理雅各在为孟子辩护时,也称其所讨论的是"理想中的人性"。

理雅各认为,孟子以理论见长,但在处理实践性道德方面并不太成功,他无法处理现实当中违背"性善"的一些现象和行为。① 尽管孟子也并不否认,现实当中人的行为很多是恶的,是违背其善的本性的,但在孟子哲学中,仍有道德典范化的人物,即"圣人",特别是尧、舜及孔子。② 而根据孔子"性相近"之义,又可推论出"人人尽可为尧舜"。理雅各则反对孟子认为圣人(尧、舜及孔子)在道德上是完美的,也就是说,他反对将理想中的人性赋予任何历史上的个体,包括儒家的圣人。

在理雅各看来,即使是对于"理想中的人性",孟子的"性善论"仍然不够完整。一方面是因为孟子对人所犯的错误缺少同情,同时也没有意识到人类"易于误入歧途的倾向"。③ 理雅各认为,孔子所表现出的更像是自我真实的人性,而孟子的长处则在于他是以推理思维见长的思想家,但是孟子"缺乏一种道德的敏感性",更重要的是,孟子"极少提到我们对于上帝的责任"。他引用巴特勒的话说:"通过对上帝的爱,我了解了这一切的方面,一切心灵中的爱,从作为万物之灵的人归向于他,并最终栖息在他之中。"④接下来,理雅各甚至说:"我想他(孟子)的理论或许也可以用来反对他自己。它们可以用来引导对原罪的认识。良心在圣灵的刺激下,最傲慢的学者也会喊出:'我是多么的卑劣啊!'……"⑤他对"性善论"的阐释最终走向宣扬启示宗教,这与他之前的态度比起来好像是一百八十度大转弯了。

从这里看起来,理雅各最后似乎还是落入了耶稣会士们"以耶补儒"的旧窠臼。他称扬孟子"性善论"是否如他最后所表示的是为了"引导对原罪的认识"? 不可否认,理雅各受耶稣会士的著作影响不小,但如果考虑到理雅各当时的传教

---

① "Mencius, the Philosopher of China,"波德雷安图书馆馆藏档案,编号 Mss. Eng. Misc. d.1261, p.29。
② James Legge, *The Chinese Classics*, Vol. 2, Hong Kong: Hong Kong University Press, 1960, pp.65—67.此处理雅各引《孟子·告子上》"牛山之木尝美矣"节,认为人性本身是好的,就像山林本来很茂密一样,但由于砍伐和放牧,人所见到的山林失去了本来面貌。
③ James Legge, *The Chinese Classics*, Vol. 2, Hong Kong: Hong Kong University Press, 1960, "Prolegomena," p.71.
④ 同上,p.72。
⑤ 同上,p.73。

士身份，以及《中国经典》最初所预设的读者也是在华新教传教士，而非中国读者，他在最后一节中的态度转变就更像权宜之计，有可能只是为了避免一味支持儒家哲学而遭到传教士团体及教会的指责。而他所说的"孟子的理论或许也可以用来反对他自己"云云，在他的整个论述中都显得过于突兀，是否只是为了应对别人认为他翻译中国经典是"不务正业的批评"？这种怀疑并非不可能。如果我们参考理雅各1877年在牛津大学所发表的演说词"孟子：中国哲学家"①，其中他仅仅轻微地批评孟子没有认识到人性有不完美之处，并且对自我的认识不够，而完全没有提及"孟子的理论或许可以用来反对他自己"这样的说法②。与其说是理雅各自身的思想发生了转变，不如说是由于从传教士到教授的身份和处境的转变，使得他的表述发生如此大的变化。

综上所述，孟子"性善论"经过历代儒家学者的不断阐发，已经成为内容极为丰富的庞大思想体系，本文所述的朱熹、戴震、焦循等人，都在其中占有重要地位。理雅各作为一位具有深厚新教背景的英国汉学家，在对孟子"性善论"进行解读时，实际上是在历代儒家学者中寻找最接近他自身思想的范畴；而作为孟子"性善论"参照物的巴特勒，他同样也对其进行了选择和过滤。在理雅各的阐释里，他用"自然法则"的概念将新教人性论与孟子"性善论"的进行了巧妙地连接和融合，使得两者看起来极为相似，但对于同样也可以对照的"自爱"却被放弃了，从中可以看出，理雅各自身的理性主义倾向使他更容易接受理学的阐释方法。③ 但需要肯定的是，理雅各对"性善论"的阐释基本上都在儒家的阐释传统当中，而非无根据地随意解释。他以严谨的考据和大量的文献为基础，得出了极具特色的新教化、个人化的"性善论"解释，这是理雅各与其他许多西方汉学家的重要差异，也是其研究价值所在。

在现代思想史的框架中，理雅各的研究对于儒家以及新教伦理学的阐释和发展都有其意义。正如当代英国伦理学学者潘尼霍姆在解释何为"基督教伦理"时

---

① 根据理雅各的女儿所记录的目录，这一演讲发表于1877年3月15日。参见"Lectures by Dr. Legge, Delivered in the University of Oxford," SOAS馆藏伦敦会档案，CWM/China/Personal/Box 7。
② "Mencius, the Philosopher of China," 波德雷安图书馆馆藏档案，编号 Mss. Eng. Misc. d.1261, pp.29-30。
③ 理雅各曾经坦承自己在很长时间里都无法接受《易经》在儒家经典中的地位，而焦循恰恰最重易学，这体现出两位学者在气质和学术进路上的差异。

所言:"许多基督教伦理的信条和原则都已经被世俗世界所吸收。一些并非基督徒的人,却赞同基督教道德观。"[1]基督教伦理与信仰之间的关系已经在现代社会中适度分离,而儒家伦理也同样如此。如何寻求对传统伦理学的合理阐释,在不背离文本的前提下找出可以适应现代思维的路径,并与不同文化传统中的伦理观进行交流?理雅各的尝试虽然在今天看来不是完全成功的,却为19世纪末以来的东西方学者提供了新的方向。在今天,将孟子哲学中的人性论与西方思想家,如康德、休谟等相比较的研究屡见不鲜,但这种方法在19世纪还相当罕见。同时,理雅各的选择也颇具思想史的眼光,巴特勒不仅在近代西方人性论中占有源头性地位,与儒家伦理也多有可沟通之处。除了理雅各所阐发的部分外,孟子与巴特勒的人性论的比较实际上仍有广阔的空间留待更深入的研究。

---

[1] Terence Penelhum, *Christian Ethics and Human Nature*, Harrisburg, PA: Trinity Press International, 1999, p.1.

# 第五章 从『迷信』到圣书：理雅各的道教研究[①]

---

① 当代学者习惯把"道家"（道教哲学）和"道教"（道教宗教）做严格的区分，但由于在19世纪时尚未有此概念，而是通常使用"道教"一词以与儒教和佛教做区隔，因而在本文中所使用的"道教"一词，兼指哲学和宗教两者，这也与英文"Taoism"的内涵相对应。参见[法]索安：《西方道教研究编年史》，吕鹏志、陈平等译，北京：中华书局，2002年，第5页。

## 第一节　维多利亚时期英国学者对道教的认知

随着第一批新教传教士入华,英国汉学在19世纪中叶有了快速的发展,其标志之一就是大量有关中国的出版物在英国出版。由于传教士汉学家们的知识背景和工作范围,他们所关心的一个重要主题就是中国的宗教;而由于维多利亚时期知识分子对于宗教研究的高度兴趣,也有不少并非汉学领域的学者加入到这一主题的讨论当中。

不可否认,在早期道教研究当中,当属法国学者起步最早、成果最丰。在英语世界,直到1868年首个英文版《道德经》才由湛约翰翻译出版,这比波蒂埃的法文全译本晚了差不多30年。① 但在译本出现之前,英国学者已经开始进行相关研究,早期主要参考来源几乎都来自雷慕沙、儒莲和波蒂埃这三位法国汉学家的著作。牧师兼学者查尔斯·哈德威克(Charles Hardwick,1821—1859)在1858年出版的《基督及其他导师:对基督教和其他古代宗教间平行比较的历史性考察》第

---

① 参见俞森林:《中国道教经籍在十九世纪英语世界的译介与传播》,《社会科学研究》2012年第3期,第149页。

三卷中的中国部分涉及儒、道、佛三教，可能是在英国最早系统介绍道教的书。①日本学者福井文雅曾指出，1839年的《中国丛报》首先用单一词Taouism表示道教，这要早于法文Taossisme的出现。② 而他认为理雅各最早在《中国的宗教》（1880）一书中使用Taoism一词，使得这一词语流行于后世。实际上哈德威克的书中已经拼作Tao-ism，时间要早于理雅各，理氏是否参考哈德威克的拼法不得而知。③ 由于哈德威克并非汉学家也不谙中文，其中所引述有关道教的资料几乎全部来自法文，在文献上特别倚重儒莲的研究，后者的译本也被认为是当时最优秀的版本。

与之前的雷慕沙、钱德明相类似，哈德威克的出发点也是中西方宗教思想的比较，如他把道教徒比作犹太神秘主义信徒埃瑟那人，这一想法就来自雷慕沙。又如哈德威克引述葛洪《神仙传》中对老子"剖母左翼而出"的说法，联想及释迦牟尼生于其母摩耶的右肋，并将二者比作圣经中的"道成肉身"（Incarnation）等。但他反对雷慕沙和波蒂埃等人的过分联想和过度诠释：如雷慕沙把"道"译为逻各斯（Logos），将老子与柏拉图及斯多葛派相提并论；波蒂埃推断老子的学说经由犹太和希腊学者传至西方，并影响基督教思想等，哈德威克均认为没有根据。而对于雷慕沙等人在《道德经》中寻求"三位一体"的概念，他更是全然反对。④ 他亦不同意早期译者将"道"解为"理性"（reason），而是将"道"归结为"抽象的动因，生命和秩序的原初法则"⑤。

对于老子，他认为其无愧于"远远领先其同时代人，也比他最杰出的门徒还要高明"的评价。⑥ 但他对后世道教整体上则持贬抑态度。哈德威克的著作在当时颇有影响，至1882年已经印至第四版，他书中的译文虽只是从法文版转译而来，

---

① Charles Hardwick, *Christ and Other Masters: A Historical Inquiry into some of the Chief Parallelisms and Contrasts Between Christianity and the Religious Systems of Ancient World*, Part 3, Cambridge: Macmillian and Co., 1858.
② 《中国丛报》第七卷中有文章介绍清代张继宗所撰《神仙通鉴》，其中使用了Taouism一词。参见"Review of the Shin Seën Tung Keën," *The Chinese Repository* Vol.7(1839), p.511。
③ 参见[日]福井康顺等：《道教》第三卷，上海：上海古籍出版社，1990年，第227~228页。哈德威克将"道"译为Tao是来源于儒莲《道德经》译本。
④ Charles Hardwick, *Christ and Other Masters*, Cambridge: Macmillan & Co., 1858, pp.63-64.
⑤ Joseph Edkins, *Religion in China*, Boston: James R. Osgood and Company, 1877, p.65.
⑥ 同上, p.62。

但也让英国读者初窥《道德经》《太上感应篇》等道教文本的内容。他虽是牧师出身，但观点比较持正，并不会过于贬低其他宗教而抬高基督教。考虑到缪勒在1870年才真正提出"比较宗教学"的概念，哈氏的著作算是开风气之先了。

在此之后，湛约翰的《道德经》译本1868年在伦敦出版并题献给理雅各。① 湛约翰在其序言中解释了他所认为的"道"的三重含义，即"道路""理性"和"言说"。为保持开放性，他在正文中保留音译"Tau"，而在括号中加注其内涵。然而首句"道可道"他仍注为"理性"，这还是沿用此前天主教传教士的解释。湛约翰的译本就学术性而言较儒莲本相去甚远，他也并未就道教提出更多创见。②

1873年缪勒发表《宗教学导论》，在英美传教士及学者中随之出现了一大批以"宗教比较"为主题的著作，但学力参差，瑕瑜互见。其中涉及道教研究的英文著作有艾约瑟《在中国的宗教》(1877)、萨缪尔·约翰逊《东方宗教及其与普世宗教的联系》(1877)、道格思《儒教与道教：非基督教信仰系统》(1879)、理雅各《中国的宗教》(1880)、贝特尼《世界宗教》(1890)等。③

艾约瑟《中国人的信仰状况》(*The Religious Condition of the Chinese*)初版于1859年，后又大幅修订再版。作为最早进入中国内地的新教传教士之一，他的著作致力描述的是当时中国社会的信仰状况而非文本。在第五章讨论三教共存时，他把道教称为"物质论的"(materialistic)，而把佛教称为"形而上论的"，这一结论与雷慕沙等人刚好相反。他指出，道教的灵魂观念是物质的，而他们又通过物质和化学(指炼丹)的手段来达到灵魂不朽(长生)。④ 他还描述了道教的神仙系统，如老子住在太清宫，其他一些神仙住在星宫，而较低的神住在昆仑山或其他山上。⑤ 但他也指出，大多数中国人都有两个以上的宗教信仰，而且并不觉得有何不妥，他将其归因于中国人的迷信，以及对真理的不求甚解。

归纳而言，19世纪英语世界对道教的普遍观点有：老子是哲学家、形而上学论者，在哲学方面比孔子更为深刻；道教是神秘主义的，后世道教徒受到佛教影

---

① 湛约翰与理雅各关系十分亲近，在"译名之争"中曾撰文为其辩护。
② 此后道格思、理雅各等人的著作中仍主要参考儒莲译本，可见一斑。
③ 稍晚出现的还有庄延龄《中国与宗教》(1905)、高延《中国人的宗教》(1910)、翟理斯《儒教及其竞争者》(1915)等。事实上马克斯·韦伯的《儒教与道教》亦完成于1915年。
④ Joseph Edkins, *Religion in China*, Boston: James R. Osgood and Company, 1878, p.59.
⑤ 同上，pp.151-152。

响，走上偶像崇拜道路；道教徒沉迷于占星、炼丹等行为，也就是艾约瑟所谓的物质论。19世纪学者普遍没有对所谓"道家"与"道教"做严格区分，也没有分辨道教与民间信仰。他们所谈论最多的书是《道德经》《庄子》及《太上感应篇》，其他道教经书则较少涉及。对于法国学者(雷慕沙等)所提的"夷希微"①等考证，他们基本都持反对态度，这也反映出19世纪中期欧洲比较语文学盛行，学者对语音考证开始持比较严谨的态度。

## 第二节　理雅各早期对道教及道教经典的态度

1861年起理雅各陆续出版《中国经典》系列，开始其研究生涯。据他在《正德皇游江南》(1843)序言中所说，尚在马六甲英华书院时，他就希望翻译中国古代典籍，以期让西方读者了解中国哲学及宗教。然而与其说理氏感兴趣的是中国宗教，毋宁说是古典文献，因为他首先想要翻译的，是被视为中国最古老历史记载的《尚书》。到1873年回国前，他已经出版了"四书"、《诗经》、《尚书》、《礼记》、《春秋左氏传》等卷，全部都是正统的儒家经书，因而他也作为著名儒家研究者驰名海内外。

理雅各本人的古典学背景对其影响深远。在他一生当中，他的学术取向、兴趣和方法，都与其少年时期的古典学训练紧密相连。在十五岁时，他就将《高卢战记》从拉丁文译成英文，再从英文回译成拉丁文，正如理雅各后来所说，这种翻译练习他一生都在使用。② 在大学时代，他原本的志愿是成为拉丁文教授，只是因为信仰宗派的问题才放弃。③ 因而当他到东方传教时，他的目光也首先投向了儒家经典，但初期他的助手何进善无论是经学或英文水平都相当有限，使得他无路可循。

---

① 指雷慕沙认为《道德经》中"夷、希、微"的发音 I、Hi、Wei 是希伯来语"耶和华"(Jehovah)的对音。但儒莲不同意这一说法，哈德威克、艾约瑟、理雅各、道格思等英国学者均反驳过这一说法。
② James Legge, "A Critical Notice of 'The Remains of Lao-tsze, Retranslated' by Mr. Herbert A. Giles", *The China Review* Vol. 16.4(1888), p.213.
③ "Notes of my life," 波德雷安图书馆馆藏档案，编号 Mss. Eng. Misc. d.1265。

理雅各对古典学的兴趣和素养,使得他与清代经学一拍即合。他在《中国经典》绪论和注释中都大量引述了清代学者的考据成果,有时也加以澄清和辩驳。一直以来都有人把这归于王韬的影响,但实际上在王韬到达香港时,《中国经典》第一卷已经付梓;而就研究方法和框架上,这一卷与后面并没有太大的差别。

就道教而言,理雅各在早期与其接触有两方面,一是文本上的,其次是生活中的。理雅各在整个马六甲和香港的传教生涯中所发表的连篇累牍的文章从未讨论过道教,但如他自己1883年发表在《英国季评》(*The British Quarterly Review*)上的文章中所说,他此前已经翻译过数个版本的《道德经》,但从未发表。合理的推测是他在早期就已经读过《道德经》,并试图进行翻译,只是还没有把握,所以他对老子及道教几乎都没有发表过公开评价。

正如艾约瑟在《中国人的信仰状况》中所说,在当时的中国,大多数人都有一个以上的宗教信仰,而儒、道、佛并为国家性的宗教。理雅各在香港生活近三十年,与中国信徒多有来往,间中也会接触到道教信仰。通过一些游记、日记等文献记载,我们可以窥见理雅各在早期对道教的观点和态度。①

首次记录或许出现在1861年,理雅各与湛约翰一起乘船去广东看望一位教徒车锦光。② 返回时他们顺道游历了道教圣地罗浮山(今广东博罗境内),并造访了山上的道观和佛寺。但显然,这些道观并没有给他留下什么好印象。理雅各评论道,"如果有人期望这些庙宇是虔诚向道之人的修身养性之所,据我所见,他会非常失望。我们所见到的僧侣粗俗无知,修道生活对此也丝毫无补"③。

1864年年底,理雅各与朋友乘船至广东西江进行长达三周的游览,沿途所见不乏佛寺和道观。如在日记中记载,11月19日他们在梧州见到几处道观,"当中充满道教所喜欢的荒诞的形象(grotesque images)"④。28日理雅各一行到西樵山(今佛山境内)游览,见到供奉着吕洞宾的大殿,对其建筑品位大加赞赏。随后他

---

① 在理雅各传记中就记载了一个道士最后皈依基督教的事。参见 Helen Edith Legge, *James Legge: Missionary and Scholar*, London: Religious Tract Society, 1905,或参见中译本第85页。亦可参见 Lauren F. Pfister, *Striving for the Whole Duty of Man*, Vol.2, New York: Peter Lang Publishing, 2004, pp. 293-294。
② 关于车锦光,参见 Helen Edith Legge, *James Legge: Missionary and Scholar*, London: Religious Tract Society, 1905, pp.102-121,以及 SOAS 馆藏档案"Ch'ea Kin Kwang"。
③ Helen Edith Legge, *James Legge: Missionary and Scholar*, London: Religious Tract Society, 1905, p.115.
④ "Three Weeks on the West River," 牛津大学东方图书馆馆藏复印件,档案编号 W9163Leg, p.38.

们见到一个"佛足印",他们猜测:"佛应该不会被容许踏足这样一个道教圣地。我们所看到的更有可能是某个道教神祇的足印。这是一个长2英尺半的印迹,前面有3个小洞,后面有一个,深达数英寸,好像是道教怪物通常有的鸟足或爪所留下的。"①

在理雅各的各种记录中曾多次出现道教徒皈依基督教的事迹。② 因而理雅各认为信仰道教的中国人可能比儒教徒更容易接受基督教:"尽管道教在大众层面是一个低劣的信仰系统,但当道教徒将自己限制在修习古代书籍,以及培养其中所主张的自我否定和谦逊时,他们远比儒家学者更容易接受和同情基督教真理。这是因为儒教促使人傲慢自大,而道教则使人谦逊卑下。"③

从上面一段短短的论述可以发现,理雅各早在香港时期已经对道教的一些典籍和思想有一些模糊的认识。像艾约瑟一样,他也将所谓"大众层面的道教"(实际上是他在现实中有机会接触到的一些道教形式)和"道教典籍"做了区分,将前者归于一种荒诞不经的宗教系统,这一固有看法到1873年理雅各离开香港回国时仍毫无改变。在游览泰山碧霞元君祠时,他再一次使用了"低劣"来形容道教。相比较而言,理雅各对于道教经典的评价则比较正面。他很可能在香港时已经读过《道德经》,因为上面提到的"道教使人谦逊卑下"显然是来自对《道德经》当中"清虚以自守,卑弱以自持"的初步解读。但他当时对道教(以及佛教)在现实中状况的了解显然不如艾约瑟。

毋庸置疑,理雅各是在牛津时期之后才真正开始道教研究的。1875年起理雅各在牛津大学任教,并与麦克斯·缪勒一起着手编纂翻译《东方圣书》系列。极有可能是在后者的建议和影响之下,他才真正投身道教研究。④ 1880年理雅各出版《中国的宗教》,其中第三讲"道教"可以说是他正式发表的第一篇道教研究文章,这时他已经65岁了。此后他在牛津大学的一系列公开演讲中也出现了大

---

① Helen Edith Legge, *James Legge: Missionary and Scholar*, London: Religious Tract Society, 1905, p.60。理雅各等人所见到的可能是西樵山"仙足"。
② 除了之前提到过的,在他的传记中还记载了一位长者及一位女道教徒愿意皈依基督教的事。参见 Helen Edith Legge, *James Legge: Missionary and Scholar*, London: Religious Tract Society, 1905, pp.169-170。
③ 同上,p.169。
④ 理雅各在编纂《东方圣书》中国部分第一卷时所选还是以儒教经典为主,包括《尚书》《诗经》和《礼记》等,缪勒曾写信给他建议加入道教的内容。

量与道教相关的内容,如《道教》(1880)、《老子》上下(时间不详)、《道德经》上下(1882)、《道教:老子和庄子》(1889)、《道教与佛教中的地狱》(1893)、《论业报》(时间不详)。① 由此可以发现,理雅各对于道教的全面研究大约始于 1880 年,他出版第一卷《东方圣书》前后。1891 年,《东方圣书》最后一卷《道教文本》出版,这是理雅各生命中的最后一本书。从这之后一直到他过世,理雅各或许还想要对道教做更多研究,却再也没有机会将其正式出版了。

## 第三节　比较的价值:理雅各在牛津时期对道教的研究

在 1879 年出版的《东方圣书》第三卷前言中,理雅各向读者介绍了中国的儒、道、佛三教,并预告了将会出现在《东方圣书》系列中的经典作品,当中包括了《道德经》《庄子》和《太上感应篇》。理雅各同时提及了在此之前的《道德经》译本,包括儒莲 1842 年出版的法文版,湛约翰在 1868 年出版的英文版,以及两个德文译本,其中一个是缪勒的老友史陶斯(Victor von Strauss,1808—1899)所译,缪勒早年所读即是这个版本。② 理雅各指出,无论《道德经》中的"道"所指为何,道教在其后的发展过程中都大量吸收了儒、佛两家的思想。它一方面劝导一种高调的道德观,另一方面则发展出一套怪异的信仰系统,鼓吹养气长生。③ 这时理雅各已经开始着手翻译自己的《道德经》译本,并且在 1880 年完成了第一个版本。但由于他自己并不满意,这个版本从未能够问世。

在 1880 年出版的演讲集《中国的宗教》当中,理雅各首次在公开演讲当中讨

---

① 演讲时间来源于 SOAS 馆藏的一份手稿所记目录(CWM/China/Personal/Box 9),该目录应是理雅各后人所整理。具体讲稿均藏于牛津大学波德雷安图书馆,但并没有表明时间,当中有一些目录没有记载。

② Stanislas Julien, *Lao-Tseu Tao Te King: Le Livre de la voie et de la vertu*, Paris: L'Imprimerie Royale, 1842; John Chalmers, *The Speculations on Metaphysics, Polity and Morality of The Old Philosopher Lau Tsze*, London: Trübner and Co., 1868; Victor von Strauss, *Lao-Tse's Tao Te King*, Leipzig: F. Fleischer, 1870; Reinhold von Planckner, *Lao-tse, Tao-te-king*, "Der Weg zur Tugend", Leipzig: Kessinger Publishing Co., 1870.

③ James Legge, *The Sacred Books of the East*, Vol. 3, Oxford: Clarendon Press, 1879, "Introduction," p.xxii.

论道教(Daoism),他在演讲词当中称儒教在中国"出类拔萃、地位超然",而道教和佛教也有合法地位,官方的认可程度随着朝代不同而改变。①《中国的宗教》出版时,理雅各对于道教的观念似乎还很模糊。儒教虽然文献数量极其庞大,但较容易取得;而道教却很难通过《道德经》之类的经典来定义。在理雅各看来,在道教的一些经典,如《庄子》和《列子》当中,充斥了"奇怪的迷信",并且也搞不清这些作者在多大程度上相信他们所写的内容。②而道教观宇中所供奉的"三清""玉皇大帝"等神祇,在理雅各看来无异是混乱的多神教的象征:"道教当中充满了各种'神仙''大神'和'天神'。在儒教当中,'上帝'一词从未被滥用到如此程度而未经任何纠正。但在道教中,'帝'这一名称被用于几十个神祇上,再没有一种多神教像道教如此明显,如此奇异,又缺乏任何诗意的想象和美感。"③在当时,理雅各对于道教的抵触根深蒂固,不仅是由于他固有的新教式宗教观,也是由于长期研究儒教所造成的儒家式精英主义。

1882年11月,理雅各选择《道德经》为主题在牛津大学进行了两次公开演讲。他在演讲开头描述了一个"外国人"到中国有可能对于道教产生的印象:由于在西方文献中常常把"道教"解释为"理性主义"(Rationalism),他有可能对自己在中国看到的各种道教仪式感到目瞪口呆,因为这些仪式和活动不仅和"理性"毫无关系,而且甚至"比澳洲原始部落和非洲土著更加荒唐和非理性"。接下来这个"外国人"开始读老子的《道德经》,他又发现在这本被称为道教经典的书中,找不到任何那些迷信活动的影子,这才让他松了一口气。④毋庸置疑,这就是理雅各自己的写照和心路历程。理雅各重申自己在《中国的宗教》一书中的观点,认为道教中的"迷信行为"应当归之于佛教的影响而非老子。

接下来理雅各专门提到在欧洲汉学中第一位介绍《道德经》的专业学者,他一贯尊敬的法国汉学家雷慕沙。雷慕沙在1823年发表了一篇题为《老子的生平及其学说》的演讲,这篇讲演词后来在巴黎出版。理雅各引用雷慕沙对老子的评价,称之为"一位真正的哲学家,独具慧眼的道德家,口才雄辩的神学家,以及微言

---

① James Legge, *The Religions of China: Confucianism and Taoism Described and Compared with Christianity*, London: Hodder and Stoughton, 1880, pp.157-237.
② 同上,p.164。
③ 同上,p.170。
④ "The Tâo Teh King,"波德雷安图书馆馆藏档案,编号 Mss. Eng. Misc. d.1262, fols. 21-22。

大义的形而上学者","既有柏拉图主义的宏伟,又有其晦涩不明";而老子对于宇宙的观念,则与毕达哥拉斯和柏拉图的学说颇有共通之处。① 雷慕沙否定了耶稣会士们将"一生二,二生三,三生万物"引申为天主教的"三位一体"的说法,但他自己又声称在《道德经》中发现某个发音类似于"耶和华"。比较起来,儒莲的译本是"冷静公正的",丝毫没有耶稣会士和雷慕沙的种种想象,但在理雅各看来,似乎过于冷静了,以至于缺少了对作者的同情。② 他也在这次演讲时提到了湛约翰等英国研究者,并对他们的成果表示赞赏。1883 年,理雅各将这篇演讲词修改之后发表在《英国季评》上,这篇文章可以看作是理雅各在进入牛津以来所做的有关《道德经》和道教前期研究的一个总结。③

## 一、找寻"唯一神"的努力

如同耶稣会士在儒家经典中寻找"上帝"一样,道教经典也曾经被传教士和汉学家拿来从中找寻早期东西方交流的蛛丝马迹。理雅各在尚未来东方之前就从大主教尼古拉斯·韦斯曼的演讲中得知雷慕沙将《道德经》中的"夷、希、微"解释为耶和华,根据他的自述,他曾有两三年时间一直在传教过程中使用"夷希微"来表示耶和华。但 1842 年儒莲的译本问世,他就立刻服膺于儒莲的辩驳而放弃了这一颇有索隐派意趣的说法。尽管如此,理雅各并没有放弃他在中国宗教中寻找唯一神的努力。他先是在 1879 年《东方圣书》中国部分第一卷中将《尚书》等古代典籍中的"帝"和"上帝"译为 God 而引起轩然大波,后又不畏反对声浪,在《教务杂志》上连载给缪勒的信,明确表示中国人所知的上帝就是基督教的上帝。而对于他认为同样古老的《道德经》,他自然不会放弃这一努力。

1880 年,他为英国长老会做了四个演讲,即后来出版的《中国的宗教》,当中理雅各首次完整讨论了道教,同时也对"老子是否认识到上帝存在"这一对于新

---

① "The Tâo Teh King,"波德雷安图书馆馆藏档案,编号 Mss. Eng. Misc. d.1262, fol.23。在欧洲还未出现第一个《道德经》译本之前,雷慕沙的这篇文章在欧洲思想界颇具影响力,黑格尔《哲学史讲演录》中的道家部分,其资料来源主要就是雷慕沙的论文。参见[德]黑格尔:《哲学史讲演录》第一卷,贺麟、王太庆译,北京:商务印书馆,1983 年,第 124 页。
② "The Tâo Teh King,"波德雷安图书馆馆藏档案,编号 Mss. Eng. Misc. d.1262, fol.25。史陶斯则认为儒莲对雷慕沙有关耶和华的说法否定得"太快了"。
③ James Legge, "Tao Teh King," *The British Quarterly Review* (July 1883), pp.45–59.

教传教士具有特殊意义的问题加以讨论。包括道格思在内的汉学家都认为《道德经》中并无人格神的存在,但理雅各却不完全同意。解读的关键点,即在于"道"和"天地"两词的解释。理雅各对于作为道教核心观念的"道"所做的解释一直是相当谨慎的,并且竭力避免像前人一样,用任何西文词来对译——如他自己所说,如果老子自己都认为"道"不可用言语解释,那么后学自然也如坠迷雾了。但他仍尽力提出了几点:首先,"道"并非人格化的神;其次,"道"虽然先天地生,但这里的"天地"与儒教经典中的"天地"是不一样的。理雅各通常视后者为"天"(Heaven),也就是说与"上帝"是互用的;而前者则是指物质世界,也就是"天地万物"之义。因而老子所说"道"先天地生,并不等于把自己的"道"凌驾于"天"之上。而当老子把"天"用作非物质性的含义来谈论时,理雅各认为这就是指上帝。①

相对于他之前强硬坚持儒教早期经典中有作为唯一神的"上帝"的存在,他对于《道德经》中唯一神的表述方式是保守的。他承认自己在解读时遇到了很大困难,虽然最后他用谨慎的口吻说,"老子并没有说他不信仰唯一神。相反,他接受它的存在","对于老子是否认识到上帝存在,我回以肯定的意见"。然而随后他立刻说,"尽管上帝的存在没有被否定,但这本书中并没有什么宗教的教诲"②。这与他对待儒教的态度是大相径庭的。③

## 二、世俗与典籍的距离:理雅各对"作为世俗宗教的道教"的研究

在《中国的宗教》一书中,理雅各第一次严格区分了"作为宗教的道教"和"作为哲学的道教",这与此前的西方学者有了明显的差别。面对极度庞杂繁复的道教谱系,他试图梳理出一个"官方体系",而最终他把道教的官方地位归结为江西

---

① James Legge, "Tao Teh King," *The British Quarterly Review* (July 1883), pp.225-229.
② 同上,p.229。
③ 赵惊在《理雅各〈道教文本〉译序和导言研究》一文中,认为理雅各赞同哈德威克等人将道解释为"自然"(Nature),并且引申出"自然"是造物主或上帝的说法。实际上理雅各从未接受这一译法,他明确指出,"假如'道'有这一含义的话,我会像巴尔福一样毫不犹豫采用这一译名,但它并没有,如果强加一个不自然的意思在其中,只会使思绪混乱,并模糊老子的本意"(Preface, p.14)。将"道"译为 Nature 其实与早期法国汉学家将其译为 Logos 并无差别,理雅各历来反对,并且认为"天"或"帝"才是代表唯一神,这也是他花上许多笔墨为"道者先天地生"做解释的原因。参见赵惊:《理雅各〈道教文本〉译序和导言研究》,《基督教文化学刊》2011 年第 2 期,第 65~67 页。

龙虎山的"天师":"……它的教主或教会首领所在地在江西省的龙虎山。他姓张,头衔是天师。从公元1世纪起,除了一段时间的中断之外,道教的领导权一直在张氏家族的手里。据说每一任天师都得到了第一任天师的真传,直到今天。"①

这一描述并不准确。天师道(或称正一道)在魏晋时经陶弘景、寇谦之整肃,形成南北天师道,在唐及北宋时虽与官方有密切来往,但实际上并没有对全国道教的领导权。直到南宋第三十五代天师张可大时方获得掌管"丹鼎派"之权,同时间其他派别如茅山派等也颇见宠于朝廷。直到明代之后,天师道天师才被授权掌管天下道教。至于理雅各引用梅辉立所言,"与此同时,(官府)又绝不干涉这两个宗教团体内部组织事务或教会成员等级的升迁,皇家机构为它们提供一个与无所不在的官僚体系和谐相处的框架,将这一框架嫁接在根据其自己的传统规则发展起来的这两个宗教的教阶等级制度之上",实际上宋代有道官选任制度,中央级道官还有考试制度,这当然不能说是"绝不干涉"。② 由于理雅各并未提到任何其他宗派,并把天师称为"教主"(pope),与孔氏相提并论,这样很容易使读者误以为这是唯一正统的道教宗派。在注释中理雅各对道教"天师"传承的描述也显示出他对这一问题并不清楚,如他认为寇谦之是"篡夺"了张氏家族的"天师"之位,并且寇氏家族将这一地位延续至唐玄宗时。③ 理雅各自己也意识到了这一点,因而他表示希望有汉学家能深入研究这一问题。④

关于道教的起源,他与此前的学者一样将其归于一种原始的"占星术"。由于理雅各坚持认为在上古时期中国人具有唯一神信仰,而后来由于统治者以祖先崇拜截断了这种崇拜,因而理雅各将道教的产生归于在这段时间(应是指西周到先秦)内一般人对与上天和神交流的渴望。理雅各认为,统治者出于维护自身权威的需要而禁止了对最高神的崇拜,而代之以祖先崇拜,但这并不能满足人们的心理需要,因而诉诸其他神祇。同时他也引用"非其鬼而祭之,谄也"以及"子不

---

① James Legge, *The Religions of China: Confucianism and Taoism Described and Compared with Christianity*, London: Hodder and Stoughton, 1880, p.162.
② 向仲敏:《两宋道教与政治关系研究》,北京:人民出版社,2011年,第109~125页。
③ 实际上是在寇谦之时道教才获得国家宗教的地位,之前的"天师"并未得到当时朝廷的认可。寇谦之所改革的天师道与之前的有很大区别,寇氏家族也从未继承"天师"的头衔。参见[日]窪德忠:《道教史》,上海:上海译文出版社,1987年,第117~129页。
④ James Legge, *The Religions of China: Confucianism and Taoism Described and Compared with Christianity*, London: Hodder and Stoughton, 1880, pp.233-234.

语怪力乱神",以证明孔子实际上是反对这种迷信的。

关于佛教传入后对道教的影响,理雅各选择佛教中"地狱"观念进入道教之中以及两者的差异作为切入点,而并未涉及其他早期经典和佛道间的冲突,也并未详述在历史上的演变过程,首先这可能与他当时所能获得的道教文本极为有限有关。在后来的一篇演讲中,他说:"(涅槃学说)在一千年前并没有成为道教教义。而如今它却是了。当大量的中国文献能被欧洲学者全面检阅并掌握之时,它成为道教学说的过程和时间有天将会全部公开。"①这里所说的"一千年"是指《玉历钞传》最早出版的时间。早期道教确实没有"轮回"的观念,这一观念正是在北魏时由寇谦之引入。② 另一原因则是在基督教中也有"地狱"的说法。但在理雅各看来,基督教中的"未来王国"(指耶稣复活后的世界)是一种更积极的描述。值得注意的是,理雅各有一节专门驳斥反对"耶稣复活"的人,所针对的极有可能是当时牛津托马斯·希尔·格林等怀疑神迹的自由主义者。③

综上所述可以发现,理雅各在一开始进行他的道教研究时遇到的最大问题是文献不足。除了其他汉学家的作品,他所依赖的道教文本主要就是一本《玉历钞传》(版本不详)和《太上感应篇》,而《道藏》中的任何道教经典都从未被引用。《玉历钞传》(或称《玉历宝钞》)是清朝极为流行的善书,最早出现在辽代,宣扬善恶果报的观念,每个版本都大量引述当时的故事,以便信徒理解。它虽然贴近民间社会的宗教状况,但用来理解整体道教,无疑是非常不足的。而当时其他汉学家的文献来源和作品水平也都在伯仲之间,无法给他提供更好的支持。理雅各自己无疑也意识到了这一点。与对儒教的研究比起来,他对于道教的很多描述都显得不那么确定,并多次提到要留待将来研究。

---

① "The Purgatories of Buddhism and Taoism,"波德雷安图书馆馆藏档案,编号 Mss. Eng. Misc. d.1260。这一演讲在原始档案中并未标注时间,但大约应在 1881 年,其中许多内容与《中国的宗教》是一致的。关于理雅各提出的问题后来的学者已有讨论,如索安(Anna Seidel)1987 年的论文"Afterlife, Chinese Concepts"。
② 汤一介:《早期道教史》,北京:昆仑出版社,2006 年,第 226~227 页。
③ James Legge, *The Religions of China: Confucianism and Taoism Described and Compared with Christianity*, London: Hodder and Stoughton, 1880, pp.271-281.

## 三、理雅各与翟理斯关于《道德经》真伪的争论

1886年,年轻的英国外交官、汉学学者翟理斯(Herbert A. Giles,1845—1935)在《中国评论》上发表了一篇长达50页的文章,标题为《老子的残言:重译》。[①] 在这篇文章中,翟理斯不仅对老子其人以及《道德经》的真实性提出了质疑,也对此前出版的译本和研究大加批评,当中包括了湛约翰在1868年出版的英译本,以及理雅各发表在《英国季评》上的文章。翟理斯称湛约翰译本多数是照搬儒莲的法译本,很少创见,"其中百分之七十是失败的"。[②] 而对于理雅各,他引用了以下两段文字:"但老子的确写了《道德经》,并且得以流传。这使得数千年后人们仍然对他有兴趣。……不是所有人都对《道德经》评价那么高,但它应该被作为'圣典'来珍惜""然而老子并非无神论者和不可知论者,他看待自然的方式比较接近进化论者。如果忽略到公元前6世纪和我们所处的19世纪之间科学和哲学状况的巨大差异,我们完全可以宣称老子非常接近于达尔文。"[③]

这两段话都引自理雅各1883年发表的《道德经》一文。翟理斯声称在关于《道德经》真伪的问题上,绝大多数前辈汉学家都是他的敌人,从雷慕沙到儒莲到史陶斯都在其中,此外他提到的还有伟烈亚力、巴尔福(F. Henry Balfour,1846—1909)、花之安(Ernst Faber,1839—1899)等。翟理斯在文中举出各种证据来证明,《道德经》"毫无疑问是伪作。其中有一些是老子所说,但多数并非出自他之口。而那些真正由他所说的话,又往往被翻译错了"。[④]

翟理斯的这篇文章言辞尖刻,语气武断,当时在汉学界引起不小波澜,湛约翰、巴尔福等人纷纷在《中国评论》上撰文反驳,但理雅各并未立刻回应。[⑤] 当然翟理斯也并非没有支持者,另一位英国汉学家金斯密就认为,翟理斯的《老子

---

① Herbert A. Giles, "The Remains of Lao Tzu: Retranslated," *The China Review* Vol.14.5(1886), pp.231-281.
② 同上,p.233。
③ 同上,p.233。
④ 同上,p.235。
⑤ Frederic H. Balfour, "Giles' Remains of Lao-tsze," *The China Review* Vol.15.2(1886), p.132; John Chalmers, Joseph Edkins, E. H. Parker, "The Tau Teh King Remains," *The China Review* Vol.14.6(1886), pp.323-333.

的残言:重译》一文是"近年来批评中国古文献最重要的文章"①。在金斯密看来,正是由于"理雅各及其同道的不真实的翻译诠释",幼稚地赋予了"经过拙劣修补起来的空虚的道家哲学"一种重要地位,让其脱离了它的"实际价值和真正优点"。②

对于理雅各来说,翟理斯的文章本来算不上什么"大发现"。清代学者疑古之风盛行,特别是乾嘉时期的学者尤以考证典籍真伪作为其重要研究内容之一,因此熟知清代学术传统的理雅各在其研究生涯中对中国典籍的真伪问题丝毫都不陌生,前文所讨论的古文《尚书》真伪问题就可见一斑。尽管《中国评论》的编辑立即把翟理斯的文章寄给了理雅各,但他直到两年之后才撰文作了详细的回应,并对翟理斯的论据进行了逐条批驳。他在文中说,翟理斯的文章所造成的影响是他没有预料到的,而由于他承担了《东方圣书》道教部分的翻译工作,因此觉得自己有责任对于《道德经》的真伪问题作出回应。③ 平心而论,翟理斯的怀疑是由于对学术史的不了解所致,当中有些证据很难经得起严格推敲;而理雅各的反驳也遵循其一贯的文献学风格,举证在清代可见的《道德经》版本并加以说明。翟理斯对理雅各的回应文章刊登在同一期《中国评论》上,他称理雅各是因为承担了《东方圣书》的翻译工作,才对《道德经》被认为是伪书感到恼怒,理雅各对此没有再作回应。④

初出茅庐的翟理斯对于理雅各来说,或许算不上什么强有力的对手,但这次争论促使理雅各对《道德经》一书的作者及成书年代问题做更深入的研究。他之后写了《关于老子是〈道德经〉的作者》一文,在这篇论文中他对《道德经》的版本做了更详细的推敲,而这篇文章的内容后来也被他放进了《东方圣书》道教部分

---

① T. W. Kingsmill, "Review: The Remains of Lao-tzu, Retranslated by H. A. Giles," *Journal of North China Branch of the Royal Asiatic Society* Vol.21(1886), p.116.另参见王绍祥:《西方汉学界的"公敌"——英国汉学家翟理斯研究》,福建师范大学博士论文,2004年,第164页。
② 参见[美]吉瑞德:《朝觐东方:理雅各评传》,段怀清、周俐玲译,桂林:广西师范大学出版社,2011年,第329页。
③ James Legge, "A Critical Notice of 'The Remains of Lao-tsze, Retranslated, by Mr. Herbert A. Giles," *The China Review* Vol.16.4(1888), pp.195-214.
④ H. A. Giles, "Notes," *The China Review* Vol.16.4(1888), pp.238-241.

的介绍当中。① 1891 年,理雅各终于在他 76 岁高龄时出版了《东方圣书》的最后两卷,包括《道德经》《庄子》《太上感应篇》,以及附录中的《清净经》《阴符经》《玉枢经》等道教经典。理雅各在介绍中专门辟出一章重申老子生平以及《道德经》的真伪问题,他并不想重新挑起争端,而是想要更清楚地阐明自己对此的观点。就老子的生平来说,理雅各对《史记》当中的记载是完全信任的,在这点上翟理斯则与他不同。理雅各所提出的第二个证据是,《道德经》的 81 章中有 71 章可以全部或部分在《列子》和《淮南子》中找到,而且引文大体是正确的;或有差别者应是记忆有误所致。汉代《道德经》古本虽然已经失传,但名目尚在;而隋代流传至今的河上公本的注者河上公是战国时人,这一版本成书应不晚于公元前 150 年。② 而另一个流传很广的是王弼注本,理雅各说自己有的版本是 1794 年的活字本(即乾隆年间印本)。③ 接下来他又详细比对了各版本《道德经》的章节和字数:通行的河上公本是 81 节,严遵本则分为 72 节;从字数上来说,河上公本 5350 字(有一印本 5590 字),王弼注本 5683 字(另一印本 5610 字),差别并不大。④ 最后理雅各下结论说,《道德经》是他所知道的古代文献中最真实可靠的。这一结论也是他对翟理斯的最终回应。

在《东方圣书》道教部分出版约 30 年后,梁启超提出了《老子》年代问题的讨论,争论焦点在于老子和孔子孰先孰后;⑤ 钱穆在 20 世纪 30 年代也数次撰文对《老子》的成书年代提出疑问,并且认为《老子》成书当在孔墨之后,这都是对理雅各所深信不疑的"孔子问礼于老子"的否定。⑥ 而随着敦煌古本和郭店楚简等新

---

① "Paper on Lao-tsze's Authorship of Tao Teh King," SOAS 馆藏伦敦会档案, CWM/China/Personal/Box 7, 未刊文。
② James Legge, *The Sacred Books of the East*, Vol. 34, Oxford: Clarendon Press, 1891, "Introduction," pp. 5–7.
③ 因王弼本不分《道》《德》二经,孙诒让曾引《弘明集·牟子理惑论》"所理止于三十七条,兼法老氏道经三十七篇",因证今传王弼注本出自宋代晁说之所校而非汉唐旧本。参见孙诒让:《札迻》卷四,《老子王弼河上公注》,北京:中华书局,2006 年,第 125 页。
④ James Legge, *The Sacred Books of the East*, Vol. 34, Oxford: Clarendon Press, 1891, "Introduction," p.9.
⑤ 参见黄淑基:《论梁启超对老子思想的评析》,《通识研究集刊》第 7 期,2005 年 6 月,第 83~92 页。
⑥ 参见钱穆:《老子杂辨》,见《先秦诸子系年》,台北:联经出版社,1998 年,第 233~261 页;钱穆:《关于〈老子〉成书年代之一种考察》《再论〈老子〉成书年代》《三论〈老子〉成书年代》,见《庄老通辨》,北京:生活·读书·新知三联书店,2005 年,第 24~113 页。

材料的发现,翟理斯和理雅各、梁启超和胡适等人的争论都已经成为汉学史和思想史上定格的片段。① 但对于理雅各个人来说,这是从儒教研究到道教研究的一个明显过渡,同时也是对经学式研究方法的延续。

## 四、理雅各晚年的道教研究成果和观点修正

相比于在《中国的宗教》中还主要依赖一些汉学家(包括翟理斯)的研究,理雅各在《评翟理斯〈老子的残言:重译〉》一文中已能大量引述历代《道德经》注家,表现出他对于道教相关文献的掌握已经大有长进。② 理雅各在1891年出版了《东方圣书》他所负责的最后两卷(The Texts of Taoism,下称《道教文本》),这是他在该领域最后的最重要成果。而在《道教文本》出版时,他重提与翟理斯的论辩,极力为《道德经》和《庄子》的真实性辩护,并且在序中详细列举了他所使用的参考文献及文本。从这些文献文本来看,理雅各在儒莲等法国汉学家的研究基础上更进一步,引入了不少清代学者的研究,如陆舆编《道祖真传辑要》(1877年常州版)、陆树芝《庄子雪》(1796年版)、胡文英《庄子独见》(1751年版)、惠栋《太上感应篇注》(1749年版)等。③ 可以发现以上所举实际上皆是儒家学者,惠栋更是乾嘉经学的代表人物,从理雅各的文本抉择来看,他受清代经学影响是毋庸置疑的。

理雅各对于自己早期观点的第一个修正是关于道教思想的起源问题。在《中国的宗教》及《东方圣书》第一卷中,他都提到过"老子是道教被认可的始祖",但《道教文本》出版时,他一上来就提出"在老子写《道德经》以前就已经有道教思想存在了",老子有可能与孔子一样"述而不作",并引述宋末元初的道士杜道坚的说法,认为老子习惯于引用前人的书,如"谷神不死,是谓玄牝"就是引自黄帝书。④ 所谓的"黄帝书"自然是不存在的,虽然道教中的一些思想、仪式和习俗在

---

① 郭店楚简所出土三个版本的《老子》对于《老子》成书年代问题,特别是关于老子对于"仁义"的态度,有了进一步讨论的根据。郭店本《老子》是目前可见最老的版本,但仍可能有比其更老的版本存在。参见李零:《郭店楚简校读记》,北京:中国人民大学出版社,2009年,第19~21页。
② James Legge, "A Critical Notice of Remains of Lao Tsze, Retranslated," *The China Review* Vol. 16. 4 (1888),pp.195-214.
③ James Legge, *The Sacred Books of the East*, Vol. 34, Oxford: Clarendon Press, 1891, "Preface," pp. xx-xxii.
④ 同上,"Introduction," pp.1-2。

周代前就已存在这一说法现在得到了公认,但理雅各认为老子引述前人作品却并无证据。

在《道教文本》中理雅各明确反对用任何英文词汇来对译"道",他对雷慕沙所说的"理性"(raison),儒莲所说的"方法"(la Voie)以及哈德威克和巴尔福所用的Nature都不赞同,认为都未尽老子的本意,因而提出音译。① 虽然此前在《中国的宗教》中他已经提倡音译,但未尽其义,因而在《道教文本》中对此问题又详加论述。理雅各反对用Nature一词的首要原因是,他认为Nature让人联想到上帝所创立的一种法则,而"道"在道教文献中并无此意。他指出"道"不是"实质性存在"(有),而是"存在的方式"(a mode of being),因而无法在英文中找到一个实义的词与它对译。②

在第一卷《东方圣书》(1879)出版时,理雅各曾因坚持把《尚书》中的"帝"译为God而引起"译名之争",但对于翟理斯在其《庄子》英译本中将"帝"译为God,理雅各却是大为不满,称对其感到"刺眼"。③ 这实际上反映出理雅各对中国古代宗教一直以来的看法:他坚持认为在上古时期中国有一神信仰,因而《尚书》等成书较早的文本中的"帝""上帝""天"等都是这种早期信仰,所反映的正是一神信仰。在一神论的前提下,用基督教名词进行对译自然不成问题;而《庄子》《老子》成书年代都晚于孔子,已经是上古信仰"礼崩乐坏"的时代,自然书中也不可能再有一神论存在了。

同时,在《道教文本》中理雅各也讨论了佛教对道教的影响:"直到公元一世纪佛教传入时,道教才开始成为一个宗教组织,有了男女修道院,有了神像和仪式。与此同时,它还保留着自己独有的迷信——有些是从上古流传下来,如修道以求长生,另一些是周朝衰落时发展壮大起来的——现在有占卜,有炼金术,有炼长生不老的丹药,有占星术,有视鬼和抓鬼的法术,以及最后还有对炼狱和永生地狱的恐惧。它的形态一直在变化,而现在更多的是以佛教的低级附属物吸引着我

---

① James Legge, *The Sacred Books of the East*, Vol. 34, Oxford: Clarendon Press, 1891, pp.12-15.
② 同上,p.15。在《庄子·则阳第二十五》中有"道不可有,有不可无。道之为名,所假而行。或使莫为,在物一曲,夫胡为于大方? 言而足,则终日言而尽道;言而不足,则终日言而尽物。道物之极,言默不足以载;非言非默,议有所极。"说明用语言来描述道的坏处和不可能性。
③ James Legge, *The Sacred Books of the East*, Vol. 34, Oxford: Clarendon Press, 1891, p.17.

们的注意,而非从老庄之言发展而来。"①

但他也认为在早期道教文献(《道德经》和《庄子》)当中有些根源性的东西,使得后来的道教徒非常容易接受佛教的一些说法,特别是地狱、轮回等观念。在此基础上,他进一步讨论了从前并未涉及的道教中的"长生"问题。在理雅各看来,"道法"一开始可能就是为了长生,"先天地生而不为久,长于上古而不为古"。如他引述的《庄子·大宗师》中南伯子葵问女偊,以及《庄子》外篇中的《在宥》中黄帝见广成子,广成子自述已活了一千两百岁等,都说明了早期道教的"长生"观念。②

除了《道德经》和《庄子》,理雅各选择了《太上感应篇》作为反映中古道教的样本。对于西方学者来说,《太上感应篇》并不全然陌生,早在1816年雷慕沙就译出了第一个法文版,后来克拉普罗特、儒莲等人也曾翻译。理雅各在说明他为何选择这一文本时说:"这一篇章更多地像是我们所理解的布道词或是大众性的小册子。它避开了复杂的讨论,而直接摆出了若干种好的特性和行为,以及更多坏的(特性和行为),鼓吹实行好的而反对坏的。……在《东方圣书》当中给它一个位置是因为它在中国的流行性。"③实际上,《太上感应篇》与此前理雅各在《中国的宗教》曾多次引用的《玉历钞传》一样也是善书,但结构显然更严整、流传更广泛。他提醒读者注意自中古以来道教产生的变化:《太上感应篇》中所说的报应没有超出现世,而近世道教中则充斥了对阴府地狱的描述以及罪人受到永罚的说法,这无疑是受到佛教日益严重的影响。④

而理雅各唯一没有突破的,是在道教的教派和世系方面,他沿袭了《中国的宗教》中对"张氏家族"的描述,在文献方面也没有更多进展。他所提到的张道陵是张良后代的说法,明显也是毫无根据的。这大概主要还是文献不足的缘故。

---

① James Legge, *The Sacred Books of the East*, Vol. 34, Oxford: Clarendon Press, 1891, "Preface," p.xii.
② 同上,"Introduction," pp.24-25。
③ 同上,"Introduction," p.37。
④ 同上,"Introduction," pp.43-44。儒、道、佛之间的关系和影响也是理雅各在道教研究后期所关注的课题之一。1893年他向东方学大会所提交的论文("A Fair and Dispassionate Discussion of the Three Doctrines Accepted in China")即是以刘谧的《三教平心论》为中心,讨论三教合一的问题。

## 五、手稿与其他：理雅各道教研究中的一些矛盾

经过《道教文本》的翻译和研究，理雅各在道教研究和文献掌握上已经有了很大进展，他本可以取得更多成果，但在《道教文本》出版时他已经76岁，这也是他出版的最后一本著作。除了以上所引过的著作及讲稿，据笔者所见，在牛津大学波德雷安图书馆还藏有理雅各手稿一本，主要讨论老子及道教学说。[①] 手稿本中内容均不见于《道教文本》，从内容和结构来判断，应是《道德经》译本的序（Preface）和简介（Introduction），当中简介部分共有30节。关于这本手稿有两种可能性：一是理雅各为自己的某个《道德经》译本所写的前言，不知什么原因后来并未出版；二是《道德经》再版单行本，理雅各为其撰写的新序，但笔者并没有找到这个单行本的《道德经》。无论是前者还是后者，都证明理雅各在不同时间对老子和《道德经》的理解有模糊、出入和矛盾之处。以下笔者将用有限的篇幅简述其中一些要点，特别是与《道教文本》有出入之处。

从手稿第1节至第5节，理雅各简述了从柏应理、杜赫德到雷慕沙、儒莲的欧洲《道德经》译介历史。他称儒莲的译本"正确性不容质疑，将永远保留其价值，想要超越是不容易的"。但同时理雅各也批评说，儒莲走到了雷慕沙的对立面，竭力避免把老子与西方思想家相比较，否定双方有任何接触和可比性。他还从《史记》中老子出函谷关的记载和"老子化胡"的传说出发，讨论了老子与西方世界接触的可能性。这些内容无论在《中国的宗教》或是《道教文本》中均未被提到。

理雅各在手稿中称老子的学说"从根本上来说是神智学（theosophical）的"，称老子是"属于最深刻的追问者和思想家，人们或许以为它们是神秘主义的，但它们是从所有存在的最深刻处出发"；并且说虽然没有启示，但老子的知识来自最准确的经验，并成为一种"世俗智慧"。（第7节）同时他举证笛卡儿、斯宾诺莎、莱布尼茨、费希特、谢林和黑格尔等人，认为伟大学说之间有可能相互矛盾，而不同思想也可能是同源的。这里理雅各的说法非常模糊，似乎是想证明老子虽从字面上与基督教学说无关或抵触，但两者仍可以同时成立。这一说法在《道教文本》

---

① 无标题手稿本，波德雷安图书馆馆藏，档案编号 Mss. Eng. Misc. d.1254。该稿本共有82页，双面，首页有理雅各手抄《清经解》目录一段。

中当然也是不存在的。

另一个值得注意的地方则是在第 10 节中，理雅各讨论到"道"的翻译问题。他首先引述了《道德经》在若干处对于"道"的描述和解释，并表示不同意雷慕沙"Reason"和儒莲"The Way"的译法。但令人吃惊的是，理雅各接下去说，"如果非要翻译'道'这个词，它表示'存在'（Being），由于我们在英文中找不到其他表示最高存在的词，除了 God 以外我们没有其他选择。"这与理雅各一直以来的态度大相径庭，因为在其他出版物中我们可以看到理雅各一贯都反对用任何词翻译"道"。相对而言他稍微能接受的是儒莲的译法，而 God 是他一直都反对的译法。在第 12 节他又谈到这个问题，他指出上古时中国人可能用不同的名词指代"最高存在"，最为对应的是"帝"或"上帝"，而"道"是另一个程度上的对应说法。

从上面的描述可以发现，在这一手稿本中理雅各非常热衷于将老子描述为一个虽然没有启示但自发地探索世界本源和存在的思想家。与儒莲不同，理雅各虽然不同意雷慕沙和波蒂埃的过分发挥，但也同样非常热衷于将老子与西方一些宗教、哲学家进行比较。由于我们无法确定手稿本所产生的时间，因而也无法知道理雅各是在后期抛弃了这些想法，或是在晚年思想有所转向。

总体来说，理雅各的道教研究虽仍带有 19 世纪汉学的特色，但在当时来说其晚年出版的《道教文本》是英语世界最权威的道教译本和研究著作，也代表他在道教领域的成就和影响，这得益于他在经学方面的功底远超过同时期其他学者，但在一些宗教问题的解读上他仍不免自我设限。他的缺憾则在于在中国内地的生活经历太少，无法像艾约瑟那样对道教这一本土宗教有比较丰富的感性认识。我们可以发现，19 世纪西方学者对《道藏》的了解很少，理雅各也不例外，因而对所谓"作为世俗宗教的道教"经典的了解是相当有限的，在这方面，20 世纪的汉学家取得的进展是巨大的。另外在《道德经》文本意义的研究上，后来的学者得益于近代帛书、竹简的大量出土而突飞猛进，理雅各、翟理斯等人均未有机会见到新材料，自然更不必苛责了。

理雅各在加入《东方圣书》的翻译之初，就积极向缪勒推荐，要将儒家经典《书经》和《诗经》等包括在《圣书》当中，这些是他一直以来认为最能反映中国特别是古代中国的宗教信仰状态的著作。而对于道教研究，理雅各一向缺乏兴趣，他在香港期间从未发表专著或文章来专门讨论道教。但缪勒数次致信理雅各，希望他将儒家经典控制在 4 卷以内,余下的 2 卷留给道教经典,理雅各虽然同意了,但他起初并未像缪勒在《宗教学导论》中所说的,要让所有宗教都获得平等地位,而是仍将儒教置于较高位置。①

---

① 参见附录三"理雅各与缪勒通信列表"。

结论

重构理雅各的思想世界和观念来源

1896年,已经81岁高龄的理雅各开始为自己的子女口述回忆录:这是维多利亚时期英国知识分子家庭常有的习惯。[①] 理雅各在这份回忆录中回想了许多有关家族和自己少年时期的往事。大约一年之后,即1897年11月29日,理雅各在牛津过世,这份回忆录最终没有能够完成。尽管大学的收入不算低,除此以外还有翻译、出版的收入,但他在生前的经济状况并不很宽裕(据他的女儿说,经常有朋友向他寻求帮助,他自己在病中还曾陷入经济困境而向人求助)。[②] 他去世之后将自己位于牛津基布尔路(Keble Road)的一栋房子留给了两个儿子,而所有子女都获得了550英镑的遗产。除此以外,他还捐给苏格兰遗孀基金会574英镑。[③]

　　12月3日理雅各的葬礼在曼斯菲尔德学院教堂(Mansfield College Chapel)举

---

[①] 牛津大学波德雷安图书馆藏有数份理雅各口述的"Notes of My Life",最长的一份有166页打字稿,最后附有半页理雅各用铅笔写的手稿,档案编号 Mss. Eng. Misc. d.1265。
[②] 理雅各翻译《东方圣书》的费用由出版社支付,按印张数计算。如《礼记》出版后,出版社向其支付了330英镑。
[③] 参见波德雷安图书馆馆藏文献,编号 Mss. Eng. Misc. c.865, fols.26-31。由于许多海外传教士并没有什么财产,因此不少传教士去世后,他们的遗孀都陷入困顿之中,这个基金会用于给予她们经济上的帮助。理雅各在生前就不止一次给这一基金会捐款,甚至直接给来信向他求助的传教士遗孀一些帮助。

行,由曼斯菲尔德学院院长费尔班主持并致悼词。① 费尔班在回顾理雅各一生功绩时,也提到了他在"译名之争"中所遭到的非议。这篇悼词更加关注理雅各前半生作为传教士的经历而非他在牛津的岁月,费尔班说:"(理雅各)结束了他在远东地区超过三十年的服务之后回到了英格兰,之后他继续为中国服务,而非放弃它。他任牛津的汉学教授长达二十一年的时间,毋庸多言,他人虽然在这儿,心还在那个他曾长期工作,并获得了大多数成果的地方。"②从费尔班的评价可以发现,在当时牛津的知识分子看来,理雅各是"中国专家"以及"中国代言人",而对于他所从事的具体研究,除了真正的汉学家外,一般人并不了解。

作为牛津汉学的奠基人,从1873年结束在伦敦会的工作离开香港直到1897年去世,理雅各在牛津度过了大部分的时光。作为一名学者,他在牛津的日常生活比当传教士时更加平静安详,而他在英国汉学界的地位也很少受到挑战。根据他与牛津大学之间的协议,他除了需要担任教学工作和公众讲座,还有大量的时间进行自己所感兴趣的研究。同时,由于在香港的生活和学术研究上的经验,理雅各在思想、观点和研究方法上也更加趋于成熟和完整。如果将其研究成果、演讲、信件等进行编年式的分析,可以发现他在牛津时期坚持了一部分早期的研究方法和结论,同时在某些方面也经历了一些转变;而他个人的思想世界也逐渐展露出来。

在理雅各的汉学研究中,有两条路线始终并行不悖,即在文献上的古典语文学倾向,以及在诠释角度上的现代性倾向。理雅各自幼修习拉丁文和希腊文,对西方古典语文学的兴趣是将他直接导入对儒家经典研究的主要原因,也使得他在对中国经典进行研究时,先辨正版本的真伪和流变;而他所设立的翻译注释体例又将西方古典语文学和清代经学的注疏体例相结合,并且广征历代注疏,在现代西方汉学中具有典范价值,这也是《中国经典》系列直到今天仍一版再版的重要原因。然而与此同时,理雅各对于中国儒家、道家经典的诠释和批评都带有鲜明

---

① 理雅各的葬礼之所以会在曼斯菲尔德学院举行,而非他所在的基督圣体学院(Corpus Christi College)或他与之关系一向密切的巴利奥尔学院,是因为费尔班出身苏格兰,与理雅各同属公理会,并且曾任"英格兰及威尔士公理会联盟"主席,由于其宗派,理雅各的葬礼也以公理会的形式举行。
② Andrew M. Fairbairn, "In Memorandum of James Legge," 波德雷安图书馆馆藏,编号 Mss. Eng. Misc. c.7124, fols.120-127。

的现代性印记,这种"现代性"体现为一种现代的宗教观、哲学观、政治观和伦理观;换句话说,在理雅各站在诠释者角度时,他是一位坦率的、彻头彻尾的"现代主义者"。

由于近代以来加尔文主义的影响,新教宗派逐步走向分裂,而英国由于国教会(安立甘宗)的存在,情况又要比欧洲大陆更加复杂。因此新教传教士之间所存在的宗教观念差异要远大于之前的天主教传教士。从宗教观念上来说,理雅各所归属的苏格兰非国教(公理会)在仪式和组织形式上与天主教的差异,也要远大于安立甘宗。① 而包括公理宗在内的非国教派诞生于苏格兰独立运动以及与国教会的对抗之中,是英国近代自由主义的思想来源之一,由于其长期争取自己的合法地位,也产生了更为宽容的宗派观念。同时,由于19世纪自由主义在英国的盛行,基督新教关于宗教的整体观念必然逐步走向自由和开放,这也是维多利亚时期的知识分子和传教士热衷于讨论各类宗教问题的思想基础。

同许多其他维多利亚时期的知识分子一样,理雅各自身对于宗教的观念既复杂又有许多暧昧难明之处。他可以概括地被称为是一位福音派清教徒,以及部分的自然神论者和部分的宗派自由主义者。作为一名曾经的传教士,他始终热衷于福音的传播;他不像一些自然神论者一样反对神迹,对有关"上帝存在"的证明也漠不关心,但他的研究中确实时常出现自然神论的影子。② 他是宗派宽容的直接受益者,对待新教宗派问题一向谨慎,不愿意挑起宗派之争,但他对于自己所属的公理会又是异常忠诚的(在19世纪的英国,改宗并不罕见,但理雅各从未考虑过脱离公理会)。这种种倾向都影响到他在宗教研究中的立场和态度。

毫无疑问,理雅各将基督教新教视为"现代"的重要部分。在香港时,他希望中国能脱离传统,走上现代化的道路,而唯一途径就是皈依新教;在牛津时,他的措辞变得较为温和,但大意仍然如此。理雅各在《中国经典》第一卷第一版中对孔子政治、伦理思想的种种批评,都可以归结为孔子的这些儒家传统理念已经不适合现代社会,而作为参照物的,即是基督教新教体系下产生的政治观和伦理观;在他看来,自由政府、人与人之间的"缔约"、现代法治和外交观念等,都与基督教

---

① 理雅各不止一次地将中国的祭祀仪式和天主教的一些仪式相对照,认为如果前者可以称为"迷信"的话,后者也差不多。
② 参见他与托马斯·格林的通信,波德雷安图书馆馆藏手稿,编号 Ms. Eng. C.7124,fols.19—24。

新教的思想共生共长,不可分离。由此可见,在对与西方思想体系完全不同的中国传统进行诠释时,理雅各的思想中从未改变并且也坚不可摧的基础,是对这种以基督教新教为基础的现代价值观的信心,实际上,这也在众多维多利亚时期的知识分子(如麦克斯·缪勒)身上可以找到踪影。因此,如果将其还原到19世纪英国的知识系统和价值观当中,理雅各的许多行为和话语都可以迎刃而解。

另外,缪勒的比较宗教学理论和基督教新教自身的伦理化倾向也毋庸置疑地对理雅各的思想造成了影响。实际上这两者之间本就有其内在联系:在一种宗教体系遇到其他宗教体系的"挑战"时(即所谓"多元化"的挑战),其伦理学的价值必然会被进一步强化;而基督教日益世俗化的结果,也必然会导致对其伦理学意义的重视。① 缪勒的比较宗教学无疑是基督教对宗教"多元主义"(Pluralism)的一次应对,这就是他时常被教会人士视为异端,但却自认为是正统虔诚的基督教新教徒的原因;同时这也可以解释他在提出要给予所有宗教以平等地位的同时,却在私人信件中说,《东方圣书》的出版将会把基督教新教"提升到前所未有的高度"。②

理雅各在牛津初期接触到缪勒的体系之后,立刻将其引入到自己对中国宗教的研究当中来,这也促成了理雅各在对儒、道二教进行诠释中的态度转变。缪勒来自于比较语言学的古代宗教研究方法在今天看来固然已经过时,但在当时不失为一种好的解决之道;而对于理雅各来说,他不再将基督教作为唯一的宗教衡量标准,正如缪勒所说,"只知其一,一无所知",世界各国宗教所呈现出的不同形态使得他在研究方法和角度上豁然开朗。

理雅各虽认定儒家是宗教,但他更多地将自己对儒家的研究建立在伦理学的基础上,这与基督教自近代以来自身的世俗化、伦理化的倾向密切相关。从本文对巴特勒和孟子"性善论"的讨论一节可以明显看出,从巴特勒到苏格兰常识学派的托马斯·锐德,再到19世纪巴特勒思想的回归以及盛行一时,基督教新教自身在伦理学上的思想资源也在逐步丰富当中。理雅各之所以将孟子"性善论"视

---

① 潘尼霍姆指出,近代以来基督教神学面临的两大挑战,其一是多元主义,其二是生物学(指进化论)的挑战。参见 Terence Penelhum, *Christian Ethics and Human Nature*, Harrisburg, PA: Trinity Press International, 1999, p.51.
② Georgina Müller, *The Life and Letters of the Right Honourable Friedrich Max Müller*, Vol.1, London: Longmans, Green, and Co., 1902, pp.401–402.

为儒家思想的重大贡献,是有其思想史背景的。而他对于儒家视孝道为所有善行的基础(孝弟也者其为仁之本与)的质疑,同样也是源于近代以来基督教新教伦理学的发展。

此外值得一提的是,理雅各是一位深具理性主义倾向的研究者,这种倾向在他的研究当中时常表现出来:他对于道教信仰中的仪式和观念甚为排斥,而在早期他承认自己无法接受《易经》,因为《易经》通常被视为占卜之书。可以说他对于任何表现为"非理性"的思想成分都表现得难以接受。在这一点上,理雅各同样也表现出一位典型的19世纪知识分子的思想特色;而在进入20世纪,理性主义在欧洲逐渐走下神坛时,理雅各的这种倾向也使他在西方汉学界屡遭批评。[①]

理雅各所遇到的难题以及他做的努力直到今天也没有完全成为过去。在面临现代性(包括基督教新教)的挑战时,如何将以儒家思想为主体的中国传统纳入现代性的体系当中,如何使自身思想与"普世价值"相适应,以及如何在"多元主义"的大潮流中赢得席位,都是尚未得到圆满答案的问题,而在理雅各之后出现的诸多学派,如以康有为、廖平为代表的清末公羊学派,以辜鸿铭为代表的文化保守主义者,以冯友兰、牟宗三为代表的新儒家,都是从不同的角度试图解决这些问题。无论是在汉学或是世界儒学的视野中,有关理雅各的研究无疑都会给当代研究者带来一些启示。

---

[①] 牛津大学荣休汉学教授杜德桥先生(Emeritus Professor Glen Dudbridge)就曾向笔者表示,理雅各尽管在经典研究上取得无可否认的成就,但他的最大弱点是他对于中国社会中存在的真实的信仰状态,即正统观念之外的"小传统"漠不关心。

# 附　录

## 附录一：牛津大学及伦敦大学亚非学院馆藏理雅各部分相关档案目录

1.牛津大学波德雷安图书馆馆藏手稿/打字稿：

A Fair and Dispassionate Discussion of the Three Doctrines Accepted in China

Ancient Chinese Civilization as Indicated by the Characters

Articles on Lao Tsze

Book review:Chinesische Grammeratik

Book review:Oriental Religions and their Relation to Universal Religions by Samuel Johnson

Book review:Society in China by Robert K. Douglas

Conference and Covenant versus War, as Argued and Tried in China, in the 4th Century B. C.

Correspondences with Hannah

Correspondences with Max Müller

Correspondence with T. H. Green

Confucius

Diary of Hannah

Diary of James Legge, 1846

Expectations and Notes on the First Part of the Commentary of the Yih King

In Memorandum of James Legge

Letters Relating to the Foundation and Maintenance of the Chair

Mencius, the Philosopher of China

Notes of my Life

Reminiscences of Professor James Legge

Printed Examination Papers for the Davis Chinese Scholarship, 1879-1892

Tao Teh King, Lecture Ⅰ & Ⅱ

Taoism: on Chwang-sze, and his Illustrative Narratives

The Emperor Yao

The Pan Family of our First Century

The Purgatories of Buddhism and Taoism

The Nature and History of the Chinese Written Characters

Introductory to the Laws of Chinese Composition

The Whole Duty of Man, According to Confucianism and Christianity Respectively

The War Between China and Japan

What and where was Fu-Sang? Was it in America? And was that continent discovered by the Chinese more than a thousand years before Columbus landed on it?

2.伦敦大学亚非学院(SOAS)馆藏相关档案:

1) Sermons by James Legge:

The Bearing of our knowledge of Comparative Religion on Christian Missions——Read at the Christian Missions

The Fourfold State of Men

The Evil of War

2) Unpublished documents:

Address by Dr. Legge at a Baptist Missionary Breakfast

Chinese Philosophy

Certificate of Ordination in 1839

Dupliate Letters to the Family after Dr. Legge's Death

Colonial Department To Legge

Dr. Legge's Ideas on Missionary Work

Dr. Legge's Letters to his Brothers John and Others

Dr. Legge to Mrs. Legge, 1872

Earlier Letters to Dr. Legge

Education in China

Important Letter on Term Question

Incidents Relating to Dr. Legge

Journey in North China and America

Letters from College

Letters Received by Legge

Letter to Mr. Moule

Letters Written by Dr. Legge in Dollar and Oxford

Ordination Examination

Papers on Lao-tsze's Authorship of the Tao Teh King

The Gospel and its Hearers, By Rev. Professor Legge

Wang Tao, the Life and Writings of a Displaced Person

# 附录二:理雅各著作与活动年表(1870—1897)

| 年份 | 出版/未出版作品 | 活动 | 相关历史/思想史事件 |
|---|---|---|---|
| 1870 | | 从英国回到香港<br>在佑宁堂举办讲座<br>日常布道 | 普法战争爆发<br>天津教案爆发,并波及周围地区<br>缪勒发表4次题为"宗教学导论"的演讲 |
| 1871 | *The Chinese Classics*, Vol.4: *The She King or the Book of Poetry*(《中国经典》第四卷:《诗经》) | 日常布道 | 牛津大学废除教职员工的神学考试 |
| 1872 | *The Chinese Classics*, Vol.5: *The Ch'un Ts'ew with the Tso Chuen*(《中国经典》第五卷:《春秋左氏传》)<br>"The Colony of Hong Kong"(《作为殖民地的香港》,讲稿) | 在市政厅发表演讲"作为殖民地的香港"<br>施敦立·约翰致信 | 同治帝大婚亲政 |

续表

| 年份 | 出版/未出版作品 | 活动 | 相关历史/思想史事件 |
|---|---|---|---|
| 1873 | "Two Heroes of Chinese History"(《中国历史上的两个英雄》)<br>"Journey in North China and North America"(《中国北方及北美之行》,未刊文) | 3月,在市政厅发表演讲"中国历史上的两个英雄"<br>4月,乘船离开香港北上游历<br>5月,离开北京前往山东<br>6月,途经日本,前往北美<br>12月,回到英国返回苏格兰 | 同治帝接见各国公使<br>儒莲去世<br>徐继畬去世<br>缪勒出版《宗教学导论》<br>欧德礼发表《业余汉学》 |
| 1874 | | 9月,伦敦东方学大会,理雅各发表论文 | 格拉斯顿第一次任期结束,保守党执政<br>冯桂芬去世 |
| 1875 | "Chinese"(《中国人》,讲稿)① | 牛津大学讨论设立汉学教授席位,聘请理雅各作为首任教授<br>与缪勒见面 | 光绪帝即位<br>郭嵩焘任驻英法公使 |
| 1876 | "Inaugural Lecture"(就职演说讲稿)<br>"The Nature and history of the Chinese written characters"(《中国汉字的本质与历史》,讲稿) | 10月,发表就职演说 | 严复赴英留学 |

---

① 理雅各在哲学学会年会上发表的演讲,SOAS馆藏伦敦会档案,CWM/China/Personal/Box 8/33。

续表

| 年份 | 出版/未出版作品 | 活动 | 相关历史/思想史事件 |
| --- | --- | --- | --- |
| 1877 | "Confucianism in relation to Christianity"—a paper read before the missionary conference in Shanghai(《儒教与基督教的关系》,上海传教士大会论文)<br>Imperial Confucianism(《皇家儒教》)<br>"Confucius"(《孔子》,讲稿)<br>"Mencius, the Philosoper of China"(《中国哲学家孟子》,讲稿) | 1877年11月28日(光绪三年十月二十四日),郭嵩焘到访牛津,理雅各陪同,并为其翻译致大学校长的信<br>1877年10月,回信给朋友,认为汉语在比较语言学中是独特的、自给自足的语言 | 上海传教士大会<br>中英烟台条约 |
| 1878 | The Famine in China(《中国饥馑》)<br>"Conference and Covenant versus War, as Argued and Tried in China, in the 4th century B. C."(《公元前4世纪中国的合纵和连横》,讲稿) | 出席佛罗伦萨汉学大会 | 曾纪泽出任驻英公使 |
| 1879 | The Sacred Books of the East, Vol.3: The Shu King, the Religious Portions of the Shih King, and the Hsiao King(《东方圣书》第三卷:《书经,诗经节译,孝经》)<br>"Ch'in Shih Hwang-Ti; or, The First Emperor of the Ch'in Dynasty"(《秦始皇:中国第一位皇帝》,讲稿) | 出版《东方圣书》第三卷 | |

续表

| 年份 | 出版/未出版作品 | 活动 | 相关历史/思想史事件 |
|---|---|---|---|
| 1880 | *The Religions of China*(《中国的宗教》)<br>*A Letter to Professor F. Max Müller*(《致缪勒教授》)<br>"Papers on Lao-tsze's authorship of the Tao Teh King"(《有关老子是否是道德经的作者》,未出版讲稿,年代存疑)<br>"Confucius and the Religion of China"(《孔子与中国信仰》,未出版手稿,年代存疑) | 出版《中国的宗教》开始与甲柏连孜通信 | 约翰·凯尔德发表《宗教哲学导论》 |
| 1881 | "Education in China"(《中国的教育》,未出版讲稿,年代存疑)<br>"On Future Punishment, as Conceived by Confucianists and other Religionists"(未出版手稿,年代存疑) | 理雅各的妻子汉娜去世,甲柏连孜致信慰问<br>10月,香港中心学校校长职务空缺,唐宁街来信询问理雅各有没有人选推荐 | 托马斯·卡莱尔去世<br>缪勒翻译出版康德《纯粹理性批判》英文版 |
| 1882 | *The Sacred Books of the East*, Vol.16: *Yi King*(《东方圣书》第十六卷:《易经》)<br>"The Tao Teh King"(《道德经》,讲稿) | 10月,理雅各致信卫理会和安立甘会,希望他们派年轻传教士来牛津学习 | 托马斯·格林去世 |

续表

| 年份 | 出版/未出版作品 | 活动 | 相关历史/思想史事件 |
| --- | --- | --- | --- |
| 1883 | "Christianity and Confucianism Compared in Their Teaching of the Whole Duty of Man"(《基督教和儒教关于人的全然职责的教导》)<br>*Tao Teh King*(《道德经》)<br>"Feudal China: The Dynasty of Hsia and Shang"(《封建中国：夏朝和商朝》,讲稿) | | |
| 1884 | "Feudal China: The Dynasty of Chau"(《封建中国：周朝》,讲稿) | 爱丁堡大学授予理雅各荣誉博士学位 | |
| 1885 | *The Sacred Books of the East*, Vol.27 & 28: *Li Ki*(《东方圣书》第二十七、二十八卷:《礼记》)<br>"On Chinese Poetry"(《中国诗歌》,讲稿)<br>"Fa-Hsien and his travels in India, with the state of Buddhism in our fifth century"(《法显和他的印度之行》,讲稿) | 8月,理雅各结束苏格兰旅行回到牛津 | 曾纪泽卸任回国 |

续表

| 年份 | 出版/未出版作品 | 活动 | 相关历史/思想史事件 |
|---|---|---|---|
| 1886 | *A Record of the Buddhist Kingdoms*(《佛国记》)<br>"A Gospel and its Hearers"(《福音及其听众》,布道词)① | 出版《佛国记》译本<br>5月,牛津大学克莱仁登出版社支付《礼记》翻译费,共330英镑<br>6月,与甲柏连孜通信 | 马修·阿诺德去世 |
| 1887 | "No Mythus in the Gospels. Illustrated by a Comparison of Christian and Buddhistic Narratives"(《福音之中无神话》,未出版讲稿,年代存疑) | | |
| 1888 | *The Nestorian monument of Hsian Fu in Shen-hsi*(《景教碑》)<br>"A Critical Notice of 'The Remains of Laozi'"(《翟理斯对〈老子的残言〉的批评》) | 与翟理斯就《老子》一书真伪问题在《中国评论》上进行辩论 | |
| 1889 | | | 缪勒《自然宗教》演讲录出版<br>薛福成就任驻英公使 |

---

① 布道词,SOAS馆藏剪报,CWM/China/Personal/Box 8/17。

续表

| 年份 | 出版/未出版作品 | 活动 | 相关历史/思想史事件 |
|---|---|---|---|
| 1890 | | | 缪勒遭到苏格兰圣安德鲁蒙罗大主教(Monsignor Munro)的攻击,指他的演讲是反基督教的,是在宣扬泛神论<br>曾纪泽去世 |
| 1891 | *The Sacred Books of the East*, Vol.39: *The Tao Teh King*, *The Writing of Hwang-sze*, *The Thai-Shang Tractate of Actions and Their Retributions*(《东方圣书》第三十九卷:《道德经,庄子,太上感应篇》) | 第九届东方学大会在伦敦召开<br>理雅各就牛津东方学课程设置给大学校长写信,并要求汉学得到更多重视 | 康有为著《新学伪经考》 |
| 1892 | *Chinese Chronology*(《中国编年史》)<br>"Address by Dr. Legge at a baptist missionary breakfast"(在浸信会早餐会上的发言) | 2月12月,致信伦敦会负责人,讨论传教士在牛津的教育<br>4月,致信李鸿章,赠送《道德经》译本<br>5月,致信下议院议员发奎森(Farquharson),询问有关鸦片贸易的问题 | 第九届东方学大会在伦敦召开 |

续表

| 年份 | 出版/未出版作品 | 活动 | 相关历史/思想史事件 |
|---|---|---|---|
| 1893 | "The Late appearance of Romances and Novels in the Literature of China"(《中国文学中传奇和小说的近来面貌》)<br>"History of the Great Archer, Yang Yu-chi"(《神箭手由基的历史》,讲稿)<br>"A fair and dispassionate discussion of the three doctrines accepted in China"(《中国之三教平心论》)<br>"The Purgatories of Buddhism and Taoism"(《佛教和道教中的地狱》,讲稿) | 《中国经典》第一卷修订再版<br>4月,荷兰皇家学院授予理雅各荣誉研究员 | |
| 1894 | "Review on *Society in China*"(《中国社会》书评)<br>"Li Sao and its Author"(《离骚及其作者》) | | 廖平著《古学考》 |
| 1895 | "What and where was Fu-Sang? Was it in America? And was that continent discovered by the Chinese more than a thousand years before Columbus landed on it?"(《哪里是扶桑?》,讲稿)<br>"The War between China and Japan"(《中国和日本的战争》,讲稿) | 《中国经典》第二至第五卷再版<br>11月,考狄致信理雅各,感谢他寄来有关《离骚》的论文,并且提及自己有关印度—中国的书目 | 中日《马关条约》<br>康有为公车上书 |

续表

| 年份 | 出版/未出版作品 | 活动 | 相关历史/思想史事件 |
|---|---|---|---|
| 1896 | "Schlegel's Parallelism in Chinese Style"(《施莱格的平行主义》)<br>有关中国编年史的笔记(手稿)<br>"Notes of My Life"(《生命札记》) | 理雅各开始为儿女们写《生命札记》,当中记录了自己自幼以来的经历和思想,但没有能够完成 | 康有为著《孔子改制考》<br>严复译《天演论》 |
| 1897 | "The Emperor Yao"(《帝尧》,讲稿)<br>"The Pan family of our first century"(《公元1世纪的班氏家族》,讲稿) | | |

## 附录三:理雅各与缪勒通信列表

| 1875 年 2 月 18 日 | 缪勒致信理雅各,两人第一次会面 |
|---|---|
| 1875 年 12 月 17 日 | 汉学席位基本确定,缪勒盼望理雅各来牛津 |
| 1876 年 3 月 10 日 | 缪勒表示很高兴理雅各赞同《东方圣书》的编辑说明,并且表示要完整地呈现经典 |
| 1876 年 6 月 14 日 | 缪勒与理雅各签订翻译《东方圣书》中国部分前 3 卷的协议,并要求把《老子》包括在内。缪勒同时提到了德国汉学的情况,并说自己曾读过几篇史陶斯翻译的《诗经》 |
| 1876 年 9 月 20 日 | 缪勒从德国致信理雅各,表示在考虑是否要在《东方圣书》中采用《诗经》和《书经》节译本,但是又担心批评者会指责他们有意歪曲了东方宗教。他感谢理雅各寄给他的《诗经》,书被史陶斯借走了 |
| 1877 年 1 月 21 日 | 缪勒的长女艾达在德国去世,理雅各致信慰问 |
| 1878 年 12 月 7 日 | 缪勒写信告知可能无法把《孝经》放在《东方圣书》第一卷中。考虑到出版费用,他希望第一卷的页数控制在 450 页左右,其中包括《书经》《诗经》以及索引 |
| 1879 年 6 月 14 日 | 理雅各写信向缪勒解释佛教传入中国的过程 |
| 1879 年 10 月 27 日 | 缪勒寄给理雅各一份翻译材料,请理雅各标出错误的地方。这份材料是从法文翻译过来的,而译者又不懂中文 |
| 1880 年 6 月 2 日 | 理雅各写信给缪勒解释汉语中用"天竺"一词指称印度的来源和变化 |
| 1881 年 11 月 18 日 | 理雅各希望为《东方圣书》中《易经》部分加上注释,在 1882 年完成 1 卷,1883 年完成剩下的部分,并且希望能在《东方圣书》中翻译全本的《礼记》。在儒家经典部分完成后,他将继续翻译道教部分,包括《道德经》和《庄子》 |

续表

| | |
|---|---|
| 1882 年 12 月 18 日 | 缪勒希望理雅各能把儒家文献控制在 4 卷内,留 1 卷内容给《老子》。由于印度政府并不资助《东方圣书》的中国部分出版,所以这一部分将格外昂贵 |
| 1883 年 3 月 30 日 | 缪勒向理雅各解释,编委会希望《东方圣书》中国部分篇幅不要超标 |
| 1886 年 4 月 6 日 | 缪勒同意寄书给在华年轻传教士 |
| 1886 年 8 月 7 日 | 缪勒写信问理雅各有没有看到《学院》(Academy) 杂志上拉克伯里 (Terrien de Laconferie) 称理雅各已经改变了主意,承认自己在《易经》翻译中所犯的错误,并且承认无法翻译 |
| 1887 年 11 月 10 日 | 就理雅各与翟理斯的争论,缪勒表示在他看来,翟理斯的反驳基本站不住脚 |
| 1888 年 6 月 15 日 | 缪勒表示很高兴听到有关《易经》的一些评论。但有时人们自以为是在为真理辩护,实际上只不过是为自己辩护 |
| 1889 年 1 月 22 日 | 缪勒向理雅各询问 religion 和 faith 在汉语中确切的翻译是什么 |
| 1890 年 11 月 | 缪勒需要来自世界各种宗教的祷文范例,他问理雅各能否在儒家经典或《老子》中找一则给他 |
| 1891 年 11 月 16 日 | 缪勒请理雅各从《孔子》或《老子》文本中选出一段"代表好宗教的祷文" |
| 1892 年 6 月 11 日 | 缪勒向理雅各询问后者曾帮他翻译的一段佛教文字的准确名字 |

## 附录四:其他牛津时期重要信件列表

| 时间 | 通信人 | 内容 |
| --- | --- | --- |
| 1874年8月11日 | 道格思致理雅各 | 9月将在伦敦召开国际东方学大会,道格思希望理雅各能够提交论文 |
| 1878年4月28日 | 理雅各致格林 | 理雅各感谢格林寄给他的小册子,并对格林的演讲发表了一些不同意见 |
|  | 格林的回信 | 托马斯·格林给理雅各回信,表示自己无意影响别人对于《圣经》中"神迹"的虔信,并且尊重理雅各对自己演讲的不同意见 |
| 1878年5月28日 | 理雅各致豪厄尔(Howell) | 理雅各表示,牛津大学放在耶稣圣体学院的汉学教授席位有可能在下任院长上任之后受到影响,但他相信由于英国政府在外交上的实际需要,这个席位会继续存在下去 |
| 1878年6月19日 | 休厄尔(Sewell)致理雅各 | 中国政府代表团将要访问牛津,牛津大学校长致信理雅各,向其询问有什么建议 |
| 1880年3月24日 | 乔维特致理雅各 | 乔维特应理雅各要求为传教士列了一份11本书的书单,并且表示希望能够有一本关于伟大人物,如培根、伯克、弥尔顿、斯宾诺莎等的宗教思想的书,来给传教士学习,以及另一本包含世界伟大宗教思想的书 |
| 1880年4月15日 | 莱特纳(G. W. Leitner)致理雅各 | 第九届东方学大会在伦敦召开,莱特纳邀请理雅各成为组织委员会委员 |
| 1880年5月15日 | 甲柏连孜致理雅各 | 甲柏连孜回信感谢理雅各寄给他的书,并且对理雅各对待中国的公正态度表示欣赏 |
| 1880年12月15日 | 麦克斯·乌勒致理雅各 | 甲柏连孜的学生、德国汉学学者麦克斯·乌勒将自己的著作寄给理雅各,并向他介绍自己有关汉语语法学的研究 |

续表

| 时间 | 通信人 | 内容 |
|------|--------|------|
| 1881年3月6日 | 甲柏连孜致理雅各 | 内容不详 |
| 1881年4月13日 | 麦克斯·乌勒致理雅各 | 麦克斯·乌勒有可能有机会到大英博物馆从事研究。他请理雅各帮他推荐其他可能的工作机会 |
| 1881年6月29日 | 甲柏连孜致理雅各 | 理雅各的妻子汉娜去世,甲柏连孜来信悼念 |
| 1881年8月8日 | 麦克斯·乌勒致理雅各 | 麦克斯·乌勒被任命为德累斯顿皇家人种学博物馆助理研究员,他写信感谢理雅各的推荐,并且祝贺理雅各身体康复 |
| 1881年9月2日 | 黄胜致理雅各 | 黄胜将他的3个儿子带到苏格兰,希望他们在理雅各的家乡附近受教育,并求理雅各做他们的监护人 |
| 1881年10月12日 | 唐宁街致理雅各 | 唐宁街首相官邸致信理雅各,希望他推荐香港中央学院院长人选 |
| 1882年1月2日 | 甲柏连孜致理雅各 | 谈到汉语的一些特性 |
| 1882年5月19日 | 甲柏连孜致理雅各 | 感谢理雅各寄来的书 |
| 1882年6月10日 | 默茨(C. Merz)致理雅各 | 甲柏连孜的学生默茨将自己新出版的一本有关《诗经》和《书经》的著作寄给理雅各 |
| 1882年8月11日 | 理雅各致《神庙》杂志编辑 | 有关拉克伯里(Terrien de Lacouperie)的一篇文章说《易传》是文王和武王所作,理雅各作出反驳 |
| 1882年9月19日 | 理雅各致《学院》杂志编辑 | 道格思发表了一篇关于理雅各《易经》译本的书评,理雅各作出回应 |
| 1882年10月12日 | 理雅各致卫理-循道公会 | 理雅各希望卫理-循道公会能派年轻传教士来牛津学习一到两年时间,而牛津的卫理公会将对此提供帮助 |
| 1882年10月12日 | 理雅各致安立甘会 | 内容同上 |

续表

| 时间 | 通信人 | 内容 |
| --- | --- | --- |
| 1883年8月6日 | 理雅各致一位太太 | 有一位母亲将她的儿子自己编写的中国语法书寄给理雅各,理雅各感到震惊,并与巴利奥学院院长乔维特商议,乔维特同意给予这个孩子经济资助,让他来牛津大学学习 |
| 1884年3月29日 | 格林菲尔德(Greenfield)致理雅各 | 爱丁堡大学寄给理雅各有关他获得荣誉博士学位的通知,并邀请他来爱丁堡参加典礼 |
| 1884年4月11日 | 理雅各致一位朋友 | 理雅各的一个朋友请他鉴定中国钱币,理雅各回信说是王莽时期所发行的刀币 |
| 1884年7月1日 | 理雅各致莫利(Morley) | 莫利来信询问中国的藏书量,理雅各以《古今图书集成》为例向其说明中国书籍数量之庞大,并提到科举制度,指出基督教内的任何一个分支都没有像儒教一样包括了如此多的文化精英和有才能的人 |
| 1884年10月13日 | 理雅各致詹姆斯·阿尔斯迪(James Alston) | 詹姆斯·阿尔斯迪致信理雅各请教中国的语言问题,理雅各回信解释了中国的文字系统以及中国的古代书籍 |
| 1886年4月11日 | 乔维特致理雅各 | 乔维特与理雅各商议编写世界宗教书籍的事,缪勒等人也会参与 |
| 1886年8月21日 | 理雅各致《学院》杂志编辑 | 理雅各声明自己从未改变有关《易经》翻译的立场,并且声明自己的《易经》版本是正确的,认为《易经》是"披着神圣外衣的道德、社会和政治教诲"(参见缪勒在同年8月7日写给理雅各的信) |
| 1886年12月17日 | 理雅各致法兰西文字委员会(Académie des Inscriptions et Belles-Lettres)秘书 | 内容不详 |

续表

| 时间 | 通信人 | 内容 |
| --- | --- | --- |
| 1887年2月9日 | 马格里（Halliday Macartney）致理雅各 | 有一位姓"余"的中国大使馆官员要去牛津拜访理雅各（可能是曾纪泽的幕僚余易斋） |
| 1887年2月12日 | 理雅各致弗里兰（Freeland） | 理雅各抄录了曾纪泽写的诗寄给友人，并向其解释含义 |
| 1887年2月24日 | 理雅各致普赖斯先生（Mr. Pryce） | 一个商人问理雅各用"卍"字做商标是否适合。理雅各回信说不合适，因为中国人会理解为关于佛教的东西。理雅各还解释说，在中国的公司或商号一般称为"某某行" |
| 1887年3月1日 | 理雅各致英国外交大臣 | 理雅各再次建议派往中国和印度的使馆官员应该在牛津学习两年，这个建议获得政府的积极回应。理雅各说，在牛津的两年里，使馆官员们应该可以掌握汉字，正确的汉语发音，以及一些日常用语 |
| 1887年3月9日 | 理雅各致"东方学部"秘书 | 理雅各提供了一份关于中国研究的书目供学生使用，其中包括《三字经》《千字文》以及"四书" |
| 1887年3月19日 | 印度事务办公室致理雅各 | 感谢理雅各的来信，以及他所附上的有关外交部派驻中国人员接受汉语教育的通信 |
| 1887年8月24日 | 中国驻英公使馆致理雅各 | 大使欣赏理雅各的研究，并私人赠送给他一套茶具 |
| （具体时间不详） | 理雅各致克莱森（Mr. Clesson） | 理雅各无法亲自出席有关禁止鸦片贸易的会议，因此写了一封长信表达自己的意见。理雅各表示，只要鸦片贸易一天得不到根除，就应该采取更进一步的行动，与印度和中国的本土人士联合起来推动禁止鸦片的生产、贩卖和消费① |

---

① SOAS 馆藏伦敦会档案，CWM/China/Personal/Box 8/31, pp.11-16。

续表

| 时间 | 通信人 | 内容 |
| --- | --- | --- |
| 1887年11月8日 | 理雅各致金斯利·格洛弗（Kingsley Glover） | 金斯利·格洛弗来信向理雅各询问开封犹太人的情况，并出示了一张手稿。理雅各说这张手稿实际上是满文，并且据卫三畏所说，开封犹太人聚居地已经逐渐消亡了 |
| 1888年1月20日 | 科涅蒂·马图尔斯（Cognetti Martus）致理雅各 | 都灵大学政治学教授科涅蒂·马图尔斯向理雅各请教一个宋代的历史人物名 |
| 1888年2月8日 | 理雅各致庄士敦（Mr. Johnston） | 由于健康和其他原因，理雅各婉拒了出席"海外传教士大会"的邀请，也未发表论文 |
| 1888年6月6日 | 乔维特致理雅各 | 乔维特向理雅各介绍巴利奥学院的理查森（Richardson），后者将要去中国，希望在一个月内学到关于中国的知识 |
| 1888年6月15日 | 甲柏连孜致理雅各 | 甲柏连孜感谢理雅各寄来的书，并且说自己正在读《墨子》。他在信中结合《孟子》讨论了"反之身"，即"君子察迩而迩修者也，见不修行见毁而反之身者也"一句的意思 |
| 1888年11月12日 | 阿克兰致理雅各 | 阿克兰约理雅各到家中喝下午茶，并且说格拉斯顿也会来 |
| 1888年11月20日 | 贝恩斯（H. S. Baines）致理雅各 | 剑桥大学邀请理雅各参加一个与伦敦会有关的就职典礼并发言 |
| 1889年1月12日 | 莫尼·维廉斯（Monier Williams）致理雅各 | 牛津大学的梵文教授莫尼·维廉斯询问理雅各是否同意他对于佛教徒人数的看法：考虑到儒教的地位，中国人不应当被看作是佛教徒，因此即使加上一般信徒，全世界的佛教徒人数也不会超过1.56亿 |

续表

| 时间 | 通信人 | 内容 |
| --- | --- | --- |
| 1889年1月22日 | 莫尼·维廉斯致理雅各 | 莫尼·维廉斯感谢理雅各提供给他的资料，并说自己在印度旅行过很多次，从未碰到本土的佛教徒。根据理雅各的建议，他认为儒教像佛教和印度教一样重视善行 |
| 1889年4月9日 | 摩尔（Aubrey L. Moore）致理雅各 | 摩尔告诉理雅各他将在亚里斯多德学会发表一篇名为《希腊与中国思想之间的奇妙相似》的论文，他向理雅各借《东方圣书》的第十八卷，以及艾约瑟的《中国宗教》。摩尔是一位早期基督教达尔文主义者 |
| 1889年6月15日 | 牛津考试委员会致理雅各 | 有一位学生在神学考试中引用孔子的话来证明人性善，考试委员会来信向理雅各求证 |
| 1889年8月2日 | 哈勒兹（De Harlez）致理雅各 | 鲁汶汉学家哈勒兹告诉理雅各自己最近出版了一个《易经》译本，并说他很欣赏理雅各的译本，自己的译本则是从一个不同的角度来翻译，而两个译本之间是可以互补的 |
| 1890年3月11日 | 宋旺相[①]致理雅各 | 宋旺相要在文学会发表关于鸦片贸易的演讲，向理雅各寻求帮助，希望他能提供更多资料 |
| 1891年1月1日 | 武成献（Russell Watson）致理雅各 | 一位驻山东浸信会传教士武成献寄给理雅各一张他找到的碑文拓片 |
| 1891年1月5日 | 莱特纳致理雅各 | 莱特纳希望理雅各在东方学大会中主持汉学部分 |
| 1891年1月23日 | 理雅各致牛津大学校长 | 理雅各的学生伯特（W. Burt）向大学请求提交"中国历史"论文来代替"印度历史"，但遭到拒绝。理雅各写信抗议牛津大学东方学课程设置不合理，花在印度历史和梵文上的时间太多 |

---

① 宋旺相（Song Ong Siang）是新加坡华人，曾就读于剑桥大学，是早期社会活动家，律师。

续表

| 时间 | 通信人 | 内容 |
| --- | --- | --- |
| 1891年2月16日 | 詹姆斯·A. H. 默里（J. A. H. Murray）致理雅各 | 默里向理雅各请教 Confucius/Confucianism 的翻译最早出现在什么时候、什么地方 |
| 1891年2月 | 道格思致理雅各 | 1891年9月将在伦敦召开第九届东方学大会，道格思希望理雅各能提交论文 |
| 1891年10月30日 | 理雅各致博纳先生（Mr. Bonar） | 两位派驻印度的官员向理雅各寻求学习汉语的入门书籍，理雅各说，他本来要推荐甲柏连孜的《汉文经纬》，但他们不懂德文，所以理雅各只好推荐了《三字经》 |
| 1892年1月15日 | 考狄致理雅各 | 考狄在编写他的《汉学书目》附录部分，他在巴黎出版的《莲花》（Lotus）杂志上看到一篇理雅各有关秦始皇的文章，向他求证这篇文章的原始出处 |
| 1892年2月12日 | 理雅各致伦敦会负责人 | 理雅各提出年轻传教士来牛津学习的培养计划 |
| 1892年4月2日 | 理雅各致李鸿章 | 理雅各寄给李鸿章自己的《道德经》和《庄子》译本 |
| 1892年5月4日 | 理雅各致福开森（Farquharson） | 理雅各致信苏格兰籍议员福开森，就英国将鸦片贸易在中国合法化的历史进行讨论 |
| 1892年5月27日 | 中国驻英公使馆工作人员致理雅各 | 一名署名为 F. H. Wong 的公使馆工作人员感谢理雅各请格林教授教他矿物学。希望理雅各访问伦敦时能向公使提出，允许他每周到理雅各家中帮助他研究汉语，而实际上是偷偷学习矿物学 |
| 1893年4月4日 | 克拉伦顿出版社致理雅各 | 出版社感谢理雅各在赠送《东方圣书》给伦敦会在印度的基督教学院一事上给予的帮助，并向其介绍了基督教学院的教育情况 |
| 1893年8月18日 | G. E. 亚历山大（G. E. Alexander）致理雅各 | 亚历山大表示自己读了包括理雅各译本在内的三个《老子》译本，并且认为老子在"持续不断地攻击孔子及其学派" |

续表

| 时间 | 通信人 | 内容 |
| --- | --- | --- |
| 1894年2月8日 | W. J. 理查兹（W. J. Richards）致理雅各 | 一位驻印度马拉巴尔的传教士得到了一个景教碑的拓片，他请求理雅各能给他一份景教碑的翻译 |
| 1894年5月5日 | 石声汉（Bretschneider）致理雅各 | 俄国汉学家石声汉曾在北京与理雅各相识，他将要出版《中国植物学文献评论》一书，向理雅各请教一些香港、澳门和广东的人名情况 |
| 1894年6月9日 | 石声汉致理雅各 | 石声汉致信理雅各感谢他的帮助 |
| 1894年7月12日 | 坎特伯雷大主教致理雅各 | 大主教希望施约瑟所翻译的文理本《新约圣经》在付印之前能有一个委员会加以审查，并希望理雅各能抽时间看一下这个新译本 |
| 1894年10月16日 | 埃德蒙兹（W. J. Edmonds）致理雅各 | 一位牧师在看中国新闻时，发现一个中国人名很像景教的"阿罗本"（Olopun） |
| 1894年10月17日 | 理雅各致埃德蒙兹 | 理雅各表示他也很惊讶，他将会向中国大使馆求证这个人的中文写法 |
| 1895年1月16日 | 大英圣经公会致理雅各 | 大英圣经公会感谢理雅各指出他们在新的《圣经》版本封面上的印刷错误（把"文理"二字印错了） |
| 1895年1月20日 | 巴尔福致理雅各 | 巴尔福要发表一个关于中国地下集会组织的演讲，向理雅各寻求资料来源 |
| 1895年12月3日 | 约翰·巴特勒致理雅各 | 印度事务办秘书表示愿意为外交部派驻印度候选人提供学习汉语的条件，并公开竞争。希望理雅各能够写一份关于汉语的简介 |

# 附录五:《诗经》篇目次序对照表

| 《东方圣书》中《诗经》篇目 | 1876 年有韵版《诗经》 |
|---|---|
| 商颂 | 国风·周南 |
| 周颂·清庙 | 国风·召南 |
| 周颂·臣工 | 国风·邶风 |
| 周颂·闵予小子 | 国风·鄘风 |
| 鲁颂 | 国风·卫风 |
| 小雅·伐木 | 国风·王风 |
| 小雅·天保 | 国风·郑风 |
| 小雅·杕杜 | 国风·齐风 |
| 小雅·祈父 | 国风·魏风 |
| 小雅·无羊 | 国风·唐风 |
| 小雅·节南山 | 国风·秦风 |
| 小雅·正月,第 4、5、7 节 | 国风·陈风 |
| 小雅·十月之交 | 国风·桧风 |
| 小雅·雨无正,第 1、3 节 | 国风·曹风 |
| 小雅·小旻,第 1、2、3 节 | 国风·豳风 |
| 小雅·小宛,第 1、2 节 | 小雅·鹿鸣 |
| 小雅·小弁,第 1、3 节 | 小雅·白华 |
| 小雅·巧言,第 1 节 | 小雅·彤弓 |
| 小雅·巷伯,第 5、6 节 | 小雅·祈父 |
| 小雅·大东 | 小雅·小旻 |
| 小雅·小明,第 1、4、5 节 | 小雅·北山 |
| 小雅·楚茨 | 小雅·桑扈 |
| 小雅·信南山 | 小雅·都人士 |

| | |
|---|---|
| 小雅·甫田 | 大雅·文王 |
| 小雅·大田 | 大雅·生民 |
| 小雅·桑扈,第1节 | 大雅·荡 |
| 小雅·宾之初筵,第1、2节 | 周颂·清庙 |
| 小雅·白华,第1、2节 | 周颂·臣工 |
| 大雅·文王 | 周颂·闵予小子 |
| 大雅·大明 | 鲁颂 |
| 大雅·绵 | 商颂 |
| 大雅·棫朴,第1、2节 | |
| 大雅·旱麓 | |
| 大雅·思齐 | |
| 大雅·皇矣 | |
| 大雅·下武 | |
| 大雅·文王有声 | |
| 大雅·生民 | |
| 大雅·行苇 | |
| 大雅·既醉 | |
| 大雅·凫鹥 | |
| 大雅·假乐,第1节 | |
| 大雅·卷阿 | |
| 大雅·民劳,第1节 | |
| 大雅·板 | |
| 大雅·荡 | |
| 大雅·抑 | |
| 大雅·桑柔,第1、2、3、4、7节 | |
| 大雅·云汉 | |
| 大雅·崧高,第1、2、4节 | |
| 大雅·烝民,第1、7节 | |
| 大雅·韩奕,第1、3(部分)节 | |
| 大雅·江汉,第4、5节 | |

大雅·瞻卬,第1、5、6、7节

大雅·召旻,第1、2节

国风·召南·采蘩

国风·召南·采蘋

国风·邶风·日月

国风·邶风·北门,第1节

国风·鄘风·柏舟

国风·鄘风·君子偕老,第2节

国风·鄘风·定之方中,第1、2节

国风·卫风·氓,第1、2节

国风·王风·黍离,第1节

国风·王风·大车,第1、3节

国风·唐风·鸨羽,第1节

国风·唐风·葛生

国风·秦风·黄鸟,第1节

国风·豳风·七月,第8节

# 附录六：英文人名索引

## A

Acland, Henry　阿克兰　57

Alcock, Rutherford　阿礼国　18,21,43,44,63

Ames, Roger　安乐哲　125

Anselmus　安瑟伦　94

Aquinas, Thomas　托马斯·阿奎那　94

Arnold, Mary Augusta　玛丽·阿诺德(沃德夫人)　58

Arnold, Mathew　马修·阿诺德　55,56,58,70,112,139

## B

Balfour, F. Henry　巴尔福　157,160,164

Berkeley, George　贝克莱　98

Blodget, Henry　白汉理　27,28,80,81,86

Boone, Henry William　小文惠廉　27,79,80,83,86,88,99

Boone, William J.　文惠廉　27,79,80,83,86,88,99

Bridgeman, Elijah C.　裨治文　83,104

Bruce F.　布鲁斯　24

Burdon, John S.　包尔腾　18,27,28,81-83,85,86,88,89

Burnouf, Eugène　尤金·布赫诺夫　47,70

Burns, William　宾威廉　27

Butcher, Charles Henry　布彻　15,86,115

Butler, Joseph　巴特勒　5,87,94,99,124,125,127,136-146,173

## C

Calvin, John　加尔文　91,110,137,172

Carlyle, Thomas　卡莱尔　47,53,69,115

Chalmers, John　湛约翰　15,28,79,82,83,85-87,89,95-97,99,148,150,152,154,156,160

Chapin, L. D.　江载德　86

Clarke, Samuel　萨缪尔·克拉克　95,138

Collins, William　顾惠廉　18,27

Corbett, Hunter　郭显德　86

Cordier, Henri　考狄　62

Couplet, Philippe　柏应理　17,60,166

Crawford, T.P.　高第丕　86

## D

Davis, John　德庇时　30,31,43

Disraeli, Benjamin　迪斯累利　63

Douglas, R.K.　道格思　50,150,151,157

Dudgeon, John　德贞　18,26,27,30,31

## E

Earl of Clarendon　克拉伦顿伯爵　18,44

Earl of Elgin　额尔金伯爵　65

Eber, Irene　伊爱莲　12,28

Edkins, Joseph　艾约瑟　18,24,26-30,32,33,36,38,39,61,83,86,150-153,167

Eitel, Ernest J.　欧德理　10,15-17,48,71,80

Elliot, George　乔治·艾略特　56

## F

Faber, Ernst 花之安 160

Fairbairn, Andrew M. 费尔班 66,171

Forbes, Patrick 帕特里克·福布斯 4

Fryer, John 傅兰雅 27

## G

Gabelentz, Georg von der 甲柏连孜 61,62

Giles, Herbert A. 翟理斯 150,160-164,167

Girardot, Norman J. 吉瑞德 9,11,15,20,37,115,117,161

Gladstone, W. E. 格拉斯顿 21,48,54,56,57,63,68,69,127,138,139

Goodrich, Chauncey 富善 86

Gough, Frederick F. 丘腓烈 86

Graham, Angus Charles 葛瑞汉 125

Green, Thomas H. 托马斯·格林 5,57,172

## H

Hardwick, Charles 查尔斯·哈德威克 123,148

Harper, Andrew Patton 哈巴安德 79,82-86,89-93,96,97

Hobbes, Thomas 霍布斯 143

Huc, Régis-Evariste 古伯察 93

Hume, David 休谟 3,5,53,94,98,138,146

## J

John, Griffith 杨格非 28,65

Jowett, Benjamin 乔维特 56-58

Julien, Stanislas 儒莲 4,17,44,49,50,60-62,69,148-151,154,156,160,163-167

## K

Karlgren, Bernard　高本汉　8,78

Kidd, Samuel　基德　42,50

Kingsmill, T. W.　金斯密　160,161

Knox, John　约翰·诺克斯　110

## L

Latourette, Kenneth S.　赖德烈　25

Le Comte　李明　93,135

Lees, Jonathan　理一视　24,31,33

Legge, George　乔治·莱格　55,94

Liddell, Henry　里德尔　44,46,47,71

Lock, John　洛克　3,93,94,98,99,127

Lockhart, William　雒魏林　24-27,29,30

Longobardi, Nicolas　龙华民　80,83

Lord Shaftsbury　沙夫茨伯里　143

Lovett, Richard　理查·洛维特　27

## M

Mandeville, Bernard　曼德维尔　143

M'Clatchie　麦克拉奇　86

Medhurst, Walter Henry　麦都思　78-80,83

Meech, Samuel Evans　宓治文　28-31

Mercer, William T.　孖沙　43

Mill, John Stuart　密尔　53-56,58,115

Mills, Chas. R.　梅礼士　86

Milne, William　米怜　4,42,103-106

Mohl, Julius von　摩尔　60

Mori Arinori  森有礼  84

Morrison, Robert  马礼逊  16,20,42,50,78,103

Moule, George Evans  慕雅德  88

Moule, Arthur Evans  慕稼谷  88,91

Müller, Max  麦克斯·缪勒  6,44,45,47,57,64,68-70,83-85,97,98,119,153,173

Muirhead, William  慕维廉  22,28,139

## N

Nanjio Bunyiu  南条文雄  84

Nelson, R.  孙罗伯  86

Nevius, John L.  倪维思  86

Noyes, Henry V.  那夏礼  86

## O

Oliphant, Laurence  奥立芬  65

## P

Palladius, Archimandrite  巴拉第  83

Palmerston, Henry John  帕默斯顿  21

Pauthier, P. G.  鲍狄埃  60

Penelhum, Terence  潘尼霍姆  145,173

Pfister, Lauren F.  费乐仁  11,12

Prémare, Joseph de  马若瑟  60,62

## R

Ranke, Leopold von  兰克  47

Reid, Thomas  托马斯·锐德  5,124,138,173

Regis, Jean Baptiste  雷孝思  60,93

Rémusat, Jean Pierre Abel　雷慕沙　　4,17,50,60,62,148-151,155,156,160,164-167

## S

Schlegel, Gustave　施莱格　　44,50,62,63
Schelling, Friedrich　谢林　　47,123,166
Schereschewsky, S. I. J.　施约瑟　　27,28,86,88
Sir George Leonard Staunton　斯当东　　42,103
Sir George Thomas Staunton　小斯当东　　42,103
Stanley, Arthur P.　斯坦利(大主教)　　56,57,69,115
Stanley, C. A.　嘉立　　86
Strauss, Victor von　史陶斯　　154,156,160
Stronach, John　施敦力·约翰　　15

## T

Tidman, Arthur　梯德曼　　28,80
Tindal, Matthew　廷德尔　　94,137,138
Thompson, Eliot H.　汤蔼礼　　86
Toland, John　托兰德　　94,96

## W

Wade, Thomas F.　威妥玛　　17,23,30,73,74,103
Waley, Arthur David　阿瑟·韦利　　133
Weber, Max　马克斯·韦伯　　35,150
Wherry, John　惠志道　　86
Wilhelm, Richard　卫礼贤　　8
Williams, Samuel Wells　卫三畏　　79,83,103,115
Williamson, Alexander　韦廉臣　　22,23,28,32,33
Wylie, Alexander　伟烈亚力　　22,28,89,115,160

## Y

Yates, Matthew L. 宴马太　86

## 附录七:中文人名索引

### A

阿克兰　Henry Acland　　57

阿礼国　Rutherford Alcock　　18,21,43,44,63

阿瑟·韦利　Arthur David Waley　　133

艾约瑟　Joseph Edkins　　18,24,26-30,32,33,36,38,39,61,83,86,150-153,167

安乐哲　Roger Ames　　125

安瑟伦　Anselmus　　94

奥立芬　Laurence Oliphant　　65

### B

巴拉第　Archimandrite Palladius　　83

巴尔福　F. Henry Balfour　　157,160,164

巴特勒　Joseph Butler　　5,87,94,99,124,125,127,136-146,173

白汉理　Henry Blodget　　27,28,80,81,86

包尔腾　John S. Burdon　　18,27,28,81-83,85,86,88,89

鲍狄埃　P. G. Pauthier　　60

柏应理　Philippe Couplet　　17,60,166

贝克莱　George Berkeley　　98

裨治文　Elijah C. Bridgeman　　83,104

宾威廉　William Burns　　27

布彻　Charles Henry Butcher　　15,86,115

布鲁斯　F. Bruce　　24

## C

查尔斯·哈德威克　Charles Hardwick　　123,148

## D

道格思　R. K. Douglas　　50,150,151,157
德庇时　John Davis　　30,31,43
德贞　John Dudgeon　　18,26,27,30,31
迪斯累利　Benjamin Disraeli　　63

## E

额尔金伯爵　Earl of Elgin　　65

## F

费尔班　Andrew M. Fairbairn　　66,171
费乐仁　Lauren F. Pfister　　11,12
傅兰雅　John Fryer　　27
富善　Chauncey Goodrich　　86

## G

高本汉　Bernard Karlgren　　8,78
高第丕　T. P. Crawford　　86
格拉斯顿　W. E. Gladstone　　21,48,54,56,57,63,68,69,127,138,139
葛瑞汉　Angus Charles Graham　　125
古伯察　Régis-Evariste Huc　　93
顾惠廉　William Collins　　18,27
郭显德　Hunter Corbett　　86

## H

哈巴安德　Andrew Patton Harper　　79,82-86,89-93,96,97

花之安　Ernst Faber　　160

惠志道　John Wherry　　86

霍布斯　Thomas Hobbes　　143

## J

吉瑞德　Norman J. Girardot　　9,11,15,20,37,115,117,161

甲柏连孜　Georg von der Gabelentz　　61,62

嘉立　C. A. Stanley　　86

加尔文　John Calvin　　91,110,137,172

江载德　L. D. Chapin　　86

基德　Samuel Kidd　　42,50

金斯密　T. W. Kingsmill　　160,161

## K

卡莱尔　Thomas Carlyle　　47,53,69,115

考狄　Henri Cordier　　62

克拉伦顿伯爵　Earl of Clarendon　　18,21

## L

赖德烈　Kenneth S. Latourette　　25

兰克　Leopold von Ranke　　47

雷慕沙　Jean Pierre Abel Rémusat　　4,17,50,60,62,148-151,155,156,160,164-167

雷孝思　Jean Baptiste Regis　　60,93

理查·洛维特　Richard Lovett　　27

里德尔　Henry Liddell　　44,46,47,71

李明　Le Comte　　93,135

理一视　Jonathan Lees　　24,31,33

龙华民　Nicolas Longobardi　　80,83

洛克　John Lock　　3,93,94,98,99,127

雒魏林　William Lockhart　　24—27,29,30

## M

孖沙　William T. Mercer　　43

马克斯·韦伯　Max Weber　　35,150

玛丽·阿诺德(沃德夫人)　Mary Augusta Arnold　　58

马礼逊　Robert Morrison　　16,20,42,50,78,103

马若瑟　Joseph de Prémare　　60,62

马修·阿诺德　Mathew Arnold　　55,56,58,70,112,139

麦都思　Walter Henry Medhurst　　78—80,83

麦克拉奇　M'Clatchie　　86

麦克斯·缪勒　Max Müller　　6,44,45,47,57,64,68—70,83—85,97,98,119,153,173

曼德维尔　Bernard Mandeville　　143

梅礼士　Chas. R. Mills　　86

米怜　William Milne　　4,42,103—106

密尔　John Stuart Mill　　53—56,58,115

宓治文　Samuel Evans Meech　　28—31

摩尔　Julius von Mohl　　60

慕稼谷　Arthur Evans Moule　　88,91

慕维廉　William Muirhead　　22,28,139

慕雅德　George Evans Moule　　88

## N

那夏礼　Henry V. Noyes　　86

南条文雄　Nanjio Bunyiu　84
倪维思　John L. Nevius　86

## O

欧德理　Ernest J. Eitel　10,15-17,48,71,80

## P

帕默斯顿　Henry John Palmerston　21
帕特里克·福布斯　Patrick Forbes　4
潘尼霍姆　Terence Penelhum　145,173

## Q

乔维特　Benjamin Jowett　56-58
乔治·艾略特　George Elliot　56
乔治·莱格　George Legge　55,94
丘腓烈　Frederick F. Gough　86

## R

儒莲　Stanislas Julien　4,17,44,49,50,60-62,69,148-151,154,156,160,163-167

## S

萨缪尔·克拉克　Samuel Clarke　95,138
森有礼　Mori Arinori　84
沙夫茨伯里　Lord Shaftsbury　143
施敦力·约翰　John Stronach　15
施莱格　Gustave Schlegel　44,50,62,63
施约瑟　S. I. J. Schereschewsky　27,28,86,88
史陶斯　Victor von Strauss　154,156,160

斯当东　Sir George Leonard Staunton　42,103
斯坦利(大主教)　Arthur P. Stanley　56,57,69,115
孙罗伯　R. Nelson　86

## T

汤蔼礼　Eliot H. Thompson　86
梯德曼　Arthur Tidman　28,80
廷德尔　Matthew Tindal　94,137,138
托马斯·阿奎那　Thomas Aquinas　94
托马斯·格林　Thomas H. Green　5,57,172
托马斯·锐德　Thomas Reid　5,124,138,173
托兰德　John Toland　94,96

## W

卫礼贤　Richard Wilhelm　8
卫三畏　Samuel Wells Williams　79,83,103,115
韦廉臣　Alexander Williamson　22,23,28,32,33
伟烈亚力　Alexander Wylie　22,28,89,115,160
威妥玛　Thomas F. Wade　17,23,30,73,74,103
文惠廉　William Jones Boone　27,79,80,83,86,88,99

## X

小斯当东　Sir George Thomas Staunton　42,103
小文惠廉　Henry William Boone　27,79,80,83,86,88,99
谢林　Friedrich Schelling　47,123,166
休谟　David Hume　3,5,53,94,98,138,146

## Y

宴马太　Matthew L. Yates　86

杨格非　Griffith John　　28,65

伊爱莲　Irene Eber　　12,28

尤金·布赫诺夫　Eugène Burnouf　　47,70

## Z

翟理斯　Herbert A. Giles　　150,160-164,167

湛约翰　John Chalmers　　15,28,79,82,83,85-87,89,95-97,99,148,150,152,154,156,160

## 附录八:专有名词对照表

阿伯丁国王学院 King's College, Aberdeen 4,5,15,45
《爱丁堡评论》 The Edinburgh Review 15,115,117,124
安立甘会(英国圣公会) Church Missionary Society 3,15,27,46,87,88,115,181
安立甘宗 Anglican Church 3,30,46,54,86-89,172
巴利奥学院 Balliol College 56-58,64,171
巴色会 Basel Mission 17
常识哲学 Philosophy of Common Sense 5,124,127
《大教理问答》 The Larger Catechism 110
道家 Daoism 6,116,147,151,156,161,171
道教 Daoism 6,37,72,82,108,109,119,147-159,161-168,174,185,187
道义论 Deontology 94
高教会派 High Church 46,54,87
公理宗 Congregational Church 30,55,172
古典语文学 Classical Philology 5,171
亨特利(苏格兰地名) Huntly 4,29
基督教会学院 Christ Church College 47,64,71
基督圣体学院 Corpus Christi College 171
《教务杂志》 The Chinese Recorder 79,81-83,90,156
浸信会 Baptist Missionary Society 22,86,89
伦敦会 London Missionary Society 3-5,10,12,15-20,22-38,48,52,57,59-63,66,71,80,82,84,87-91,100,103,125,139,145,162,171
马德林学院 Magdalen College 64
美国圣公会 American Episcopal Mission 27,86,88

美以美会　The Methodist Episcopal Church　　89

美国长老会　American Presbyterian Mission　　2,22,27,82,86,89-91,103,156

牛津运动　Oxford Movement　　46,54,56,57,87,88,127

儒家　Confucianism　　6,8,15-17,19,37,81,85,92,102-104,106,107,109-115,118-122,124,126,128-131,133-135,141-146,151,153,155,156,163,167,168,171-174,187,188

儒教　Confucianism　　5,6,37,72,81,82,91,92,102-105,107,109,111-113,115,117,119-125,127,129,131,133,135,137,139,141,143,145,147,150,153,155,157,159,163,168,180,182,191,193,194

儒莲奖　Prix Stanislas Julien　　4,17,44,49,50,60-62,69,148-151,154,156,160,163-167

苏格兰公理会　Scottish Congregational Church　　4,87

苏格兰长老会　Scottish Presbyterian Missionary Society　　4,22,89,91,103,156

万灵学院　All Souls College　　64

《威斯敏斯特信条》　*Westminster Confession of Faith*　　110

卫斯理派　Wesleyan Church　　89

《小教理问答》　*The Shorter Catechism*　　110

循道宗　Methodist Church　　55,89

英格兰长老会　English Presbyterian Mission　　4,6,22,27,89,91,103,119,156

英华书院　Anglo-Chinese College　　18,103,139,151

《英国季评》　*The British Quarterly Review*　　152,156,160

英国圣公会　Church Missionary Society　　57,86-89,91,115

英国圣书公会　the English Religious Tract Society　　80,119

佑宁堂　Union Church　　10,15,18,22

长老会　Presbyterian Church　　4,22,89,91,103,156

《中国丛报》　*The Chinese Repository*　　79,149

《中国评论》　*The China Review*　　15,82,83,85,102,160,161

自然神论　Deism　　93-99,116,127,135,137,138,172

自然神论者　Deist　　93-99,116,127,135,137,138,172

## 附录九:孔子的影响和观点(译文)①

  我们看到,孔子去世时抱怨当时无一国君能采用他的政策及服从他的教导,但他几乎一过世就得到承认且备受尊崇。哀公听闻他的死讯,作诔文道:"天不遗耆老,莫相予位焉。呜呼哀哉,尼父!"②子贡抱怨这一悼文的作者言行不一,不能在孔子在世时任用他,但这位诸侯的哀伤或许是真诚的。他修建了一座庙宇,并且命令一年四季为孔子奉献祭品。③

  周代最后几个飘零的王朝没有足够的智慧和权威给逝去的圣人以荣耀,但在本绪论第一节中曾详细讨论的一些事实,与秦朝创立者毁灭古代文献的意图一起,展示了孔子的权威如何在一段时间内席卷了整个国家。汉朝的开国皇帝在公元前195年路过鲁国时拜访了他的陵墓并奉献了三牲。从那时起不时有皇帝前来朝圣。整个王朝最著名的庙宇现在矗立在陵墓的旁边。现在王朝的第二位,也是最伟大的皇帝在登基后的第23年,即康熙二十三年以身作则,在孔子牌位前跪拜3次,并且3次都前额触地行礼。

  自汉朝开国元年起便有了由帝王来为孔子上尊号的惯例。汉平帝尊其为"成宣尼公"。在公元492年,尊号改为"文圣尼父",其他称号都是在此基础上增加而成。满族入关后的第一位皇帝顺治在公元1645年为其上尊号"大成至圣文宣先师孔子",但12年之后又采用了一个较短的称号"至圣先师孔子"。从这以后就没有再做改变了。

  一开始,对孔子的祭祀仅限于鲁国境内,但公元57年起朝廷颁布法令在太学

---

① 译自《中国经典》第一卷1893年修订版绪论部分,内容与初版有所不同。译文中注释为理雅各原注,"我"即指理雅各,如有译注以括号标明,英文章节为《中国经典》《东方圣书》原文章节,括号中中文章节名均为译者所标。下同。

② Le Ke, Ⅱ.Pt.Ⅰ,iii.43.(《礼记·檀弓上》)。这一悼文作于孔子新丧之时,在《左传》中有更长的版本。(译者注:《左传·哀公十六年》所记版本为"旻天不吊,不慭遗一老,俾屏余一人以在位,茕茕余在疚。呜呼哀哉尼父!无自律。")

③ 见《圣庙祀典图考》卷一,孔子部分。在本节中我大多数的参考文献是从本书中获得的。

以及所有地方首府的学校中进行祭祀。在几个世纪中他常常被跟周公——他在书中常常提到的立法者(legislator)联系在一起,但在公元609年他们被分开祭祀,而在628年我们的圣人孔子完全代替了他的前辈。与此同时各地开始为其建立庙宇,并且与所有的学校和贡院相连。

在这些庙宇中孔子并非单独接受祭祀。大殿中在他所占的主位之后还有几位他的祖先以及其他贤人的牌位——有时是画像;而主位两侧的是他的几位主要弟子,以及后世中他的学说的几位传人和楷模。人们在每月的第一天会敬献蔬果,在每月十五日会焚香祭奠。但每年两次,在春季和秋季的中间月份,大约"上丁日"到来的前后,会举行更盛大的祭孔仪式。在皇家学校中,皇帝会被要求亲自出席,并且担任主祭。在所有的主要陈设摆放好之后,皇帝行两跪六拜之礼,祭词中如此召唤孔子的灵魂:"大哉至圣,德盛道隆,生民未有,百王是崇,典则昭垂,式兹辟雍,载虔籩篚,载严鼓钟。"①

这时孔子的灵魂假设已经就位,不同的供品被依次陈列,在第一件供品陈列时祭词曰:"维某年月日,皇帝御名致祭于至圣先师孔子曰:'惟师德配天地,道冠古今,删述六经,垂宪万年兹当仲春/秋,祇奉旧章,谨以牲帛酒果致祭,配以复圣颜子,宗圣曾子,述圣子思子,亚圣孟子,尚飨!"②

我用不着再继续引用中国皇帝献给孔子的祭词,它已经足够完整了。他在生时被毫无道理地忽略了,去世后直到今天又被无理智地崇敬。

## 对孔子的普遍敬意

在这件事上中国统治者并非孤立,而是与他们的民众立场完全一致。这个帝国的显著特点是从上古时代起就极为重视教育。在孔子时代之前这一体系就已经建立,并且我们可以肯定他对此赞誉有加。他最精彩的语录是:"让一群未受教育的人民去投入战争不啻于抛弃他们。"(以不教民战,是谓弃之)③在他下这一断语时所指的并非军事教育,而是指人生职责和公民义务的教育。他认为,经过这

---

① 见《大清通礼》卷十二。(译者注:此处所引为清代祭孔之迎神赞词,据查应在《御制大清通礼》卷十一,原文出处有误)
② 同上。(译者注:见《御制大清通礼》卷十一)
③ Ana.XIII,30.(《论语·子路第十三》)

些教育的人在道德上才适合为他的政府作战。孟子在向他的国君讲述统治国家的正确方式时,指出他必须为所有人提供同等的教育,无论贫富。他说:"建立庠、序、学、校各级教育机构来教育人民。"(设为庠序学校以教育之)①

现在教育广布于中国的各个角落。没有国家比中国拥有更多教师,并且在所有学校中都教授孔子的学说。竞争性考试以及官员的选拔都只从那些成功的候选者当中产生——就考试本身来说是好的,但又是有害的,因为考试要求了解的科目范围是有限的,并且从12世纪以来都没变过。经典著作就是教科书。用来决定学生知识和能力的考题完全从这些书中选出。中国的整个官僚体制都在孔子所记载和保留下来的古代文献当中以韵文的形式保存了下来。官方的每一个人都对孔子的思想极为熟悉,在品性上也或多或少复制了他。

中国无数的文职官员仅仅是这些学生的一部分,而这些以文学为职的学生们也只是所有曾经入学或长或短时间的人当中的一部分。然而就现在的研究所知,他们学习的完全都是孔子的著作。在教室当中放置着一个孔圣人牌位或是在墙上的石刻,在每月初一和十五时所有学生都被要求到学校第一件事就是对牌位行礼致敬。② 因而在中国只要受过些微教育的人都受过孔子的洗礼。他们学习他的学说,同时也向他致敬。我曾经反复引用一个说法,即在孔子生前有三千弟子,现在他有千千万万弟子。这一说法也无须把道教和佛教信徒排除在外,因为正如德庇时爵士所观察到的,"无论一个中国人的其他观点和信仰为何,他对孔子的敬意不会有任何改变"③。两千年来他在这个人口众多的国家中一直占有统治地位,是无可争议的导师。

我猜想孔子的地位和影响应该主要归于两个原因:他作为标志性古典主义的保存者,以及中国黄金时代经典的楷模和阐述者;另一原因是他的弟子和早期信徒们对他的忠诚。民族的和个人的东西都在他身上以最完美的状态混合了。他是中国人中的中国人;他也代表着人性最优秀和最高贵的完美理想,这一点直到现在所有人仍然深信不疑。

---

① Mencius, III.Pt.I.iii.10.(《孟子·滕文公上》)
② 在本朝,文学之神"文昌帝君"在相当程度上在学校中代替了孔子。但两者的祭祀并不冲突。文昌帝君只是"文章之父"。
③ The Chinese, vol.II.p.45.

### 他的自我评价及对自己学说的评价

现在或许可以开始谈到孔子对自己及学说的评价了,这将有助于展示上面的说法。以下是他所说的话:"若圣与仁,则吾岂敢?抑为之不厌,诲人不倦,则可谓云尔已矣。""文,莫吾犹人也,躬行君子,则吾未之有得。""德之不修,学之不讲,闻义不能徙,不善不能改,是吾忧也。""我非生而知之者,好古,敏以求之者也。""述而不作,信而好古,窃比于我老彭。"①

我们不能说在这些话语中孔子对自己的评价比实际的更高,相反,在当中我们可以看到真实人性的表达。他意识到作为个人他在许多方面都有不足,但他努力跟随在那些他所承认的古代圣人身上看到的(或他想象自己所看到的)品格;他所努力传播的关于政治和道德的教训都是已经被圣人们灌输和展示过的。他无可置疑地是"述而不作"的。不被理解的是,他并没有完全满足于他所学到的一些理念。他用自己的理解去全然支持和赞同它们。他相信一旦它们被实施,将可以挽救他那个时代的罪恶。像尧、舜、禹一样的统治者将无可阻挡地再次出现,在他们的统治之下幸福和谐的状态(大同社会)将可以实现。

如果在某个方面他认为自己"超然独立",具有其他人所没有的天赋,那就是他作为古代真理和法则的保存者而负有的神圣使命。他在这一点上并没有说得很明确。文献所记载的内容是:"他极少谈到天命的问题。"②孔子最显著的说法我已经在介绍他生平的时候说过了:"子畏于匡,曰'文王既没,文不在兹乎?天之将丧斯文也,后死者不得与于斯文也;天之未丧斯文也,匡人其如予何?'"③然而孔子确实感觉到他来到这个世界是有特殊目的的。但这一目的并不是宣扬某种真理,或是创立某种制度,而是为保存从前已经有的知识。他跟随尧、舜、汤、周文王的遗迹。他与文王尚隔了一段时间上的距离,或者他自己也会说他们之间在品性上也有一段距离,但他还是学到了先圣们的治道,并且以他们之名树立一个标准,来对抗他所处的混乱无道的年代。

---

① 所有段落都来自论语第七章(《述而》)。见 xxxiii, xxxii, iii, xix, i 等各节。
② Ana.IX.i.(《论语·子罕第九》,"子罕言性与天命")
③ Ana.IX.iii.(《论语·子罕第九》)

### 他的弟子和早期信徒对他的评价

他的弟子和早期信徒用来形容孔子的语言与他自己形成了极鲜明的对比。我在写《中庸》的框架和价值时,已经提醒读者注意他的孙子子思对他夸张的赞美之辞。他只是跟随子思所反复讨论的先贤们所设立的榜样罢了。我们还可以看到孔子最喜爱的弟子颜渊,他的语言相对而言温和许多,所表达的正是一个忠心的学生对老师真挚的崇敬而已。① 子贡好几次以不同的方式谈到了孔子。当听到鲁国的几位大夫说他自己比孔子更优秀时,他这样说道:"譬之宫墙,赐之墙也,及肩,窥见室家之好;夫子之墙,数仞,不得其门而入,不见宗庙之美,百官之富,得其门者或寡矣,夫子之云,不亦宜乎。"②

还有一次,同一个人又以言语诋毁孔子,子贡说:"无以为也,仲尼不可毁也。他人之贤者,丘陵也,犹可逾也;仲尼,日月也,无得而逾焉。人虽欲自绝,其何伤于日月乎,多见其不知量也。"③

在与另一弟子的交谈中,子贡又对孔子做出了更高的颂扬。子禽以为子贡过分恭谨了,并说孔子也不见得真的比子贡更加贤德,子贡回答说:"君子一言以为知,一言以为不知,言不可不慎也。夫子之不可及也,犹天之不可阶而升也;夫子之得邦家者,所谓立之斯立,道之斯行,绥之斯来,动之斯和,其生也荣,其死也哀,如之何其可及也?"④

从子贡的表达来看,子思不难更进一步,把孔子从古代圣人的等级提升至"配于天"。孟子也曾谈过这个问题。当被弟子公孙丑问道,公认的圣贤伯夷和伊尹是否能与孔子同一等级时,他回答道:"否。自有生民以来,未有孔子。"他引用宰我、子夏、有若三位他认为足以了解孔子的智者的观察,来进一步证明自己的观点。宰我言道:"以予观于夫子,贤于尧、舜远矣。"子贡说:"见其礼而知其政,闻其乐而知其德;由百世之后,等百世之王,莫之能违也。自生民以来,未有夫子也。"而有若说:"岂惟民哉!麒麟之于走兽,凤凰之于飞鸟,泰山之于丘垤,河海

---

① Ana.IX.x.(《论语·子罕第九》:"颜子喟然叹曰:仰之弥高,钻之弥坚,瞻之在前,忽焉在后。夫子循循然善诱人,博我以文,约我以礼,欲罢不能,既竭吾才,如有所立卓尔,虽欲从之,末由也已。")
② Ana.XIX.xxiii.(《论语·子张第十九》)
③ Ana.XIX.xxiv.(《论语·子张第十九》)
④ Ana.XIX.xxv.(《论语·子张第十九》)

之于行潦：类也。圣人之于民，亦类也。出于其类，拔乎其萃。自生民以来，未有盛于孔子也。"①我不用再做进一步的说明了。孔圣人的弟子，子思和孟子对他的评价，并没有受到任何中国学者的挑战。无疑他们乐于向孔子的神龛顶礼膜拜，因为这也使他们作为文人的志业变得荣耀。对孔子的崇敬也折射到他们自己身上。而权力机构和大众也接受了这一判断。孔子从而在中华帝国成为完美人格的榜样，所有社会道德和政治智慧的来源。

**孔子没有处理的主题——他是非宗教性和非精神性的，并且有不诚的嫌疑**

通过前面的叙述，读者应该已经有心理准备，孔子思想的光辉从未涉及人类生存和命运的重大问题。他没有思索万物创始和终结的问题。他没有费神讨论人类起源，也不想知道他的后世。他既没有参与物理学也没有参与形而上学。②《论语》中有关孔子教诲的主题的说明如下："子所雅言，《诗》、《书》、执礼，皆雅言也。""子以四教，文、行、忠、信。""子不语怪、力、乱、神。"③

孔子在这里对某些问题的沉默无可厚非。他对此的无知在很大程度上是他自己的不幸。他没有学习过这些。他对其耳不曾听，目不曾见。对于他世俗的心灵来说，对不确定的东西苦思冥想比无用更糟。

确实有人提出过疑问说，孔子是否已经改变了中国古代的信条，④但我无法相信他是有意识、精心计划这样做的。假使他习性有异，我们或许在某些问题上可以看到古代观点的表达，这或许会比如今无法确知的情况更加有益，孔子也不会像现在这样被怀疑没有忠于他所受到的指引。但无论他是压缩或是增加了古

---

① Mencius, II.Pt.I.ii.23-28.(《孟子·公孙丑上》)
② "《易经》的内容以及孔子对其所做的工作可能会被用来反对这一说法，而我希望读者明白我是在有保留的情况下做出这一结论的。6 年前我曾连续 12 个月把所有的闲暇时光都花在研究《易经》上，但结果我只是在黑暗中摸索着试图了解其结构和意义，直到现在我都无法掌握它以及对其有确定的看法。它将会在某一适当时刻就位，但就目前而言，我不认为自己对孔子的评价需要做很多(如果有的话)调整。"以上是我在 1861 年写的内容；我最终完成了《易经》的翻译并在 1882 年作为《东方圣书》的第十六卷出版。我想要做一个这一版本的修订版，将中文部分加进去，使它与此前出版的《中国经典》体例相一致。但正如阳货对孔子所说的："时不我与"。(译者注：《东方圣书》由于篇幅和经费所限，只收录了译文部分，而不像《中国经典》中英对照，同时注释也较《中国经典》简短了许多。)
③ Ana.VII.xvii；xxiv；xx.(《论语·述而第七》)
④ 参见哈德维克的著作《基督和其他导师》(Christ and other Masters)第三部分，第 18、19 页，他在注解中引用了密迪乐的著作《中国人及其叛乱者》(The Chinese and their Rebellions)。

代思想以使其进入记录自己思想的文章之中,这都是无可指摘的。

我将在这里提到两个重要的主题,对此我深信孔子缩减了古代圣贤的信仰。第一个是关于上帝的教义。这一名称在《诗经》和《尚书》中很常见。"帝"或者"上帝"作为人格性存在出现,统治着上天和地上的世界,是人类道德本性的创造者,是所有国家的统治者,是天子和诸侯正当统治权的来源,并且惩恶扬善。孔子则更愿意用"天",对此我已经举例说明过了。此外还有两个例子:"获罪于天,无所祷也。"①"子曰:'莫我知也!'子贡曰:'何为其莫知子也?'子曰:'不怨天,不尤人,下学而上达,知我者其天乎!'"②在《论语》中他一次也没有使用过人格化名称(帝或上帝)。我想说他是非宗教性的,而不是无神论;但他在这个问题上所表现的性情上和智识上的冷漠,得益于中国人普遍性宗教热情的发展并不顺利;并且他也为中世纪和近代的知识分子所做的被认为是无神论者的表述铺平了道路。

其次,上古以来中国除了对上帝的祭祀,还有对其他鬼神的祭祀——对个人来说特别是对祖先的祭祀。孔子承认这是一个被虔诚地遵守的制度。"祭如在,祭神如神在。子曰:'吾不与祭,如不祭。'"③这一习俗一定是来源于古人相信死者精神不灭。我们无法想象制定这一制度的人会认为世俗生命结束的同时所有有意识的存在也停止了。但孔子从未就这一问题明确表达过意见。他试图规避它。"季路问事鬼神。子曰:'未能事人,焉能事鬼?''敢问死。'曰:'未知生,焉知死?'"④更加令人印象深刻的是《家语》中所记的与另一位弟子的谈话。子贡问道:"死者有知乎?将无知乎?"孔子回答道:"吾欲言死之有知,将恐孝子顺孙妨生以送死;吾欲言死之无知,将恐不孝之子弃其亲而不葬,赐不欲知死者之有知与无知,非今之急,后自知之。"⑤对于一位圣人来说这确实不是恰当的教诲。他曾经说过,他对弟子从无隐瞒。⑥ 为什么他不诚实说出他对于这个有趣问题的真实

---

① Ana.III.xiii.(《论语·八佾第三》)
② Ana.XIV.xxxvii.(《论语·宪问第十四》)
③ Ana.III.xii.(《论语·八佾第三》)
④ Ana.XI.xi.(《论语·先进第十一》)
⑤ 《家语》卷二,"致思"。
⑥ Ana.VII.xxiii.(《论语·述而第七》:"二三子以我为隐乎?吾无隐乎尔,吾无行而不与二三子者,是丘也。")

想法呢？我倾向于认为他的怀疑多于相信。如果不是这样的话，就很难解释他对于何谓智这一问题的回答："务民之义，敬鬼神而远之，可谓智矣。"①他时常使用天而不是上古先贤所使用的名词，或多或少影响了他的后学们将上帝等同于理的原则和自然的运动；因此在这一点上，他像古撒都该人一样，将他们引向否认任何鬼神的存在，并告诉我们对于死者的祭祀只是一种外在形式，是当人过世以后孝义所要求人们采取的一种表达方法。

我不希望被认为是在鼓吹向死者祭祀，或为其辩护。我的目的是指出孔子是如何承认祭祀，却不承认它所代表并且使它成为一种形式或礼仪的古代信仰。这可能引发对孔子最严重的指控——不诚。在据说是他所教导的四件事中，"诚"是被特别强调的，②并且在他的许多语录中，如同所有基督教道德家所做的一样，"诚"是被严格要求的；但他完全不是我们可以致以最高敬意的真诚和真实的人。有一个例子是孟之反押后保护鲁国败退的军队，并把他的荣誉归于他的马不向前走。他的行为是勇敢的，但这一解释既无说服力又没有必要。然而孔子完全将其视为值得褒扬的事。③ 他会称病不见一位不想见的客人，而实际上他完全无恙。④ 这些都是小事，但正如我在第79页概括他生平时所说的，他有意打破自己的誓言，只是因为那是被迫的吗？⑤ 如果我能够找到证据来否定这些，我将会很高兴。但这是基于与他的其他事迹相同的权威文献，同时也作为事实被中国大众和学者所接受了。这对中国人造成了有害的影响，并且这种影响还在延续。外国人指责这个国家及其政府惯于欺骗——这一指控是否公平我不予置评。对于每一句谎言和每一个欺骗的行为，都应该由具体的责任方对此负责，但我们只能对孔子在这方面所做的坏榜样感到遗憾。中国人和他们的圣人是如此，正如旧时的犹太人和他们的教师一样。他引领他们走向谬误，并摧毁了他们所走的道路。⑥

---

① Ana.Ⅵ.xx.(《论语·雍也第六》)
② 参见本节开头。
③ Ana.Ⅵ.xiii.(《论语·雍也第六》：子曰："孟之反不伐，奔而殿，将入门，策其马，曰：'非敢后也，马不进也。'")
④ Ana.XVII.xx.(《论语·阳货第十七》：孺悲欲见孔子，孔子辞以疾。)
⑤ 译者注：指《史记·孔子世家》中所记"蒲人止孔子"一事。蒲人与孔子约定如果不去卫国便放他走，孔子与之盟，后又背之。子贡问："盟可负邪？"孔子答道："要盟也，神不听。"
⑥ Isaiah,ⅲ,12.(《旧约·以赛亚书》："我的百姓啊，引导你的使你走错，并毁坏你所行的道路。")

但不诚难道不是孔子非宗教性的自然结果吗？无疑有些美德在人心中生长是需要真正的虔诚的。自然的爱、忠诚的情感以及开明的原则或许更多地与家庭与国家的建立和维护有关，但对于真理的爱、对谎言或欺骗行为的羞耻感需要更多的东西。事实上它所需要的是对上帝的真理有着鲜活的认知，需要启示宗教的全部约束力。不幸的是中国人还未拥有这些，作为最有道德和智慧的榜样来接受他们顶礼膜拜的人并没有让他们远离虚伪。

### 孔子有关统治的观点

现在我们简单讨论一下孔子有关统治的观点，或者我们称之为政治科学的原则。这没有贯穿于他与弟子的长篇对话中，而是笼统地表明了他关于品性和道德的一些准则，但他所关注的从来不仅仅是个人的修养。"国治而后天下平"①，是他所思考的伟大目标；这可以如"指其掌"般容易达到，是他乐于沉迷其中的美梦。② 他认为人本身就有顺服性和乐意被统治，只要以适当的方式利用这一特性就好了。必须要有合适的管理者，这样就能"人道敏政，地道敏树，夫政也者，蒲芦也"③。孟子也曾经表达过相同的态度。当他与一位小诸侯谈话时，孟子以他独特的方式说："王知夫苗乎？七八月之间，旱，则苗槁矣。天油然作云，沛然下雨，则苗浡然兴之矣。其如是，孰能御之？"④他声称这就是民众对任何"天下之人牧"的回应。或许有人会认为我无须特别强调这一点，因为这是适用于所有国家人民的事实。普遍而言，统治并无措施或精心设计的手段，人性本身就需要它。但没有任何一个民族像中国人一样将这一特性发展得如此完整。对秩序和宁静的热爱，以及臣服于"掌权者"的期望，使他们变得与众不同。外国作家时常发现这一点，并将它归之于孔子学说长期灌输的影响；但这在孔子时代之前就存在了。人民的性格造就了他的理论体系，而不是体系造就人民。

孔子认为，这种乐于被统治来自"天下之达道五，曰君臣也，父子也，夫妇也，昆弟也，朋友之交也。"⑤人生于世上，养于世间，会发现自己身处于这些关系之

---

① 《大学》第4、5节。
② Ana.Ⅲ.xi.等。(《论语·八佾第三》)
③ 《中庸》，xx.3.
④ Mencius, I.Pt.I.vi.6.(《孟子·梁惠王上》)
⑤ 《中庸》，xx.8.

间。它们是上天的指令。每一种关系都有其相应的义务,对它们的承认是适应于天赋的人性的。只要能够维持这些关系的神圣性,相应的义务能够被履行,那么天下就能"太平"。至于统治的机构,其所设立的法律和条规,就像通过一千条通道,最终都应该使得国家富裕繁荣,这都不属于"素王"孔子需要精心设计的内容。而实际上它们已经存在于对"古代王朝"的记录之中。不需要任何新的东西了。跟随旧的道路,采用旧的标准就已经足够。孔子说:"文武之政,布在方策。其人存,则其政举;其人亡,则其政息。"①另一次当颜回问一个国家该如何治理时,他的回答也是类似的。它乍听之下茫无头绪,我们须得先了解孔圣人对古代制度的尊敬,以及他对于它们的完满性的看法:"行夏之时,乘殷之辂,服周之冕,乐则韶舞。放郑声,远佞人。"②

孔子有关一个幸福、管理得当的国家的观念仅限于以上提到的五种社会关系的兴旺;我们并没有在他那里看到有关它们的本质,或是相关义务的任何展示。前两种关系是他常常提到的,而提到其他三者的地方很少。孟子曾说:"父子有亲,君臣有义,夫妇有别,长幼有序,朋友有信。"③在我的理解里,孔子恐怕很难接受这一说法。这对于他所强调和要求的为父和为君的权威,以及为子和为臣者的服从说得不够。对于夫妻之间的关系,他对先贤们所说的夫妻之"礼"也没有丝毫尊重。我们在《家语》之中可以找到较为详细的表达。他说:"男子者,任天道而长万物者;女子者,顺男子之道,而长其理者也。是故无专制之义,而有三从之道,幼从父兄,既嫁从夫,夫死从子,言无再醮之端。教令不出于闺门,事在供酒食而已。无阃外之非仪也,不越境而奔丧。事无擅为,行无独成。女有五不取:逆家子者,乱家子者,世有刑人子者,有恶疾子者,丧父长子。妇有七出,三不去。七出者:不顺父母者,无子者,淫僻者,嫉妒者,恶疾者,多口舌者,窃盗者。三不去者:谓有所取无所归,一也。与共更三年之丧,二也。先贫贱,后富贵,三也。凡此,圣人所以顺男女之际,重婚姻之始也。"④

在这些社会关系的观念中,孔子在权威的一方太过于依赖个人品格的高尚,

---

① 《中庸》,xx.2.
② Ana.XV.x.(《论语·卫灵公第十五》)
③ Mencius,III.Pt.I.iv.8.(《孟子·滕文公上》)
④ 《孔子家语·本命解第二十六》。

以保证他们职责的正确实施。这是他的学说的一大特点。我在《大学》的评论中已经提到过这一点,但它值得做更多的说明。在孔子与季康子的三段对话中非常鲜明地表现了这点。"季康子问政于孔子。孔子对曰:'政者正也,子帅以正,孰敢不正?'""季康子患盗,问于孔子。孔子对曰:'苟子之不欲,虽赏之不窃。'""季康子问政于孔子,曰:'如杀无道,以就有道,何如?'孔子对曰:'子为政,焉用杀?子欲善,而民善矣。君子之德风,小人之德草。草上之风,必偃。'"①

有的榜样并没有像孔子在以上所引以及许多其他章节中那么强大的作用,但其影响也是巨大的。其道德在家庭中被承认,并且在基督教堂中也被要求。"一位主教"——我仅仅将这个词作为监察者的意义来使用——"必须毫无过错"。然而对我来说,在西方社会发展的进程中,我们似乎在国家许多部门已经较少考虑到榜样的力量,比应该有的要少。它在陆军和海军中极少被考虑到。我们嘲笑"自我否定条例"(self-denying ordinance)和1644年的"新模范军"(the "new model"),但在它们当中有孔子所广泛提出的原则——当权者个人道德的重要性。现在大英帝国已经成为印度的统治力量,我们也与成千上万的中国人有越来越多的接触,孔子提出的这一准则应该被执行法规,特别是参与处理事务的人严肃考虑。他那些有关被统治者对上位者的怀疑的话,不应该被视为毫无用处。

然而还是回到孔子。由于他断定社会良好运转取决于统治者的个人品格,我们急切地想要看到对于品格的培养他有什么样的指引。但在这方面他是极为欠缺的。他说:"斋明盛服,非礼不动,所以修身也。"②这太过于重视外在形式,而且即使做到这一点也超出了全无辅助的人类的力量。然而孔子从来没有承认在人类内心有道德成分的躁动不安。据他所说,人民会自动跟随他们统治者的美德,就像草会随风而动,而统治者的美德会应召而来(come to the ruler at his call)。他许多次哀叹他身处的时代道德沦丧;他也常常反省自己身上的缺点。奇怪的是他从来没有清楚地意识到在诸侯和农民身上有邪恶的力量,这不是他们靠自身的力量或圣人的教诲能够克服的。

孔子所教导的是一种专制统治,但是是一种改良的形式。他不承认"君权神

---

① Analects, XII. xvii; xviii; xix.(《论语·颜渊第十二》)
② 《中庸》,xx.14.

授"，个人道德和仁政是独立存在的。确实，他没有明确表达过统治者与被统治者之间关系的基础，但我们可以推断他对这个问题的看法与《尚书》中的语言是相一致的："惟天地人之父母，惟人万物之灵。但聪明，作元后，元后作人父母。""天祐下民，作之君，作之师，惟其克相上帝，宠绥四方。"①当统治者不再是上帝之下善的执行人，并且其政府也并不于人民有益，丢失了使他获得王位的称号，一味地镇压必将导致他被颠覆。孟子以非凡的勇气不断强调这一规律。这是孔子所不愿意谈论的事情之一。他对此有所保留，这一点在《大学》最后一章中清晰可见。整个中国历史的进程一直趋向于控制镇压的暴力，以及保持人的自尊。

我要说两点，并且以此将孔子有关政治统治的观点的讨论告一段落。首先，它们适用于一个原始的、不很复杂的社会状态。对于一个家庭的父亲，一个家族的族长，甚至于一个小公国的首领来说，他是一个好的咨询对象。但他的观点之中缺乏能够使得它们在大范围内应用的内涵。在他死后的三个世纪中，中国的统治状态进入了一个新的阶段。秦朝的创立者提出了一个伟大的设想，即废除所有的封建王国，建立中央集权的统治。他引发了一场制度革命，以后的王朝都采取了他的体制，并且逐渐将其定型为现在存在的一套形式和平衡。发展的趋势是前进的，而孔子总是试图使国家后退。社会发展所需要的是法则，而非"礼"。结果是中国的疆域已经大大超出了上古的范畴，但思想却没有相应的发展。它的政体有巨人的身躯，心智却仍是儿童。它好像一位已近耄耋之年、衰弱不堪的老人。

第二，孔子没有预想到他的国家会与其他国家交往。他对此确实一无所知。中国对他来说是"中国"(The Middle Kingdom)，"诸夏"②，或是"天下"。在它之外只有夷狄部落。他没有像很多中国人一样用刻薄的语言谈论他们。有一次他在把夷狄与中国的政体相比较时赞许前者："夷狄之有君，不如诸夏之亡也。"③还有一次，他对自己不受重用感到厌恶，想要离开前往九夷居住。有人说："他们实在粗鄙，你怎么能这样做呢？"(陋，如之何？) 他回答说："君子居之，何陋之有？"④但假使他是具有统治地位的圣人，他将不仅仅以教导影响他们，并且要像大禹所

---

① See the Shu-ching, V.i.Sect.I. 2, 7.(《尚书·泰誓》)
② Ana.III.v.(《论语·八佾第三》)
③ Ana.III.v.(《论语·八佾第三》)
④ Ana.IX.xiii.(《论语·子罕第九》)

做的一样,使他们承认和臣服于他的统治。① 孔子的教导当中唯一可以总结出处理外国事务的方法的段落是出于《中庸》:"柔远人"被作为国家统治的九大标准原则之一。但"远人"仅仅被理解为"宾",即在一个国家或朝廷当中谋取职位的来自另一个国家的官员;以及"旅",即商旅。古代经典中没有任何有关独立国家的知识,孔子也是一样。只要欧洲或世界其他地区的商人能满足于在中国以卑微者的面貌出现并寻求贸易优待,政府就会将他们与古代的夷狄同列,并根据他们的理解给予一些"怀柔"的好处。但假如他们的政府也牵涉进来,并且声称与中国政府平等相待,他们所提出的问题必须像中国本土人一样获得同等的讨论,一种出于传统和歧视的怒火就会爆发,而这必然遭到激烈的抵制。

我并没有把中国政府和百姓的自大傲慢归罪于孔子;我所谴责的是他没有留下任何法则用以防止这样一种精神的发展。当他们远离其他种族的人类居住时,他有关社会和政府的简单观念对于中国人来说已经足够了。他世俗性的教导假如没有受到道教和佛教的影响——这一点是他没有预想到的——结果或许会更好,但也只是在他们不受外界打扰时勉强维持而已。一旦与基督教力量相碰撞,中国的疆土必然会分割。孔子没有留下任何保存或重建的思想成分来防止这一事件的发生。

中国现在从数个世纪的自鸣得意中被粗暴地吵醒了。它从古代留存下来的标志都被冲刷殆尽。由于正义和非正义的判断基础被破坏,各种不同意见将会出现,而我并不觉得需要在这里对此下任何判断。在事件的进行过程中只会有各种冲突;而当变化真的到来之后,中国将会被破坏和分裂。混乱无序将会持续造成破坏,然而对于它的人民来说还是有希望存在,因为他们对社会关系的尊重,对学习的投入,以及勤勉节制的习性。——他们还是有希望的,只要他们将目光从他们的古代圣贤身上移开,投向"他"——是他在古代王国解体时派遣圣人们来到我们身边,投向有关于"他",唯一真正的上帝,以及他所派来的耶稣基督的知识。

有关孔子的观点我没有什么需要补充的了。他的大多数语录都简明扼要,也颇能展示个性方面的知识;但由于在本书正文中已经有所有的内容,我就不占用这里的篇幅来展示那些曾触动我、最值得重视的部分了。《论语》第四部分讨论

---

① 《书经》,III.ii.10 等。

"仁",其中有些表达非常引人注目。

桑顿观察到:"这令人惊喜,或者也有些难以置信,'你希望别人如何对待你,就要如何对待别人'这一我们救世主的黄金律,被洛克称为'道德之中最不可动摇的法则,所有社会道德的基础',已经被孔子在四个世纪以前用几乎相同的语言清晰表达了出来。"①我在读《大学》和《中庸》时已经发现了这一点。对此我将毫不吝啬地向孔子表达赞誉。同一原则亦在《论语》中出现了两次。在《论语·卫灵公第十五》第二十三章中,子贡问到是否有一个词可以作为全部人生的准则,孔子回答说:"其恕乎! 己所不欲,勿施于人。"在第十二章中还是同一位弟子又告诉孔子自己正在练习这一点。他说:"我不欲人之加诸我也,吾亦欲无加诸人。"但孔子回答说:"赐也,非尔所及也。"(你还没能做到)从这个回答可以看出,孔子意识到要遵守这个原则是很难的;这一点没有在以前的任何文献中以简洁的语言表达过。这一贡献是归于孔子的。

然而当我们将这一原则与基督所设定的原则做一个比较时,需要注意的是后者所采用的是一个积极的形式——"你希望别人对你做什么,就要对别人做同样的事"。福音的教导要求人们去做他们认为正确和好的事情。孔子的教导仅仅是禁止别人做他们觉得会伤害别人的和错的事情。此外基督还补充说,就优先性来说,"还有法律和预言书"。这一法则是在早期上帝启示当中被发现的。但还是必须承认孔子充分意识到了倡导履行所有社会关系的重要性。参见在第48、49页所引用《中庸》中的话。

但这两大原则的价值取决于发布者在它们的使用方面的意图。对我而言,孔子似乎没有想到在他的五种主要社会关系(五常)以外实行互惠。或许他本来应该要求在处理夷狄事务时也要遵循这一原则,在当时那是除了他们自己以外他们知道的唯一的种族。有一次有人向孔子问"仁",他回答说:"居处恭,执事敬,与人忠,虽之夷狄,不可弃也。"②这里孔子仍然仅仅向他的同胞传达他的原则,他的教导仅仅针对他们之间的种种关系。基督的教导则是为了所有人与他人的相处,所有人都作为上帝和天父的孩子与他身处同一高度。

---

① History of China, vol.I. p.209.
② Analects, XIII. xix.(《论语·子路第十三》)

当被问到是否应该以善意来回报恶意时,从他的回答中可以看出他与基督教的"善"(benevolence)之间的差距之大。他说:"以德报怨,何以报德?以直报怨,以德报德。"①在《礼记》中也记录了同样的话,除此外他还补充说:"以德报怨,则宽身之仁也。"②公元 2 世纪的注疏者郑玄称"以德报怨"为"非礼之正"。"礼"是孔子道路上一个巨大的障碍。他的道德是智力权衡的结果,被前人的决定所限制,而非出自于心中情感的迸发,对上天意志的责任,以及对易于犯错的脆弱人性的同情。

从这个问题出发,我要开始讨论孔子的最后一个观点了。一位注疏者发现,当提到以德报怨时,提问者本身只是一些琐事,因此是可以用这个方法(以德报怨)来处理的;但如果是严重的冒犯,例如针对王权或是父亲的话,就绝不能用违背公正原则的方式来处理了。③《礼记》中说:"父之仇弗与共戴天,兄弟之仇不反兵,交游之仇不同国。"④这里把"以牙还牙"(lex talionis)的原则发展到了极限。为了防止这一原则造成不好的后果,在《周礼》中设有"调人"的官职专司调解之职。⑤ 这一条例远不如摩西为躲避仇家追杀的人所设立的避难城(译者注:避难城之事,参见《旧约圣经·约书亚记》第二十章)。尽管价值不大,但它还是存在的;而令人吃惊的是,孔子在被问到这个问题时完全没注意到它,而是以最强烈的语言肯定了血亲复仇的义务,并且未做任何限制。有一次子夏问道:"居父母之仇如之何?"孔子回答道:"寝苫枕干,不仕,弗与共天下也。遇诸市朝,不反兵而斗。"子夏又问:"请问居昆弟之仇如之何?"孔子说:"仕弗与共国,衔君命而使,虽遇之不斗。"子夏再问:"请问居从父昆弟之仇如之何?"孔子答:"不为魁,主人能,则执兵而陪其后。"⑥

德庇时爵士正确地指出这是孔子学说中令人反感的一条。⑦ 它的负面影响直到今天仍非常明显。对中国人来说,复仇的滋味是甜美的。我曾说他们乐于被

---

① Ana, XIV.xxxvi.(《论语·宪问第十四》)
② 《礼记·表记》第十二。
③ 见正文 152 页注释。
④ 《礼记·曲礼上》第一。(译者注:理雅各正文中说是第二部,实际应当是第一部)
⑤ 《周礼》卷十四,第 14~18 页。(《周礼·地官司徒第二》)
⑥ 《礼记·檀弓上》第二十四,亦可见《孔子家语》卷四,"子贡问"。
⑦ The Chinese,vol.II.p.41.

统治，喜欢和谐宁静的生活，但即使面对政府他们还是不愿意放弃"血债血偿"。在像现在这样统治权威衰弱的时候，个人和宗族就会把法律掌握在自己手中，整个土地上就会频繁发生复仇和争斗。

但我必须结束孔子的话题了。我希望我没有不公正地对待他；我对他的人格和观点了解越多，对他的敬意也就越高。他是一位伟人，他的影响整体来说对中国人有益，而他的学说对我们这些基督徒来说也是重要的教导。

# 附录十:孟子与巴特勒关于人性论的讨论比较(译文)①

### 孟子关于人性论的观点及其与巴特勒的相同之处

如果我刚才对孟子和国君们之间的对话所做的评论从某种程度上使我的读者们对他降低了评价的话,那么他有关人性的准则以及宣扬这种人性论所做的努力,将毫无疑问使得读者对他产生对道德家和思想家的崇敬。在前一卷中我在讲述孔子思想时,曾在结尾评论说"他从未对普世性问题提出任何创见"②。但孟子做到了这一点。人的本性以及其如何造成人的行为准则和"义务"法则(law of duty),是比其他任何东西都更重要的命题。在希腊各哲学流派中都对其有广泛的讨论。上百位犀利而充满活力的当代欧洲思想家曾为此贡献心力。在英格兰毫无疑问公开讨论和思考这个问题的是巴特勒主教,但现在看起来他的观点在相当大的程度上与孟子如出一辙。在命名和整合观点方面,主教较有优势;而中国哲学家孟子则更具丰富性和语言魅力,在准则方面他们是完全一样的。

### 孔子的观点

孔子有关人性的表述很少、很简略。最明显讨论这一问题的语句是"人之生也直。罔之生也,幸而免"③。这与孟子的观点完全一致,因而他征引孔子的话以为己证。④ 尽管找不到这几句引文的出处,但我们可以相信孔子会认同其门徒的某些情感,而对有些人用他的话来证明其他一些结论而感到不满。⑤ 在这一点上

---

① 译自《中国经典》第二卷绪论部分。译文中注释为理雅各原注,"我"即指理雅各,如有译注以括号标明,英文章节为《中国经典》《东方圣书》原文章节,括号中中文章节名均为译者所标。下同。
② 译注:参见第一卷第 xx 页。
③ Analects, VI.xvii.
④ Bk. VI. Pt. I. vi.8; viii.4.(《告子上》:"诗曰,'天生蒸民,有物有则,民之秉夷,好是懿德'。孔子曰,'为此诗者,其知道乎!'""孔子曰,操则存,舍则亡,出入无时,莫知其乡,惟心之谓与!")
⑤ 见《十子全书》中《杨子•修身篇》的讲解(第一卷绪论第 132 页)。

我是这样说服自己的:他(指孔子)对于"黄金法则"的反复阐明,尽管是从反面的角度,就足以证明这点。①

### 子思的观点

《中庸》的开篇说"天命之谓性,率性之谓道,修道之谓教",孟子对其做了比子思更好的阐述。他思想的发端正是根源于此。我们有理由无视于他是子思的学生这个说法,但他熟知《中庸》这一经典文本,并在别的地方使用过当中的其他部分。令人惊讶的是,他在谈论人性论时从未提到上面那段话。

### 孟子时代所流行的人性论观点

他对这一问题如此关注的契机是当时所流行的有关人性论离奇和具伤害性的种种表述。从未有比这更混乱的时代。他的弟子公都子有一次对他说:"告子曰:'性无善无不善。'或曰:'性可以为善,可以为不善;是故文武兴,则民好善;幽厉兴,则民好暴。'或曰:'有性善,有性不善;是故以尧为君而有象;以瞽瞍为父而有舜;以纣为兄之子且以为君,而有微子启、王子比干。'今曰'性善',然则彼皆非与?"②

"人性善"——这是孟子的人性论准则。很多作者会觉得这完全与基督教相抵触,并且由于这一准则被广泛而又简略地引述,使得它听起来有些令人瞠目。但就孟子对其所做的充分阐述来说,情况并没有那么糟。巴特勒的思想曾被描述为"把芝诺的体系受洗入了基督教"③。与芝诺这位廊下派大师颇为相似的孟子或许也有可能做相似的转化。

### 告子的观点

然而在努力使得这一说法成立之前,最好对告子的观点有一些了解。他与孟子是同时代的人,并与孟子发生了激烈的争辩。在公都子的描述中,读者可能不能立刻发现他与被引述的其他人的差异。如果人性无善无恶的话,岂不是可以使

---

① 译注:这里"黄金法则"是指孔子所说的"己所不欲,勿施于人",而"推己及人"在西方伦理学中被称为"黄金法则"(the Golden Rule)。
② Bk. VI. Pt. I. vi.1-4.(《告子上》)
③ Wardlaw's Christian Ethics, edtion of 1833, p.119.

其为善或为恶吗？告子的观点实际上是否认善与恶、美德与罪恶之间有本质的区别。人可以以通常认为的善的方式或是恶的方式来行事，但前者并没有比后者更值得赞许。告子说："生之谓性。"①也就是说善和义与走路、睡觉、吃饭等是一样的。这种夸张的说法给孟子使用其最擅用的归谬法（reductio ad absurdum）来进行辩驳提供了空间。他指出，按照告子的理论，那么"犬之性，犹牛之性；牛之性，犹人之性"了。

### 孟子揭露告子的谬误，以及阐述他自己的理论

孟子与告子之间前两段对话特别值得重视，尽管目的是为了驳倒对手，但孟子在其中亦更清晰地阐明了自己的观点。告子将人性与"杞柳"相比，而仁义就好似"桮棬"（杯和碗）。孟子回应说，杞柳的"性"不是用来制造杯和碗；他们固然可以制成杯和碗，但那是经过弯折、砍削并伤害了本性；而人性是否需要经过这样的暴力才能得到美德？告子又将人性比作"湍水"，任何方向有一个通道，都可以流淌过去。"人性之无分于善不善也，犹水之无分于东西也。"孟子回答道："水信无分于东西，无分于上下乎？人性之善也，犹水之就下也。人无有不善，水无有不下。今夫水，搏而跃之，可使过颡；激而行之，可使在山。是岂水之性哉？其势则然也。人之可使为不善，其性亦犹是也。"

孟子再也没有，事实上也难以找到更强烈鲜明的语言来宣扬他对人性善这一理念的信奉。对于很多基督徒读者来说，这不啻是一种令人瞠目的障碍和冒犯。但我斗胆认为，这种想法的理由并不充分。他（孟子）所说的是理想状态的人性，并非实际中的——即通过研究我们可以断言人性应该如何，而不是它实际呈现出来的样子。上一节我的翻译中加入了"趋向"（tendency）一词可能会招致一些反对，但孟子的一些表述可以支持我的解读。在公都子问说，是否其他有关人性善恶的说法都是错误的，唯有孟子是正确的时，孟子回答道："乃若其情，则可以为善矣，乃所谓善也。若夫为不善，非才之罪也。"②即使是对他最不满的人，也无法质

---

① BK. VI. Pt. I. iii.（《告子上》）
② BK. VI. Pt. I. vi.5.6.（译者注：理雅各此处使用"趋向"一词，即把性善解为"向善"，与焦循的解释相一致。焦循在《雕菰集·性善解·第一》中说"人之性可引而善，亦可引而恶，惟其可引，故性善也"。）

疑最后一句话的正确性。如果一个人犯了错,他应该怪谁呢?——原罪?他或许会很高兴把罪过推到造物主,或"人性"上面——但这其实是他自己的责任,需要他自己背负。

**人性善的论据:首先从其道德构成来看**

孟子用来证明人性纯然是善的论据是带有双面性的。首先,他提出人有仁、义、礼、智四方面的自然原则(natural principle),而这些是"非由外铄我也,我固有之也,弗思耳矣"①。在进一步解说中他又举例说:"人皆有不忍人之心……所以谓人皆有不忍人之心者",即使在今天这样堕落的年代,"今人乍见孺子将入于井,皆有怵惕恻隐之心。非所以内交于孺子之父母也,非所以要誉于乡党朋友也,非恶其声而然也。由是观之,无恻隐之心,非人也;无羞恶之心,非人也;无辞让之心,非人也;无是非之心,非人也。恻隐之心,仁之端也;羞恶之心,义之端也;辞让之心,礼之端也;是非之心,智之端也。人之有四端也,犹其有四体也。"②

让我们把以上这些话与巴特勒三个著名的有关人性的布道词来比较一下。他在第一个布道词中这样说道:"首先,人当中存在着善的自然原则。其次,热诚和爱,它们不同于善和自爱,在增进个人利益的同时,同样也增进和导向了公共利益。第三,人身上存在着自省原则,通过这一原则他们会对自身行为作出赞同和反对的判断。"③这与孟子所传达的意思有出入吗?在第一个布道词的结论部分,巴特勒说:"人在某种程度上遵循自己的本性,但并非全部。他们的行为并非全对

---

① BK. VI. Pt. I. vi.7.(《告子上》)
② Bk. II. Pt. I. vi. 3,4,5,6.(《公孙丑上》)
③ 我是借助巴特勒才能对孟子的"四端之说"中的第四点,赞同或反对,即他所说的"智之端"有更全面的理解。在《孟子·公孙丑上》相关章节的注释中,我曾说他涉及"道德感"(the moral sense)这一名词。巴特勒的自省原则也是一样,人们用这一原则来辨别,并判断自己的行为对错。——我曾经听到有先生们以鄙视的语气谈到孟子在证明人性善时所举的例子。他们说:"这就是孟子对美德的观念,从井里救出一个孩子。不错,这真是强大的美德范例!"这种语言来自于他们对孟子所讨论对象的错误想象。巴特勒说:"如果人性中有任何爱,其初衷和目的都是为了他人的利益,这本身就是善。无论它如何短暂,如何低下,如何范围有限,它都可以证明这一断言(指人性善),并且可以指出我们生而如此,这与更高层次、更广泛的善行所得到的结论是一样的。""我们的本性中被撒下了这样的种子,这就足够了。"孺子入井绝对可以被宣称是个很好的例子。在第一章(即《梁惠王上》)中孟子在见齐宣王时,他利用宣王见到一头牛将被宰杀产生同情,从而救了那头牛的例子,而导向惠王的"不忍之心"。如果一个人好心到不忍见到一只动物受到苦楚,他当然也足以去爱和保护四海之内的人民。

应其本性。他们常常违背自己的本性。"这一点孟子也曾说过,以他一贯雄辩的方式:"有是四端而自谓不能者,自贼者也;谓其君不能者,贼其君者也。"①"或相倍蓰而无算者,不能尽其才者也。"②

孟子对其人性论的根本是如此坚持,而其中所包含的原则是毫无私心、具有崇高德行的。然而需要更多的强调,才能把善提高到超然地位,凸显美德——而非罪恶——是人性的基本构成部分。用巴特勒借一个反对者之口说出的"离经叛道的话"来说:"美德和信仰不仅要求我们在被善和自省碰巧压过其他激情和贪欲的原则时,被引导着为了他人利益而做,而且也要求整个人格建立在思考和自省上;要求每一个行为都由某个确定的法则来引导,这一法则并非来自其他原则和激情的力量或对等物。在我们的本性中(因为伤害只是从那里聚集而来),哪有任何征兆可以证明这是造物主的企图?由此而形成的人的脾气性格看起来又何以如此多样和变化无常?……就像野兽各有各的直觉,如造物主所希望的一样,它们会照此行事,直到最后一刻。人的情况难道不是和野兽一样吗?差别只在于他们在直觉(贪欲和激情)之外加上了自省和良知的原则。而且,正如野兽是遵照当下对它来说最强烈的某一原则或直觉来行事,从不违背本性,人类如果按照其造物主所赋予的当下最强烈的原则来行事,不管是激情或是良知,不也是与其本性相一致吗?……让每个人静静地跟随其最强的本性,不管是激情、自省、贪欲或是以上各有一部分;但不要站在道德的高度去责备某个人的野心、贪欲、放荡,因为这些对他来说同样是顺性而为。"③

对此巴特勒的回应是,自省原则或是良知"不仅仅是具有影响力的内心原则之一,而且是一项无论在类别和本质上都凌驾于其他原则之上的能力,在其存在上是具有自足性的";人性之中的不同组成部分之间的差异不是"强度或程度上的差别",而是"本质和类别上的不同";"它们被内化为我们的正当主宰;来指引和规范所有的原则、激情和行为动机——这是它的权利和职责;神是它的主宰"。由此人性论得以建立,即"人的内在结构是一个系统或体系;其中的几个部分是相互联结的,这种联结不是基于一种实际原则,而是基于相互间的关系,其中最重要

---

① Bk. II. Pt. I. vi.6.(《公孙丑上》)
② Bk. VI. Pt. I. vi.7.(《告子上》)
③ 参见布道词二。

的一点是,贪欲、激情和有特别指向的爱都必须臣服于自省和良知的至高原则之下。"①

现在,这种理性思考的实质也可以在孟子的书中找到。孟子的人性,或人的内在结构,是与巴特勒高度一致的系统和体系。例如他说:"人之于身也,兼所爱。兼所爱,则兼所养也。无尺寸之肤不爱焉,则无尺寸之肤不养也。所以考其善不善者,岂有他哉?于己取之而已矣。体有贵贱,有小大。无以小害大,无以贱害贵。养其小者为小人,养其大者为大人。"②接下来他又说:"从其大体为大人,从其小体为小人。"③

我们身上高尚的部分是人性中的道德因素,低下的部分是自我中心的贪欲和激情。孟子表达得很精当:"有天爵者,有人爵者。仁义忠信,乐善不倦,此天爵也;公卿大夫,此人爵也。"④

当中有一段话令人印象特别深刻:"口之于味也,目之于色也,耳之于声也,鼻之于臭也,四肢之于安佚也,性也,有命焉,君子不谓性也。仁之于父子也,义之于君臣也,礼之于宾主也,智之于贤者也,圣人之于天道也,命也,有性也,君子不谓命也。"⑤

从以上这些段落我们可以清楚地看到,孟子认为所谓人性,并不是指人是欲望和激情的动物,而是人通过其上升到智性和美德的更高层次。"命",在多数中国学者的理解中是指天的意志(天命),首先会使人的欲望得不到完全的满足,其次会限制人道德的运用。⑥ 就欲望而言,孟子认为应该愉快地服从于这样的限制,但在讨论到道德时,我们需要为其抗争,无论在何种逆境当中。它们是我们的天性,我们生而如此,我们也必当如此。在这里我还要引用他关于这一问题的另

---

① 参见布道词三注解。
② Bk. VI. Pt. I. xiv.(《尽心上》)
③ Bk. VI. Pt. I. xv.(《尽心上》)
④ Bk. VI. Pt. I. xvi.(《尽心上》)
⑤ Bk. VII. Pt. II. xxiv.(《尽心下》)
⑥ 译者按:本节朱熹章句曰:"不能皆如其愿,不止为贫贱。盖虽富贵之极,亦有品节限制,则是亦有命也。"解释"命"使得人生来的欲望不可能得到完全的满足;赵岐又有注云:"仁者得以恩爱施于父子,义者得以义理施于君臣,好礼者得以礼敬施于宾主,知者得以明知知贤达善,圣人得以王道王于天下,皆命禄,遭遇乃得居而行之,不遇者不得施行。"即是理雅各所说的道德运用也受到"命"的限制。参见〔宋〕朱熹:《四书章句集注》,北京:中华书局,1983年,第369页;〔清〕焦循:《孟子正义》,北京:中华书局,1987年,第991页。

一箴言。他使用了另一个名词"志",代表活动中的更高的道德本性:"夫志,气之帅也;气,体之充也。夫志至焉,气次焉。"①

现在我的读者们可以自行判断我在说孟子与巴特勒的人性论如出一辙时,是否有任何夸大的地方。麦金托什爵士(Sir James Mackintosh)曾谈到我以上引用的巴特勒布道词以及其他相关对话,认为其"所教授的真理显然比其先行者们更为杰出,他使其变得更加完善,更容易广泛运用在特定个体之上,也更有理性体系,因而如果不犹豫不决是否要把希腊哲学家在创立'伦理学'的最初尝试摒除在外的话,它也比我们熟知的任何一种理论更有资格被称为一种'发现'。"②我真希望这位伟大的学者曾有机会读到孟子的作品。孟子生活的年代有部分与芝诺重合,但比其更早一些。巴特勒所宣扬的观点当然并非从孟子那儿来,但在我看来,在孟子之后他并没有什么可"发现"的。

### 当下对孟子观点的恰当使用

但问题来了:"孟子所宣扬的人性论是正确的吗?"在现在看来,除了肯定我找不到其他答案。人生而有美德。由于他的行为与美德太不一致,在他身上才被捆绑了罪的耻辱。他或许堕落——正如我想的和知道的——经过适当的探询仍可以发现他的本性上除去各种歪曲,依然有其见证。人,世俗的人,不受律法约束的非犹太人,仍有他自己的律法。使徒保罗肯定了这一点;在任何希腊和罗马的道德家中间我们都找不到比孟子更伟大的解说。我要问那些被他的学说所冒犯的人,对于孟子的同胞们,即中国人,如果孟子所宣扬的教义与此相反,即认为人性恶,人们越遵从本性,跟随自己的贪欲和激情,越符合正道的话,情况会更好吗?这样的问题无须回答。对孟子理论的适当使用使得中国人——也包括我们自己——免于犯下成千上万的罪行,我们原本无法逃过它们的扫荡和诅咒。

从理想状态的人到他实际的生存状态之间有着巨大的落差。我们的哲学家(孟子)说:"仁也者,人也。"③仁是"居天下之广居",礼是"立天下之正位",义是

---

① Bk. II. Pt. I. ii.9.(《公孙丑上》)
② *Encyclopeadia Britannica*(8th edition),Second Preliminary Dissertation; on Butler.
③ Bk. VII. Pt. II. xvi.(《尽心下》)

"行天下之大道"。① 但与此相反,在生活中仇恨、无礼和不义才是常见的现象。我们发现人们彼此仇视,灵光泯灭,步入黑暗行耻辱之事。"没有一个人行善,一个都没有。"(译者按:《旧约圣经·诗篇》)孟子很可能反对最后一句,认为圣人们应当是例外;但他无疑会承认,普遍来说人们违反自己的本性而作恶。人们牺牲自己崇高的一面来满足自己低下的部分;跟随小的部分而不是大的。对于这一事实他不能说得更深刻了。他指出了有害环境的影响,坏榜样的力量,而他所举的几个例子也值得注意:"无或乎王之不智也。虽有天下易生之物也,一日暴之,十日寒之,未有能生者也。吾见亦罕矣,吾退而寒之者至矣,吾如有萌焉何哉?"②"富岁,子弟多赖;凶岁,子弟多暴,非天之降才尔殊也,其所以陷溺其心者然也。今夫麰麦,播种而耰之,其地同,树之时又同,浡然而生,至于日至之时,皆熟矣。虽有不同,则地有肥硗,雨露之养,人事之不齐也。"③

人类行为的不一致性也没有逃过他的眼睛。在展示了人性中有些东西有时会使人舍生取义之后,他接下去说道:"万钟则不辨礼义而受之。万钟于我何加焉?为宫室之美、妻妾之奉、所识穷乏者得我与?"孟子如手执解剖刀一般,分析得犀利而巧妙。肉体的贪欲、眼睛的贪欲、生命的骄傲被一一赤裸呈现,而他还没有停。为了破除那种结果使得手段合理化、邪恶可被装饰成善行的虚妄想法,他说道:"乡为身死而不受,今为宫室之美为之;乡为身死而不受,今为妻妾之奉为之;乡为身死而不受,今为所识穷乏者得我而为之,是亦不可以已乎? 此之谓失其本心。"④

### 不能从事实的罪恶推断出本性恶

以上所引用的最后一句话中所体现的道理是孟子最为坚守的。(译者注:指"失其本心")他不能容许从大量事实存在的恶行中就推断出本性恶的结论。他接下去说道:"牛山之木尝美矣,以其郊于大国也,斧斤伐之,可以为美乎? 是其日

---

① Bk. III. Pt. II. ii.3.(《滕文公下》)。(译者注:理雅各将仁、义、礼作为逸文插入与其对应,应当是根据朱熹的解释:"广居,仁也。正位,礼也。大道,义也。"参见〔宋〕朱熹:《四书章句集注》,北京:中华书局,1983 年,第 266 页。)
② Bk. VI. Pt. I. ix.(《告子上》)
③ Bk. VI. Pt. I. vii.(《告子上》)
④ Bk. VI. Pt. I. xii.7.8.(《告子上》)

夜之所息,雨露之所润,非无萌蘖之生焉,牛羊又从而牧之,是以若彼濯濯也。人见其濯濯也,以为未尝有材焉,此岂山之性也哉?虽存乎人者,岂无仁义之心哉?其所以放其良心者,亦犹斧斤之于木也,旦旦而伐之,可以为美乎?其日夜之所息,平旦之气,其好恶与人相近也者几希,则其旦昼之所为,有梏亡之矣。梏之反覆,则其夜气不足以存;夜气不足以存,则其违禽兽不远矣。人见其禽兽也,而以为未尝有才焉者,是岂人之情也哉?"①

## 圣人全然的善,以及全体人类可能达到的全然的善

从这点看来,我没有发现孟子的任何观点与我们基督教的《圣经》相抵触,也没有什么是我们的传教士在向中国人传布福音时不可以使用的。它远没有包含我们所知道的"人的全体职责",它或有缺陷,但非谬误。在这里我暂缓考虑这一问题,而是先考察孟子是否认为他理想中的人性善曾经或有可能实现?答案是肯定的。孟子发现在圣人们身上已经实现(全然的善),同时他认为每个人都有可能达到(全然的善)。他说道:"故凡同类者,举相似也,何独至于人而疑之?圣人与我同类者。"②圣人之足,之口,之目都无异于他人,他们的心志也并无差异。曾经有人问孟子:"人皆可为尧舜与?"他答道:"然。……徐行后长者,谓之弟,疾行先长者,谓之不弟。夫徐行者,岂人所不能哉,所不为也。尧舜之道,孝弟而已矣。服尧之服,诵尧之言,行尧之行,是尧而已矣。"③

然而孟子在圣人之间亦做了区分。除了孔子,尧和舜也在德行上超过其他人。这三位圣人从未在实践自己的心性上有所不足,或有所逾越。在他们身上,理想中和实际中的(人性)永远是相一致的。其他人只是通过不懈的努力和后天培养而达到人性的完善。他至少有两次这样告诉我们:"尧舜性之也,汤武身之也。"④但实际上的结果则是一致的,因而孟子将他们并举为所有中国人的楷模。孟子指出,工匠手中的矩尺使他们可以画出完美的圆形和方形,正如圣人"完美地展示了人与人之间的关系",这使得每一个诚恳的人以此为依据去完善自身,正如

---

① Bk. VI. Pt. I. viii. 1.2.(《告子上》)
② Bk. VI. Pt. I. vii.3.(《告子上》)
③ Bk. VI. Pt. II. ii. I,4,5.(《告子上》)
④ Bk. VII. Pt. I. xxx. I; Pt. II. xxxiii,I.(《尽心上》)

他们原初的善一样。①

**孟子学说中丝毫没有承认恶的普遍倾向。他的理想经由圣人得以实现，**
**并且也有可能被所有人实现**

这儿我们可以发觉孟子学说中缺少启示的元素。他从来不知道"罪是从一人入了世界,死又是从罪来的;于是死就临到众人,因为众人都犯了罪"(译者注:原文引自《新约·罗马书》,文字略有出入,中文翻译参见和合本)。我们亦有如孟子所言的理想状态,但需要追溯到上帝根据自己的样子所创造的亚当。这一楷模很快被打破了,直到上帝之子耶稣以人的有罪之躯出现,但他却是纯洁无罪的,我们才重新找回这一楷模。尽管他最终为我们的罪行而死,但还是留给我们可以跟随的榜样;并且当我们这样做时,便走向荣耀和德行。与此同时,我们发现在我们的行为之中有一法律与我们意志中的法则相颉颃,并将我们引向作恶之中。无论我们如何朝向理想状态而努力,我们最终都无法达到它。我们越是在耶稣基督的知识之中成长,并且看到在他身上所具有的真实的人性光辉,就越是感觉其对我们遥不可及,无法到达。我们自身有哪里出了错;我们需要帮助来告诉我们怎么做,甚至是恢复人性自身,而这帮助来自启示。

因而,当孟子向我们指出尧、舜和孔子道德完善时,我们无法接受他的说法。我们可以理解孟子只是说在人的关系之中如此,但在其他方面他们仍然有缺点。被孟子认为是三位圣人中最伟大的孔子曾多次做这样的自我告白。他曾说,他在七十岁才做到从心所欲而不逾矩。② 或许我们也有可能说服孔子,即使在古稀之年,他仍有可能为外物所惑,但他所表述的已经足以推翻孟子对他(成为典范)的希求。圣人完美的形象被打破了,这被证明不过是我们的哲学家自己想象出来的绚丽而不实际的幻象。

当他再次坚持认为每个人都可以成为他想象中的圣人,即所谓道德完善、全然的爱、行动皆能遵守礼义以及明辨是非时,他已经将自己的学说推离适合的边界;他将其运用在无法发挥作用的地方。他的理论可以作为一种行为准则,并且

---

① Bk. IV. Pt. I. ii. I.(《离娄上》)
② Con. Ana, II. iv. 6.

我认为其所包含的内容值得最高的赞美,但准则本身只告诉我们应该做什么,却并没有给我们力量去实行它。我们可以看到,当需要准确解释他人性善的观点时,孟子将其定义为"人性是由善行所组成的"。因为人性的组成如此,顺理成章的每个人都应该行善行。但人性会发生错乱;一些悲哀的变化会掩盖人性。事实是,用孟子自己的话说,人必须要重新找回其"丢失的本心"("放心"),①这显示出人性之组成的目的并未被意识到。因此人是否能找回本心,与其本身是否被合理设计(译者注:指人性是否被设计为善)完全是两个问题。

某方面来说,孟子确实曾说过"伟大的人不失其赤子之心"(大人者不失其赤子之心者也)。② 我只能假设所谓"赤子之心"即是指他所认为的我们本性中理想的善。但如果将其理解为实际中的儿童之天性,就变得很荒谬了。它(儿童之性)是无善无恶的。它具有善或恶两方面的潜能。它将逐渐觉醒,意识到应该跟随一个而驱逐另一个,——它,或者我毋宁说,"他"会这样做,是因为儿童是从动物的状态逐渐浮现出自我意志,并且假定有一个道德性存在的作用,他将会发现他已经将自己投入到对感官目的物的过分喜爱当中;并且在追求满足感的过程中他会无视那些应当被承认的更好和更高贵的部分,也无视他人的利益和意见,并且一旦被阻挠,就会产生激烈的情绪。比起满足自我需求已经深植为习惯的成年人,年轻人更容易改变;但只有当他意识到,在他行善时,恶也时刻伴随着他,他才能运用法则。一个男孩也需要去追寻"丢失的本心",这与四十岁的成年人并无不同。即使在这男孩心中,也存在着一个"被不诚实的贪欲所侵蚀的老人"需要他去克服。

**巴特勒相对孟子的优势,以及对他们所认为的普遍原则的不同运用**

由于具有有关启示真理的知识,巴特勒相对于孟子有着巨大的优势。许多人尽管对他的布道词表示敬佩,但对于他从未在其中明确提到人的堕落腐坏状态而感到有些不满。在这方面他完全承认这一事实。他在别处说:"人类在《圣经》中是以腐坏的状态呈现的。""人类是否在他们的道德品格方面变得腐化堕落,并因

---

① Bk. VI. Pt. I. xi.(《尽心上》)
② Bk. IV. Pt. II. xii.(《离娄上》)

此变得与基督为其门徒所准备的城邦不相适合；是否必须有上帝圣灵的帮助来更新他们的人性，这对使得他们获得进入圣城的资格是否是必不可少的；这一切都在一句话中得以表达，尽管是隐喻性的：只有圣灵在其中的人，才能得见上帝之城。"①……然而在他的布道词中是确然没有提到这些吗？我上面提到，有人对巴特勒在这方面的沉默表达了不满，这种不满本有可能以更激烈的言辞或绝对的指责出现，但畏于他的声名，以及由于他在《宗教类比》中所表达的对基督教的奉献所获得的普遍赞誉才得以幸免。然而事实上，这种不满也是毫无必要的。差不多在同一时期，巴特勒撰写了他的布道词和《宗教类比》，是为了回应他所处时代的特殊需要。尤其是针对霍布斯对所有道德感性和社会情感（social sentiments）的否定，以及将个人利益作为唯一的行为动机的观点，巴特勒的目标是要证明人性的组成之中包含着无私的情感，并且最为重要的，是有至高无上的良知的存在，"正如它有存在的正当性一样，假使它能获得力量的话，将会统治整个世界"。他证明了此点，同时也这样完成了他的著作。他需要处理的仅仅是人类的理想状态。他的关注点不在人在实行真正的善时所表现出的软弱。在这方面他本可以多加几个小节，但超出原定的写作目标并非他的个性。但这里需要注意的非常重要的一点是，他并没有像孟子所做的那样，去运用这些普遍原则。他从不认为有完美的人；他从未告诉他的读者他们只需要跟随自己的本性，无须更多帮助，就一定可以轻而易举达到完美状态。

**孟子在人性以及对人所犯错误的同情方面的缺失**

孟子对我们的"堕落教条"一无所知，这一点无可指责。他并无途径去了解这一教条。然而令我们遗憾的是，在他对人性的研究中，对人易于误入歧途这一点并无深刻感受。他从未对自己不足之处有任何察觉。在这方面他又一次逊于孔子，并且完全不像我曾在谈到他个性的另一方面时所说的，"比孔子更令人钦佩"。在前一卷中我已经展示过，我们有时必须承认在圣人（译者注：指孔子）谈到自己的一些言论当中体现出了真正的人性。他承认他在某些必要的方面有所

---

① The Analogy of Religion, Part II. chap. i.（译者注：巴特勒《宗教类比》，中译本可参见[英]约瑟夫·巴特勒，"论基督教的重要性"，《自然宗教与启示宗教之类比》，武汉：武汉大学出版社，2008 年，第 133 页。译文与此处有较大出入。）

缺乏。而我们在孟子的身上看不到这点。他的优点是一位具有洞察性的思想家所具备的。他的目光如炬,巨细靡遗;但他缺乏道德的敏感性,这会是在我们作为一个对自身有热情的人的最好时刻,把我们引向他的东西。同情的缺乏自然而然会伴随着人性的缺乏。在他的教导之中有一种严酷性。他好像一位在教室中进行某种手术的教授,身处一群仰慕他的高超技艺的学生当中,在他技术的成功之下他忘记了病人的苦痛。对孟子来说那些违背人性的人都是"自我的暴君"和"自甘堕落者"。(译者注:孟子称之为"自暴者"和"自弃者")对于这些人他怜悯的极限就是一句含着鄙夷的"哀哉"①。中国正统道德学派的最大缺陷,即认为只需要了解义务就可以保证它的实行,在孟子身上体现得极为明显。很奇怪,从孔子、子思到孟子都从未对这一原则提出过质疑。子思的原则通常是"只要有诚心,就会有智慧;只要有智慧,就会有诚心"。(译者注:此处应是指《中庸》"诚则明矣,明则诚矣"。)

### 孟子所谓理想的人性不包括对上帝的职责

以上我谈到孟子有关人性的学说是有缺陷的,在他理想中的人性中并未包括人的所有义务。他几乎没有提到我们应该向上帝奉献的义务。在他的书中没有自然虔敬的闪光之处。和孔子一样,在他那里我们所听到用来代表神性位格和超越性存在的词通常是"天"而非"上帝"。巴特勒曾说:"以上帝之爱,我能理解由万物之灵人类直接归于他(译者按:指上帝)的所有敬意,所有精神之爱,终在(上帝)那里得到永恒的安息。"②而孟子对这些情感一无所知。在某处他曾提到"乐天"(delighting in Heaven),但他所指的是以大国侍奉小国,在这种对弱者贱者的纡尊降贵中所体现的喜悦。③(译者注:孟子将"乐天"和"畏天"相对,指出在与邻国相处中能够以大事小的才是"乐天者",也才是所谓的"仁者"。)他从未在讨论人性时谈到人的思维运用中有直接关于上帝的部分。在中国,宗教是在礼的原则之下进行的,仅仅是一种冷冰冰的形式主义;但在这里,对孟子来说有很多东西都比宗教信仰更重要。我们被告知说:"爱最丰盛的果实是侍奉双亲;义最丰盛的

---

① Bk. IV. Pt. I. x.(《离娄上》)
② 《第一布道词:关于上帝之爱》。
③ Bk. I. Pt. II. ii .3.(《梁惠王下》)

果实是顺从兄长;智最丰盛的果实是知道以上两点,并且从不背离;礼最丰盛的果实是使这两件事做得漂亮并且有条理。"①这与《圣经》中所反复声明的"畏上帝是智慧之始"何其不同!十诫中最重要的首条"汝等需全心全意爱上帝",从未出现在任何中国的圣人或哲学家的脑海中,更不用说加以传达。假如孟子能理解这点,并且能够看到我们除了有对他人的义务还有对上帝的义务,他或许就不会如此高看人类的力量;或许他就会产生怀疑,在他加诸自身的光亮之中是否有一丝阴影。

孟子所谓的理想人性中缺乏对人类最高义务的认知本身就触目惊心地展示了人与上帝的疏远。他对天的使用与孔子的类似使用一道,为近代知识分子更为庞大的理论做了准备,而这些知识分子常常倾向于全盘否定人格神的存在,而将上帝和天都归之于一种秩序,以及万物各安其位的理念。它还造成了更多影响:它使人们停留在一种混沌之中,而易于被佛教偶像崇拜所愚弄。不错,先贤们的"非宗教性"助长了这个国家在宗教上的堕落,并且使得宗教仪式沦为一些不知所谓的表演。

现在要开始处理我的主题了。或许有人认为我在第一部分中对孟子更公道些,而第二部分则比较不公道;但我希望并非如此。在他有关人性的讨论当中,有些成功了而有些失败了,它们都起到重要的作用。他的理论或许,我想应该是,自相矛盾的。它们应该被进一步挤压而产生罪的观念。如果良知能被圣灵所激发,最傲慢的学者都会发出哀叹,"噢,我是一个多么卑劣的人啊!谁能使我离开这具腐坏的身体?"这样他就会被有效地告知,"拥抱上帝的羔羊吧,他将拯救世界!"然后基督作为所有人类全新而真实的榜样,"全然可爱的",就可以向所有颤抖的灵魂展现出来!接下来就可以从上帝那里获得一颗新的心脏(a new heart),它会因对人和上帝所负有的承诺而战栗,并且束好灵魂的盔甲,命令其走入上帝的诫令和无可争议的规条!有一件事已经显而易见了。对于他的人民来说,孟子关于人类义务的教诲是没有希望的。如果它们作为将人民带向基督的教导者,它们是可以完成任务的;但只有基督才能带给中国人真正的帮助。

---

① 译者按:"仁之实,事亲是也;义之实,从兄是也。智之实,知斯二者,弗去是也;礼之实,节文斯二者是也。"理雅各在此处的文字与他的译文稍有出入,用 love 代替了原本的 benevolence。

除了比以前的哲学家对人性善的理论做了更多清晰的表述,孟子的另一成就是强调了"浩然之气的培养"("养浩然之气")。或许有人质疑我是否确切地译出孟子的本意。我译为"passion-nature",而儒莲译为"vitalis spiritus"。我们的哲学家自己也曾说很难形容他的本意。他尽量形容说:"它是这样的:它是极大和极强的。用正直培养它而不伤害它,它就会充塞于天地之间。它是如此:它与正义和理性为伴,也是它们的支撑。没有它,人就处于饥荒状态。它产生于义行的累积,而不会因偶然性的义行而产生。如果行为无法使心灵从中获得满足,它将会随之削弱。"①(其为气也,至大至刚,以直养而无害,则塞于天地之间。其为气也,配义与道,无是,馁也。是集义所生者,非义袭而取之也。行有不慊于心,则馁矣。)从这些形容当中,我们可以确定它绝不仅仅或完全是他所讲的"气"。所罗门说:"义人胆壮如狮。"这个希伯来谚语非常有孟子的风格。勇是"养"的结果,对此他认为自己有与众不同的态度。勇气充沛,具有语言方面的知识,并且从其他人的外在言谈之中发现道德上的过失,他就能够自认为具有了所谓"不动心"(an unperturbed mind),能够将自己"居于正中""享受白日",而无视环绕他的任何阴霾和暴风雨。

因此,"浩然之气",无论我们如何翻译,它的培养仅仅是一种良好行为的结果。从孟子所有高调的言辞之中来说,这是一项实际的训练。他曾以趣味的方式来呈现它:"有一个宋国人担心他种的麦苗长得不够高,于是动手把它们拔出来。做完之后他回到家,疲倦地对家人说:'今天我累坏了。我帮助麦苗长高了一些。'他的儿子跑去一看,发现麦苗都枯死了。世界上大多数人都试图帮助浩然之气的'麦苗'长高。有些人觉得这些麦苗对自己无用而完全不去管它。那个想要帮助它长高的人,都用了拔麦苗的方法。他们所做的不但没有帮助,而且还是有害的。"②

孟子这一部分的教导无须我们花太多时间。他只是以一种引人注目的方式来表达一个简单的事实而已。那是他的优点。似乎这些修辞的运用并不足以帮助他在中国的圣人当中获得一席之地。

---

① Bk. II. Pt. I. ii. 13-15.(《公孙丑上》)
② Bk. II. Pt. I. ii.16.(《公孙丑上》)

我现在将指出我所认为的孟子作为一位道德和政治导师的失误,来作为讨论的结尾。但是这些缺陷在从前因为对他的敬重而从未被提及。鉴于这些缺陷是由于没有启示,从而使他对人类的全部义务以及将来的审判一无所知,我不会再对他的人格做更多的指摘。他从未表现出探索未来、了解死后之事的期望,以及他从未意识到人性的弱点,或令自己的思想向神的方向更近一步来获得更多指引:这些都极为明显地表现出东西方心灵之间的差异。他的自我满足是他一个很大的问题。人类的自我了解通常被认为是通向人性的重要步骤;但对他来说并非如此。他曾令人印象深刻地谈到过灾祸和困难的影响。他说道:"天将降大任于斯人也,必先苦其心志,劳其筋骨,饿其体肤,空乏其身,行拂乱其所为,所以动心忍性,曾益其所不能。"①这就是上天以灾祸来使某些人得到锻炼的结果;但如果是有关于那些"最高的任务",所需要的不是使心灵坚强,而是更加柔软。人类高尚外表之下的卑微,傲慢之下的跪伏令得唯有主被赞美提高,而孟子对此全然不知。

孟子作为一位政治导师的失误和孔子实际上是一样的。他的言论更多的是有关于他那个时代的情况和需要,而非一种政治品质。它们是为了某个特定的时代存在,而非为了所有时代。他与孔子一样,并不知道有任何其他伟大独立的国家存在;他所留下的信条在今天仍被中国统治者和人民奉为至宝,并且培养了一种傲慢的观念,使他们极其不愿放弃自己相对于外国人的优越性。他曾说:"吾闻用夏变夷者,未闻变于夷者也。""吾闻出于幽谷,迁于乔木者,未闻下乔木而入于幽谷者。"②蒙古和鞑靼人的入侵还没有打破这一危险奉承的魔力,因为蒙古人和鞑靼人只有在战争能力方面高于中国人,而在他们征服中国以后就对中国的圣人顶礼膜拜。在过去25年中,基督教力量开始要求被许可进入中国,并且要求被以平等地位接纳。他们并不想征服其领土,尽管他们造成了一些战争,也破坏了中国的防线。伴随着恐惧和颤抖,他们的先进之处被注意到了。由于对他们武力的害怕和诚信的怀疑,对他们厌恶的情绪也随之增长。中国人害怕他们会来征服,而众所周知他们会带来改变。中国超越性偶像几乎已经被打破了。不久之后,新一代的思想家将会成长起来,对他们而言孟子将只是一种学说,而非行为准则。

---

① Bk. VI. Pt. II. xv. (《告子下》)
② Bk. III. Pt. I. iv.12, 15.(《滕文公上》)

# 附录十一:《书经》中记载内容的可信性(译文)[1]

**第一和第二部分比其他三部分可信度低,其中含有许多神话的内容;关于尧、舜、禹,禹被中国人视为华夏王朝的建立者;大禹治水及划分天下的功绩**

在上一章中我所得出的结论是,在构成《尚书》经典的58篇当中,我们现有的都早在周代末期就已经存在了。起先是通过伏生,后来是因为孔安国,所有的篇章都在秦焚书之后的不到一百年以内,即西元前一世纪时,就已经被全部恢复了,恢复的比例比一般人所认为的要高。古代文本无疑有所损失、调换和改变,但它们并没有大到足以影响书的整体统一性。在《尚书》流传至今的过程中,在如此长的时间中它无法避免地经历了文字上的一些腐蚀(corruption);但这些错误并不那么大,也没有那么重要,远没有那些因评论家质疑而从西方最有价值的文档中消失的文本那么严重。[2] 就如同《孙子》、《列子》、孔子自己的著作等其他的经典一样,在现存的58篇《尚书》中实在没有什么能真的使我怀疑其真实性。

### 《尚书》文本是否可靠

让我们来探究一下《尚书》文本在其所描述的历史事件上的真实性到底有多少。我们可以马上得到结论,就较多的篇目这一点上,并没有合理的证据来质疑。一个王朝的建立者对前朝末代君主的错误行为进行渲染,这是应当被允许的。此外我还曾在《大禹谟》的注解中指出,一位万众拥戴的英雄所犯下的错误可以被抹杀,现实中的失败也可以被装点为光荣的勇气。然而在我看来,《尚书》中的篇目内容比现在出版的《京报》上的纪念文章更可以被信赖。

---

[1] 译文原文见《中国经典》第三卷绪论部分。译文中注释为理雅各原注,"我"即指理雅各,如有译注以括号标明,英文章节为《中国经典》《东方圣书》原文章节,括号中中文章节名均为译者所标。

[2] 努力想要重建准确文本的中国学者不在少数。其中我将会频繁引用段玉裁的《古文尚书撰异》;但想要收集齐所有的资料我将会花费大量的时间,并且也不值得。

文献离事件发生的时间点越近，当然可靠性越高。《周书》与它所记载的事件在时间上是同步的，并在完成不久之后就成为了公共财富。我们看到在周代的法律条文中对保留前代的碑文做出了规定。但这些碑文数量并不是很大，在代代相传的过程中也不免受到损毁和腐蚀。然而从汤武时期，通常被认为是公元前18世纪开始，我们似乎可以开始更有把握地去探索这一历史阶段。

**那些最古老的文献不像其他文献那么可信**

在汤武之前的时代我们对于自己的道路就不那么有把握了。我们的资料相对匮乏，它本身的真实性也比较低。传说和真实描写糅杂在一起。这在《尚书》的第一、第二部分表现得尤为明显（指《虞书》和《夏书》）。

《唐书》（或称《尧典》）和《虞书》的全部章节（除了其中的一章应当区分出来）都是在较晚的年代编纂而成的。它们都以同样的语句开头："曰若稽古"（"基于对古文献的考察我们发现"）。如果接受这一自朱熹以来就被普遍接受的篇章结构的话，我在这一点上所坚持的观点也就同样明显了。那么我们就应当翻译为："我们研究尧、舜、禹和皋陶后发现……"无论是哪个版本，编年史家都将他自身与主题分离开了。他是从较现代的角度来写作的，而尧、舜、禹和皋陶都生活在古代的图景当中。

我在《尧典》第一章的注解中已经指出，汉代经学家韩安国（Han-Gan-kwo，疑为孔安国误）、马融和郑玄对这一短语（指"曰若稽古"）提出的质疑是荒谬的。① 或许他们是想要避免阅读上自然导出的结论，因而强加给它们一些自己所认为的意义。马礼逊可以从第一个字"曰"得出"《尚书》很大一部分仅仅是一种传统"；但这个字本身并无确定含义，即使有，也不能延伸至它所属的篇章之外。宋代以降的学者似乎从来没有因为以上两种可接受的诠释给《尚书》前两部分所带来的不确定性而受到打击。他们批判性的品位和能力使得他们抛弃了前代矫揉造作的建构，然而他们也从未对自己说："好吧，但让语言恢复其本意，这样会让这些关于尧、舜、禹的经典过去所拥有的权威性不复存在了。是谁编纂了这些典章？他

---

① 译者注：孔安国传中将"曰若稽古"解释为"若，顺；稽，考也。能顺考古道而行之者帝尧"。理雅各认为这一解释不符合原意。

或他们生活在哪个时代？我们是否埋葬了有关自己民族历史被大众所接受的最古老的记录？"像这样的反思从来没出现在中国评论家当中；但我将其提交给我的读者们，无论他们本来是否想要这么做。

与此同时应该承认，这些部分的编撰者拥有前代流传下来的文献——或许是从尧和舜的时代传下来的。在我看来有三件事使得这一前设成为必需。首先，这两大帝王时代的一些高级官职名后来没有再被使用。例如最高官员被称为"四岳"，次之被称为"百揆"，掌管宗教的则被称为"秩宗"。这些称谓的不同寻常表明了书的编者是从传统中，或更有可能从文献中获知了它们，而不是编者自己创造的。第二，《夏书》《商书》和《周书》中的某些部分语言风格相当特殊，当中用来表达感叹的词汇，如"吁""咨"，特别是"都"，我们没有在其他地方发现相同的用法。① 第三，尧在对星官的指令中决定一年的春分、秋分、冬至、夏至，而这取决于一年当中对星象的观测，这也很难在后代伪造。春分、秋分在金牛宫和天蝎宫，而夏至、冬至在狮子宫和水瓶宫。在接下来的章节里，我们可以看到（编者）是用什么样的语言来确认尧的时代。对岁差一无所知的编者（这在中国直到公元后数世纪才被发现）不可能对自己编著的内容做出时间上的调整。

我在这一小节所指出的两个环境有可能相互冲突。首先，《尚书》前两章的编纂时间远远晚于它们所记载的年代，这会削弱我们对它的信赖；然而在其内容当中对古代文献的承认又足以建立它们的权威性。但我的职责是明确指出这两个方面。它们是这一经典的两大特质。或许想要从较晚的内容中找出真正的古代记载——分辨出哪些是书籍编纂的年代之前就被广泛接受的，哪些又是编者所加——是不可能的。或许没有两位评论家能得出相同的结论。对我来说，我丝毫不会犹豫地认为《尧典》前两节和其他章的描述部分是编者所加。同时，我想我可以追踪出他（指编者）贯穿始终的描述，这些描述使得我们根据我们对之后的几百年逐渐被巩固和扩张的王朝的印象，可以想象到尧和舜作为首领所统领的疆域。

### 在周代之前尧和舜并未以历史上圣人和英雄的形象出现

在《尚书》接下来的章节中提到尧和舜的次数令人吃惊地少，使得人们不禁

---

① 参见索引三中的"吁""咨""都"。

猜想他们是否在周代才在上古历史中获得了今天所见的显赫地位。

在《夏书》中，舜完全没有被提及，尧也只有一次而已。在第三节《五子之歌》中，他只是被称为"陶唐的诸侯，拥有翼这个地方"（惟彼陶唐，有此翼方）。在这一描述中我们听到了最古老传统的声音。尧不是掌管"万邦"的帝王，而是一个诸侯或一个地方首领，来自黄河以北，统领"翼"这个地方。我们可以怀疑他的权威是否在后来扩展到所有区域，即所谓"九州"；但在当时并没有达到黄河以南和以西的地方，即现在的山西和陕西省。

在《商书》中，尧和舜各被提及了一次，语言也极尽夸耀；但内容模糊空洞，我们无法从中获知尧和舜的起源之地。在记载中，伊尹曾说："予弗克俾厥后惟尧舜，其心愧耻，若挞于市。"接下来书中又说，此后伊尹燃起壮志，与成汤一道，以致"格于皇天"。在这时尧和舜已经成为寄托着完美政体理想的传奇性人物。

在《周书》中我们可以发现有两处提到尧舜。其一是在《周官》一节中，尧和舜分别用其国名"唐"和"虞"来提及，用尧舜时期的官员之数量来对应夏商之世的官员之众多。[1] 第二处在《吕刑》的第二节。这一段落相当令人费解，有些评论家认为它只提到了尧，而另一些人（包括我在内）则认为舜才是其中的主题人物。他那个时代的传统（或者是典籍中对其的记载）与更早时代的传统相混合，我们穿过重重迷雾可以看到王朝的开端，由舜立其基石，现在用武力击败邪恶的苗蛮，在其他官员的帮助下以谦恭和德行获得人民的爱戴。

以上是《夏书》《商书》和《周书》中提到尧舜的地方。第一处在舜史上所载的去世时间之后不足半世纪对他们做了简单纪念；其中令人瞩目的是提到了尧的真实领土。从第二处开始我们得不到什么有价值的东西了；但我们发现随着去古日远，人们开始出现分歧。在第三处指出了他们的国家规模不大，尽管他们据说统领"万邦"。第四处的内容很有建设性，然而我们不知道如何才能将其与《尚书》开始的两部分的记载（指《尧典》和《舜典》）相调和。汤对于尧和舜未置一词，武王在申明自己的王朝优于前代商朝时同样也并未提到他们。最重要的是，周公，这一周王朝真正的奠基人、孔子所称颂的典范，在建立"明堂"制度时向所有的先王们寻求支持，当中也没有提到尧和舜。当我们转而研究《诗经》这本古代诗歌

---

[1] 参见 Bk. xx., p.3."唐虞稽古，建官惟百。"

总集,其中也没有提到尧和舜。整本《诗经》都是关于周朝的内容,其中歌颂了文王及其祖先的功德;但对于从部落首领兴起的"创立者"从未加以赞美,这不能不使人疑惑。他们在《易经》中被提到了一次,但是在相传为孔子所著,真实性也有所分歧的《易传》之中。

考虑到以上所有因素——在《尚书》后面章节中罕有提到尧舜,以及这种"罕有"的性质;《诗经》对其完全沉默;《易经》中只有唯一一次需要存疑的提到他们——我可以得出结论,即《尚书》第一、第二部分是在周朝建立后才编纂出来的。正是在周代,尧和舜获得了他们从未有过的煊赫声望。特别是孔子将他们作为自己最推崇的英雄人物,并赋予他们所有的美德,这也使得他们成为之后所有政权的典范。孟子继承了他老师的精神,并且因为他与生俱来的无畏无惧的个性,将他们的地位推得更高,并且成为了所有人的典范。就这样,在这两位哲学家的笔下,尧和舜首次获得了最伟大的圣人的地位。或许也是(《尚书》的)编纂者给了他们"帝"(皇帝或上帝的代言人)的称号,以及那些有助于增加我们的幻想的描述,使我们认为他们所统治的领土与周代的历代帝王差不多。

### 关于尧舜的描述显然是传奇性的

关于尧和舜,特别是他们之间关系的描述很明显是传奇性的,很奇怪怎么会有人将其作为真实史料。当尧在位七十年后,他发现对治理国家的工作已经力不从心,于是提出退位,传位给他的辅首"四岳"。这位大臣称自己的德行配不上这个位子。于是尧问他适合的人选;无论这个人出身贵贱,他都将传位给他。舜就这样登上了舞台。朝中所有的官员都推荐了他,"虞舜①,一个死了妻子又出身低微的人"(有鳏在下,曰虞舜)。他父亲是一个盲人,愚顽不灵;母亲虚伪不诚实,弟弟象傲慢无礼。但舜还是尽其孝道,与他们和谐生活,并使他们在很大程度上自制和行为良好(瞽子,父顽,母嚚,象傲。克谐以孝,烝烝乂,不格奸)。尧听了很高兴,他自己也听过一些关于舜的传闻。他决定给他一次重大考验。这是一个

---

① 本森(Bunsen)认为"虞舜"中的"虞"就是"禹",因而虞舜就是禹和舜传奇性的结合,为了连接大禹和上古帝王尧和舜的关系。这是一个最好的例子,说明再心思细密的理性主义者离开原著写作都会落入错误的陷阱当中。参见 Egypt's Place in Universal History(《埃及在普遍历史中的地位》),vol.III. p.399.

令人费解的考试。他将自己的女儿嫁给了舜,并宣布自己将通过舜对待两个妻子的行为来观察他是否适合坐上统治者的位子!(我其试哉。女于时,观厥刑于二女)

我们猜想舜通过了这一考验。接下来我们发现他被任命为"百揆",并在这一位置上做得很成功,于是三年后尧坚持将王位传给了他。他们共同掌权了约四分之一个世纪,直到深受爱戴的尧去世,舜才全权掌政。

对于以上事件《尚书》中还有两点需要补充。尧并非无后。他至少有一个儿子,名叫丹朱;但他的父亲认为他的德行不足因而不想传位给他。这里令人瞩目的是,尧对于公众利益的关注超越了对自己家族荣誉的关心。至于舜,他在早年曾在历山耕过田,那里离尧的都城不远。(译者注:此节参见《史记·五帝本纪》)

在司马迁和孟子的书中,这些文献稀少的部分得到了大量补充。[①] 我们得知舜不仅仅做过农夫,还做过渔夫和陶工。他"不诚实的"母亲是他的继母,而"傲慢无礼"的象只是他同父异母的弟弟。尧有九个儿子,他们和两个女儿及一众官员一起被派遣去侍奉舜,居于河流纵横之地(妫汭)。后来他恶毒的亲戚们甚至还试图谋害他。有一次他们以为自己已经得逞了,他的坏弟弟象说父母可以得到牛羊仓廪,然后前往舜的居所接收他的武器、琴和妻子时,发现舜坐在榻上正在弹琴!

此外还有其他荒谬之处。根据司马迁所说,舜作为庶人在《尚书》中第一次出现时,仅仅是因为他的家庭环境低下糟糕。司马迁证实他有贵族血统,并且是黄帝的后人。但尧同样也是黄帝的后人;舜又被安排与他的两名堂妹结婚——在中国的法律和道德家眼中这都是乱伦的滔天大罪。我的读者或许可以同意我的说法:我们不应该谈论尧舜的历史,而应该说说关于他们的神话故事。

**禹和尧舜之间关系的描述具有同样的传奇性**

从尧和舜的关系向下到禹和他们之间的关系,以及他最终继位的过程,我们发现了很多相同的性质。尧,其在位年代不详,突然被一场滔天洪水惊吓到了。洪水包围了高山,淹没了丘陵,又四处肆虐逼近天际。有谁能堪其用来解决这场

---

[①] 《史记》卷一,pp.6,7;Mencius, V. Pt. i. ch. II., *et al.*

灾祸呢？（汤汤洪水滔天，浩浩怀山襄陵，下民其忧，有能使治者？）所有的贵族都推荐了鲧，而尧违背自己的判断决定任用他。鲧治水九年，仍徒劳无功。

由于他的失败，或者还有其他原因，鲧被处死了；他的儿子禹接替了他的工作。① 在《尚书》中我们找不到有关禹被任命的时间和方式的记载。在尧死了一段时间以后，舜曾经称赞禹作为治水工作的继任者，在治水和规划田地方面的成绩，并任命他为"百揆"，他自己也曾经在尧之下担任这一职位。在《夏书》第一章中用了相当的篇幅来详述禹治水的措施，关于这点我将在下一部分中讨论。他被任命为"百揆"可以看作他将成为舜的继任者的前兆。《尚书》没有提到舜有儿子，但孟子肯定了这一点，这个儿子就像丹朱一样软弱无能，于是尧所做过的事情又再次上演了。在位三十三年之后，舜告诉禹他已经无法承担治理国家的繁重工作，自己已经九十多岁了，要求禹继位。禹再三辞让，直到舜断然下了决定。他们接下来共同执政了约十五年，舜去世后，禹成为唯一的统治者。

禹继位的故事不如舜的那么令人瞠目。然而它仍然像我说过的那样，有神话的成分在内。对于以前的描述以一种更为鲜明的方式再次重现，我们不能不感到十分吃惊。王朝应由最高尚优秀的人来统治；公共利益置于个人和家庭利益之前——这是有关尧、舜、禹及他们之间的关系以一种特殊方式遗留给我们的教训。

### 禹是中国第一个历史性的统治者

大禹是夏王朝的奠基人。王位在他的后人之中传了大约四百年。这一事实将他与尧和舜鲜明地区分开了，并且明确点出了中国的部落（或部落群）何时从零散的部落统治走向君主制国家。在孟子时代有些人认为这一事实只能证明禹在道德上逊于其他两位圣王。书中这样记载道："他（禹）使国家成为了私有财产，而没有将其传给最贤德的人。"孟子当然有自己的回答。是天，而不是尧把国

---

① 鲧和禹之间的关系以及他们的工作给我带来了很大的难题。中国人普遍相信禹是鲧的儿子。《尚书》并没有这么说。《洪范》第三页当中的措辞也并没有明确指出这一点。然而司马迁在第二节第一页中确认了这一点（禹伤先人父鲧功之不成受诛云云），《礼记·祭法》中也对此给予了有力的支持（"夏后氏亦禘黄帝而郊鲧，祖颛顼而宗禹"）。尽管如此，我心中还是有所疑惑。关于禹何时开始治水工作我们没有确切数据。在《孟子·滕文公上》中说他是在尧仍在世时由舜任命的，而在《洪范》注中称是在鲧死后。对于《舜典》和《孟子》中记载尧处置鲧所用的"殛"一字我们需要从它最强烈的用法来理解。

家传给了舜,在其中尧只是一个媒介。舜和禹也是如此,舜协助尧执政二十八年,禹协助舜十七年。禹的首辅益只协助了他七年。此外,尧和舜的儿子都不肖,而禹的儿子启却是贤能的人。这些环境上差异或是对比也都是由天造成的,这使得人们希望启而不是益成为他们的统治者。孟子最后以孔子的格言结束讨论:"唐虞禅,夏后殷周继,其义一也。"①

孔子和孟子被迫采用了这样的论证技巧来解释中国的历史;但他们明确肯定了这一事实:这个帝国是从禹的家族开始成为至今这样的世袭制的。这一事实将他建构为一个历史人物,并且要求我们把他看作中国的第一任君主。

## 《尚书》中关于禹功业的叙述不能被视为历史

本森说道:"大禹就像查理曼大帝一样是一位真实历史中的帝王;《书经》中有关他的皇家卷宗是一份产生在同时代、公开的文献,就像法兰克国王们的法令一样无可置疑。"②

本森所谓禹王朝的卷宗通常被编在《夏书》中,是《书经》第三卷的组成部分。但它所详述的所有内容都发生在或被想象发生在尧死之前,此时不仅禹尚未继位,更没有任何迹象表明他会继位。《夏书》中这部分属于尧舜时代,并且似乎脱离了编年的顺序。它应当在第一部分,并且它必然像我之前所说的,与《尚书》中最古老的几卷一样有同样的不确定性。

在本书93页的注解中,我曾说《禹贡》(*The Tribute of Yu*)这个名字不足以传达其内容的含义。它笼统地叙述了禹在治理洪水时的工作(这在前面第四节中已经提到过了),他接下来在划分从洪水中挽救的土地时所用的措施,以及决定如何分配不同地区的税赋。

为了帮助判断禹所做工作的可信性,我们首先必须在脑中对他所到的各州有一个确定的概念。孟子这样描述他从《尚书》中获得的景象:"当尧之时,天下犹未平,洪水横流,泛滥于天下,草木畅茂,禽兽繁殖,五谷不登,禽兽逼人,兽蹄鸟迹之道,交于中国。……禹疏九河,论及漯而注诸海,决汝汉,排淮泗,而注之江,然

---

① Mencius. V., Pt. I, Chh. v. vi.(《孟子·万章上》)
② Place of Egypt in Universal History, vol.Ⅲ.p.395.

后中国可得而食也。"①这似乎是一幅足够恐怖的景象;但叙述上还是太轻描淡写了。关于黄河水泛滥,尧从他国都所在看已经包围山岳,漫过丘陵,逼近天际了。(译者注:见《尧典》"荡荡怀山襄陵,浩浩滔天")在洪水向东漫延的过程中它们又分化为大量支流,并形成今天直隶和山东省交界处的三角地带,在那里人们被困在一块高地上。长江的水(the waters of the Keang)也差不多需要同样的治理。这两条大河的所有支流以及如淮河等其他河流都陷入了紊乱之中。被河水漫过的山岳以及连接它们的河道都被四周蔓延的丛林覆盖了。如果我们想象一下北美地区开始被欧洲殖民的时候,圣劳伦斯山南麓也曾被洪水毁灭性地侵袭过,草原一片泥泞,森林杂草丛生,我们就会知道《尚书》所记载的禹时代的中国毫无夸张之处。

禹在这样一幅荒凉景象中前行。从现在中国的西部边界开始,他顺着大河的走向,烧灌木,劈岩石,穿过阻挡河道的大山,挖深河床,直到河水平静地流入东海。他造湖泊,筑高堤,直到最后"四隩既宅,九山刊旅,九川涤源,九泽既陂,四海会同。六府孔修,庶土交正,厎慎财赋,咸则三壤,成赋中邦"。②

《尚书》中并没有提到成就如此大的工程花费了多长时间;但我们可以从中寻得蛛丝马迹,证明这项工作并没有延续很多年。这在尧去世前就已经大功告成了(un fait accompli)。鲧治水九年徒劳无功;尽管书中没有明确说禹的任命是在舜联合执政时期,但如果我们可以信任孟子的描述的话,这一假设是成立的。孟子还说禹为了治水曾经八年过家门而不入。③ 司马迁记载禹花了十三年用于治水;然而马融认为在三年内已经有八个州得到了治理,尧认为整个工作已经基本完成,因而禅位于舜。④

我曾在注释中谨慎地指出一些证明禹在这项工作中并非单枪匹马的证据。他有益来帮助他焚烧灌木。他有后稷教人民培育刚从洪水泛滥和灌木丛生当中挽救的土地,使其适宜耕种。但如果我们承认所谓帝国境内所有的水源都在他掌

---

① Mencius, Bk. Ⅲ., Pt. Ⅰ. iv. 7.(《滕文公上》)
② 译者注:原文参见《尚书·禹贡》,理雅各译文参见 *The Shoo King*, Part Ⅲ, Bk. Ⅰ, Pt. ii.. Ch. Ⅲ.14, 15, p.141。
③ 见上一节引用《孟子》时所省略的一部分。(译者注:即"尧独忧之,举舜而敷治焉。舜使益掌火,益烈山泽而焚之,禽兽逃匿……禹八年于外,三过其门而不入"。)
④ 参见第150页最后的注释。

控之下,传说中他所完成的工作让人完全无法相信。

我希望引用已逝的小毕欧的观点以作支持,并且引用他在《亚洲杂志》1942年8、9月刊上发表的一篇颇有见地的文章中的几句话:"黄河在进入中国境内之后还有560里格(leagues);长江从禹曾经到过的大湖(the great lake of Hoo-Kwang)开始算有近250里格,汉江从源头到它与长江的交界处有150里格。这三条河总长度就达到了近1000里格;加上禹曾经疏通治理过的其他河流,我们必须将数字提高到1500里格。——中国古代曾经人工建造过的伟大工程——长城,绵延近300里格,但这一巨大工程修建了很多年。并且它是在秦、赵、燕国分别发起的,到秦始皇才将其修缮和延长。而像长城这样的结构所要求的石工要比在长达1200到1500里格的巨大水系边筑起堤岸要容易得多了。因而我们可以知道要把这样的工程稳定下来需要花费多少的劳力和时间。我们可以从罗讷河的反复泛滥中多少知道这一点,而罗讷河下游的大小不到黄河和长江的四分之一。如果我们想要相信这些注释家,禹将会变成一个超自然的存在,他疏通中国的大川大河就像那些只是些浅浅的小溪。"①

小毕欧所描述的景象已足以做结论了。我将用另一种方式为读者呈现这一问题。我曾经提到早期17世纪殖民者发现北美圣劳伦斯山南麓也陷入类似的混乱状况,来展示当时中国地域上的状况。这些殖民者在处理禹所遇到的问题上并没有困难;但我们知道他们推行时有多么缓慢。随着人口增加,欧洲不断输入援助,使美国在两百年内成长为一个在智慧和成就上不逊于其他任何国家的国家,但在两百多年中他们所做的,都没有禹在中国洪水泛滥后20年内治水的成就大!

**在禹的时代中国并不像书中记载的那么疆域广阔以及治理得井井有条**

《禹贡》中所记载的中国共有九州。西北部边界跟现在的中国非常一致。东部延伸至海边,甚至像某些人说的,还包括朝鲜的领土。在南部的边界描述得不是很清楚。它肯定没有越过横亘在广东北部,西至广西东到福建境内的山脉。尽

---

① 参见《亚洲杂志》有关期数,第160、162页。这章的大多数内容都是我在读这篇文章之前写成的。我曾与一位研究广泛的汉学家进行讨论,我告诉他我将会深入研究《禹贡》的一些问题,他指引我在香港找一本《亚洲杂志》(我为了找这本书失败了几次)来寻求小毕欧的观点。我非常幸运地在一堆杂物中找到了我想要的书。

管我们不认为这三省在尧所统治的疆域之内,但他所统治的帝国仍然疆域辽阔,约有3个法国那么大,其他地方则每年向首都进贡稻谷和其他贡品。

然而除了"九州"这一地区划分,《尚书》中还记载了五服,从国都向外延伸的距离2500里,因而面积是5000平方里。在《益稷》一章中禹自己宣称他完成了这些领土的平定工作,以及管理四海之内更远的领土,使他们处于四大首领的统治下。(译者注:原文应为"外薄四海,咸建五长","五长"指的是五大诸侯,此处理雅各把"五"误为"四")①我们对这样的描述无法取信。五服无法被算作中国的领土,无论是在古代还是现代。我在第148和149页的注中已经说明了要理解这些描述的困难性。小毕欧曾经引用《周礼》中一个类似五服但要小得多的疆域,说"很明显这些同心圆式的疆域划分没有丝毫真实性"。② 九州的划分则并没有这么困难。山河大川基本还保持它们自存在以来的样子,也将会保持到世界尽头。困难在于要相信禹在传说中治理了它们,以及在他的时代有一个帝国管理着如此大的国家。然而,比起我们要否认"五服"——这在《大禹谟》中占了六小节并声称是禹本人所说的话当中明确记载的,对九州的划分提出质疑,甚至怀疑在禹的时代九州是否真的存在,或许不那么狂妄,毕竟在《尚书》禹所作的章节中并没有明确说到九州划分。

对禹之后朝代(指夏代)的叙述使我们无法相信在他那个时代达到过如此高的发展水平。夏的第三位天子,即禹的孙子太康有一次渡过黄河狩猎时,发现有穷氏的部落首领挡住了他的归路,并且再也没能夺回王位。他的五个兄弟与母亲一起在洛河边等待他回来,得到的却是政权被夺的消息。他们作歌抒发悲痛之情,即是《尚书》中所记的《五子之歌》。其中一篇中称禹为"万邦之君",另一篇则说"惟彼陶唐,有此冀方","冀方"也被一些解释者看作是禹的辖区。太康被逐之后大约一百年,夏才重新掌握政权。公元前2078年少康重夺王位。历史记载他在前四十年都匿藏在尧的旧都附近,曾为一位首领放牧,后来又在另一位首领家中做厨子,这位首领发现了他的才干,并将两个女儿嫁给了他。我们可以说,所有这些事件都发生在黄河流域,并且也没有证据表明国家的其他地区曾参与其中。

---

① 参见"益稷",第四部分。
② *Le Tcheou-li*, tome Ⅱ., p.169.

据称禹死于会稽,位于现在的浙江省;但少康在位的最后一年才在那里设立了官员。

当我们来到商朝,即公元前 1765 至前 1122 年,会发现即使是商代很难说中国的领土与禹传说中所统治的地方相等。《尚书》中记载商代的建立者是成汤,我们所知的仅仅是他与桀——夏王朝的最后一任天子之间发生了战争。接下来有一些关于汤的继任者太甲不得人心的记载;此后历史上出现了大约三百年的空白。当我们再次回到商代世系中,已经到了第十七任王盘庚,他克服了很大的困难,终于将都城从黄河以北迁到黄河以南。为了平息人们对于迁都的抱怨,他提醒说自己只是依先王之道而行,并且商朝已经五次迁都了。这个国家很明显依然还是在黄河流域,尽管大禹据称已经完成了河流的治理工作,这个国家仍不得不一次次因为洪水泛滥而迁都。这些叙述所描述的并非只是一个伟大人物,而是一个民族几乎毫无困难地进行一次次的迁徙。

在此之后,我们可以发现一个比我之前所做的考虑更有决定性的要点。周王朝的领地像尧时代一样,由九个州组成。老冀州划分成了三个州,徐州并入了青州,梁州则从地图上彻底消失。更东面的部分可能属于豫州和雍州,但更多的地方还是蛮荒之地,是在"中国"的领土范围之外的。[①] 周代天子们所统治的疆域比尧时代还少了现在的四川省和云南省!周代的疆域并未被低估,而是禹的领土范围被大大夸张了。我们无法承认他统治了被归于他的九州,正像我们无法承认他完成了人们所称颂的那令人惊讶的伟业一样。

### 《禹贡》中可取的观点

那么,我们应该如何对待《禹贡》中所记载的大禹划分的"九州",以及他所完成的功业?小毕欧在此前我们提到过的《亚洲杂志》的文章中称,我们在其中所发现的只是"殖民地的大幅扩张"。他进一步说:"就算仅仅是承认禹曾确实到达过以上这些地点,这一旅程按我此前所说的超过 1500 里格,我们也必须视他为中国第一位开拓者。在他的开拓过程中,他确立了殖民者或是拓荒者在领土各个位置的据点,这些领土或是武力获得,或是以友好的方式与当地人达成了协议。

---

① The Chow Le, Bk. xxxiii.(《周礼·职方》)

他下令砍伐了那里的森林,使之成为农田。他或许也与其他殖民者一起,治理了某些河流,截除了一些冗余的支流,或是疏浚了某些湖泊。在每个据点,他检查了当地的产品以及与当地人交换获得的东西。然后他由此决定每个新开辟殖民地应向宗主国进贡的种类。这在现在仍是在美洲耕耘的拓荒者首领们所采取的方式。他们在可以购买毛皮的地方建立据点,在前进的同时也在清除丛林。在禹之后,挖掘乡村资源和砍伐森林的工作还持续了一些年,而根据中国的传统,所有成果都归功于首领。"

读者必然会为以上观点中天马行空的奇想感到震惊,而我相信当中包含着一些事实的线索。这无疑是对此前韩国英神父(Father Cibot)在其广为人知的有关"中国古物"的文章中观点的进一步加深,这篇文章署名为"一个耶稣会士"(Ko a Jesuit),发表在《中国杂纂》(*Memoires sur les Chinois*)的开篇。在韩国英看来,尽管禹所亲自治理的领土范围很小,多数留在都城所在冀州,但他有可能派人勘察来确定其他州的领地以及所能收到的贡赋,这就像接下来的几个朝代所做的一样,通过殖民和开荒来拓展国家的领地。他说:"有多少美洲的国家在他们人口繁衍之前甚或是将要繁衍的前夜能够有统计和描述?如果有关他们的矿藏、物产、奇珍异宝证明了欧洲人的知识是可信的,我们在《禹贡》中所发现的禹有关中国的知识也同样可信。"[1]

就我自己来说,我不能承认禹真的到访过所有传说他曾去过的地方,也看不出他是如何一步步将中国的殖民地拓展到全国范围的。我们确认它最早的发源地是在现在山西省的南部,黄河在它的西南。沿着黄河,它的一头是现在的陕西省,另一头是河南省。在进入这些地区后,禹的臣民还有很久才能向南渗透至长江流域。就事实来说我们知道他们确实做到了。他的儿子(启)与有扈在陕西户县作战,现属西安府;后羿叛乱,太康流亡到河南某地。但河南地区是禹的领地,在禹治水时排在第七位;陕西地区属于雍州,排在最后。因此显然我们无法从《禹贡》中获知大中国殖民的历史过程和进度。

《禹贡》当中描述中国的边界在夏商两代逐步确定,各地都逐渐为人口增长、兴旺繁盛的中国人所占据,并向仍位于冀州的中央政府缴纳税赋。其中还有大禹

---

[1] Memoires Concernant L'Histoires, & c., des Chinois, vol.I., p.215.

历经辛劳为他的族人赢得好的立足之处的纪念,以及他分配给其杰出追随者封地的记录。这个国家在很多地方还覆盖着森林并且未被开发,这种特性给殖民者的前进造成了很大的困难。某个历史编纂学学者想过要构建一种理论来解释夏朝的建立者是如何使得整个国家秩序化,而他紧接着把如此大的成就全都归功于禹,以此来荣耀他。同时,关于禹新婚四天就离开家,并且不顾其幼子启的啼哭三过家门而不入这样自我牺牲的故事流传全国。禹左手拿着丈量绳,右手握着方尺和罗盘,时而驾马车驶过平地,时而划船驶过河流,有时乘橇穿过沼泽,有时利用钉鞋翻越险峭的山崖,直到他的身体骨瘦如柴,手脚都布满茧子——这些流行的故事在《益稷》中获得了承认,促成了《禹贡》的故事概念,并被广泛接受。禹因而与尧和舜建立了联系,并与他们共同构成了中国君主政体的开端。他们的智慧和仁爱都在他身上得以体现,再加上他对自己地位所做的实际贡献,这样王朝有了一个榜样,这将会把他们从懒惰和沉溺中拯救出来,并且刺激他们去承担沉重的职责。

经过对《禹贡》审慎地观察,我所得到的结论是这并不像本森所认为的,是"在禹统治的时代一个公开的文件"。相反,它应该被视为一个以禹为主角的传奇故事,形成时代远晚于他,可能是在夏代结束之后才被编写出来的。毕欧似乎倾向于把目前所存的《尚书》的编著者归于孔子。他说:"至少可以确定,是孔子把这些远早于他的时代的记载拼凑起来。"他还补充,"我们无须把它的编纂年代推得更远,它已经是世界上最早的地理文献之一了。"但我已在本绪论的第3到6页中论述过,并没有足够的理由让我们相信孔子与《尚书》编纂有任何关系。此外在《尚书》当中,我们还有另一线索,即周公熟知禹的相关记述。在大臣们与成王进行"政府的建立"这一讨论的结尾,我们发现周公说道:"其克诘尔戎兵,以禹之迹,方行天下,至于海表,罔有不服。"①周公是如何认识到所谓"禹迹"的?这或是因于传统,或是因于文字记述,而后者可能性更高。我已经指出一个事实,即禹的广阔领土中所包括的凉州并不属于周代的领土。很自然地,周公这样一位志向高远、无远弗届的领袖,应当是非常急切地期望他自己所统领朝代的影响力能够比得上前朝。在另一处,他谕令召公要与他一起努力,"我咸成王功于不怠,丕冒,

---

① Pt. V., Bk. XIX., p.22.(《周书·立政》)

海隅出日,罔不率俾"①。他提到"禹迹"并不能证明禹真的像《禹贡》中所记载的,曾经到过那些荒地,在那里辛勤工作并最终征服那里;这只能证明在周代初期的人们是这么认为的,由此我们可以假定文本就在王朝的档案之中。这就是我的观点:《禹贡》作为上古时代的文献之一从商代传下来,在周代地方记录官的保护下被保存下来。此后这些记载被重新编排入了一部历史文档中,就是我们现在所知的《尚书》。

本森所认为的"《禹贡》是禹时代的公开文献",主要是基于对一块石碑真实性的信任。碑文说此碑是禹所亲立,位于现在的湖南衡山山顶。他说:"我们有禹自己所写的记载,其真实性无可置疑。其中记载了他挽救国家于洪水泛滥的伟大功绩。在埃及的纪念碑之后,再无其他现存的记载比它更真实,也没有比这位伟人谦逊、高贵的镌刻更为古老的记录。确实它现在已经难以辨认,但在西安府和北京的高等学校都保存有复刻本。对此哈格(Hager,此处应是指汉学家Joseph Hager——译者注)早有追述。只有不熟悉这个问题的人才会对其真实性有怀疑。"②或许如果这位学识丰富的作者能够更全面地了解这座碑的历史的话,他会同样坚决地否定其真实性。

将钟鼎文归于禹是很古老的传统了。九鼎就被特别归于禹,每个上面都有九州之一的图像。毕欧曾经这样谈论它们:"这些早期雕刻或刻图的存在对我来说完全可以接受——它们代表最早的中国人所知道的九州,而非禹帝国的图景。但无疑随着时间的逝去,从最古老的首领到了周代,中国的控制范围在逐渐扩大,中国人对他们祖先的尊敬转化为一种真正的礼仪;禹的人格化在他们的记忆中不断增强,最终成为某种半神,是他使得世界进入秩序之中。这样这些镌刻于九鼎上的九州地图就成为禹的帝王疆域。"在周代九鼎就被认为是禹所制,并作为国家象征,这一点已经得到充分证实;但还不甚清楚的是,在鼎上有一系列九州的地图。

---

① Pt. V., Bk. XVI., p.21.(《周书·君奭》)
② Egypt's Place, & c., vol.III., pp.394,395.

但这不是对其进行讨论的切入点。最早提到九鼎的记载在下面的注释中可以找到。① 我会对此做一个介绍，把古代对石碑的记载与相对近代开始提到衡山石碑时的说法来做一个比较。

### 衡山禹碑的历史，一个传说

我们第一个要援引来证明石碑存在的作者是赵晔，一位东汉时期的道家信徒，生活在公元1世纪末。他留下一本名为《吴越春秋》的书，②但其中充满了荒诞的故事，对此我在注解中给出了一个例子，这使我们对其中的任何内容都很难相信。③ 此外其他相关记载还有："神禹有岣嵝山铭"④——岣嵝是衡山七十二峰之一，并且是主峰，因此岣嵝山和衡山有时候是互用的。从汉代到唐代（此处Y'ang应为T'ang之误——译者注）间的地理志曾多次把禹和衡山联系起来，但他们都只是重复赵晔的故事，对于我们有所疑问的石碑并没有任何确切的说法。

在唐代这种说法非常盛行，但没有任何证据能证明它不仅仅是流传的故事，

---

① 毕欧的评论见他在《亚洲杂志》上发表的关于《禹贡》的文章，第176页。我相信最早提到禹的三足鼎是在《左传》宣公三年（公元前605年）周定王的使臣与楚国大将的一番对话中。楚将问鼎的大小重量，得到的回答是："（政之兴）在德不在鼎。昔夏之方有德也，远方图物，贡金九牧，铸鼎象物，百物而为之备，使民知神奸，故民入川泽山林，不逢不若，螭魅罔两，莫能逢之，用能协于上下，以承天休。桀有昏德，鼎迁于商，载祀六百。商纣暴虐，鼎迁于周。德之休明，虽小，重也，其奸回昏乱，虽大，轻也。天祚明德，有所厎止。成王定鼎于郏鄏，卜世三十，卜年七百，天所命也，周德虽衰，天命未改，鼎之轻重，未可问也。"（译者按：此处问者应为楚子即楚王，而非楚之大将。原文可参见《中国经典》卷五，华东师大版，第292页）关于鼎的描述在这段文字中不是很清楚，但译文与原文是一致的。我们不应该假设在鼎上有九州的地图。关于鼎后来的下落有所分歧，或认为落入秦人之手，亦有说在东周末年被沉入河中。参见《太平御览》卷第七百五十六，"鼎"条下；《格致镜原》卷四十三，"鼎"条下。
② 皇家图书目录中称他为赵煜，参见《四库全书目录》卷六。
③ 关于这本书的内容读者可参考下面这个例子："乃殛鲧于羽山，鲧投于水，化为黄龙，因为羽渊之神。舜与四岳举鲧之子高密，四岳谓禹曰：'舜以治水无功，举尔嗣，考之勋。'禹曰：'俞，小子敢悉考绩，以统天意，惟委而已。'禹伤父功不成，循江，沂河，尽济，甄淮，乃劳身焦思以行，七年，闻乐不听，过门不入，冠挂不顾，履遗不蹑，功though未及成，愁然沉思，乃案黄帝中经历，盖圣人所记曰：在于九山东南天柱，号曰宛委，赤帝在阙，其严之巅，承以文玉，覆以磐石，其书金简，青玉为字，编以白银，接琭其文。禹乃东巡，登衡岳，血白马以祭，不幸所求。禹乃登山仰天而啸，因梦见赤绣衣男子，自称玄夷苍水使者，闻帝使文命于斯，故来候之。'非厥岁月，将告以期，无为戏吟。'故倚歌覆釜之山，东顾谓禹曰：'欲得我山神者，斋于黄帝严岳下三月，庚子登山发石，金简之书存矣。'禹退又斋三月，庚子登宛委山，发金简之书，案金简玉字，得通水之理。"参见赵晔《吴越春秋》卷四。
④ 参见《鲒埼亭集》外编卷三十五，《曝书杂集》卷四十七。我在文中说赵晔的书中"曾经"有这样的记载，因为这本书现在已经残缺，我翻阅了我所能找到的一个版本，并未看到这一记载。

或有任何人亲眼见过这一有趣的遗迹。相反,那位给我们最多描述的作者,也承认他竭尽全力无法在山顶找到石碑。这位作者就是韩愈,他有一首关于岣嵝山的诗:

岣嵝山尖神禹碑,字青石赤形摹奇。
科斗拳身薤倒披,鸾飘凤泊拏虎螭。
事严迹秘鬼莫窥,道士独上偶见之。
我来咨嗟涕涟洏,千搜万索何处有,
森森绿树猿猱悲。①

从这些诗句来看有两点可以确定:其一,韩愈本人曾经努力寻找禹碑,但一无所获;其二,在他的年代证明禹碑存在的只有一名道士,道士属于专门处理神仙和虚妄之事的一类人,我们有理由认为他的说法虚假的可能性高于真实。

唐代以降到宋代,在韩愈之后的三百年中我们没有见到任何关于禹碑的记载。直到12世纪才重又谈论起这个话题,并且有两位中国有才之人专门去衡山解决这个问题。他们是当时最杰出的评论家和哲学家朱熹,以及著名学者张南轩(张栻)。他们同样无功而返,而在我看来,朱熹认为禹碑并不存在而仅是道家梦境的说法是决定性的。中国作家的评论为他和其他找寻者的失败赋予一种个人的智慧,称其为"斯文显晦,信有神物"②。

在朱熹之后不久,南宋第十三位皇帝在位的嘉定年间,有一位官员何致(字贤良)从四川来到衡山,由一位樵夫引至祝融峰,他发现了此碑,并摹刻下来,立于道教夔门观中。③ 这里终于有一个碑被发现并拓下了碑文——在它竖立了三千多年后。它在山顶站立了如此长的时间,暴露于各种自然界的影响之下!仅仅是这一点就足以证明它不是真的了。我曾见过中国一千年左右的石碑,并且它还是有所遮盖以躲避风吹日晒;但上面的刻文在很多地方都已经模糊了。禹碑不可能竖立在那里那么长时间,才在何致所说的情况下被发现。在13世纪进入人们视线的实际上是一个粗劣的赝品。在上面我着重表明的部分是为了提醒读者,其仿刻

---

① 参见《韩愈集》卷三。在《丹铅总录》卷一中也可以找到关于石碑的类似记载,作者是同样来自于唐代的徐灵期和崔融。
② 参见《丹铅总录》,出处同上。
③ 宋嘉定中,有蜀士何贤良致,于祝融峰下,樵子导之至碑所,手摹其文,刻于夔门观中。(译者注:原文出自《游宦纪闻》)

的碑是在一座道观当中。一个道教徒的头脑首先设想出了这个碑,之后另一个道教徒又将其制作出来。一个普通的造假者会在刻文中故意留下痕迹,以使得人们相信它确是古物,但对于这碑文,后代们会相信这一神物可以免于时间的磨砺和侵蚀。

当这一发现公开时,它并没有得到广泛认可。我们或许认为既然被发现了,如此珍贵的碑会吸引很多访客,甚至应该成为公众关注的对象。事实并非如此。甚至何致所做的仿品也好像带有"神物"的特征,一时可见一时不可见。在整个南宋人们都拒绝接受它;直到明代正德年间(16世纪初),它才重又进入我们的视线中。有一位湖南官员名为张季文,声称找到了何致的碑文并转写下来。从那时候开始禹碑在那些或真或假的中国古碑中才算有了一席之地。

读者或许会问这块石头现在是否还在衡山上。在1666年毛会建出版的刻本(湛约翰牧师所有)当中,编者谈及上岣嵝峰之困难,不得不使用梯子和钩子,并说他自己亲身上到山顶并处理石碑。但他也说,石头以及上面的字都非常巨大,现在也已经支离破碎,不可能拓下来。假设衡山山顶确实有一些石碑碎片,上面刻有古代文字,那如何得知这就是禹碑呢?或者说这些铭文又如何证实这一点?生活在12世纪的朱熹和张栻也有可能曾见过毛会建所描述的残片,并且得出这些与大禹并无关系的结论。他们(指朱熹和张栻)的声誉证明韩愈和其他唐代作家所描述的只是理想中的禹碑——这一点我们确实可以从其他证据中得出。关于上面所述问题唯一的证据只有何致,或者不如说是他在13世纪发现石碑的故事。

以上我对这块石碑历史的回顾已经足以表达我的观点,即它毫不可信;并且中国绝大多数考古学家也支持这一论断,本森所说的"只有不熟悉这个问题的人才会对其真实性有怀疑"是毫无根据的。他的结论是基于克拉普罗特(M. Klaproth)1811年在柏林出版的一本有关禹碑铭文的专著,这本书我并没见到。但我在雷慕沙的《亚洲文集》第二卷中看到过相关评论。看起来克拉普罗特相信这块石碑的真实性,并声称他自己能正确辨认上面的"蝌蚪文"。这很有可能,但并不影响我所做的论述。并没有什么会阻止它的制作者——假设是在宋代——用模仿最古老的文字的方式来掩盖自己的伪造行为。我的朋友王韬在一本有关专著中观察到了这点:"制作者很聪明地模仿古代的文字写法;这种能力可以被应用在很多方面。"在下一页读者将会看到一幅铭文的副本,是从湛约翰牧师珍藏的书中原样翻刻的。这些字首先用照片的方式缩小,然后再翻刻在一块大小与我的页面相适合的木块上。在每个蝌蚪文的旁边是其现在文字的形式。我附上它仅仅为满足一些好奇心。在下面的注释中,有一些关于本森试图翻译它的评论。在这篇绪论中已经用了太多的篇幅来讨论它了,而我之所以如此重视它,目的仅仅是要显示用禹碑作为论据来反驳我关于《禹贡》晚出的论断都是站不住脚的。①

### 尧时代的洪水是否就是《创世记》中所描述的?

从我对禹的功劳所持的观点中,读者应该发现我并不认为尧时代的洪水就是

---

① 本森试图翻译的刻本中有些字的认读与本书所翻印的有所出入。《丹铅总录》中所载的铭文是:"承帝曰嗟,翼辅佐卿,洲渚与登,鸟兽之门,参身洪流,而明发而兴,久旅忘家,宿岳麓庭,智营形折,心罔弗辰,往求平定,华岳泰衡,宗疏事衰,荧余伸裡,郁塞昏徙,南渎衍亨。永制食备,万国其宁,窜舞永奔。"现在我敢说,其中有许多地方是无法肯定地确认其意思的。本森提到了一个由哈盖尔出版的钱德明神父的版本,他说这一版本并不是真正意义上的逐字翻译。(这个版本亦见于卫三畏《中国总论》卷二,第 204、205 页)他承认克拉普罗特试图做一个翻译的努力,但某些部分不够准确。我将不再费力讨论他自己所做的尝试了。他说那些对中文有所认识的读者会从这些字的拉丁版本懂得他的译本是基于语文学的原则;但事实是对中文有粗浅了解的人就足以证明本森对此知之甚少。

如果他对碑文的翻译不比他对禹碑的翻译更好,他的著作《埃及在普遍历史的地位》也将是毫无价值的。如果铭文的作者确实知道他用蝌蚪文写的是什么的话,我不认为它们已经被完全辨认出来了。对于本注释给出的一段铭文,我将试图尽量做一个准确翻译:

"I received the words of the emperor, saying, 'Ah!
Associate helper, aiding noble!
The islands and islets may now be ascended,
That were doors for the birds and beasts.
You devoted your person to the great overflowings,
And with the day-break you rose up.
Long were you abroad, forgetting your family;
You lodged at the mountain's foot as in a hall;
Your wisdom schemed; your body was broken;
Your heart was all in a tremble.
You went and sought to produce order and settlement.
At Hwa, Yŏ, T'ae, and Hăng.
By adopting the principle of dividing the waters, your undertakings were completed.
With the remains of a taper, you offered your pure sacrifice.
There were entanglement and obstruction, being swamped, and removals.
The southern river flows on in its course;
For ever is the provision of food made sure;
The myriad States enjoy repose;
The beasts and birds are for ever fled away.'"

《圣经·创世记》中摩西所描述的大洪水。然而我倾向于相信，从《尚书》中关于洪水淹没一切、令尧和舜感觉到惊恐的描述，我们获得了一些传统的声音来证实上古时期普遍性灾难的存在——至少普遍到能够毁灭一切生灵，消灭整个种族，除了那些在诺亚方舟上得以幸存者。

传教士们——特别是新教传教士，接受禹的功业是历史性的，曾不怎么慎重地表达他们认为两者是同一个洪水的观点。例如郭实腊博士（Dr. Gutzlaff）曾写道："我们不怀疑尧时代的洪水即是《圣经》中所记载的，尽管我们无法给出它在中国历史上发生的确切时间，我们也会毫不犹豫地确认中国人是在大洪水之后才繁衍起来的。"①

本森利用此机会过分严厉地表达他所认为的"传教士们混淆事实且无知，相信禹的功业指的是诺亚时的洪水，而后者从未到达过中国"②，并说，"尧帝在位时的洪水与诺亚洪水的关系，就如同他所建的大坝和运河与方舟间的关系一样。富有学识的耶稣会神父们早知道这点，但碍于罗马教廷的命令而不得发布事实。如此荒唐的想法却被英格兰和苏格兰的传教士接受了，甚至包括马礼逊，这是一个忧伤的例子，说明在探索历史事实时有知识的人的合理判断有可能被自己教会中犹太式的迷信和无法忍受的无知所歪曲"③。

事实上，马礼逊在这一问题上的表述是十分谨慎的，我不认为他比他的批评者离事实更远。在《马礼逊字典》的前言第13页，他说："在《尚书》中提到一场规模巨大、毁灭性的灾难，大量的降水袭击了地球表面，不管称它为'大洪水'或'灭顶之灾'都一样。洪水消退，王朝在当时已知的各个地区安定下来，这通过《禹贡》都能有所了解。禹是影响这一工作的人。大洪水创造了中国历史上的一个伟大时代。首先是一个充满神话色彩的创世传说，随后伏羲的后代引入了婚姻制度、有了政府、有了金属器、开始使用乐器、有了不同时代的文字，这是中国文明的时代。当帝挚骄奢淫逸、胡作非为时，接下来发生了尧时代的洪水，此后大地又荆棘丛生，猛兽遍布。……以上是中国作者们对中国上古世界所做描述的忠实概括。它与犹太立法者（指摩西——译者注）所做记录的相似性处处可见；两者所

---

① 参见郭实腊《中国简史》（*A Sketch of Chinese History*），卷一，第130页。
② "Place of Egypt," & c., vol. III, p. 398.
③ 同上，p. 406。

描述的是同一个远古史实的可能性不应因为些许年代不对应或是某些细节不符就被全部否定。"

麦都思博士的观点也与此相同。他称从伏羲到尧舜之间的时代是中国历史上的"传统时代",并且补充说:"尽管我们不会对中国作家所记载的这段历史全然相信,但其中大部分并非不可能是来自诺亚传给其子孙的正确记载。其中有十世传递的巧合,婚姻制度,音乐的发明,某一部族的反叛,神与人类家族的混合,以尧时代大洪水的发生为结束,都使我们得出结论,即在他们所提及的那个时段,中国人仅仅记载了从亚当到诺亚之间所发生事件的另一版本。当禹继位之后,洪水消退,中国变得又适宜居住了。"①

以这两位最著名的新教传教士为代表,我不认为在他们的著作中有任何"犹太式迷信"或是"来自教会的不可忍受的无知"。或许在中国人对伏羲及其后代的记载中有一些对原始传统的微弱反响——这一点我现在并不在意,也不打算进行讨论。但上面的引文中所提到的尧时代的洪水是有误导性的。读者被引导认为中国历史上的洪水是由于前一个统治者的荒淫无度造成的——是一个上天的惩罚。如果真的是如此,他们所持的观点将大大得以巩固。但《尚书》对此毫无记载。从未有一个字提及洪水是对统治者或人民所犯之罪的惩罚。

但现在根据我试图建立的观点,禹的功业并非历史,而是神话传说。他并没有完成过那些归于他的移山截水的工作。无可否认,他是中华帝国辛勤的创立者,并且在那时所知的狭小领土内做了很多事,但帝国的逐渐扩张,资源与秩序的发展,都是历经很多个世纪的成长才达成的,中国人把这些都归功于他,而传教士们和其他人都接受了这些传说。假如否认禹的功业,那么在他的时代发生大洪水这件事也就不存在了。至多可以承认当时黄河曾经发生毁灭性的泛滥,但那些借尧、舜、禹之口所说的描述是不恰当的。是不是《尚书》第一部分的编者为洪水滔天、淹没山河的景象赋予了自己的想象力?或是他们在大洪水的传统当中发现了"所有的高山都被淹没"(原文来自《圣经·创世记》——译者注)这样的说法?我更倾向于后者,因此认为我们可以把对于尧时代大洪水的描述作为诺亚时代大洪水的不完美记载。

---

① China: Its State and Prospects, pp.5,6.

## 禹时代中国的人口

在离开禹及其功业的话题之前,最好谈谈另一点,这个被广泛接受的说法有可能会被用来反驳我试图建立的结论。可以确定,或大致确定禹时代中国的人口吗?

有两位汉学家曾触及这一问题:一位是小毕欧,他于 1856 年在《亚洲杂志》上发表论文《中国的人口及其变化》;另一位是俄国驻北京公使馆的杂哈劳(T. Sacharoff),他的论文《中国人口的兴衰》去年由罗存德牧师(Rev. W. Lobscheid)译成英文。

小毕欧的文章写于他对中国的知识尚不成熟的时候,比我之前曾引用过的那篇发表在同一期刊上关于《禹贡》的文章要早 6 年。如果他晚一些发表的话,就不会接受马端临的说法,即基于他自己的假设性推算,在禹的努力下人口从 13,553,923 增加到 21,415,198 人。

杂哈劳把这些数字减少到 1 百万人,但他关于这一问题的评论透露出相当程度的思维混乱。他说:"有两个统计数字是本土作家提出来的,用来证明尧和舜的统治时期——也是文明最发达时代的中国人口。它们是国家行政分布,和已开发土地的边界。如果古代文献中记载州的数字是确实的话,第一个就已经足够提供一个令人满意的结论。如果我们以尧在公元前 2300 年划分的九州为例,那么人口必然十分少,不会超过 10 万户,或 100 万人。可耕地面积边界什么也证明不了,因为古文献中很少说到每个家庭有多少亩土地,也没有说到耕地的总量,因此通过确定一个变量,我们不得不接受一个模棱两可的人口数字。"①

我试图找出马端临说法的权威性,即当禹刚继位时,人口是 13,553,923 人;我所找到最早的作者是公元 282 年去世的皇甫谧。② 这一说法在禹时代之后 2500 年才第一次提出,毫无历史价值。就像皇甫谧所说的,这仅仅是他自己根据尧时代帝国的疆域计算出来的,并没有说基于任何确切数据。此外,在同一页关

---

① The Numerical Relations of the Population of China, & C., Hong Kong: A Shortrede & Co., 1864, p.10.
② Meih's Chronicle of Emperors and Kings, the Books of the After Han, 志第十九, p.1.(皇甫谧《帝王世纪》,《后汉书·志第十九》)(译者注:理雅各所见可能是梁代刘昭注《后汉书》中所引的部分,皇甫谧原书已佚。)

于禹和其他古代圣贤的部分有很多荒诞之处,因此我很吃惊这一人口统计数字能获得认可。

例如,皇甫谧开头引用了神农和黄帝的传说——前者的统治疆域如何扩张至东西900,000里,南北850,000里;而后者在发明了船和马车后横跨这一广大疆域,用天文学的计算方式定下了每个州的位置。作者认为有关神农的传说已经超出了可信的范围,但他接着引用孔子的话(然而是引《孔子家语》,一本伪书)来证明颛顼时的疆域西至流沙,东至大海,北到幽陵;接下来他谈到了尧和禹。据他估计,禹的九州面积达24,308,024顷,相当于近368,000,000英亩,其中的9,208,024顷,相当于140,000,000英亩是可耕种土地。然后关于人口总数,他进一步说当时的帝国有1万个州县。在这里他又引用《山海经》,一本充满各式各样传说故事的书,说禹派他的两个下属大章和竖亥分别从北端走到南端和从东头走到西头,然后再数他们的步子。前者走了223,300里又71步,后者走了233,500里又75步。① 实际上很难说他如何得到这些数据,因为他接下来又补充说,四海之间从东至西是28,000里,从南至北26,000里。之间有5350座名山,467座出产铜,3609座出产铁。很显然作者是随便写的。他关于人口的统计没有任何比其他这些数字更值得被接受的理由。

杂哈劳说如果接受尧把帝国分为九州,人口就不会超过100万,而我们很难明白他是什么意思。如果我们接受"九州"是帝国真正的组成部分,并且相信整个国家每个地区都有人口分布,就算是密度很低的,也应该起码有2千万人口,而非100万。但是正像我之前展示的那样,对于《尚书》的批判性研究只能让我们认为尧和舜仅仅是部落首领,其领地不可能延伸超过黄河两岸;并且虽然禹是一个延续四个世纪的王朝的建立者,他的最后一个继任者是否还统治着尧时代的九州,也是值得存疑的。如果禹时代有1350万人口的估计能够有哪怕一项证据的支持,我提出的论断还有可能需要再考虑一下;而它们仅仅是一些很久之后粗略随意的计算,并且前提是真的有这样的领土,因而我的论断丝毫不受影响。

杂哈劳所提出的禹时代有100万人口,对我来说似乎已经是足够大的数字

---

① "禹使大章步自东极至于西垂,二亿三万三千三百里七十一步,又使竖亥步南极北尽于北垂,二亿三万三千五百里七十五步。"这段话与我手头出版于嘉庆二十三年的《山海经》内容不符。

了。据记载周公辅政的成王时期人口是 13,704,923；也就是说就这个数据来看，人口在十一个半世纪中只增加了 15 万 1000 人。（译者注：此处是指马端临的说法）如果我们假设禹时代有一百万居民，并且 200 年翻一倍，在周公时代应该已达到 1 亿人。然而我们可以说在这段时间毫无增长。大约 400 年以后的周庄王十四年（公元前 683 年），人口下降到禹时代的人数之下，仅仅 11,941,923 人。这些数字很明显告诉我们，对公元前帝国的人口统计不能被视为对实际人口的确切计算——特别是禹时代的 1300 万人口显然只是他对于水系和土地所获得的神一般功业的一小部分。

在皇甫谧和其他早期作家之后，马端临也指出三代时期帝国所辖诸侯国数量的减少。禹在涂山时有万名诸侯来朝，那么也就是说有 1 万个诸侯国。当商朝建立时，只剩下三千多，据皇甫谧所说，人口也有所减少。公元前 12 世纪初，武王建立周朝时，诸侯只剩下 1773 个，皇甫谧补充说人口再次减少了。但皇甫谧也曾经说，周初的人数比禹时代多了 15 万 1000 人。我再重复一次，显然公元前 2000 年的禹时代有 1 万个诸侯国这件事是不存在的。继任禹所建立的朝代，即夏代，就像我在前面所指出的，与这样一个大帝国看起来根本没什么关系。这些夸张的描述方式被用一次之后，后面的作者也都采用了。孔子和孟子遵循这种说法，从而使得他们自己，他们的同代人和后代对他们那个时代，以及他们历史的寒微开端都无从得知。

我不会试图质疑《尚书》所记载的禹时代之后的历史真实性。关于夏代的篇章仅有 3 篇，并且都很简略。就像我在第一节中所说的，从商代初年开始，我们似乎踏足于真实的历史之上了。《周书》完全可信，因为当很多事在人们记忆中依然鲜活时它们就被公开了。

在本章中我试图得出的结论如下：首先禹是历史性的人物，并且是中国王朝的创立者，但《尚书》对他的功业几乎都做了神话性的夸张；其次尧和舜也是真实的人，是最早移居这个国家的人的首领，但我们必须把他们从神话和哲学性传说的迷雾中剥离出来。看起来离开《尚书》的记载，把历史推到更早的伏羲时代是愚蠢。我们现在要进入下一章，来讨论根据《尚书》和其他资料，是否可能确定这些上古圣贤所处的世纪。

# 参考文献

## 一、理雅各已发表著作、文章(按标题首字母顺序排列)

### 1. 专著

*A Letter to Professor F. Max Müller*, *Chiefly on the Translation into English of the Chinese Terms Ti and Shang Ti*. London: Trübner and Co., 1880.

*The Chinese Classics*. Vols. I&2. London: Trübner and Co., 1861.

*The Chinese Classics*. Vol. 3. London: Trübner and Co., 1865.

*The Chinese Classics*. Vol. 3, *The She King*. London: Trübner and Co., 1875.

*The Chinese Classics*. Vol. 4. London: Trübner and Co., 1871.

*The Chinese Classics*. Vol. 5. London: Trübner and Co., 1872.

"Christianity and Confucianism Compared in Their Teaching on the Whole Duty of Man." In *Non-Christian Religions of the World*. London: The Religious Tract Society, 1900.

*Confucianism in relation to Christianity: APaper Read before the Missionary Conference in Shanghai, on May 11th, 1877*. Shanghai: Kelly & Walsh, London: Trübner and Co., 1877.

*Inaugural Lecture on the Constituting of a Chinese Chair in the University of Oxford*. London: Trübner and Co., 1876.

"Memoir of Rev. George Legge, L.L.D." *Lectures on Theology, Science, & Revelation by the late Rev. George Legge, L.L.D., of Gallowtreegate Chapel, Leicester*. London: Jackson, Walford, and Hodder, 1863.

*The Land of Sinim: A Sermon Preached in the Tabernacle, Moorfields, at the Sixty-fifth Anniversary of the London Missionary Society*. London: John Snow, Paternoster Row, 1859.

*The Rambles of the EmperorChing Tih*. London: Longman, Orme, Brown, Green & Longmans, 1843.

*TheReligions of China: Confucianism and Taoism Described and Compared with Christianity*. London: Hodder and Stoughton, 1880.

*The Sacred Books of the East*. Vol. 3. Oxford: Clarendon Press, 1879.

*The Sacred Books of the East*. Vol. 16. Oxford: Clarendon Press, 1882.

*The Sacred Books of the East*. Vols. 27&28. Oxford: Clarendon Press, 1885.

*The Sacred Books of the East*. Vols. 39&40. Oxford: Clarendon Press, 1891.

2.期刊

"A Critical Notice of 'The Remains of Lao-tsze, Retranslated by Mr. Herbert A. Giles'." *The China Review* 16, no. 4 (1888): 195-214.

"Imperial Confucianism, Four Lectures." *The China Review* 4, 1878.

"Review on Society in China." *Journal of the Royal Asiatic Society of Great Britain and Ireland*, October 1894.

"The Colony of Hong Kong." *The China Review* 3, 1874: 163-176.

"The Late appearance of Romances and Novels in the Literature of China." *Journal of the Royal Asiatic Society*, October 1893.

# 二、其他参考书目(按作者姓氏首字母顺序排列)

1. 西文论著、文章

1) 专著

### A

Abbey, Charles J., and John H. Overton. *The English Church in the Eighteenth Century*. London: Longmans, Green, and Co., 1896.

Arnold, Mathew. *Literature and Dogma: An Essay toward a Better Comprehension of the Bible*. London: Smith, Elder & Co., 1880.

Arnold, Mathew. *St. Paul and Protestantism*. London: Smith, Elder & Co., 1892.

### B

Barrett, T. H. *Singular Listlessness: A Short History of Chinese Books and Brittish Scholars*. London: Wellsweep Press, 1989.

Bell, Duncan. *Victorian Visions of Global Order*. Cambridge: Cambridge University Press, 2007.

Brantlinger, Patrick, and William b. Thesing, eds. *A Companion to the Victorian Novel*. Oxford: Blackwell Publishing Company, 2002.

Brook, Timothy, and Bob Tadashi Wakabayashi, eds. *Opium Regimes: China, Britain and Japan*, 1839-1952. Berkeley and Los Angeles, California: University of California Press, 2000.

Broomhall, Alfred J. *Hudson Taylor and China's Open Century*. Book Five, *Refiner's Fire*. London: Hodder &Stoughton, 1871.

Burdon, John Hill, ed. *Life and Correspondence of David Hume*. Edinburgh: William Tait, 1847.

Burns, Arthur, and Joanna Innes, eds. *Rethinking the Age of Reform: Britain 1780-1850*. Cambridge: Cambridge University Press, 2003.

Butler, Joseph. *Fifteen Sermons Preached at the Rolls Chapel*. London: Crown in St. Paul's Churchyard, 1726.

———. *Five Sermons*. New York: Liberal Arts Press, 1950.

———. *Human Nature and Other Sermons*. London: Cassell & Company, 1887.

———. *The Works of Joseph Butler*. 2 vols. Oxford: Clarendon Press, 1897.

Byrne, Peter. *Natural Religion and the Nature of Religion: The Legacy of Deism*. London and New York: Routledge, 1989.

## C

Calderwood, Henry. *David Hume*. New York: Charles Scribner's Sons, 1898.

Candlin, G. T., and John Innocent. *A Story of Mission in North China*. London: United Methodist Publishing House, 1909.

Carlyle, Thomas. *On Heroes, Hero-Worship, and the Heroic in History*. London: Chapman and Hall, 1842.

Chadwick, Owen. *The Victorian Church*. 2 vols. London: SCM Press, 1992.

Chan, Wing-tsit. *A Source Book in Chinese Philosophy*. Princeton, New Jersey: Princeton University Press, 1963.

Cheyne, A. C. *Studies in Scottish Church History*. Edinburgh: T&T Clark, 1999.

Clarke, Samuel. *Demonstration of the Being and Attributes of God and Other Writings*. Cambridge: Cambridge University Press, 1998.

Collini, Stefan, Richard Whatmore, and Brian Young, eds. *History, Religion and Culture: British Intellectual History* 1750–1950. Cambridge: Cambridge University Press, 2000.

Cunliffe, Christopher, ed. *Joseph Butler's Moral and Religious Thought*. Oxford: Clarendon Press, 1992.

## D

Davis, John Francis. *The Chinese: A General Description of the Empire of China and Its Inhabitants*. New York: Harper & Brothers, 1836.

Dentith, Simon. *Epic and Empire in Nineteenth Century Britain*. Cambridge: Cambridge University Press, 2006.

Diamond, Peter J. *Common Sense and Improvement*. New York: Peter Lang Publishing, 1998.

Douglas, Robert K. *Non-Christian Religious Systems, Confucianism and Daoism*. London: Society for Promoting Christian Knowledge, 1889.

### E

Eber, Irene. *The Jewish Bishop and the Chinese Bible: S. I. J. Schereschewsky (1831-1906)*. Leiden, Boston: Brill, 1999.

Eber, Irene, Sze-Kar Wan, and Knut Walf, eds. *Bible in Modern China: The Literary and Iintellectual Impact*. Nettetal: Steyler Verlag, 1999.

Edkins, Joseph. *Modern China*. Shanghai: Kelly & Walsh, 1891.

——. *Religion in China: Containing a Brief Account of the Three Religions of the Chinese*. London: Trübner and Co., 1893.

——. *The Recent Changes at Peking*. Reprint ed. Shanghai: Shanghai Mercury, 1902.

Ellis, William. *History of the London Missionary Society*. London: John Snow, Paternoster Row, 1844.

### F

Faber, E. *Mind of Mencius*. London: Trübner and Co., 1882.

Fairbairn, Andrew Martin. *The Philosophy of the Christian Religion*. New York: Macmillan Company, 1902.

Fairbrother, W. H. *The Philosophy of Thomas Hill Green*. London: Methuen & Co., 1900.

Ferm, Vergilius, ed. *The American Church of the Protestant Heritage*. New York: Philosophical Library, 1953.

Fletcher, Charles Robert Leslie. *Mr. Gladstone at Oxford*, 1890. London: Smith,

Elder & Co., 1908.

## G

Giles, Hebert A. *Confucianism and Its Rivals*. London: Williams and Norgate, 1915.

———. *Religions of Ancient China*. London: Archibard Constable & Co., 1905.

Girardot, Norman J. *The Victorian Translation of China: James Legge's Oriental Pilgrimage*. Berkeley and Los Angeles, California: University of California Press, 2002.

Goldie, Mark, and Robert Wokler, eds. *The Cambridge History of Eighteenth Century Political Thought*. Cambridge: Cambridge University Press, 2008.

Grass, Tim. *Modern Church History*. London: SCM Press, 1988.

## H

Haakonssen, Knud, ed. *Thomas Reid on Practical Ethics: Lectures and Papers on Natural Religion, Self-government, Natural Jurisprudence and the Law of Nations*. Edinburgh: Edinburgh University Press, 2007.

Hardwick, Charles. *Christ and Other Masters*. 4th ed. London: Macmillan & Co., 1882.

Harrison, Brian. *Waiting for China: The Anglo-Chinese at Malacca, 1818–1843, and Early Nineteenth Century Missions*. Hong Kong: Hong Kong University Press, 1979.

Hazlitt, William. *The Spirit of the Age, or Contemporary Portraits*. London: Henry Colburn, 1825.

Himmelfarb, Gertrude, ed. *The Spirit of the Age: Victorian Essays*. New Haven and London: Yale University Press, 2007.

Hodgkins, Christopher. *Reforming Empire: Protestant Colonialism and Conscience in British Literature*. Columbia and London: University of Missouri, 2002.

Honey, David B. *Incense at the Altar: Pioneering Sinologists and the Development of Classical Chinese Philosophy*. New York: American Oriental Society, 2001.

Horne, C.Cilverster. *The Story of L. M. S., 1795-1895*. London: London Missionary Society, 1894.

## J

Johnson, G. A., ed. *Selections from the Scottish Philosophy of Common Sense*. Chicago and London: Open Court Publishing Company, 1915.

## K

Kant, Immanuel. *Immanuel Kant's Critique of Pure Reason*. Translated by F. Max Müller. New York: Macmillan Company, 1922.

## L

Legge, Helen Edith. *James Legge: Missionary and Scholar*. London: Religious Tract Society, 1905.

Lock, John. *The Works of John Lock*. 9 vols. London: Rivington, 1824.

Lovegrove, Deryck W. *Established Church, Sectarian People: Itinerancy and the Transformation of English Dissent, 1780 - 1830*. Cambridge: Cambridge University Press, 1988.

Lovett, Richard. *The History of the London Missionary Society, 1795-1895*. London: Oxford University Press, 1899.

Lutz, Jessie Gregory. *Opening China: Karl F. A. Gützlaff and Sino-Western Relations, 1827-1852*. Michigan: William B. Eerdmans Publishing Company, 2008.

## M

Maccun, John. *Six Radical Thinkers: Bentham, J. S. Mill, Cobden, Carlyle, Mazzini, T. H. Green*. London: Edward Arnold, 1910.

MacGillivary, D., ed. *A Century of Protestant Mission in China (1807-1907)*. Shanghai: American Presbyterian Mission Press, 1907.

Macord, Norman, and Bill Purdue. *British History, 1815-1914*. 2nd ed. London:

Oxford University Press, 2007.

Magnus, Philip. *Gladstone: A Biography*. New York: E. P. Dutton & Co., 1954.

Mason, Roger A., ed. *John Knox and the British Reformations*. Ashgate Publishing Company, 1998.

Michie, Alexander. *The Englishman in China during the Victorian Era, as Illustrated in the Career of Sir Rutherford Alcock*. Vols. 1&2. Edinburgh and London: William Blackwood and Sons, 1900.

Milne, William. *The Sacred Edict, Containing Sixteen Maxims of the Emperor Kang-hi*. Shanghai: American Presbyterian Mission Press, 1870.

Morrison, Eliza. *Memoirs of Life and Labours of Robert Morrison, D. D.* 2 vols. London: Longman, Orme, Brown, Green, and Longmans, 1839.

Mossner, Ernest Campbell. *Bishop Butler and the Age of Reason*. Bristol: Thoemmes, 1990.

Müller, F. Max. *Introduction to the Science of Religion*. London: Longman, Green, and Co., 1882.

——. *Natural Religion: Müller's Gifford Lecture, 1888–1892*. London: Longmans, Green, and Co., 1907

Müller, Georgina. *The Life and Letters of the Right Honourable Friedrich Max Müller*. 2 vols. London: Longmans, Green, and Co., 1902.

## N

Nettleship, R. L. *Memoir of Thomas Hill Green*. New York and Bombay: Longmans, Green, and Co., 1906.

## O

Orr, James. *David Hume and His Influence on Philosophy and Theology*. Edinburgh: T & T Clark, 1903.

## P

Penelhum, Terence. *Butler*. London: Routledge & Kegan Paul, 1985.

——. *Christian Ethics and Human Nature*. Harrisburg, PA: Trinity Press International, 1999.

——. *God and Skepticism*. Dordrecht: D. Reidel Publishing Company, 1983.

Pfister, Lauren F. *Striving for the Whole Duty of Man: James Legge and Scottish Protestant Encounter with China*. New York: Peter Lang Publishing, 2004.

Pounds, N. J. G. *A History of the English Parish*. Cambridge: Cambridge University Press, 2004.

Prothero, Rowland E., and George Granville Bradley, eds. *The Life and Correspondence of Arthur Penrhyn Stanley D. D.: Late Dean of Westminster*. 2 vols. London: John Murray, 1893.

## R

Reid, Thomas. *An Enquiry into the Human Mind on the Principles of Common Sense*. Glasgow: W. Falconer, 1819.

——. *Essays on the Intellectual Powers of Man*. Vols. 1,2&3. Dublin: Printed for L, White, No. 86, Dame Street, 1786.

——. *Practical Ethics: Being Lectures and Papers on Natural Religion, Self-government, Natural Jurisprudence, and the Law of Nations*. Princeton: Princeton University Press, 1990.

Richard, I. A. *Mencius on the Mind*. Westport, CT: Hyperion Press, 1983.

Rubinstein, Murray A. *The Origins of the Anglo-American Missionary Enterprise in China, 1807–1840*. New York: Scarecrow Press, 1996.

Russell, George W. E., ed. *Letters of Mathew Arnold, 1848–1888*. Vols. 1&2. New York: Macmillan & Co., 1895.

## S

Scarth, John. *British Policy in China: Neutral War and Warlike Peace*. Edinburgh: Edmonston and Douglas, 1861.

Scott, Patrick W. *The History of Strathbogie*. Glasgow: Bell & Bain Ltd., 2003.

Seaman, L. C. B. *Victorian England: Aspects of English and Imperial History, 1837–1901*. London and New York: Routledge, 1973.

Selbie, W. B. *English Sects, a History of Nonconformity*. New York: Henry Holt and Company, 1912.

Sneath, E. Hershey. *The Philosophy of Reid as Contained in the "Inquiry into the Human Mind on the Principles of Common Sense"*. New York: Henry Holt and Company, 1892.

Soothill, William E. *The Analects of Confucius*. Yokohama: Fukuin Printing Company, 1910.

Sorley, W. R. *A History of British Philosophy to 1900*. Cambridge: Cambridge University Press, 1920.

Stanley, ArthurPenrhyn, ed. *The Life and Correspondence of Thomas Arnold*. 2 vols. London: B. Fellowes, 1845.

Steinbach, Susie. *Women in England, 1760–1914*. London: Orion Books Ltd, 2005.

Stock, Eugene. *The History of the Church Missionary Society—Its Environment, Its Men and Its Work*. London: CMS, 1899.

Strachey, Lytton. *Eminent Victorians*. London: Chatto & Windus, 1918.

## T

Ten, C. L., ed. *Routledge History of Philosophy*. Vol. 7, *The Nineteenth Century*. London & New York: Routledge, 1994.

Tiedemann, R. G. *Handbook of Christianity in China*. Vol. Two, 1800 *to the Present*. Leiden, Boston: Brill, 2010.

Torrance, Thomas F. *Scottish Theology, From John Knox to John Mcleod Campbell*. Edinburgh: T & T Clark, 1995.

Trevelyan, George Macaulay. *British History in the Nineteenth Century (1792 – 1901)*. London: Longmans, Green, and Co., 1922.

Trilling, Lionel, ed. *The Portable Mathew Arnold*. New York: Viking Press, 1949.

## W

Waley, Arthur. *Three Ways of Thought in Ancient China*. London: George Allen & Unwin Ltd, 1953.

Walters, Kerry S. *The American deists: Voices of Reason and Dissent in the Early Republic*. Kansas: University Press of Kansas, 1992.

Wang, Man Kong. *James Legge: A Pioneer at Crossroads of East and West*. Hong Kong: Hong Kong Educational Publishing Co., 1996.

Mrs. Ward, Humphry. *Robert Elsmere*. London: Smith, Elder & Co., 1908. (Mrs 怎么处理)

Wigelsworth, Jeffrey R. *Deism in Enlightenment England: Theology, Politics and Newtonian Public Science*. Manchester and New York: Manchester University Press, 2009.

Williamson, Alexander. *Journeys in North China, Manchuria, and Mongolia*. London: Smith, Elder & Co., 1870.

Wylie, Alexander. *Memorials of Protestant Missionaries to the Chinese*. Shanghai: American Presbyterian Mission Press, 1867.

## Z

Zetzsche, Jost Oliver. *The Bible in China: The History of the Union Version or the Culmination of Protestant Missionary Bible Translation in China*. Nettetal: Monumenta Serica, 1999.

2）期刊、论文

A

Anonymous. "Review on The Chinese Classics, Vol. 1." *The Edinburgh Review*, no.129（April 1869）：302-305.

B

Balfour, Frederic H."Giles' Remains of Lao-tsze." *The China Review* 15, no.2（1886）.

Birrell, Anne M. "James Legge and the Chinese Mythological Tradition." *History of Religions* 38, no.4（May 1999）.

C

Chalmers, John, Edkins, and Joseph E. H. Parker. "The Tau Teh King Remains." *The China Review* 14, no.6（1886）：323-333.

Cordier, Henri. "Half a Decade of Chinese Studies（1886-1891）." *T'oung Pao* 3, no.5（1892）.

D

Dong, Linfu. "The Search for God in Ancient China：James Mellon Menzies, China Missionary and Archaeologist." PhD diss., York University, 2001.

E

Eastberg, Jodi Rhea Bartley. "West Meets East：British Perceptions of China Through the Life and Works of Sir George Thomas Staunton." PhD diss., Marquette University, 2009.

Eichler, E. R. "The K'uen Shi Wan, 劝世文 or the Practical Theory of the Chinese." *The China Review* 11, no.2（1882）.

Eitel, E. J. "The She-King." *The China Review* 1, no.1（1872）.

Elliot, George. "Evangelical Teaching: Dr. Cumming." *Westminster Review*, October 1855.

## F

Fischer, Benjamin Louis. "Opium Pushing and Bible Smuggling: Religion and the Cultural Politics of British Imperialist ambition in China." PhD diss., University of Notre Dame, 2008.

## G

Giles, Herbert A. "The Remains of Lao-tzu, Retranslated." *The China Review* 14, no.5 (1886).

Girardot, N. J. "Max Müller's 'Sacred Books' and the Nineteenth-Century Production of the Comparative Science of Religions." *History of Religions* 41, no.3 (February 2002).

## K

Kingsmill, T. W. "Review: The Remains of Lao-tzu, Retranslated by H. A. Giles." *Journal of North China Branch of the Royal Asiatic Society* 21(1886).

## L

Liu, Tze-yui. "James Legge (1815–1897) and Chinese Culture: A Missiological Study in Scholarship, Translation and Evangelization." PhD diss., University of Edinburgh, 1994.

## M

Meisel, Joseph S. "Public Speech and the Culture of Public Life in the Age of Gladstone." PhD diss., Columbia University, 2001.

## P

Paquette, Jean. "An Uncompromising Land: The London Missionary Society in China, 1807-1860." PhD diss., University of California, 1987.

Penelhum, Terence. "Butler and Hume." *Hume Studies* 14, no. 2 (November 1988): 251-276.

Pfister, Lauren F. "A Transmitter but not a Creator: The Creative Transmission of Protestant Biblical Traditions by Ho Tsun-Sheen (1817-1871)." In *Bible in Modern China: the Literary and Intellectual Impact*. Edited by Irene Eber. Nettetal: Steyler Verlag, 1999: 165-197.

——. "Clues to the Life and Academic Achievements of One of the Most Famous Nineteenth Century European Sinologists—James Legge (1815-1897)." *Journal of the Hong Kong Branch of the Royal Asiatic Society*, 30 (1990): 180-218.

——. "Discovering Monotheistic Metaphysics: The Exegetical Reflections of James Legge (1815-1897) and Lo Chung-fan (d. circa 1850)." In *Imagining Boundaries: Changing Confucian Doctrines, Texts and Hermeneutics*. Edited by Ng On-cho, et al. Albany: SUNY Press, 1999: 213-254.

——. "James Legge's Metrical Book of Poetry." *Bulletin of the School of Oriental and African Studies* 60, no. 1 (February 1997): 64-85.

——. "Reconfirming the Way: Perspectives from the Writings of Rev. Ho Tsun-sheen." *Ching Feng* 36, no. 4 (December 1993): 218-259.

——. "Some New Dimensions in the Study of the Works of James Legge (1815-1897): Part I." *Sino-Western Cultural Relations Journal* 12 (1990): 29-50.

——. "Some New Dimensions in the Study of the Works of James Legge (1815-1897): Part II." *Sino-Western Cultural Relations Journal* 13 (1991): 33-46.

——. "The Response of Wang Tao and James Legge to the Modern Ruist Melancholy." *History and Culture* (Hong Kong) 2 (2001): 1-20.

## S

Sun, Anna, Xiao Dong. "Confusions over Confucianism: Controversies over the Religious Nature of Confucianism, 1870–2007." PhD diss., Princeton University, 2008.

## W

Waley, Arthur. "Notes on Mencius." *Asia Major* 1, part 1(1949).

——. "Notes." *The China Review* 16, no. 4 (1888): 238–241.

Wang, Hui. "A Postcolonial Perspective on James Legge's Confucian Translation: Focusing on His Two Versions of the Zhongyong." PhD diss., Hong Kong Baptist University, 2007.

Wong, Man Kong. "Christian Missions, Chinese Culture, and Colonial Administration: A Study of the Activities of James Legge and Ernest John Eitel in Nineteenth Century Hong Kong." PhD diss., Chinese University of Hong Kong, 1997.

2.中文论著、文章

1)专著

## A

艾尔曼.中华帝国晚期思想与社会变化面面观[M].赵刚,译.南京:江苏人民出版社,1995.

艾恺.最后的儒家——梁漱溟与中国现代化的两难[M].王宗昱,冀建中,译.南京:江苏人民出版社,1996.

安乐哲.自我的圆成:中西互镜下的古典儒学与道家[M].彭国翔,译.石家庄:河北人民出版社,2006.

安瑟伦.信仰寻求理解:安瑟伦著作选集[M].溥林,译.北京:中国人民大学出版社,2005.

奥尔森.基督教神学思想史[M].吴瑞成等,译.北京:北京大学出版社,2008.

## B

白诗朗. 普天之下:儒耶对话中的典范转化[M]. 彭国翔,译. 石家庄:河北人民出版社,2006.

保罗·尼特. 宗教对话模式[M]. 王志成,译. 北京:中国人民大学出版社,2004.

本杰明·史华慈. 寻求富强:严复与西方[M]. 叶凤美,译. 南京:江苏人民出版社,1996.

比德. 英吉利教会史[M]. 陈维振,周清民,译. 北京:商务印书馆,1991.

柏克. 法国革命论[M]. 何兆武等,译. 北京:商务印书馆,1998.

布朗. 英国哲学和启蒙时代[M]. 高新民等,译. 北京:中国人民大学出版社,2009.

布林顿. 西方近代思想史[M]. 王德昭,译. 上海:华东师范大学出版社,2005.

## C

曹之升. 四书摭馀说[M]. 萧山曹氏家塾本,嘉庆戊午年刻.

陈居渊. 焦循、阮元评传[M]. 南京:南京大学出版社,2006.

陈来. 古代宗教与伦理——儒家思想的根源[M]. 北京:生活·读书·新知三联书店,1996.

陈来. 古代思想文化的世界——春秋时代的宗教、伦理与社会思想[M]. 北京:读书·生活·新知三联书店,2002.

陈荣捷. 朱学论集[M]. 台北:学生书局,1982.

陈荣捷. 中国哲学文献选编[M]. 杨儒宾等,译. 南京:江苏教育出版社,2006.

程树德. 论语集释[M]. 北京:中华书局,2006.

## D

戴震. 孟子字义疏证[M]. 北京:中华书局,2008.

戴维斯. 维多利亚人[M]. 北京:外语教学与研究出版社,2007.

董少新. 形神之间——早期西洋医学入华史稿[M]. 上海:上海古籍出版社,

2008.

杜维明主编. 思想、文献、历史:思孟学派新探[M]. 北京:北京大学出版社,2008.

段怀清,周俐玲编著.《中国评论》与晚清中英文学交流[M]. 广州:广东人民出版社,2006.

段怀清. 传教士与晚清口岸文人[M]. 广州:广东人民出版社,2007.

## F

方豪. 中西交通史[M]. 上海:上海人民出版社,2008.

方豪. 中国天主教史人物传[M]. 北京:中华书局,1988.

费正清,刘广京编. 剑桥中国晚清史[M]. 北京:中国社会科学出版社,2006.

冯友兰. 中国哲学史上下[M]. 上海:华东师范大学出版社,2000.

## G

冈察雷斯. 基督教思想史[M]. 陈泽民等,译. 南京:译林出版社,2008.

高明. 帛书老子校注[M]. 北京:中华书局,1996.

葛桂录. 雾外的远音:英国作家与中国文化[M]. 银川:宁夏人民出版社,2002.

葛桂录. 中英文学关系编年史[M]. 上海:上海三联书店,2004.

葛兆光. 中国思想史[M]. 上海:复旦大学出版社,2004.

辜鸿铭. 辜鸿铭文集[M]. 黄兴涛等,译. 海口:海南出版社,1996.

谷裕. 隐匿的神学——启蒙前后的德语文学[M]. 上海:华东师范大学出版社,2008.

顾长声. 传教士与近代中国[M]. 上海:上海人民出版社,2004.

顾立雅. 孔子与中国之道[M]. 高专诚,译. 郑州:大象出版社,2000.

郭力. 英国近代国家的形成[M]. 北京:商务印书馆,2007.

郭嵩焘. 郭嵩焘日记[M]. 长沙:湖南人民出版社,1982.

郭嵩焘. 郭嵩焘等使西记六种[M]. 北京:生活·读书·新知三联书店,1998.

## H

郝大维,安乐哲. 孔子哲学思微[M]. 蒋弋为,李志林,译. 南京:江苏人民出版社,1996.

郝大维,安乐哲. 通过孔子而思[M]. 何金俐,译. 北京:北京大学出版社,2005.

何培忠. 当代国外中国学研究[M]. 北京:商务印书馆,2006.

何少斌. 越界与想象:晚清新教传教士译介史论[M]. 上海:上海三联书店,2008.

何泽恒. 焦循研究[M]. 台北:台湾大安出版社,1990.

赫伯特·芬格莱特. 孔子:即凡而圣[M]. 彭国翔,张华,译. 南京:江苏人民出版社,2002.

黑格尔. 哲学史讲演录[M]. 贺麟,王太庆,译. 北京:商务印书馆,1983.

胡适. 戴东原的哲学[M]. 台北:台湾商务印书馆,1975.

胡优静. 英国19世纪的汉学史研究[M]. 北京:学苑出版社,2009.

黄进兴. 优入圣域:权力、信仰与正当性[M]. 西安:陕西师范大学出版社,1998.

黄俊杰. 中国孟学诠释史论[M]. 北京:社会科学文献出版社,2004.

黄仁宇. 明代的漕运[M]. 北京:新星出版社,2005.

黄伟合. 英国近代自由主义研究——从洛克、边沁到密尔[M]. 北京:北京大学出版社,2005.

霍布斯. 利维坦[M]. 黎思复,黎廷弼,译. 北京:商务印书馆,1986.

## J

J. H. 伯恩斯主编. 剑桥中世纪政治思想史[M]. 程志敏等,译. 北京:生活·读书·新知三联书店,2009.

吉瑞德. 朝觐东方:理雅各评传[M]. 段怀清,周俐玲,译. 桂林:广西师范大学出版社,2011.

加达默尔. 真理与方法[M]. 洪汉鼎,译. 上海:上海译文出版社,2004.

加尔文. 基督教要义[M]. 钱曜诚等,译. 北京:生活·读书·新知三联书店,2010.

江藩. 国朝汉学师承记[M]. 北京:中华书局,1983.

江文思,安乐哲编. 孟子心性之学[M]. 北京:社会科学文献出版社,2005.

焦循. 雕菰集[M]. 上海:商务印书馆,1937.

焦循. 孟子正义[M]. 北京:中华书局,1987.

杰克·斯奈德. 帝国的迷思:国内政治与对外扩张[M]. 于铁军等,译. 北京:北京大学出版社,2007.

## K

卡尔·巴特. 罗马书释义[M]. 魏育青,译. 上海:华东师范大学出版社,2005.

康德. 康德论上帝与宗教[M]. 李秋零,编译. 北京:中国人民大学出版社,2004.

柯文. 在传统与现代性之间:王韬与晚清改革[M]. 雷颐,罗检秋,译. 南京:江苏人民出版社,2006.

孔飞力. 中华帝国晚期的叛乱及其敌人[M]. 谢亮生等,译. 北京:中国社会科学出版社,1990.

## L

拉吉罗. 欧洲自由主义[M]. 杨军,译. 长春:吉林人民出版社,2001.

莱布尼茨. 神义论[M]. 朱雁冰,译. 北京:生活·读书·新知三联书店,2007.

赖德烈. 基督教在华传教史[M]. 雷立柏等,译. 香港:道风书社,2009.

赖贵三. 焦循年谱新编[M]. 台北:里仁书局,1994.

黎靖德. 朱子语类[M]. 北京:中华书局,1986.

李炽昌. 圣号论衡:晚清《万国公报》基督教"圣号论争"文献汇编[M]. 上海:上海古籍出版社,2008.

李帆. 古今中西交汇处的近代学术[M]. 北京:北京师范大学出版社,2010.

李宏图. 密尔《论自由》精读[M]. 上海:复旦大学出版社,2009.

李零. 郭店楚简校读记[M]. 北京:中国人民大学出版社,2009.

李明辉.康德伦理学与孟子道德思考之重建[M].台北:台湾"中研院"文哲研究所,1994.

李明辉.孟子重探[M].台北:联经出版事业公司,2001.

李明辉.儒家与康德[M].台北:联经出版事业公司,1990.

李提摩太.亲历晚清四十五年——李提摩太在华回忆录[M].李宪堂,侯林莉,译.天津:天津人民出版社,2005.

李天纲.跨文化的诠释[M].北京:新星出版社,2007.

李天纲.中国礼仪之争:历史、文献和意义[M].上海:上海古籍出版社,1998.

李学勤.十三经注疏(标点本)[M].北京:北京大学出版社,1999.

李义中.从托利主义到自由主义——格拉斯顿宗教、政治观的演进[M].北京:中国社会科学出版社,2005.

利顿·斯特拉奇.维多利亚名人传[M].周玉军,译.上海:上海三联书店,2007.

利玛窦,金尼阁.利玛窦中国札记[M].何高济等,译.北京:中华书局,1983.

利文斯顿.现代基督教思想上卷[M].何广沪,译.成都:四川人民出版社,1999.

梁涛.郭店竹简与思孟学派[M].北京:中国人民大学出版社,2008.

列文森.儒教中国及其现代命运[M].郑家栋,译.北京:中国社会科学出版社,2000.

刘宝楠.论语正义[M].北京:中华书局,1990.

刘家和.史学、经学与思想:在世界背景下对于中国古代历史文化的思考[M].北京:北京师范大学出版社,2006.

刘瑾辉.焦循评传[M].扬州:广陵书社,2005.

刘瑾辉.清代《孟子》学研究[M].北京:社会科学文献出版社,2007.

刘师培.经学教科书[M].上海:上海古籍出版社,2006.

刘小枫.道与言:华夏文化与基督文化的相遇[M].上海:上海三联书店,1995.

刘小枫.现代性社会理论绪论[M].上海:上海三联书店,1998.

陆建德.麻雀啁啾[M].北京:生活·读书·新知三联书店,1996.

陆建德.破碎思想体系的残编:英美文学与思想史论稿[M].北京:北京大学出版社,2001.

罗宾逊,史密斯.灵知派经典[M].杨克勤,译.上海:华东师范大学出版社,2008.

罗检秋.嘉庆以来汉学传统的衍变与传承[M].北京:中国人民大学出版社,2006.

罗森斯托克·胡絮.越界的现代精神[M].徐卫翔,译.上海:华东师范大学出版社,2008.

罗哲海.轴心时期的儒家伦理[M].陈咏明,瞿德瑜,译.郑州:大象出版社,2009.

罗志田.国家与学术:清季民初关于国学的思想论争[M].北京:生活·读书·新知三联书店,2003.

罗志田.近代读书人的思想世界与治学取向[M].北京:北京大学出版社,2009.

洛克.基督教的合理性[M].王爱菊,译.武汉:武汉大学出版社,2006.

洛克.论宗教宽容[M].吴云贵,译.北京:商务印书馆,1996.

## M

马汉茂,张西平,李雪涛等主编.德国汉学:历史、发展、人物与视角[M].郑州:大象出版社,2005.

马克斯·韦伯.新教伦理与资本主义精神[M].桂林:广西师范大学出版社,2007.

马克斯·韦伯.中国的宗教[M].康乐,简惠美,译.桂林:广西师范大学出版社,2004.

马士.中华帝国对外关系史第二卷[M].张汇文等,译.北京:商务印书馆,1963.

马修·阿诺德.文化与无政府状态[M].韩敏中,译.北京:新华书店,2002.

麦克斯·缪勒.宗教的起源与发展[M].上海:上海人民出版社,2010.

麦克斯·缪勒.宗教学导论[M].上海:上海人民出版社,2010.

茅海建. 近代的尺度:两次鸦片战争军事与外交[M]. 北京:生活·读书·新知三联书店,2011.

茅海建. 天朝的崩溃:鸦片战争再研究[M]. 北京:生活·读书·新知三联书店,2005.

孟德卫. 莱布尼茨与儒学[M]. 张学智,译. 南京:江苏人民出版社,1998.

孟德卫. 奇异的国度:耶稣会适应政策及汉学的起源[M]. 陈怡,译. 郑州:大象出版社,2010.

牟宗三. 道德的理想主义[M]. 台北:台湾学生书局,1978.

牟宗三. 康德的道德哲学[M]. 西安:西北大学出版社,2008.

牟宗三. 政道与治道[M]. 长春:吉林出版集团有限责任公司,2010.

牟宗三. 中国哲学十九讲[M]. 上海:上海古籍出版社,2005.

## N

尼古拉斯·菲利普森. 近代英国政治话语[M]. 潘兴明,周保巍,译. 上海:华东师范大学出版社,2005.

## P

裴化行. 利玛窦神父传[M]. 管震湖,译. 北京:商务印书馆,1998.

裴宜理. 华北的叛乱者与革命者,1845—1945[M]. 池子华,刘平,译. 北京:商务印书馆,2007.

皮锡瑞. 今文尚书考证[M]. 北京:中华书局,1989.

皮锡瑞. 经学历史[M]. 北京:中华书局,2008.

## Q

钱乘旦,陈晓律. 英国文化模式溯源[M]. 上海:上海社会科学院出版社,2003.

钱穆. 孟子研究[M]. 上海:开明书店,1948.

钱穆. 先秦诸子系年[M]. 台北:联经出版事业公司,1998.

钱穆. 中国近三百年学术史[M]. 北京:商务印书馆,1997.

钱穆. 庄老通辨[M]. 北京:生活·读书·新知三联书店,2005.

钱青. 英国19世纪文学史[M]. 北京:外语教学与研究出版社,2005.

乔治·桑普森. 简明剑桥英国文学史:十九世纪部分[M]. 刘玉麟,译. 上海:上海外语教育出版社,1987.

## R

R. H. 托尼. 宗教与资本主义的兴起[M]. 赵月瑟,夏镇平,译. 上海:上海译文出版社,2006.

阮元. 皇清经解[M]. 广州:学海堂,1861.

阮元. 十三经注疏附校勘记[M]. 北京:中华书局,1980.

阮元. 研经室集[M]. 北京:中华书局,1998.

## S

桑兵. 国学与汉学:近代中外学界交往录[M]. 北京:中国人民大学出版社,2010.

桑兵. 晚清民国的学人与学术[M]. 北京:中华书局,2008.

斯图亚特·布朗. 英国哲学与启蒙时代[M]. 高新民等,译. 北京:中国人民大学出版社,2009.

史念海. 中国的运河[M]. 西安:陕西人民出版社,1988.

松浦章,内田庆市,沈国威. 遐迩贯珍附题解、索引[M]. 上海:上海辞书出版社,2005.

苏精. 上帝的人马:十九世纪在华传教士的作为[M]. 香港:基督教中国宗教文化研究社,2006.

苏精. 中国,开门! 马礼逊及相关人物研究[M]. 香港:基督教中国宗教文化研究社,2005.

孙星衍. 尚书今古文注疏[M]. 北京:中华书局,2004.

孙诒让. 墨子间诂[M]. 北京:中华书局,2001.

孙诒让. 札迻[M]. 北京:中华书局,2006.

索利. 英国哲学史[M]. 段德智,译. 济南:山东人民出版社,2007.

## T

托马斯·麦克里. 诺克斯传[M]. 宏恩,译. 北京:华夏出版社,2008.

## W

汪晖. 现代中国思想的兴起[M]. 北京:生活·读书·新知三联书店,2004.

汪荣祖. 走向世界的挫折——郭嵩焘与道咸同光时代[M]. 长沙:岳麓书社,2001.

王尔敏. 晚清政治思想史论[M]. 桂林:广西师范大学出版社,2007.

王尔敏. 中国近代思想史论[M]. 北京:社会科学文献出版社,2003.

王尔敏. 中国近代思想史论续集[M]. 北京:社会科学文献出版社,2005.

王汎森. 近代中国的史家与史学[M]. 上海:复旦大学出版社,2010.

王汎森. 中国近代思想与学术的系谱[M]. 长春:吉林出版集团责任有限公司,2010.

王立新. 美国传教士与晚清中国现代化[M]. 天津:天津人民出版社,1997.

王韬. 漫游随录[M]. 北京:社会科学文献出版社,2007.

王韬. 弢园文录外编[M]. 沈阳:辽宁人民出版社,1994.

王韬. 弢园文新编[M]. 北京:生活·读书·新知三联书店,1998.

王韬. 王韬日记[M]. 北京:中华书局,1987.

王之春. 清朝柔远记[M]. 北京:中华书局,2000.

卫礼贤. 东方之光——卫礼贤论中国文化[M]. 孙立新,译. 北京:外语教学与研究出版社,2007.

沃格林. 政治观念史稿:宗教与现代性的兴起[M]. 霍伟岸,译. 上海:华东师范大学出版社,2009.

吴义雄. 在宗教与世俗之间——基督新教传教士在华南沿海的早期活动研究[M]. 广州:广东教育出版社,2000.

## X

夏瑞春. 德国思想家论中国[M]. 陈爱政等,译. 南京:江苏人民出版社,1997.

萧公权. 近代中国与新世界：康有为变法与大同思想研究[M]. 汪荣祖,译. 南京：江苏人民出版社,2007.

忻平. 王韬评传[M]. 上海：华东师范大学出版社,1990.

熊文华. 英国汉学史[M]. 北京：学苑出版社,2007.

休谟. 自然宗教对话录[M]. 陈修斋,曹棉之,译. 北京：商务印书馆,1989.

徐复观. 徐复观论经学史二种[M]. 上海：上海书店出版社,2006.

徐复观. 中国思想史论集[M]. 上海：上海书店出版社,2004.

徐复观. 中国思想史论集续篇[M]. 上海：上海书店出版社,2004.

薛福成. 出使英法义比四国日记[M]. 长沙：岳麓书社,1985.

## Y

亚历山大·布罗迪编. 苏格兰启蒙运动[M]. 北京：生活·读书·新知三联书店,2006.

阎照祥. 英国史[M]. 北京：人民出版社,2003.

阎照祥. 英国政治思想史[M]. 北京：人民出版社,2010.

阎宗临. 欧洲文化史论[M]. 桂林：广西师范大学出版社,2007.

阎宗临. 中西交通史[M]. 桂林：广西师范大学出版社,2007.

杨伯峻. 列子集释[M]. 北京：中华书局,1979.

以赛亚·柏林. 浪漫主义的根源[M]. 南京：译林出版社,2008.

余英时. 论戴震与章学诚：清代中期学术思想史研究[M]. 北京：生活·读书·新知三联书店,2000.

余英时. 文史传统与文化重建[M]. 北京：生活·读书·新知三联书店,2004.

余英时. 中国思想传统的现代诠释[M]. 南京：江苏人民出版社,2003.

余英时. 中国思想传统及其现代变迁[M]. 桂林：广西师范大学出版社,2004.

俞樾. 群经平议[M]. 清光绪春在堂全书本.

袁伟时. 晚清大变局中的思潮与人物[M]. 深圳：海天出版社,1992.

约翰·劳尔. 英国与英国外交,1815—1885[M]. 刘玉霞,龚文启,译. 上海：上海译文出版社,1998.

约翰·希克. 多名的上帝[M]. 王志成,译. 北京：中国人民大学出版社,2005.

约翰·希克. 上帝与信仰的世界[M]. 王志成,朱彩虹,译. 北京:中国人民大学出版社,2006.

## Z

曾国藩. 曾文正公全集[M]. 沈云龙,李瀚章,编. 台北:台湾文海出版社,1974.

翟志宏. 阿奎那自然神学思想研究[M]. 北京:人民出版社,2007.

詹姆斯·塔利. 语境中的洛克[M]. 梅雪芹等,译. 上海:华东师范大学出版社,2005.

张海林. 王韬评传[M]. 南京:南京大学出版社,1993.

张灏. 梁启超与中国思想的过渡[M]. 崔志海,葛夫平,译. 南京:江苏人民出版社,1995.

张弘. 中国文学在英国[M]. 广州:花城出版社,1992.

张鉴等. 阮元年谱[M]. 北京:中华书局,1995.

张西平. 传教士汉学研究[M]. 郑州:大象出版社,2005.

张西平. 欧美汉学研究的历史与现状[M]. 郑州:大象出版社,2006.

张西平. 欧洲早期汉学史:中西文化交流与西方汉学的兴起[M]. 北京:中华书局,2010.

张西平. 他乡有夫子——汉学研究导论[M]. 北京:外语教学与研究出版社,2005.

张西平. 中国与欧洲早期宗教和哲学交流史[M]. 北京:东方出版社,2001.

张晓梅. 托马斯·里德的常识哲学研究[M]. 上海:上海人民出版社,2007.

章雪富. 圣经和希腊主义的双重视野:奥利金其人及神学思想[M]. 北京:中国社会科学出版社,2004.

章雪富. 希腊哲学的Being和早期基督教的上帝观[M]. 北京:中国社会科学出版社,2005.

赵尔巽等. 清史稿[M]. 北京:中华书局,1998.

郑吉雄. 戴东原经典诠释的思想史探索[M]. 台北:台大出版中心,2008.

周淑萍. 两宋孟学研究[M]. 北京:人民出版社,2007.

周伟驰. 记忆与光照：奥古斯丁神哲学研究[M]. 北京：社会科学文献出版社，2001.

周振鹤.《圣谕广训》集解与研究[M]. 顾美华，点校. 上海：上海书店出版社，2006.

朱谦之. 老子校释[M]. 北京：中华书局，1984.

朱熹. 四书章句集注[M]. 北京：中华书局，1983.

朱熹. 朱子全书[M]. 上海：上海古籍出版社，2002.

2）期刊、论文

### C

陈高原. 十九世纪后期中国知识分子对西学的探求——王韬与严复的比较[J]. 华南师范大学学报（社会科学版），1986（4）.

陈可培. 偏见与宽容、翻译与吸纳——理雅各的汉学研究与《论语》英译[D]. 上海：上海师范大学，2006.

程钢. 理雅各与韦利《论语》译文体现的义理系统的比较分析[J]. 孔子研究，2002（2）.

程章灿. 东方古典与西方经典——魏理英译汉诗在欧美的传播及其经典化[J]. 中国比较文学，2007（1）.

### D

达恒. 论荀子、霍布斯人性论的差异[D]. 长春：东北师范大学，2008.

段怀清. 晚清英国新教传教士"适应"中国策略的三种形态及其评价[J]. 世界宗教研究，2006（4）.

### G

高晞. 德贞与中国医学早期现代化[D]. 上海：复旦大学，2008.

### H

韩南著，段怀清译. 作为中国文学之《圣经》：麦都思、王韬与《圣经》委办本

[J].浙江大学学报(人文社会科学版),2010,40(2).

黄俊杰.21世纪孟子学研究的新展望[J].文史哲,2006(5).

黄淑基.论梁启超对老子思想的评析[J].通识研究集刊,2005(7):83-92.

## L

李凯.孟子的诠释思想[D].济南:山东大学,2008.

廖振旺.试论十九世纪来华新教传教士对《圣谕广训》的出版与认识[J].汉学研究,2008,26(3):236-247.

林草原.忠信与操纵——当代基督教《圣经》中文译本研究[D].广州:岭南大学,2003.

刘家和,邵东方.理雅各英译《书经》及《竹书纪年》析论[J]."中研院"历史语言研究所集刊,2000,71(3).

刘金光.英国政府与梵蒂冈错综复杂的建交历程[J].世界宗教研究,2010(2).

## Q

阙维民.剑桥汉学的形成与发展[J].汉学研究通讯,2002,21(1).

## R

任剑涛.经典解读中的原创思想负载——从《孟子字义疏证》与《孟子微》看[J].中国哲学史,2002(1).

## S

孙向晨.基督教的政治化理解——近代西方政治哲学解读基督教的一种基本思路[J].学术月刊,2007,39(7).

## T

田正平,叶哲铭.重新认识王韬在中外文化教育交流中的"置书英国事件"[J].华东师范大学学报(教育科学版),2006,24(3).

## W

王尔敏.清廷《圣谕广训》之颁行及民间宣讲拾遗[J]."中研院"近代史研究所集刊,1994(22).

王宏斌.从英国议会文件看英国外交官关于鸦片贸易合法化的密谋活动[J].世界历史,2010(3).

王红霞.傅兰雅的西书中译事业[D].上海:复旦大学,2006.

王绍祥.西方汉学界的"公敌"——英国汉学家翟理斯研究[D].福建:福建师范大学,2004.

王文兵.通往基督教文学的桥梁——丁韪良对中国语言文学的介绍和研究[J].台北:汉学研究通讯,2007,26(1).

吴申元.王韬非黄畹考[J].内蒙古大学学报(哲学社会科学版),1982(2).

吴义雄.译名之争与早期圣经中译[J].近代史研究,2000.

吴振清.黄遵宪致王韬手札[J].文献季刊,2004(4).

## Y

闫宝明.毛奇龄与朱子学[D].天津:南开大学,2009.

颜小华.美北长老会在华南的活动研究(1837—1899)[D].广州:暨南大学,2006.

叶斌.上海开埠初期伦敦会发展的基督教徒分析[J].史林,1998(4).

尹文涓.《中国丛报》与十九世纪西方汉学研究[J].台北:汉学研究通讯,2003,22(2).

俞强.十九世纪伦敦会传教士在沪港两地活动之研究[D].香港:香港中文大学,2006.

余英时.现代儒学的回顾与展望——从明清思想基调的转换看儒学的现代发展[J].中国文化,1995(1).

岳峰.架设东西方的桥梁——英国汉学家理雅各研究[D].福州:福建师范大学,2004.

## Z

湛晓白,黄兴涛.清代初中期西学影响经学问题研究述评[J].中国文化研究,2007(1).

张硕.花之安在华传教活动及其思想研究[D].北京:北京大学,2007.

张晓林.戴震的"讳言"——论《天主实义》与《孟子字义疏证》之关系[J].华东师范大学学报,2002,34(4).

赵广军.西教知识的传播与晚清士流[D].武汉:华中师范大学,2007.

赵林.英国自然神论初探[J].世界哲学,2004(5).

赵晓阳.基督教《圣经》的汉译历史[J].维真学刊,2004(3).

赵晓阳.历史上的北京官话《圣经》译本[J].北京档案史料,2003(4).

赵欣.十八世纪英国汉学研究[D].杭州:浙江大学,2008.

周岩厦.早期新教传教士以教育、知识传播与医务活动促进传教事业述论——以《中国丛报》为中心[D].杭州:浙江大学博士论文,2006.

朱维铮,李天纲.清学史:王韬与天下一道论[J].复旦学报(社会科学版),1995(3).

# 后　记

本书系在本人博士论文基础上修改而成，作为教育部重大攻关项目"20世纪中国古代文化经典在域外的传播与影响"的一个子项目，获得该项目的资助得以出版，作者深表感谢。

自从在张西平教授的引导下认识了理雅各这位先贤，进而决定将其作为研究对象并完成写作，已经近十年过去了。为了寻找他早期的生活遗迹，作者曾经走访过他的家乡，苏格兰的北方小城亨特利，并协助当地机构德弗伦艺术基金会（Deveron Arts）组织了主题为"寻找理雅各"的艺术节。为了组织起他在牛津生活的点点滴滴，也曾爬梳过他留在牛津大学档案馆的数十卷档案资料，也曾得到无数师友和图书馆工作人员的帮助，没有他们，这一研究将不可能完成。在沮丧时、松懈时、迷茫时，我学术和人生意义上双重的导师，张西平教授，用他那似乎永不枯竭的对学术的新鲜感和热情时刻鼓舞着我。香港浸会大学的费乐仁教授是我的另一位重要导师，2010年我有幸获得林思齐东西学术交流研究所（LEWI）的资助在香港浸会大学访问半年，得以与费乐仁教授朝夕相处，他对待学术的严谨和对待后学的宽容都深深影响了我。我时常因为研究问题和观点与费教授争论，费教授不但毫不在意，并且对我小小的进步从来都不吝赞扬。他可爱又深具艺术气质的夫人也在生活上给予我很多温暖。我一度在基督教思想的理解上困难重重，香港浸会大学中国基督教研究中心（CSCS）的江丕盛教授花费大量时间和精力所举办的暑期研讨班使我对基督教思想有了更深的认识和理解;浸会大学的关启文博士在自然神论方面给我的指导,对我的论文写作有极大的帮助。此外香港中文大学的王宏志教授、复旦大学的邹振环教授都曾秉持严谨的学术精神对本书部分内容的写作给予了细致的指点和帮助。

承蒙英国韩柯博士(Dr. Christopher Hancock)的邀请,以及北京外国语大学北京市联合培养项目所给予的资助,使我能够在英国进行为期半年的访问。在这期间,来自理雅各家乡亨特利的德弗伦艺术基金会对于我在理雅各家乡进行资料搜集和田野调查提供了许多帮助和便利。基金会负责人克劳迪娅·蔡斯克(Claudia Zeiske)女士及其家人,来自中国的艺术家邓大非和何海,以及基金会的同人们,陪伴我在苏格兰度过一段永生难忘的时光。逾九十岁高龄的麦克唐纳(Macdonald)夫妇以及亨特利当地的历史学家帕特里克·斯科特(Patrick Scott)先生向我提供了一批宝贵的一手文献,并使我领略到苏格兰人世界闻名的热情和友爱。而理雅各研究的著名学者吉瑞德教授虽与我仅在亨特利有一面之缘,但他多次在信中回答我的疑问,作为一位汉学家,他对中国文化和艺术的热爱令人难以忘怀。理雅各的曾孙克里斯托·李(Christopher Legge)先生曾为我提供不少线索,并且慷慨提供了牛津大学馆藏理雅各档案的复印版权。此外,还要感谢牛津大学波德雷安图书馆特藏部负责人柯林·哈里斯(Colin Harris)先生,在我守在新波德雷安特藏部的那几个月里,他都尽可能为我提供研究上的便利,连图书馆搬迁期间也不例外。爱丁堡大学的 Julian Ward 博士和童慎效博士,牛津大学的杜德桥教授,伦敦大学亚非学院的傅熊教授和夫人美娟,也都在我查阅资料的过程中给予我无私的帮助。孤身在外搜集资料的过程艰辛不足为他人道,但幸运的是在困厄时每每都有好心人伸出援手,因为他们,我方能每次都有所收获。

还要感谢的是我的工作单位,福建师范大学海外教育学院的领导和同事们对我的大力支持,幸而有他们在工作中常常加以照应,我才能顺利完成本书的写作。

最后要感谢的是我的母亲在我遇到瓶颈时给我温暖的抚慰,在我获得小小进展时分享我的喜悦;我的姑妈在我奔波于各个图书馆时悉心照料我的生活起居;我的表弟威廉姆为我搬运各种资料以及提供各种帮助。我曾经的室友和同学也都曾鼓励我、安慰我,给予我继续向前的动力。人名无法一一尽录,尽管书斋中的生活免不了寂寞孤独,但大家的关爱和支持将会是我一生最珍贵的财富。

作为近代最伟大的西方汉学家之一,理雅各成就之高、研究范围之广,非一本书所能涵盖;在一些细节上,本书也难免有错谬遗漏之处,希望学界前辈、同人不吝予以指正。

# 附 图

图 1　理雅各的出生地,位于亨特利的故居

图 2　理雅各位于牛津 Keble Road 的故居

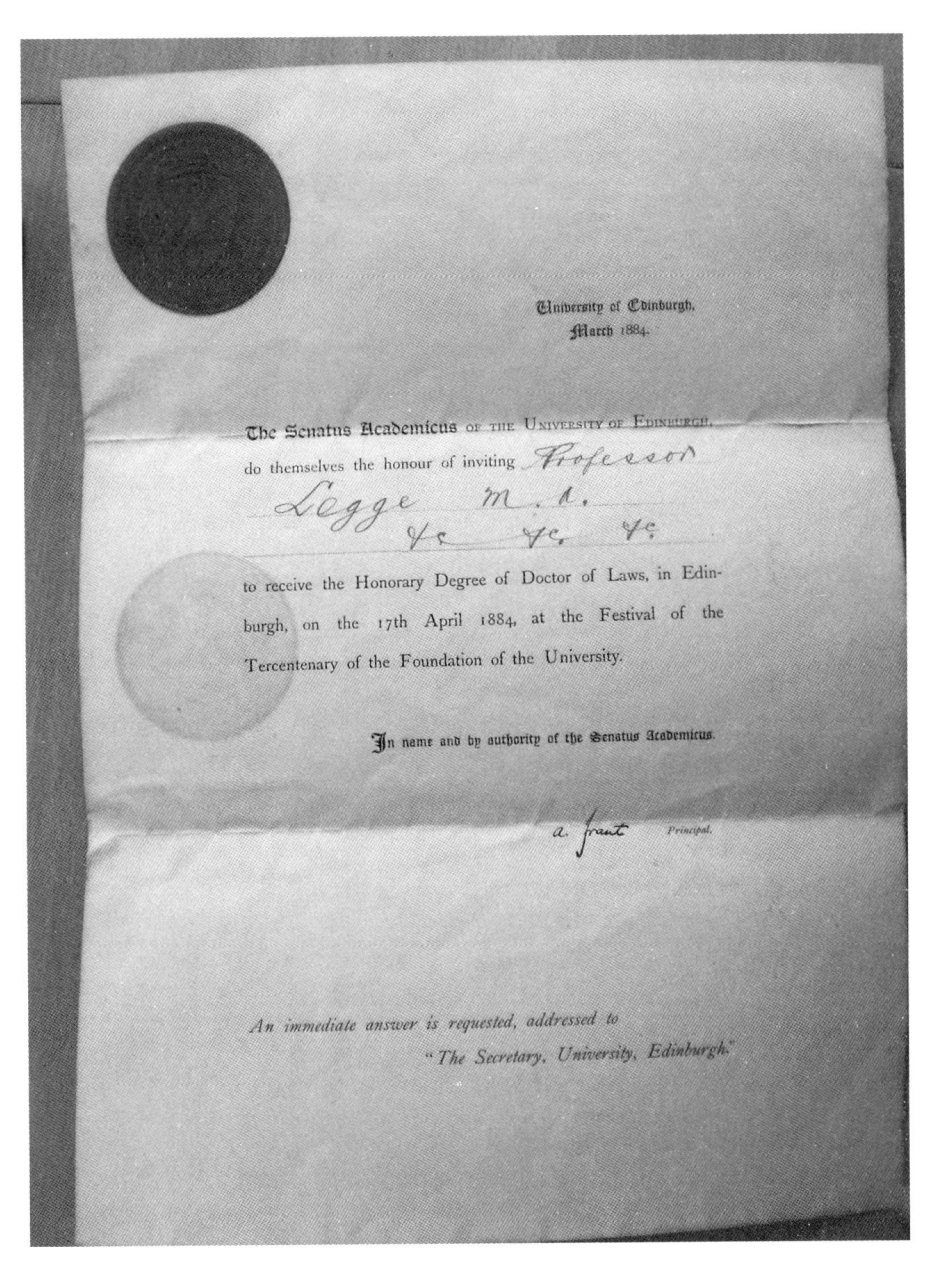

图3 1884年爱丁堡大学授予理雅各的荣誉博士学位证书

图4 "北方之行"中理雅各写给妻子的信

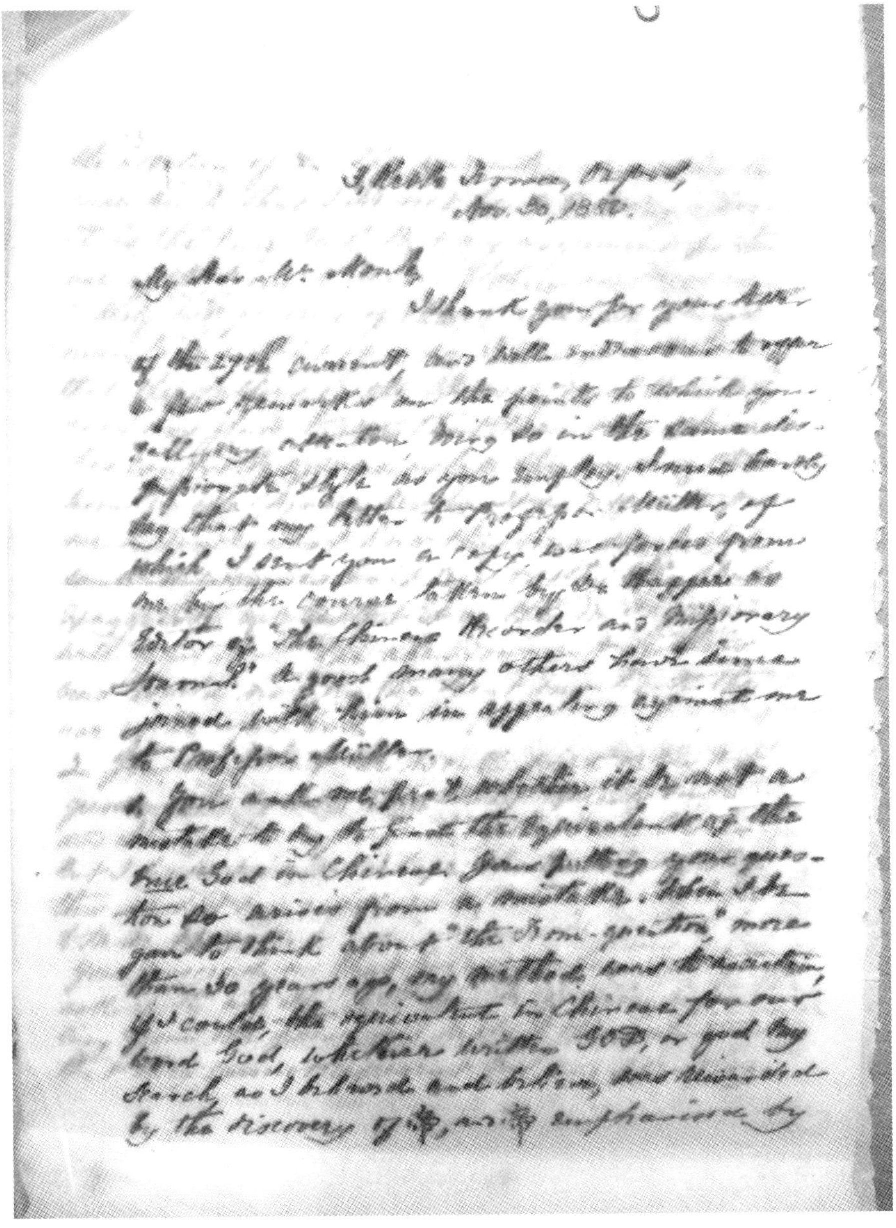
3, Keble Terrace, Oxford,
Nov. 30, 1880.

My dear Mr. Monk,

I thank you for your letter of the 29th current, and will endeavour to offer a few remarks on the points to which you call my attention, using so in the same dispassionate style as you employ. I must frankly say that my letter to Professor Müller, of which I sent you a copy, was forced from me by the course taken by Dr. Happer as Editor of "The Chinese Recorder and Missionary Journal." A good many others have since joined with him in appealing against me to Professor Müller.

2. You ask me first whether it is not a mistake to try to find the equivalent of the true God in Chinese. Your putting your question so arises from a mistake. When I began to think about "the Term-question," more than 30 years ago, my method was to ascertain, if I could, the equivalent in Chinese for our word God, whether written GOD, or god. My search, as I pursued and believe, was rewarded by the discovery of 帝, and 帝 emphasised by

图 5　理雅各在“译名之争”中所写的信件

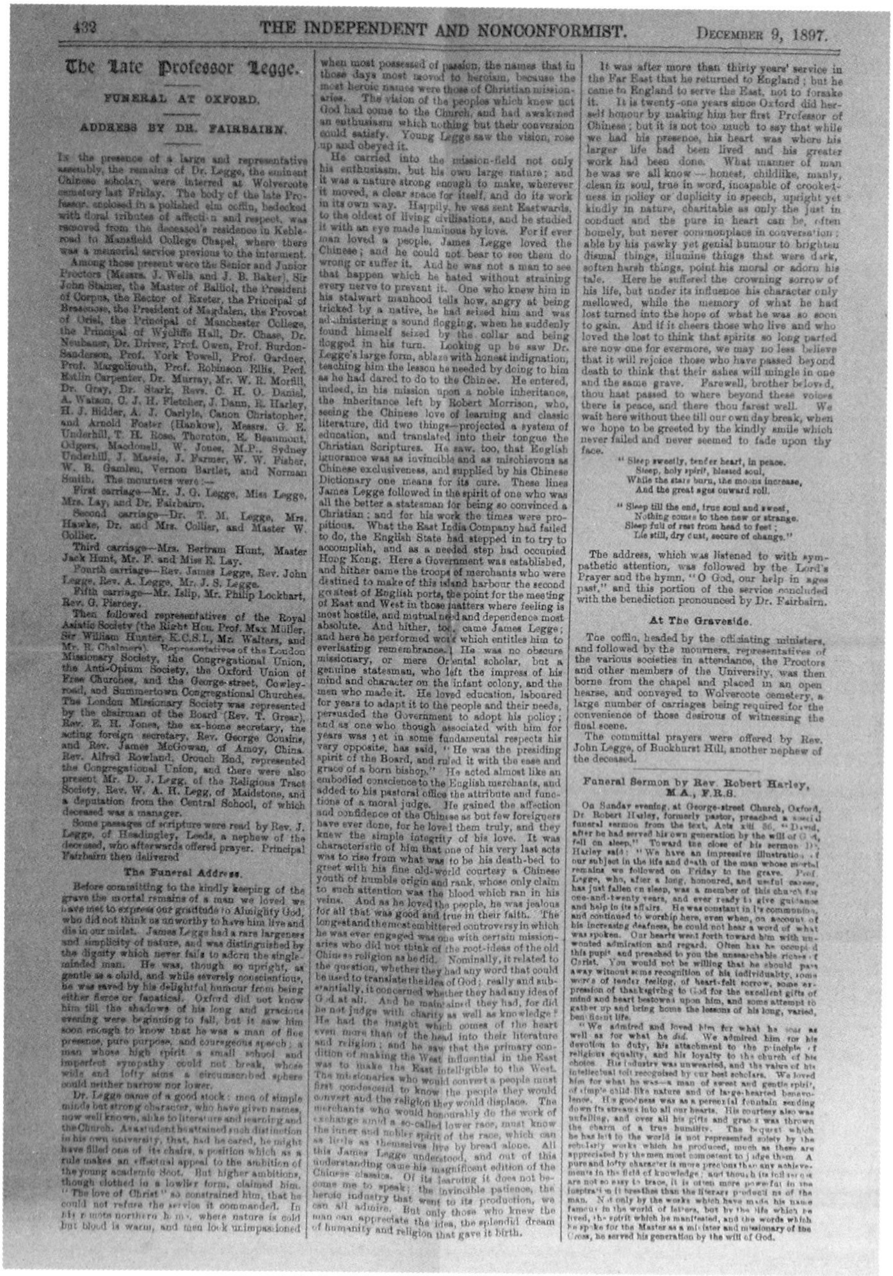

432 THE INDEPENDENT AND NONCONFORMIST. DECEMBER 9, 1897.

# The Late Professor Legge.

## FUNERAL AT OXFORD.

## ADDRESS BY DR. FAIRBAIRN.

In the presence of a large and representative assembly, the remains of Dr. Legge, the eminent Chinese scholar, were interred at Wolvercote cemetery last Friday. The body of the late Professor, enclosed in a polished elm coffin, bedecked with floral tributes of affection and respect, was removed from the deceased's residence in Keble-road to Mansfield College Chapel, where there was a memorial service previous to the interment.

Among those present were the Senior and Junior Proctors (Messrs. J. Wells and J. B. Baker), Sir John Stainer, the Master of Balliol, the President of Corpus, the Rector of Exeter, the Principal of Brasenose, the President of Magdalen, the Provost of Oriel, the Principal of Manchester College, the Principal of Wycliffe Hall, Dr. Chase, Dr. Neubauer, Dr. Driver, Prof. Owen, Prof. Burdon-Sanderson, Prof. York Powell, Prof. Gardner, Prof. Margoliouth, Prof. Robinson Ellis, Prof. Estlin Carpenter, Dr. Murray, Mr. W. R. Morfill, Dr. Gray, Dr. Stark, Revs. C. H. O. Daniel, A. Watson, C. J. H. Fletcher, J. Dann, R. Harley, H. J. Bidder, A. J. Carlyle, Canon Christopher, and Arnold Foster (Hankow), Messrs. G. E. Underhill, T. H. Rose, Thornton, E. Beaumont, Odgers, Macdonell, W. Jones, M.P., Sydney Underhill, J. Massie, J. Farmer, W. W. Fisher, W. B. Gamlen, Vernon Bartlet, and Norman Smith. The mourners were:—

First carriage—Mr. J. G. Legge, Miss Legge, Mrs. Lay, and Dr. Fairbairn.

Second carriage—Dr. T. M. Legge, Mrs. Hawke, Dr. and Mrs. Collier, and Master W. Collier.

Third carriage—Mrs. Bertram Hunt, Master Jack Hunt, Mr. F. and Miss E. Lay.

Fourth carriage—Rev. James Legge, Rev. John Legge, Rev. A. Legge, Mr. J. S. Legge.

Fifth carriage—Mr. Islip, Mr. Philip Lockhart, Rev. G. Piercey.

Then followed representatives of the Royal Asiatic Society (the Right Hon. Prof. Max Müller, Sir William Hunter, K.C.S.I., Mr. Walters, and Mr. R. Chalmers). Representatives of the London Missionary Society, the Congregational Union, the Anti-Opium Society, the Oxford Union of Free Churches, and the George-street, Cowley-road, and Summertown Congregational Churches. The London Missionary Society was represented by the chairman of the Board (Rev. T. Grear), Rev. E. H. Jones, the ex-home secretary, the acting foreign secretary, Rev. George Cousins, and Rev. James McGowan, of Amoy, China. Rev. Alfred Rowland, Crouch End, represented the Congregational Union, and there were also present Mr. D. J. Legg, of the Religious Tract Society, Rev. W. A. H. Legg, of Maidstone, and a deputation from the Central School, of which deceased was a manager.

Some passages of scripture were read by Rev. J. Legge, of Headingley, Leeds, a nephew of the deceased, who afterwards offered prayer. Principal Fairbairn then delivered

### The Funeral Address.

Before committing to the kindly keeping of the grave the mortal remains of a man we loved we have met to express our gratitude to Almighty God, who did not think us unworthy to have him live and die in our midst. James Legge had a rare largeness and simplicity of nature, and was distinguished by the dignity which never fails to adorn the single-minded man. He was, though so upright, as gentle as a child, and while severely conscientious, he was saved by his delightful humour from being either fierce or fanatical. Oxford did not know him till the shadows of his long and gracious evening were beginning to fall, but it saw him soon enough to know that he was a man of fine presence, pure purpose, and courageous speech; a man whose high spirit a small school and imperfect sympathy could not break, whose wide and lofty aims a circumscribed sphere could neither narrow nor lower.

Dr. Legge came of a good stock: men of simple minds but strong character, who have given names, now well known, alike to literature and learning and the Church. As a student he attained such distinction in his own university, that, had he cared, he might have filled one of its chairs, a position which as a rule makes an effectual appeal to the ambition of the young academic Scot. But higher ambitions, though clothed in a lowlier form, claimed him. "The love of Christ" so constrained him, that he could not refuse the service it commanded. In his remote northern home, where nature is cold but blood is warm, and men look unimpassioned when most possessed of passion, the names that in those days most moved to heroism, because the most heroic names were those of Christian missionaries. The vision of the peoples which knew not God had come to the Church, and had awakened an enthusiasm which nothing but their conversion could satisfy. Young Legge saw the vision, rose up and obeyed it.

He carried into the mission-field not only his enthusiasm, but his own large nature; and it was a nature strong enough to make, wherever it moved, a clear space for itself, and do its work in its own way. Happily, he was sent Eastwards, to the oldest of living civilisations, and he studied it with an eye made luminous by love. For if ever man loved a people, James Legge loved the Chinese; and he could not bear to see them do wrong or suffer it. And he was not a man to see that happen which he hated without straining every nerve to prevent it. One who knew him in his stalwart manhood tells how, angry at being tricked by a native, he had seized him and was administering a sound flogging, when he suddenly found himself seized by the collar and being flogged in his turn. Looking up he saw Dr. Legge's large form, ablaze with honest indignation, teaching him the lesson he needed by doing to him as he had dared to do to the Chinee. He entered, indeed, in his mission upon a noble inheritance, the inheritance left by Robert Morrison, who, seeing the Chinese love of learning and classic literature, did two things—projected a system of education, and translated into their tongue the Christian Scriptures. He saw, too, that English ignorance was as invincible and as mischievous as Chinese exclusiveness, and supplied by his Chinese Dictionary one means for its cure. These lines James Legge followed in the spirit of one who was all the better a statesman for being so convinced a Christian; and for his work the times were propitious. What the East India Company had failed to do, the English State had stepped in to try to accomplish, and as a needed step had occupied Hong Kong. Here a Government was established, and hither came the troops of merchants who were destined to make of this island harbour the second greatest of English ports, the point for the meeting of East and West in those matters where feeling is most hostile, and mutual need and dependence most absolute. And hither, too, came James Legge; and here he performed work which entitles him to everlasting remembrance. He was no obscure missionary, or mere Oriental scholar, but a genuine statesman, who left the impress of his mind and character on the infant colony, and the men who made it. He loved education, laboured for years to adapt it to the people and their needs, persuaded the Government to adopt his policy; and as one who though associated with him for years was yet in some fundamental respects his very opposite, has said, "He was the presiding spirit of the Board, and ruled it with the ease and grace of a born bishop." He acted almost like an embodied conscience to the English merchants, and added to his pastoral office the attribute and functions of a moral judge. He gained the affection and confidence of the Chinese as but few foreigners have ever done, for he loved them truly, and they knew the simple integrity of his love. It was characteristic of him that one of his very last acts was to rise from what was to be his death-bed to greet with his fine old-world courtesy a Chinese youth of humble origin and rank, whose only claim to such attention was the blood which ran in his veins. And as he loved the people, he was jealous for all that was good and true in their faith. The longest and the most embittered controversy in which he was ever engaged was one with certain missionaries who did not think of the root-ideas of the old Chinese religion as he did. Nominally, it related to the question, whether they had any word that could be used to translate the idea of God; really and substantially, it concerned whether they had any idea of God at all. And he maintained they had, for did he not judge with charity as well as knowledge? He had the insight which comes of the heart even more than of the head into their literature and religion; and he saw that the primary condition of making the West influential in the East was to make the East intelligible to the West. The missionaries who would convert a people must first condescend to know the people they would convert and the religion they would displace. The merchants who would honourably do the work of exchange amid a so-called lower race, must know the inner and nobler spirit of the race, which can as little as themselves live by bread alone. All this James Legge understood, and out of this understanding came his magnificent edition of the Chinese classics. Of its learning it does not become me to speak; the invincible patience, the heroic industry that went to its production, we can all admire. But only those who knew the man can appreciate the idea, the splendid dream of humanity and religion that gave it birth.

It was after more than thirty years' service in the Far East that he returned to England; but he came to England to serve the East, not to forsake it. It is twenty-one years since Oxford did herself honour by making him her first Professor of Chinese; but it is not too much to say that while we had his presence, his heart was where his larger life had been lived and his greater work had been done. What manner of man he was we all know—honest, childlike, manly, clean in soul, true in word, incapable of crookedness in policy or duplicity in speech, upright yet kindly in nature, charitable as only the just in conduct and the pure in heart can be, often homely, but never commonplace in conversation; able by his pawky yet genial humour to brighten dismal things, illumine things that were dark, soften harsh things, point his moral or adorn his tale. Here he suffered the crowning sorrow of his life, but under its influence his character only mellowed, while the memory of what he had lost turned into the hope of what he was so soon to gain. And if it cheers those who live and who loved the lost to think that spirits so long parted are now one for evermore, we may no less believe that it will rejoice those who have passed beyond death to think that their ashes will mingle in one and the same grave. Farewell, brother beloved, thou hast passed to where beyond these voices there is peace, and there thou farest well. We wait here without thee till our own day break, when we hope to be greeted by the kindly smile which never failed and never seemed to fade upon thy face.

"Sleep sweetly, tender heart, in peace.
Sleep, holy spirit, blessed soul,
While the stars burn, the moons increase,
And the great ages onward roll.

"Sleep till the end, true soul and sweet,
Nothing comes to thee new or strange.
Sleep full of rest from head to feet;
Lie still, dry dust, secure of change."

The address, which was listened to with sympathetic attention, was followed by the Lord's Prayer and the hymn, "O God, our help in ages past," and this portion of the service concluded with the benediction pronounced by Dr. Fairbairn.

### At The Graveside.

The coffin, headed by the officiating ministers, and followed by the mourners, representatives of the various societies in attendance, the Proctors and other members of the University, was then borne from the chapel and placed in an open hearse, and conveyed to Wolvercote cemetery, a large number of carriages being required for the convenience of those desirous of witnessing the final scene.

The committal prayers were offered by Rev. John Legge, of Buckhurst Hill, another nephew of the deceased.

### Funeral Sermon by Rev. Robert Harley, M.A., F.R.S.

On Sunday evening, at George-street Church, Oxford, Dr. Robert Harley, formerly pastor, preached a special funeral sermon from the text, Acts xiii. 36, "David, after he had served his own generation by the will of God, fell on sleep." Toward the close of his sermon Dr. Harley said: "We have an impressive illustration of our subject in the life and death of the man whose mortal remains we followed on Friday to the grave. Prof. Legge, who, after a long, honoured, and useful career, has just fallen on sleep, was a member of this church for one-and-twenty years, and ever ready to give guidance and help in its affairs. He was constant in its communion, and continued to worship here, even when, on account of his increasing deafness, he could not hear a word of what was spoken. Our hearts went forth toward him with unwonted admiration and regard. Often has he occupied this pulpit and preached to you the unsearchable riches of Christ. You would not be willing that he should pass away without some recognition of his individuality, some words of tender feeling, of heart-felt sorrow, some expression of thanksgiving to God for the excellent gifts of mind and heart bestowed upon him, and some attempt to gather up and bring home the lessons of his long, varied, beneficent life.

"We admired and loved him for what he *was* as well as for what he *did*. We admired him for his devotion to duty, his attachment to the principle of religious equality, and his loyalty to the church of his choice. His industry was unwearied, and the value of his intellectual toil recognised by our best scholars. We loved him for what he was—a man of sweet and gentle spirit, of simple child-like nature and of large-hearted benevolence. His goodness was as a perennial fountain sending down its streams into all our hearts. His courtesy also was unfailing, and over all his gifts and graces was thrown the charm of a true humility. The bequest which he has left to the world is not represented solely by the scholarly works which he produced, much as these are appreciated by the men most competent to judge them. A pure and lofty character is more precious than any achievements in the field of knowledge; and though its footsteps are not so easy to trace, it is often more powerful in the inspiration it breathes than the literary productions of the man. Not only by the works which have made his name famous in the world of letters, but by the life which he lived, the spirit which he manifested, and the words which he spoke for the Master as a minister and missionary of the Cross, he served his generation by the will of God.

图6 理雅各逝世后报纸上刊载的悼词

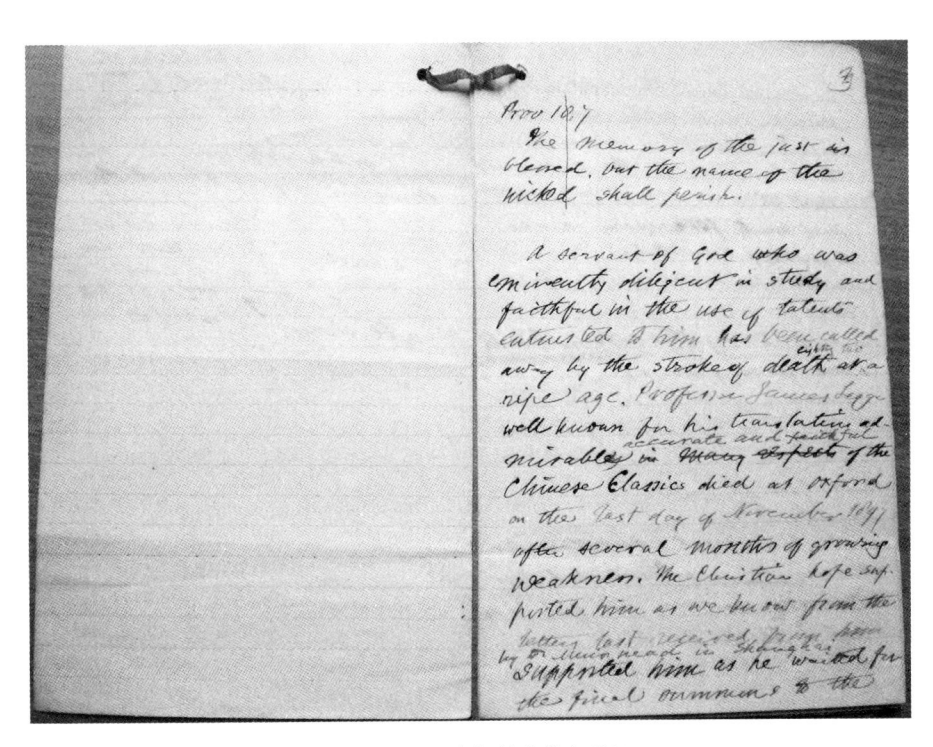

图 7　关于理雅各逝世的布道词

## BUSY TIME FOR CHINESE VISITOR

A student from Beijing Foreign Studies University has arrived in Huntly to impart some of her knowledge about James Legge to local people.

Pan Lin, or Sherlley Pan as she prefers to be called, has come to Huntly as part of Deveron Arts Project on the famous son of Huntly who went to China and earned a name for himself as an academic.

Sherlley is doing her PhD dissertation on James Legge and has launched a website about the academic who translated the classics into Chinese.

"There is a lot of interest in James Legge in China. Academics recognise him for his books and translations but he is not well understood.

"While I am in Scotland, I hope to go to Edinburgh to find out more about a colleague of James Legge," said Sherlley.

She also has a busy programme of events planned to introduce local people to Chinese and last week gave the second of a series of six lessons in the Chinese language.

This week a Tai Chi class started in the Brander.

Over the weekend of Huntly Hairst, on Saturday September 5th, Sherlley will be taking a Chinese Cookery group and on September 19th, she will lead a group in Chinese Calligraphy.

There is to be a lecture on James Legge on September 8th at 8pm in James Legge House at 9 The Square.

The website address is www.jameslegge.org, where details of all the events can be found.

James Legge student, Sherlley Pan has developed a website about the academic. (H.E. Photo)

图 8　作者在理雅各家乡访问时接受当地报纸《亨特利快报》(*Huntly Express*) 采访